Karl Hase

Das Leben Jesu

Lehrbuch zunächst für akademische Vorlesungen

Karl Hase

Das Leben Jesu

Lehrbuch zunächst für akademische Vorlesungen

ISBN/EAN: 9783956977060

Auflage: 1

Erscheinungsjahr: 2017

Erscheinungsort: Treuchtlingen, Deutschland

Literaricon Verlag UG (haftungsgeschränkt), Uhlbergstr. 18, 91757 Treuchtlingen. Geschäftsführer: Günther Reiter-Werdin, www.literaricon.de. Dieser Titel ist ein Nachdruck eines historischen Buches. Es musste auf alte Vorlagen zurückgegriffen werden; hieraus zwangsläufig resultierende Qualitätsverluste bitten wir zu entschuldigen.

Printed in Germany

Cover: Christuskopf, Rembrandt van Rijn, etwa 1648, gemeinfrei

Leben Jesu

von

Dr. Karl Hase.

Vierte verbesserte Auflage.

Leipzig,

Druck und Verlag von Breitkopf und Härtel.

1854.

Das

Leben Jesu.

Lehrbuch

zunächst

für akademische Vorlesungen

von

Dr. Karl Hase,

Professor der Theol. an der Univ. Jena, H. S. A. Geheimen Kirchenrathe,
Ritter des G. S. W. O. vom weißen Falken.

Vierte verbesserte Auflage.

Leipzig.

Druck und Verlag von Breitkopf und Härtel.

1854.

Ἐπειδήπερ πολλοὶ ἐπεχείρησαν ἀνατάξασθαι διήγησιν περὶ τῶν πεπληροφορημένων ἐν ἡμῖν πραγμάτων, καθὼς παρέδοσαν ἡμῖν οἱ ἀπ' ἀρχῆς αὐτόπται καὶ ὑπηρέται γενόμενοι τοῦ λόγου· ἔδοξε κἀμοὶ, παρηκολουθηκότι ἄνωθεν πᾶσιν ἀκριβῶς, καθεξῆς σοι γράψαι, κράτιστε Θεόφιλε, ἵνα ἐπιγνῷς περὶ ὧν κατηχήθης λόγων τὴν ἀσφάλειαν.

Hoc est Christum cognoscere, beneficia ejus cognoscere; non, quod isti docent, ejus naturas, modos incarnationis contueri.

Vorrede zur ersten Auflage.

Die Herausgabe dieser Schrift ist dadurch veranlaßt worden, daß eine rein wissenschaftliche und gelehrte Darstellung des Lebens Jesu unsrer Literatur noch fehlte. Ich habe lange darüber geschwankt, ob ich ein ausführliches Handbuch, oder nur ein Compendium geben sollte: meine akademische Stellung hat für das letztere entschieden. Ich wünsche durch diese Form vornehmlich dahin zu wirken, daß Vorlesungen über das Leben Jesu, in denen Schleiermacher und Winer mir vorangegangen sind, im Kreise der akademischen Studien volles Bürgerrecht erhalten. Denn es giebt vielleicht keine andre theologische Disciplin, welche unmittelbar durch ihren Gegenstand den ganzen Menschen so in Anspruch nimmt, und die kühnste Freimüthigkeit der Forschung mit ächter Begeisterung so nothwendig verbunden fordert, als eine wissenschaftliche Betrachtung des Lebens Jesu, die eben deßhalb zur Einführung in die theologischen Studien vorzüglich geeignet scheint, wie es erfreuliche Erfahrungen mir bewährt haben. Diejenigen Studirenden aber, welche nicht Gelegenheit haben, Vorlesungen über das Leben Jesu zu hören, können sich dieses Lehrbuchs erst dann mit Nutzen bedienen, wenn sie die Evangelien exegetisch durchstudirt haben.

Dem dermaligen Standpunkte dieser Wissenschaft schien es angemessen, ihre Literatur, sowohl die allgemeinen Darstellungen des Lebens Jesu, als die Monographien über einzelne Verhältnisse desselben, so vollständig als möglich zusammenzufassen. Ich habe bei dieser Zusammenstellung aus allgemein wissenschaftlichen Rücksichten, wie sie nach vaterländischer Sitte in akademischen Büchern allezeit genommen worden sind, das Bedürfniß des Studirenden weit überschritten, und deßhalb sind wiederum für diesen die bemerkenswerthe=

ren Schriften durch Asterisken ausgezeichnet worden. Weil ich aber, bei großer Abneigung vor solchen summarischen Urtheilen ohne Entscheidungsgründe, mich nur höchst ungern zu diesen Merkzeichen entschlossen habe, so bitte ich sehr, in ihnen nichts zu sehn, als eine bloß subjective Auswahl derjenigen Schriften, welche ich, wenn ich bloß für Studirende geschrieben hätte, etwa angeführt haben würde.

Es läßt sich natürlich erwarten, daß ein Geschichtschreiber Jesu in unsrer Zeit nicht ohne umfassende Vorstudien ein Werk unternommen haben werde, über das er gewissermaßen der ganzen Christenheit Rechenschaft schuldig ist. Man wird aus der Einleitung ersehn, daß ich das Gesetz dessen, was hierin zu leisten ist, hoch gestellt habe; und weil ich denn auch mit Lust und Liebe an der Ausführung hing, so weiß ich sehr genau, wie tief sie unter ihrer Idee steht. Jung wie ich in die gelehrte Welt eintrat, bin ich fast überall freundlich begrüßt worden, ohne jedoch, mit wenigen Ausnahmen, durch ächt wissenschaftliche Beurtheilungen diejenige Aufklärung und Förderung zu finden, die wenigstens der beigeordnete Zweck unserer literarischen Institute sein sollte. Es wäre billig und schön, wenn dagegen diese Schrift um ihres Gegenstandes willen als etwas Gemeinschaftliches betrachtet, und von gründlichen Gelehrten in einem großartigen Geiste beurtheilt würde: mag es dann mir selbst oder einem andern bestimmt sein, durch eine wahrhaft aufgeklärte öffentliche Meinung geleitet, unsre Wissenschaft über die nothwendige Mittelstufe dieses Werkes ihrer Vollendung näher zu führen.

Was die Grundansicht von Jesu Wesen und Wirken betrifft, so muß sie zwar den äußersten Seiten der entgegengesetzten theologischen Parteien mißfallen: aber ich weiß, daß sie demjenigen angehört, wofür die Besten der Zeitgenossen sich entschieden haben oder entscheiden werden. Die Zeit ist vorüber, wo der Consistorialpräsident einem Pfarrer, der sich über eine gemißbilligte Handlung mit dem Beispiele Jesu entschuldigte, sagen konnte: Ahmen Sie unsern Herrn in seinen guten und nicht in seinen übeln Seiten nach! Aber auch diejenige Zeit wird nicht wiederkommen, in deren Sinne mich selbst noch ein guter alter Herr berieth, im ersten Theile dieser Geschichte von der menschlichen, im andern Theile von der göttlichen Natur Jesu zu han=

Vorrede.

deln. Der gute Geist unsrer Zeit hat die natürliche Geschichte des großen Propheten von Nazaret verworfen, aber ihr krankhafter Geist wird auch eine unnatürliche Geschichte des Gottmenschen nicht durchsetzen.

Es wird vielleicht auffallen, daß ich über einzelne Verhältnisse des Lebens Jesu zweifelhaft gesprochen, und entgegenstehende Ansichten derselben neben einander statuirt habe. Ich liebe in allen Stücken ein kurzes, kühnes Wort, und darf mich auf Schrift und Leben berufen, daß ich, wo es meine Überzeugung galt, mich nie darum bekümmert habe, einer Partei zu gefallen, oder zu mißfallen. In philosophischen Dingen kann und soll auch jeder eine bestimmte Überzeugung haben, denn er hat sie nur im eignen Geiste zu suchen, und dessen kann er gewiß werden: aber in historischen Dingen, wo das Urtheil auf Überlieferungen ruht, deren Unvollständigkeit wir nicht immer ergänzen können, fordert oft die Besonnenheit, ein entscheidendes Urtheil zurückzuhalten, und es ist dann allein wissenschaftlich, gründlich zu wissen, was und warum man etwas nicht weiß. Soll in dieser Hinsicht das flache Hin- und Herreden aufhören, da ein jeder aus dem historisch Unbestimmbaren diejenigen Gründe hervorhebt, welche seinem dogmatischen Systeme zusagen, und die nicht minder starken entgegengesetzten Gründe ignorirt: so bleibt nichts übrig, als die verschiedenen Ansichten, die nach den historischen Urkunden möglich sind, mit ihren Gründen zu entwickeln, und die beiden äußersten Ansichten, die sich innerhalb der hierdurch gezogenen Gränzen des historisch Möglichen bewegen, nach ihrer größern oder geringern Wahrscheinlichkeit und Angemessenheit zum Ganzen zu beurtheilen.

Dieß sind die Erinnerungen und Wünsche, mit denen ich für angemessen hielt, der vaterländischen Kirche ein Werk zu übergeben, das ich gern mir denke als ein heiteres Denkmal am Schlusse der ersten Periode meines theologischen Lebens. Denn nach den Jahren stillen Fleißes lege ich nun die alten lieben Bücher auf eine Weile bei Seite, um in der Erfüllung eines mit mir groß gewachsnen Wunsches fortzuziehn an Freundes Hand in das schöne Italien.

Leipzig, am 26. Juli 1829.

Vorrede zur zweiten Auflage.

Nachdem die Hoffnungen, mit denen obige Rede schloß, auf's glücklichste erfüllt worden sind, und nach Jahren voll Arbeit und Erfahrung ist mir vergönnt gewesen, auf dieses Buch zurückzukommen und eine Reihe Veränderungen daran zu vollziehn, die man vielleicht für Verbesserungen annehmen wird.

Unser Zeitalter ist auch in den hierher gehörigen Studien fleißig gewesen. Schriften, wie Ullmann über die Sündlosigkeit Jesu, und einige exegetische Werke konnten nicht ohne anregenden Einfluß sein. Manches wurde durch Gegner angeregt. Alle gewissenhafte Einwendungen sind gewissenhaft erwogen worden. Über einiges der Art berichten zwei Abhandlungen in den unlängst herausgegebenen theologischen Streitschriften. Ich habe darin namentlich Hn. D. Lücke für seine scharfsinnige Opposition nur durch eine genaue Kritik derselben danken können; aber es liegt auf der Hand, wie sehr ein so würdiger Gegner mich gefördert hat, indem er mir zuerst eine irrige Ansicht erschütterte. Andre Gegner wird dieses Werk auch in seiner neuen Gestalt nicht aufhören zu verletzen. Mit einer gewissen Art derselben bin ich durch die erwähnten Streitschriften wohl auf immer abgefunden. Mit einer andern Art wäre eine Verständigung sowohl möglich als wünschenswerth. Nur wird nichts gefördert durch das Vorbringen ihrer Einwendungen in der Form von bloßen Lamentationen, daß nehmlich durch die historische Kritik ihr christliches Gefühl gekränkt werde, und dieses oder jenes verloren gehe, was zu ihrer Vorstellung von Christo gehöre. Es ist ganz natürlich, daß man durch solche Gefühle in's allgemeine hin seine Stellung zu einem Buche empfindet: allein wissenschaftlich wird dadurch, daß man in diesem trüben Gegensatze des bloßen Gefühls verharrt, nichts entschieden. Jene Klagen in ihrem dunkeln Streben würden sich oft schon beruhigen, wenn sie es nur zum bestimmten Gedanken brächten. So ist es z. B. für eine Verletzung Jesu gehalten worden, daß ich seinen Vortrag als „gelegentlich geistreich" bezeichnet habe, da doch seine Worte die zusammenhängendste, höchste Offenbarung des Geistes seien. Offenbar habe ich geistreich nach dem jetzt gewöhnlichen

Sprachgebrauche im Sinne von esprit genommen, wie dieses auch aus den citirten Bibelstellen [S. 129] klar ist. Dieses ist ein zufälliger, weltlicher Vorzug, der mit der Würde Jesu nicht das geringste zu schaffen hat. Es konnte wohl geschehn, daß ihm zu Zeiten eine geistreiche Wendung in den Lauf kam, aber es wäre vielmehr höchst unangemessen, wenn diese geistreiche Art und Bestrebung in Jesu Reden vorherrschte, etwa wie das witzig Geistreiche bei Voltaire, oder das sentimental Geistreiche bei Jean Paul. Daher diejenigen, welche es für eine Verletzung achten, daß ich die Reden Jesu nicht für durchweg geistreich halte, es eben so gut für eine Verletzung nehmen können, wenn wir meinen, er sei kein Dichter, oder kein Gelehrter, oder kein Flötenspieler gewesen. Der klare Gedanke, worin die religiöse und allgemein-menschliche Vollkommenheit bestehe, würde dergleichen Klagen und Anklagen gar nicht aufkommen lassen. Auch mir ist manches Resultat meiner Forschung nicht allzuangenehm, ich hätte z. B. im rechten Weihnachtsgefühle die allergrößte Lust, die Geburtsgeschichte für vollkommen sichere Geschichte zu achten und wo möglich auch am 25. Dec. geschehn; aber die Gründe dagegen drängen mich zu gewaltig, als daß ich's vermöchte. Auch in der Wissenschaft ist auf der einen Seite die Kraft, auf der andern die Resignation Bedingung aller Tüchtigkeit, und wer nicht der Wahrheit seine Wünsche zu opfern vermag, ist zum Dienste der Wissenschaft nicht geboren. Man widerlege mich daher aus der Schrift, oder mit andern klaren und gewaltigen Gründen, sonst kann auch ich nichts zurücknehmen. Der Grundgedanke dieses Buchs, daß ein göttliches Princip sich in Jesu offenbare, aber eben deßhalb in rein menschlicher Form, ist unerschütterlich geblieben: allein was die historische Ausführung betrifft, so wird jeder Aufmerksame bemerken, daß auch in den hervorgetretenen Änderungen sich manches finde, was einzuräumen oder zu behaupten mir nicht allzuleicht und behaglich sein konnte. Diejenigen nun, denen unser Christus kein Christus ist, mögen bedenken, daß er doch uns und vielen Gleichgesinnten auch auf diesem Standpunkte ein Herr und Heiland geworden ist, sonach mindestens die allumfassende Bedeutung des Christenthums hier bezeugt wird, daß Christus allen alles sein will, jedem nach dem er's fassen kann.

Vorrede.

Eine andre höchst achtenswerthe Beurtheilung gedenkt „einer gewissen Ungeduld, mit welcher der Verf., nachdem er mühsame und ernste Vorarbeiten gemacht hat, plötzlich mit Überspringung der letzten Mittelglieder zum Ziele eilt." Ich weiß darauf nichts zu antworten, als daß ich ein Compendium schrieb, und dieses bringt es mit sich, daß man auf die Wahrheit losstürzt wie auf einen Raub, nur Vordersätze und Resultate mittheilt, gleichsam Stichworte zur mündlichen Ausführung der Mittelsätze.

Mannichfachen Aufforderungen zu einer ausführlicheren Darstellung habe ich nur in einigen besonders controversen Punkten, und die sich mehr zu schriftlicher Verhandlung eignen, in so weit nachgegeben, als der Charakter eines Lehrbuchs es zuließ, sowohl hinsichtlich des Umfangs, als des Preises. Man darf den Studirenden in äußern Dingen nicht zuviel zumuthen, und da Gott mich unter Studenten gesetzt hat, so scheint billig, daß ich auf ihr Bedürfniß zuerst sehe. Auch wenn ich erwäge, wie viel wir unter der Weitschweifigkeit theologischer Schriften gelitten haben und fast alltäglich leiden müssen, so darf ich mir vielleicht bei der Kürze des menschlichen Lebens aus der entgegengesetzten Befleißigung ein kleines Verdienst machen.

Doch hinsichtlich der Literatur ist die frühere Ansicht beibehalten und, soweit meine Mittel reichten, durchgeführt worden. Es ist viel zu sagen gegen eine solche Masse von Büchertiteln, von denen zum großen Theile gilt, was überhaupt von Titeln. Indeß ist vielen bequem gewesen, auf diese Literatur zu verweisen, und da die Schranken einer Monographie zuließen, nach einer gewissen Vollständigkeit zu streben, so muß einem deutschen Gelehrten wohl vergönnt sein, dieser Versuchung nachgegeben zu haben.

Jena, am 23. Nov. 1834.

Vorrede zur dritten Auflage.

Die Veränderungen dieser Auflage sind meist durch das Leben Jesu von Strauß und durch die Literatur nöthig geworden, die dasselbe aufgeregt hat. Zwar ist es vorzugsweise der Gegensatz, welchen ich geltend zu machen hatte, aber es würde unbillig sein, die kargen Worte eines Lehrbuchs unter die Gegenschriften, an denen es ja ohnedem nicht fehlt, gegen jenes beredte Werk zu stellen; nur die Punkte sind angezeigt, von denen aus nach meiner Überzeugung Strauß zu widerlegen ist. Auch ist durch seine schonungslose Kritik die wissenschaftliche Betrachtung des Lebens Jesu wahrhaft gefördert und unser Auge für das, worauf es bei der rein geschichtlichen Forschung ankommt, geschärft worden.

Für die Form eines Compendiums ergaben sich durch den dermaligen Stand der betreffenden Verhandelungen eigenthümliche Schwierigkeiten, die mich lange abgehalten haben, den neuen Druck zu genehmigen, bis das Bedürfniß für meine Vorlesungen dazu drängte. Eine ausführliche Darstellung wäre mir jetzt wohl leichter, jedenfalls angenehmer gewesen. Indeß je reicher und lebendiger die Literatur über diesen Theil der Theologie neuerlich geworden ist, desto angemeßner schien doch auch, da diese Form mir einmal zugefallen ist, die strenggehaltene, übersichtliche Darstellung festzuhalten.

Es ist mir erst anschaulich geworden, nachdem meine drei Lehrbücher, das Leben Jesu, die Kirchengeschichte und die Dogmatik, jedes für sich aus besonderer Lust und Liebe entstanden waren, daß sie zwar kein systematisches, doch ein fortschreitendes Ganze bilden, und daß durch diese bestimmte Rücksichtnahme jedes derselben hinsichtlich derjenigen Untersuchungen, die ihre wahre Heimath im andern haben, bedeutend abgekürzt werden kann. Der erste allgemeine Titel ist bestimmt, diese Trilogie anzukündigen, ohne daß darin eine andre Verheißung oder Verpflichtung liegen soll, als daß bei beiden andern Lehrbüchern, wenn ich noch einmal veranlaßt sein sollte, einen Abdruck derselben zu besorgen, dieselbe Rücksicht zu nehmen sei.

Jena, am ersten Sonntag in der Fasten, **1840**.

Vorrede zur vierten Auflage.

Dieses kleine Buch ist einst aus einem Gusse mit besonderer Freudigkeit geschrieben worden. Als nachher eine reiche Literatur sich um das Leben Jesu versammelte, so daß dieser neue Zweig der Theologie eine Zeitlang die voranstehende Aufgabe aller theologischen Schulen in der deutschen Kirche zu werden schien, konnten sich die nachfolgenden Auflagen meines Buchs nur mit theilnehmender Kritik zu diesem Reichthum verhalten. Das Erzbild des einen Gusses ist nicht dadurch umgestaltet, doch sorgfältiger ciselirt und mit Bezügen auf die neuern Forschungen umgeben worden. Mein alter geliebter Lehrer in der Schrift-Auslegung, D. Winer, hat in seinem biblischen Realwörterbuche, diesem edlen Denkmale der Freude des deutschen Protestantismus an der H. Schrift, über unser Buch bemerkt, daß es mit klarem Blicke in ein großes gewaltiges Leben die Auswüchse der Kritik seit 1829 fort und fort überwacht habe. Ich darf hinzufügen, auch die Ausläufer der Un=Kritik. Die Zusätze der neuen Ausgabe sind großentheils im Gegensatze sowohl derer entstanden, welche im Enthusiasmus der Freilassung von einem göttlich geachteten Buchstaben dem Neuen Testamente selbst die geschichtliche Thatsache nach Kräften ableugnen, als auch derer, welche in der Pietät zur H. Schrift doch oft nur auf listige Ausreden sinnen, um diesen Buchstaben zu beschirmen. Solch eine mittlere Stellung, wie dieses Buch gleich ursprünglich sie einnahm, und wie sie durch meine ganze Bildung mir nothwendig angewiesen ist, kann ihrer Natur nach in leidenschaftlich bewegter Zeit keine lauten und enthusiastischen Freunde haben: aber wenn vielleicht auch vielfach anders gestaltet, als ich mir die rechte Mitte zu denken vermag, wird sie nach einem unabänderlichen Gesetze der Geschichte aus ihren extremen Gegensätzen als die siegreiche, die theilweise Wahrheit eines jeden in sich bewahrende Macht hervorgehn.

Die neueren Geschichten des Lebens Jesu und die zunächst hierher gehörigen kritischen Werke, von Weiße, Ebrard, Baur u. a., soweit sie §. 21 und 22 charakterisirt werden, sind ohne weitere Titelbezeich=

nung citirt.*) Ebenso die wiederholt angeführten bekanntesten Evangelien=Commentare.

Überall wo nichts weiter bemerkt ist, gilt die Anführung der neuesten Ausgabe eines mehrmals gedruckten Werkes. Nur von Olshausen's biblischem Commentar ist zwar der erste Band nach der dritten Auflage [1837] angeführt, aber unbedenklich schien, vom zweiten die schon früher gebrauchte zweite Auflage [1834] beizubehalten. Von De Wette's exegetischem Handbuche ist zwar die Erklärung des Ev. Johannis in vierter Auflage mit sachkundigen Zusätzen von Brückner erschienen [1852], und es ist in der Ordnung, daß solch ein Buch, so lang es im Schulgebrauche fortlebt, sich fortwährend mit allen Studien der Zeitgenossen über den betreffenden Gegenstand ergänze und erfrische: doch habe ich die dritte Auflage von 1846 festgehalten, weil mir daran gelegen war, das eigne Urtheil jenes hochbegabten Theologen als eine nun fest abgeschloßne Thatsache im Andenken zu bewahren. Die benutzte fünfte Auflage von Neander's Leben Jesu ist meines Wissens von der vierten, die ich nicht besitze, der letzten von des beatus Neander eigener Hand, ein bloßer Abdruck. Von Ullmann's Schrift über die Sündlosigkeit Jesu habe ich die sechste neu bearbeitete Ausgabe als eine immer von neuem erfreuende Gabe erst inmitten des Drucks erhalten, und von S. 72 an ist nach derselben citirt. Anführungen aus frühern Auflagen, wiefern dieselben einen nicht zu vergessenden Entwicklungspunkt eines Schriftwerks enthalten, wie die dritte Auflage des Straußischen Lebens Jesu, sind stets als solche bezeichnet.

Hiermit wird das literarische Notenwesen bis auf einige Dissertationen oder übersehene Abhandlungen in Zeitschriften so ziemlich versorgt sein, und der gute D. Guericke kann auch forthin getrost bei Anführung dieses Buchs sein Gewissen durch den Zusatz beschwichtigen, daß er es nur „als literarische Materialiensammlung" anführe, während er bekanntlich in meiner Kirchengeschichte desto vertrauensvoller zugelangt hat.

---

*) Von Bruno Bauer ist sein früheres Werk durch Synopt. und Jo. unterschieden, sein späteres durch Evv. bezeichnet. Die §. 22, nt. d angezeigte Schrift als Sächs. Anonymus.

Weil §. 3, 4 und 5 nur Lehnsätze enthalten aus der Einleitung in's Neue Testament, oder wenn mein theurer Freund in Straßburg diesen angemeßneren Namen durchsetzen sollte, aus der Geschichte der Heiligen Schriften, habe ich die dazu gehörige Literatur gestrichen, und auch auf die neuesten Gegensätze nur im Geltendmachen der eignen Überzeugung hingedeutet. Zu §. 14 und 15 war schon in früherer Bearbeitung nichts Geschichtliches noch Literarisches beigefügt, weil es Lehnsätze aus der Dogmatik sind. Für die Ersteren darf ich mich zunächst berufen auf die bekannten und mir befreundeten Werke von De Wette und Reuß, für die Zweiten auf meine eigene Evangelische Dogmatik.

Den allgemeinen, in der frühern Vorrede bevorworteten und seitdem für die genannten drei Lehrbücher durchgeführten Titel „Theologisch akademische Lehrschriften" habe ich wieder aufgegeben, da er nicht in's Leben übergegangen ist. Der innere Zusammenhang, den er anzeigte, ist derselbe geblieben, indem diese drei Bücher, obwohl jedes nach seinem Gegenstande in sehr verschiedener Form, sich gegenseitig bedingend ein theologisches Fortschreiten darstellen, das in der Geschichte des Lebens Jesu seine geschichtliche Grundlage hat.

Der Erfüllung eines in der ersten Vorrede ausgesprochenen Wunsches darf ich mich noch erfreuen, es wird jetzt kaum eine protestantische Universität geben, auf der nicht regelmäßig Vorlesungen über das Leben Jesu gehalten würden. Und so mag dieses Buch noch einmal ausgehn in die Welt. Das kann nicht seine hohe Mission sein, Herzen dem Herrn zu gewinnen, aber sie einzuführen in die Tiefen und Schwierigkeiten seines Verständnisses, und wie neulich ein hochverdienter Geistlicher mir schrieb, daß es „einst vor 24 Jahren ihn zuerst zu einer gesunden historisch-ethischen Betrachtung des Erlösers befreit habe," so wird es vielleicht unter Gottes Segen auch forthin manche Willkür binden, mindestens mit dem Respecte vor dem erhabenen Geiste, der die Fußtapfen seiner irdischen Erscheinung, zwar nicht dem Gipfel des Ölbergs, noch dem Steine in der römischen Kapelle quo Domine vadis, aber der Weltgeschichte tief und unauslöschlich eingeprägt hat.

Jena, am 3. August, 1853.

Inhaltsverzeichniß.

Einleitung. §. 1—23.

Cap. I. Quellen. §. 2—11. §. 2. Quellen ersten Ranges. 3. Die vier Evangelien. 4. Synoptische Evangelien. 5. Johannes. 6. Glaubwürdigkeit der Evangelien. 7. Mythisches. 8. Reden Jesu. 9. Schriften Jesu. 10. Zeugniß des Josephus und der Classiker. 11. Kirchenväter, Apokryphen, Koran.
Cap. II. Plan. §. 12—18. §. 12. Begriff der Biographie. 13. Verhältniß der Geschichte zu den Quellen. 14. Idee des Lebens Jesu. 15. Kritik der Wunder. 16. Zeit= und Sach=Ordnung. 17. Perioden. 18. Schwierigkeit und theologische Bedeutung.
Cap. III. Literatur. §. 19—23. §. 19. Übersicht. 20. Harmonisch. 21. Historisch I. 22. Historisch II. 23. Poetisch.

Vorgeschichte. §. 24—42.

§. 24. Übersicht. 25. Kritik der Geburtsgeschichte. 26. Sagen der Kindheit. 27. Abstammung. 28. Geburts=Jahr und Tag. 29. Heilige Familie. 30. Kindheit. 31. Bildung. 32. Sündlosigkeit. Untrüglichkeit. 33. Charakterschilderungen. 34. Abbildungen. 35. Zeitalter. 36. Messianische Weißagung. 37. Bestimmung und Entschluß. 38. Plan. 39. Politisch theokratischer Plan. 40. Rein geistiger Plan. 41. Resultat über den Plan Jesu. 42. Mittel.

Erste Periode. §. 43—77.

§. 43. Übersicht. 44. Johannes der Täufer. 45. Taufe Jesu. 46. Versuchung. 47. Erste Jünger. 48. Wunder. 49. Dämonische. 50. Hochzeit zu Kana. 51. Anfang des Lehramtes. Vertreibung aus Nazaret. 52. Reinigung des Tempels. Nikodemus. 53. Das Taufen in Judäa. Jo. 4, 1 ss. 54. Samarien. 55. Heilung aus der Ferne. Jo. 4, 46 ss. Mt. 8, 5 ss. 56. Kapernaum. 57. Volksthümliche Erscheinung. Armuth. 58. Ehelosigkeit Jesu. 59. Fleisch und Geist. 60. Apostel. 61. Bergpredigt. 62. Geist der Lehre Jesu. 63. Judenthum und Christenthum. 64. Verkündigung als Messias. Menschensohn. Gottessohn. 65. Gött=

liche Existenz und Sendung. 66. Lehrart. 67. Parabeln. 68. Reinigung vom Aussatze. 69. Lähmung und Sündenvergebung. 70. Jesus im Sturm. 71. Dämonischer zu Gadara. 72. Blutflüßiges Weib. Jairi Tochter. 73. Bethesda. 74. Speisung der Tausende. 75. See-Wanderung. 76. Harte Rede. Jo. 6. 77. Tod des Täufers.

Zweite Periode. §. 78—97.

§. 78. Übersicht. 79. Feinde Jesu. 80. Feindliche Anschläge. 81. Das Kananäische Weib. 82. Laubhüttenfest. 83. Ehebrecherin. 84. Todesverkündigung. 85. Bedeutung des Todes Jesu. 86. Weißagung der Auferstehung. 87. Verklärung. 88. Abgabe. Stater. 89. Anhänger Jesu. 90. Die 70 Jünger. 91. Stiftung der Kirche. 92. Abschied aus Galiläa. 93. Maria und Martha. 94. Lazarus und der Jüngling zu Nain. 95. Blutrath. Jo. 11, 46 ss. 96. Zachäus. 97. Salbung Jesu.

Dritte Periode. §. 98—122.

§. 98. Übersicht. 99. Chronologie der Leidenswoche. 100. Palmeneinzug. 101. Verfluchung des Feigenbaums. 102. Disputationen. Mt. 21, 23 ss. 103. Wiederkunft Christi. 104. Todespläne. 105. Judas Iskariot. 106. Liebes- und Abendmahl. 107. Kampf in Gethsemane und Verklärung im Tode. 108. Verhaftung. 109. Verhör vor Hannas und Kaiaphas. 110. Petri Verleugnung. 111. Pilatus. 112. Gerechtigkeit des Urtheils. 113. Mißhandlungen. 114. Leidensstunden. 115. Kreuzigung. 116. Gewißheit des Todes Jesu. 117. Grab und Wache. 118. Auferstehung. 119. Lebensweise des Auferstandenen. 120. Grund und Folge der Auferstehung. 121. Erdbeben. Auferstandene Heilige. Engel. 122. Himmelfahrt.

Einleitung.

§. 1. Übersicht.

Die Geschichte Jesu sucht darzustellen, wie Jesus von Nazaret nach göttlicher Bestimmung durch die freie That seines Geistes und durch die Veranlassung seines Zeitalters Weltheiland geworden ist. Denn das Menschenleben besteht aus einem ursprünglich bestimmten Sein, einem frei Gewollten und einem durch die Umstände Gewordenen. Das Erste ist nur als Thatsache anzuerkennen, die auf das Geheimniß der Schöpfung zurückweist. Das Andre kann von freien Geistern denkend nacherlebt werden. Das Dritte ist vollkommen zu erklären, d. h. aus den gegebenen Verhältnissen als nothwendig nachzuweisen. Alle drei Elemente des Lebens, in der Wirklichkeit nur verfließende Unterschiede, sind von Gott, aber in verschiedener Vermittelung, geordnet.

Staudenmaier, Einl. in d. Leben Jesu. [Freib. Zeitschr. f. Theol. 842. B. VIII. S. 87 ff.]

Erstes Capitel. Quellen.

§. 2. Quellen ersten Ranges.

Die Christenheit selbst als der auf Erden fortlebende Christus ist das unleugbare Denkmal Jesu als einer religiösen, schöpferischen und welthistorischen Persönlichkeit. Allein da mit der Zeit Ursprüngliches ausgebildet und Fremdartiges hineingetragen sein kann, so ist die Besonderheit Jesu nur aus dem Berichte der Augenzeugen und Zeitgenossen zu erkennen. Daher sind unmittelbare Quellen die 4 Evangelien; mittelbare Quellen die paulinischen Briefe, weniger durch Hindeutungen auf Aussprüche und Schicksale Jesu, als durch die urkundliche Darstellung des ersten Eindrucks, den sein Leben gemacht hat.

§. 3. Die 4 Evangelien.

Alle 4 Evangelien, welche als die allein sichern Lebensbeschreibungen Jesu seit der Mitte des 2. Jahrh. in der herrschenden Kirche einmüthig anerkannt wurden, haben nicht zunächst einen historischen, sondern einen religiösen Zweck, daher sie nicht die Bildung Jesu zum Messias, sondern sein Wirken und Schicksal als Messias darstellen, was allein zum apostolischen Zeugnisse gerechnet wurde Act. 1, 21s. Alle wollten ein Gesammtbild seines messianischen Lebens aufstellen und haben daher die Hauptentwicklungspunkte gemeinsam: aber die

2   Einleitung. Cap. I. Quellen.

3 ersten Evangelien folgen bis zum Todes-Passah keiner nachweisbaren Zeitordnung, obwohl auch sie die Ereignisse in einer gewissen Zeitfolge geben wollten cf. Lc. 1, 3, das 4. Evangelium deutet die Zeitordnung an durch Unterscheidung einiger Festreisen; jene enthalten bis zum Todes-Passah nur die Wirksamkeit Jesu in Galiläa, dieses vorzugsweise auf den Festen in Jerusalem; jene mehr die Wunderthaten und seine Reden zunächst in sittlich-religiöser Beziehung auf das Gottesreich, dieses mehr seine religiösen Reden und über sein eignes Verhältniß zu Gott; jene geben auch den Eindruck einer frohen und hoffnungsvollen Zeit, dieses hat vom Anfange den sterbenden Messias im Auge als die Vollendung des weltgeschichtlichen Kampfes zwischen Licht und Finsterniß; jene schildern mehr den Messias in seiner nationalen Erscheinung, dieses den religiösen Weltheiland; endlich jene scheinen die Ereignisse, soweit sie Kunde davon hatten, ohne viele Auswahl aufgenommen zu haben, dieses hat nur ausgewählt, was der Darstellung seiner Idee von Christo diente.

§. 4. Die synoptischen Evangelien.

Papias berichtet ein unverdächtiges Zeugniß aus apostolischer Zeit, daß Matthäus die Geschichten Jesu aramäisch aufgezeichnet habe. ª) Da das Evangelium, welches nach dem einmüthigen Urtheile der Kirche seit der Mitte des 2. Jahrh. erweislich den Namen des Matthäus trägt, weder wie eine Übersetzung lautet, noch die Anschaulichkeit und Eigenthümlichkeit eines Augenzeugen beurkundet, auch, abgesehn von den Widersprüchen gegen das 4. Evangelium, nach welchen unmöglich beide Schriften von Aposteln verfaßt sind, Stellen wie Mt. 21, 7. 27, 52 s. 15, 29 sc. cf. 14, 14 ss. 21, 19 s. cf. Mc. 11, 14. 20. Mt. 27, 44. cf. Lc. 23, 39 ss. auf einen entfernteren Zeitgenossen hinweisen, so kann sich dasselbe zum aramäischen Texte, der sich als Evangelium der Hebräer unter den Judenchristen in allmäliger Corruption bis in's 5. Jahrh. erhalten hat, nur wie eine freie griechische Bearbeitung verhalten. Nach demselben Zeugnisse hat Markus aus seinem Gedächtnisse der Verkündigungen des Petrus die Reden und Thaten Jesu beschrieben. ᵇ) Da jedoch dasjenige, was Papias an der Anordnung oder am Zusammenhange vermißt, und als bloße Zusammenstellung nach gelegentlichen erbaulichen Mittheilungen erwarten läßt, zum 2. Evangelium, mindestens nach der Ansicht, welche Lukas von einer geordneten Darstellung hatte, nicht durchaus paßt, so beruht die Einerleiheit des 2. Evangeliums mit dem ursprünglichen Werke des Markus nur auf demselben Urtheile der spätern Kirche. Der Verfasser des 3. Evangeliums bezeichnet sich [1, 1-4] als einen Geschichtschreiber, der noch mit Augenzeugen verkehrte, und in der Apostelgeschichte [16, 10 ss.

20, 5 ss. 27, 1 ss.] durch eine ebenso absichtslose als nach sonstiger Verarbeitung seiner Quellen individuelle Darstellung als Reisegenossen des Paulus. Daher die kirchliche Überlieferung, welche ihn Lukas nennt [Col. 4, 14], ebenso wahrscheinlich, als für die geschichtliche Sicherheit gleichgültig ist. Das Dasein einer Literatur über das Leben Jesu [Lc. 1, 1] deutet auf die spätere apostolische Zeit, und das 21. Capitel scheint unter dem Eindrucke der Zerstörung Jerusalems geschrieben.^c) Dem widerspricht auch nicht die Abfassungszeit der Apostelgeschichte, denn, wie es sich mit ihrem Schlusse verhalte, nach dem elegischen Tone des letzten Reiseberichtes [Act. 20, 22-38. 21, 13 s.] ist sie wenigstens nicht vor dem Tode des Paulus verfaßt, als ihrem natürlichen Schlußpunkte, was auch das älteste Zeugniß über die Abfassungszeit der Evangelien voraussetzt.^d) Unser Markusevangelium gehört derselben Zeit, als die Erwartung der Wiederkunft Jesu sich für seine Zeitgenossen schon vergeistigte Mc. 9, 1. cf. Mt. 16, 28. Dagegen im 1. Evangelium das prophetische Bild der Geschicke Jerusalems so unbestimmt und ihre Verbindung mit der Wiederkunft Christi so unmittelbar ist Mt. 24, 29, daß auch die griechische Bearbeitung vor der Zerstörung Jerusalems zu liegen scheint. Aber jedenfalls ist der Vorstellungskreis aller 3 Evangelien so gleich, daß ihre Geburtszeit nicht weit aus einander fallen kann, auch weist ihr Schauplatz der Thaten Jesu darauf hin, daß sie vorzugsweise aus Überlieferungen der Ortschaften am galiläischen See, also innerhalb dieser Umgebung, entstanden sein mögen. Das unausbleibliche Interesse, eine Persönlichkeit, auf die man sein ewiges und zeitliches Heil gründen wollte, nachträglich kennen zu lernen, mußte solche Überlieferungen sammeln, und sobald sich einmal eine bestimmte Gestalt derselben gebildet hatte, kam ihr die Pietät vor einer heiligen Überlieferung zu Gute. Bei dieser wesentlichen Gleichheit steht Matthäus am entschiedensten auf alttestamentlichem Grunde, und liebt es, Verwandtes aus verschiedener Zeit in symmetrische Gruppen zusammenzustellen. Markus beschränkt sich mehr auf die Ereignisse und hat manchen anschaulichen, naturgemäßen, doch meist unbedeutenden Zug voraus. Lukas hat bei dem reichsten Inhalte der Ereignisse eine gewisse historische Forschung im Sinne. Ist er der paulinischen Weltreligion zugeneigt, wie Matthäus dem Judenchristenthum, so findet sich doch auch bei jenem Vermittelndes, bei diesem Überschreitendes. Wie auch das räthselhafte Verhältniß einer Zusammenstimmung, die nicht durch die Nothwendigkeit der Sache selbst gegeben ist, bis auf zufällige Worte, und eines Auseinandergehens bis auf Thatsachen erklärt werde, ein gemeinsamer Grund und eine individuelle Zuthat muß anerkannt werden, und was für Lukas bezeugt ist, daß er sowohl eine münd-

4 Einleitung. Cap. I. Quellen.

liche Überlieferung als auch schriftliche Denkmale kannte, das ist auch für Markus wahrscheinlich, in der Art, daß er das Hebräer=Evangelium vor sich gehabt hat, Lukas unter Andern auch unsern Matthäus und Markus.

a) Bei Euseb. H. ecc. III, 39: *Ματθαῖος μὲν οὖν ἑβραΐδι διαλέκτῳ τὰ λόγια συνεγράψατο· ἡρμήνευσε δ᾽ αὐτὰ ὡς ἠδύνατο ἕκαστος.* Über *λόγια* cf. *λογίων κυριακῶν ἐξηγήσεις.* Über Pantänus *Euseb.* ib. V, 10.

b) Bei Euseb. H. ecc. III, 39: *Μάρκος ἑρμηνευτὴς Πέτρου γενόμενος, ὅσα ἐμνημόνευσεν, ἀκριβῶς ἔγραψεν, οὐ μέν τοι τάξει τὰ ὑπὸ τοῦ Χριστοῦ ἢ λεχθέντα ἢ πραχθέντα· οὔτε γὰρ ἤκουσε τοῦ κυρίου, οὔτε παρηκολούθησεν αὐτῷ, ὕστερον δὲ Πέτρῳ, ὃς πρὸς τὰς χρείας ἐποιεῖτο τὰς διδασκαλίας, οὐχ ὥσπερ σύνταξιν τῶν κυριακῶν ποιούμενος λόγων· ὥστε οὐδὲν ἥμαρτε Μάρκος, οὕτως ἔνια γράψας, ὡς ἀπεμνημόνευσεν. Ἑνὸς γὰρ ἐποιήσατο πρόνοιαν, τοῦ μηδὲν ὧν ἤκουσε παραλιπεῖν, ἢ ψεύσασθαί τι ἐν αὐτοῖς.* c) Auch Lc. 11, 49s. cf. Mt. 23, 35. 2 Chron. 25, 20-22. *Josephi* Bell. jud. IV, 6, 4.

d) *Iren.* III, 1: *Ὁ μὲν Ματθαῖος ἐν τοῖς Ἑβραίοις τῇ ἰδίᾳ διαλέκτῳ αὐτῶν γραφὴν ἐξήνεγκεν εὐαγγελίου, τοῦ Πέτρου καὶ τοῦ Παύλου ἐν Ῥώμῃ εὐαγγελιζομένων καὶ θεμελιούντων τὴν ἐκκλησίαν. Μετὰ δὲ τὴν τούτων ἔξοδον Μάρκος — τὰ ὑπὸ Πέτρου κηρυσσόμενα ἐγγράφως ἡμῖν παραδέδωκε, καὶ Λουκᾶς δὲ, ὁ ἀκόλουθος Παύλου, τὸ ὑπ᾽ ἐκείνου κηρυσσόμενον εὐαγγέλιον ἐν βιβλίῳ κατέθετο.*

§. 5. Das johanneische Evangelium.

Der Verfasser des 4. Evangeliums beruft sich auf sein Augenzeugniß 19, 35. cf. 1, 14. 1 Jo. 1, 1 s. und in einem Nachtrage wird seine Wahrhaftigkeit erhärtet 21, 24. Aber dieses Zeugniß ist bei seiner Namenlosigkeit leicht zu verdächtigen. Der gleiche Ursprung des Evangeliums und des 1. dem Johannes zugeschriebenen Briefs ist nach Form und Inhalt offenbar. Einem Ausspruche des Polykarpus scheint eine charakteristische Stelle jenes Briefs zu Grunde zu liegen, und Papias hat, nach Eusebius, Stellen daraus angeführt.[a]) Bei Justin und Tatian finden sich Anklänge an das 4. Evangelium,[b]) nebst Anwendung der Logoslehre auf Christus. Der Gebrauch dieses Evangeliums in der Schule Valentins um die Mitte des 2. Jahrh. konnte dasselbe der katholischen Kirche nicht empfehlen. Theophilus von Antiochien hat [um 180] eine Stelle des 4. Evangeliums als Ausspruch des Johannes citirt.[c]) Irenäus setzt es als unzweifelhaft, daß Johannes, der Apostel, dieses Evangelium geschrieben habe.[d]) Er ist der geistige Enkel des Johannes und seine Jugend in der Schule Polykarps steht noch hell in seiner Erinnerung. Zwar beruft er sich in dieser Sache nicht auf Polykarpus, findet jedoch dessen Überlieferungen aus dem Munde des Apostels in allem der Schrift einstimmig.[e]) Seitdem hat Johannes als Verfasser gegolten, und erst die neuere Kritik hat ernste historische Bedenken dagegen erhoben. Allerdings sind die ältesten Zeugnisse für

§. 5. Johannes.

den johanneischen Ursprung der Apokalypse noch bestimmter, und diese, obwohl das Judenchristenthum schon durchbrechend [7, 9] eignet sich mehr für den urkundlich uns bekannten Johannes [Gal. 2, 8-10] als das Evangelium, dem die Juden ein fremdes Geschlecht sind. Doch sieht das Herausstellen des johanneischen Namens in der Apokalypse [1, 1. 4. 9. 22, 8] weit eher wie eine Absicht und Dichtung aus, als das gemüthvolle Verschleiern desselben im Evangelium. Aber auch der Übergang von der Apokalypse, welche noch nicht die Trümmer Jerusalems gesehen hat [11, 1 s. 13], zum 4. Evangelium wäre nur der Fortschritt von einem milden Gewährenlassen zur thätigen Antheilnahme an der welterlösenden Bestimmung des Christenthums, der jedenfalls stattfinden mußte, wenn Johannes, nach der wohlverbürgten Überlieferung, in den paulinischen Wirkungskreis zu Ephesus eingetreten ist, ein Fortschritt des religiösen Gedankens und auch des griechischen Styls. Speculativer Tiefsinn und tautologische Langweiligkeit wurden fast gleichzeitig gegen den apostolischen Ursprung des Evangeliums geltend gemacht. Die Zusammenfassung des Logos mit dem Messias war nach Paulus, Philo und dem Hebräer-Briefe eine naturgemäße Entwicklung, die auch durch einen Vertrauten Jesu, nach dessen geschichtlicher Verklärung, vollzogen werden konnte, und gerade, daß dadurch diesem Evangelium nicht der volle Herzschlag menschlichen Lebens verloren gegangen ist, spricht für den, der an Jesu Brust gelegen. Die Gestaltung einer Geschichte zur Darstellung einer Idee ist kein Beweis gegen ihre Geschichtlichkeit, und eine historische Fälschung zur Einführung einer neuen Lehre würde sich vielmehr näher an die hergebrachte Überlieferung angeschlossen haben, während der Liebling Jesu die kirchliche Überlieferung überschreiten konnte und mußte. Die Festreisen sind der synoptischen Überlieferung unbekannt, obwohl auch durch Mc. 10, 32. 11, 11 nicht widersprochen: aber an sich ist nicht wahrscheinlich, daß Jesus nach seiner volksthümlichen Sitte und nach seinem messianischen Zwecke nie nach Jerusalem gezogen wäre, außer zum Tode. Cf. Lc. 6, 1. 10, 38. Mt. 23, 37. Die Zeitbestimmung des letzten Abendmahls Jesu steht außer Verhältniß zur christlichen Jahresfeier des Passah, welches Johannes wie Paulus in gemischten Gemeinden nur auf jüdischen Grundlagen halten konnte. Da ein großer, unergründlicher Charakter von seinen Umgebungen nach dem Maße ihres Geistes verschieden aufgefaßt wird, so beweist die verschiedene Auffassung Jesu nichts gegen Johannes, so lange die Unmöglichkeit einer höhern Einheit der verschiedenen Gesichtspunkte nicht dargethan ist, und auch dann bliebe möglich, daß der Apostel-Greis seine Idee von Jesu aufrichtig dargestellt habe. Mit der Überlieferung, daß Johannes erst im höchsten Alter dieses

6 Einleitung. Cap. I. Quellen.

Evangelium als das letzte geschrieben habe, stimmt auch der Charakter desselben: der innere Gegensatz des Judenthums ist bereits überwunden und doch die Erinnerung an die Thatsachen meist noch anschaulich frisch. Die Unterscheidung des frühern und spätern Verständnisses einer Rede oder That Jesu bezeugt den Augenzeugen Jo. 2, 21 s. 12, 16. Die Art, wie Johannes selbst im Evangelium bezeichnet wird 13, 23. 20, 2 ss. cf. 21, 20. 1, 35 ss., die Zurückstellung des Petrus als das eifrig behauptete Vorrecht seiner Liebe, die Anschließung des Christenthums an den bereits vorhandenen Zug zu Gott, endlich die Auffassung aller Religion als Liebe, dieses eignet sich durchaus für Johannes; obwohl es auch die Anschauungs- und Sprachweise eines ihm vertrauten Gemeindekreises sein kann. Aber zwei Schriften von so scharfbestimmter Individualität wie das Evangelium und der 1. Brief konnten schwerlich ohne Widerspruch einem Apostel angedichtet werden, der zumal in einer Zeit, wo er allein noch übrig, sicher im weitesten Gemeindekreise gekannt und verehrt war; auch konnte ein so tiefsinniger und, wenn das Evangelium eine Dichtung wäre, schöpferischer Geist, wie diese Schriften ihn voraussetzen, schwerlich so spurlos vorübergehn. Hiernach ist Johannes als Verfasser anzuerkennen, bis die Kritik aus einzelnen Stellen erwiesen haben wird, daß er dieses Evangelium nicht schreiben konnte. Dann würde die nächste Wahrscheinlichkeit seinem Doppelgänger zu Ephesus, dem Presbyter Johannes, zufallen, und hierdurch, nach des Papias Zeugnisse, das historische Gewicht des Evangeliums nur wenig vermindert werden.[1]) Eine Ausscheidung derjenigen Bestandtheile, die von einem Augenzeugen befremden, ist durch die Planmäßigkeit und Einheit des Ganzen versagt. Für Johannes konnte die hergebrachte Evangelienweise in ihrer mündlichen oder schriftlichen Gestaltung nicht unbekannt sein, er hat sie also durch Aufstellung des Vollkommneren aus seiner Erinnerung ergänzt. Wenn er nach einem bleibenden Gefühle der Kirche den Herrn tiefer und innerlicher aufgefaßt hat als die Andern, so ist seinem Evangelium doch charakteristisch ein Schweben zwischen der volksmäßigen Messiasvorstellung und ihrer höchsten Vergeistigung, auch gehören zum Verständnisse Jesu nicht minder die andern Darstellungen einer derben nationalen Wirklichkeit.

a) Polyc. ad Philipp. c. 7: Πᾶς γὰρ, ὃς ἂν μὴ ὁμολογῇ Ἰησοῦν Χριστὸν ἐν σαρκὶ ἐληλυθέναι, ἀντίχριστός ἐστι. Cf. 1 Jo. 4, 3. *Euseb.* H. ecc. III, 39: Κέχρηται ὁ αὐτὸς [Papias] μαρτυρίαις ἀπὸ τῆς Ἰωάννου προτέρας ἐπιστολῆς.

b) Just. Apol. I. c. 61: Ὁ Χριστὸς εἶπεν· ἂν μὴ ἀναγεννηθῆτε, οὐ μὴ εἰσέλθητε εἰς τὴν βασιλείαν τῶν οὐρανῶν· ὅτι δὲ καὶ ἀδύνατον εἰς τὰς μήτρας τῶν τεκουσῶν τοὺς ἅπαξ γεννωμένους ἐμβῆναι, φανερὸν πᾶσίν ἐστι. Cf. Jo. 3, 3 ss. *Clement.* Homil. XI, 26. — *Tatian.* c. Graec.

§. 6. Glaubwürdigkeit der Evangelien.

Or. c. 13: *Τοῦτο ἐστὶν ἄρα τὸ εἰρημένον· ἡ σκοτία τὸ φῶς οὐ καταλαμβάνει, — ὁ λόγος μέν ἐστι τὸ τοῦ θεοῦ φῶς.* Cf. Jo. 1, 5.
c) *Theoph.* ad Autol. II, 22: [nach Darstellung der Logoslehre:] *Ὅθεν διδάσκουσιν ἡμᾶς ἅγιαι γραφαὶ καὶ πάντες οἱ πνευματοφόροι, ἐξ ὧν Ἰωάννης λέγει· ἐν ἀρχῇ ἦν ὁ λόγος, καὶ ὁ λόγος ἦν πρὸς τὸν θεόν.*
d) *Iren.* III, 1: *Ἔπειτα Ἰωάννης ὁ μαθητὴς τοῦ κυρίου, ὁ καὶ ἐπὶ τὸ στῆθος αὐτοῦ ἀναπεσὼν, καὶ αὐτὸς ἐξέδωκε τὸ εὐαγγέλιον, ἐν Ἐφέσῳ τῆς Ἀσίας διατρίβων.*
e) *Ep.* ad *Florinum: Euseb.* H. ecc. V. 20. ƒ) *Euseb.* H. ecc. III, 39.

§. 6. Glaubwürdigkeit der Evangelien.

Die Kirche ist nicht durch Schriften gegründet worden, und die Evangelien konnten nur dadurch heilige Schriften werden, daß sie wesentlich dasselbe enthielten, was bereits im Glauben der Kirche feststand. Hinsichtlich der örtlichen und geschichtlichen Umgebung, so weit sie aus andern Quellen bekannt ist, leuchtet vielfach die genaue Kunde von Zeitgenossen durch, doch nicht ohne einzelne Versehen. Durch ihre Einstimmigkeit wie durch unbefangene Abweichungen erscheinen alle 3 Synoptiker als sorgfältige und theilweise selbständige Berichterstatter, auch zeigt ihre Darstellung des christlichen Glaubens eine Einfalt, die bald nach der apostolischen Zeit zurücktrat, und eine ihrer eignen Beschränktheit fremde Erhabenheit. Über ihre etwanigen Widersprüche ist nur nach innern Gründen zu entscheiden, oder, wo diese nicht ausreichen, der Widerspruch in seiner Unentschiedenheit anzuerkennen. Johannes hat das Vorrecht des Augenzeugen, doch unbeschadet der zuweilen bestimmteren Ausführlichkeit der Synoptiker da, wo jener um die bloß äußerliche Thatsache als solche wenig bekümmert ist. Was Lukas [1, 3 s.] von seiner Genauigkeit versichert, dafür giebt auch Johannes [20, 31] durch sein Bewußtsein der Bedeutung seiner Schrift eine Bürgschaft. Weil aber die johanneische Ächtheit aus dem Inhalte der einzelnen Stellen selbst noch in Zweifel gezogen werden kann, und weil in die synoptischen Evangelien nach ihrer Entstehungsweise Unhistorisches eingeflossen sein kann: steht, um dieses zu entscheiden, der historischen Kritik ein unbeschränktes Recht zu. Auch mag geschehn sein, daß durch die jüdische Annahme einer steten Beziehung zwischen den Thatsachen und den Weißagungen, wie durch das Glanzlicht, welches nach der Auferstehung auf das frühere Leben Jesu fiel, schon im Andenken der Apostel manche Ereignisse eine fremde Beleuchtung erhielten. Dagegen bei der Annahme einer unbedingten, unfehlbaren Sicherheit der Quellen, nach dem eigenthümlichen Verhältnisse derselben zu einander, jede Geschichtsforschung ebenso unnöthig als unmöglich würde, indem nur die Angst und Unwahrheit der veralteten Harmonistik übrig bliebe.

*****Lardner**, the credibility of the gospel-history. Lond. [727 ss.] ed.

3. 741 ss. 12 T. Übrs. v. Brun u. Heilmann, Berl. 749 ff. 5 B. Kleuker, ausführl. Unters. d. Gründe für die Ächth. u. Glaubw. d. schriftl. Urk. des Christenth. Lpz. u. Hamb. 793 ff. 5 B. Eckermann, ü. d. sichern Gründe d. Gl. an d. Hauptthatsachen d. Gesch. J. [Theol. Beitrr. B. V. H. 2.] Tholuck und Grimm. [§. 22 nt. g.] — *J. L. Mosheim*, Demonstratio Vitae J. ex morte Apostolor. ad 2 Cor. 4, 10. Helmst. 724. 4.

§. 7. Sagenhaftes in den Evangelien.

Sollten sich Erzählungen der Evangelien als unhistorisch erweisen, so sind sie entweder für mährchenhafte Gerüchte, oder für heilige Sagen zu halten. Die Letztern konnten dadurch entstehn, daß jüdische Erwartungen oder urchristliche Ideen durch die unbewußt bildende Macht der Phantasie im Munde der ersten Gemeinden die geschichtsartige Form von Erlebnissen Jesu erhielten, indem der Gedanke sich die Thatsache erschuf, oder sich in ihre Umbildung hineinlegte, oder sie nur mit sagenhaften Zusätzen ausschmückte. Die damalige Bildung des jüdischen Volks läßt nur mährchenhafte Gerüchte erwarten, aber dem begeisterten Schwunge der christlichen Urgemeinden, der doch nicht ohne menschliche Trübung war, [1 Cor. 14. cf. 1 Tim. 1, 4. 2 Ptr. 1, 16] fehlte wenigstens nicht die Kraft zur Erzeugung heiliger Sagen. Ihre harmlose Aufnahme ist durch die Entstehung der synoptischen Evangelien nicht ausgeschlossen. Das 4. Evangelium, so lange sein apostolischer Ursprung nicht widerlegt ist, läßt die Möglichkeit der Sage nur so weit zu, als Johannes nicht erweislich gegenwärtig war, oder eine Trübung seines historischen Urtheils durch spätere persönliche und Gemein-Gefühle wahrscheinlich zu machen ist. Aber die stehend gewordene Evangelien-Überlieferung, der Hauptquell der synoptischen Evangelien, als unter den Augen der Apostel und Augenzeugen entstanden, ist von der dichterischen, wild aufwachsenden Volkssage noch sehr verschieden, obwohl diese hie und da in jene eingedrungen sein kann, und Lukas [1, 1-4] wie Papias*) schon auf das Bedürfniß einer Scheidung des Gewissen vom Ungewissen deuten. Grundzüge des Charakters und der Wirksamkeit Jesu, welche jüdischen Erwartungen wie apostolischen Vorurtheilen widersprechen, geben Zeugniß, daß sein Bild zunächst von ihm selbst, nicht von der Gemeinde ausgegangen ist. Die Poesie des Gehalts wie der Form, wenn auch in einfachster Gestalt, ist ein Merkmal der Sage, aber kein ausschließliches. Das Wunderbare ist der naturgemäße Gegenstand der heiligen Sage, aber die ganze wunderbare Verherrlichung Jesu ist noch nicht als solche sagenhaft, denn wie sie tief in dem geschichtlichen Zusammenhange begründet ist, so ist auch schon in den paulinischen Briefen, als unleugbaren Zeugnissen eines ernstgesinnten, mit den Aposteln vertrauten Mannes, dieselbe Vorstellung von Jesu gegeben. Auch die bloße

§. 7. Sagenhaftes in den Evangelien. §. 8. Reden Jesu.

Ähnlichkeit mit alttestamentlichen Ereignissen ist an sich noch kein Merkzeichen der Sage: denn Ähnliches konnte auch beabsichtigt und geschehn sein, zumal unter einem mit seiner Vorzeit so vertrauten Volke. Noch weniger das Sinnreiche und Außerordentliche an Jesu, ohne welches der ungeheuere Eindruck seiner Person und Wirksamkeit undenkbar wäre. Nachdem jedoch in den Evangelien ein einziger sagenhafter Bestandtheil anerkannt ist, muß ihr gesammter Inhalt darauf angesehn werden, ohne irgend eine frommgemeinte Angst und Voraussetzung. Allein nach den äußern und allgemeinen Gründen für die Sicherheit der 4 Evangelien ist nicht erst für jede einzelne Thatsache, welche in denselben überliefert ist, der Beweis zu führen, daß sie auch geschehn sei, als durch welche Forderung alle Geschichte aufgehoben würde, sondern der Kritik ist anheimgegeben, hinsichtlich der einzelnen Thatsache aus innern Gründen zu erweisen, daß sie, trotz der Evangelien, nicht geschehn oder nicht so geschehn sein könne.

Schelling, ü. Mythen, hist. Sagen u. Philosopheme. [Paulus, Memorab. 795. St. 3. N. 1.] *Otfr. Müller, Prolegomena z. e. wiss. Mythol. Gött. 825. Über die versch. Rücksichten, in welchen u. für welche der Biograph Jesu arbeiten kann. [Bertholdts krit. Journ. 816. B. V. S. 445 ff.] *Strauß, Leben Jesu. B. I. Einleitung. *George, Mythus u. Sage. Versuch e. wiss. Entw. dieser Begr. u. ihres Verh. zum chr. Gl. Berl. 837. — Heß, Gränzbestimmung dessen, was in der Bibel Mythos, Anthropopathie, person. Darst., Poesie, Vision u. was wirkl. Gesch. sei. [Bibl. f. d. h. Gesch. Zür. 792. B. II. S. 153 ff.] Heydenreich, ü. die Unzulässigk. der myth. Auff. d. Hist. im N. T. u. im Christenth. Hamb. 831 ff. 2 Abth. *Baumgarten-Crusius, de mythicae Evv. interpretationis indole atque finibus. [Opp. theol. Jen. 836. N. 10.] *C. Ullmann, Historisch o. Mythisch? Hamb. 838. Andres s. §. 22 nt. g.

*) Euseb. Hist. ecc. III, 39: Οὐ τοῖς τὰ πολλὰ λέγουσιν ἔχαιρον, ὥσπερ οἱ πολλοί, ἀλλὰ τοῖς τἀληθῆ διδάσκουσιν. Cf. Ignat. Ep. ad Philad. c. 8.

§. 8. Reden Jesu.

Eine unmittelbare und wörtliche Niederzeichnung der Reden Jesu ist nach den Verhältnissen nicht denkbar. Aber ihr Verwachsensein mit den Ereignissen, ihre hohe Eigenthümlichkeit und theilweise Verschiedenheit vom Style der Evangelisten so wie von andern besonders in der Apostelgeschichte aufbewahrten Reden, endlich der hohe Werth, der schon in der apostolischen Kirche auf eigne Worte des Herrn gelegt wurde, [1 Cor. 7, 10. 12. 25] spricht dafür, daß sie von den Evangelisten nicht künstlerisch gemacht sind. Doch sind sie in eine fremde Sprache übersetzt, gegen unwillkürliche Modificationen in der Erinnerung nicht gesichert, und der Natur der Sache nach nur Haupt- und Stich-Worte aufbewahrt. Da Johannes auch einige Aussprüche Jesu hat in der praktischen Tendenz der Synoptiker [Jo. 7, 17. 13, 12 ss. 34 s.] und diese einige Reden im idealen

Schwunge des Johannes, [Mt. 11, 25-30. 28, 18 ss. Lc. 24, 49. Act. 1, 4 ss.] auch johanneische Aussprüche Jesu sich fast wörtlich bei den Synoptikern finden [Jo. 12, 8. 25. 13, 20. 2, 19. Mt. 26, 11. 10, 39 s. 26, 61. Mc. 14, 58]: so kann der verschiedene Charakter ihrer Mittheilungen auf verschiedener Auswahl beruhn, indem die mündliche Überlieferung ihrer Natur nach das Nationale, Parabolische, Kurze und Schlagende festhielt, Johannes jene hoch- und still-schwebenden Monologe, die seiner Idee von Jesu zusag- ten. Allein die johanneischen Reden Jesu, soweit sie nicht nothwen- dige Bestandtheile der Ereignisse sind, gleichen doch weit mehr dem Briefstyle des Johannes, als den synoptischen Reden Jesu, selbst der Täufer spricht in demselben Style, und manche jener Reden, welche in ihrer nächsten Wirkung fast nur bestimmt scheinen Miß- verständniß und Verbitterung zu mehren, wollen der aus den Synop- tikern bekannten Volkslehrer-Weisheit nicht entsprechen. Das Ge- dächtniß ist oft mächtig in schriftungewohnten Menschen und für Johannes blieb der erste große Eindruck seiner Jugend der feste Mit- telpunkt seines Lebens: aber seine längern Reden Jesu sind so be- schaffen, daß sie ohne förmliches Memoriren gar nicht sicher bewahrt werden konnten. Sie beziehn und berufen sich so auf einander Jo. 10, 27. cf. 10, 13 ss., wie dieß nur bei ihrer geschriebenen Nähe möglich war. Auch trägt Johannes kein Bedenken, die Reden seiner beiden Lehrer unmerklich in seine eignen Reflexionen übergehn zu lassen. Jo. 3, 16 ss. 31 ss. Dennoch hat er Aussprüche Jesu so gewissenhaft objectiv bewahrt, daß er seines frühern Nichtverständnisses gedenkt und Gelegenheit giebt, noch von seinem spätern Verständnisse abzu- gehn. Jo. 2, 19 ss. 7, 38 s. Auch ist schwer zu glauben, daß er Reden desjenigen erdichtet habe, auf dessen Wort ihm das ewige Le- ben gegründet ist Jo. 20, 31. Hiernach sind seine Lehrvorträge Jesu für mehr oder minder freie Entwickelungen und Wiedererzeugungen dessen zu achten, was er von Jesu Worte im Herzen bewegt, aber auch in einem halben Jahrhunderte leicht unbewußt mit eignen Gedanken versetzt hatte, und je mehr sie bloße Explicationen des Logosbegriffs sind, um so unsicherer ist ihre historische Bedeutung.

Ferf, Fides et auctoritas Mtth. in referenda Jesu oratione c. 5. 6. 7. vindicatur, inpr. contra Evansonum. Traj. Bat. 779. *Tschucke*, Commentr. logico-rhetoricus de sermm. J. C. Lps. 781. K. F. Bahrdt, sämmtl. Reden Jesu. Berl. 786 f. 2 B. The Words of Christ with notes explanatory. Lond. 788. *C. Bastholm*, alle Jesu Christi taler oversatte efter grundsproget og oplyste ved forerindringer. Kjöbenhavn 797. Manderbach, d. Buch. d. Wahrh., o. d. allgem. Reden Jesu. Elberf. 813. — *Stronck*, de doctr. et dictione Jo. ad Jesu doctr. dictionemque com- posita. Traj. ad Rh. 797. *Bertholdt*, verosimilia de orig. Ev. Jo. [Opp. ed. Winer. p. 1 ss.] Strauß, B. I. 690 ff. Dgg: *Lücke, Joh. B. I.

§. 9. Schriften Jesu. §. 10. Quellen zweiten Ranges.

S. 240 ff. — R. Stier, die Reden d. Herrn Jesu. Anbeut. f. gläub. Verständniß drf. Barmen 2. A. 852 f. 3 B.

Thucydid. I, 22 : Καὶ ὅσα μὲν λόγῳ εἶπον ἕκαστοι — χαλεπὸν τὴν ἀκρίβειαν αὐτὴν τῶν λεχθέντων διαμνημονεῦσαι ἦν ἐμοί τε, ὧν αὐτὸς ἤκουσα, καὶ τοῖς ἄλλοθέν ποθεν ἐμοὶ ἀπαγγέλλουσιν· ὡς δ᾽ ἂν ἐδόκουν μοι ἕκαστοι περὶ τῶν ἀεὶ παρόντων τὰ δέοντα μάλιστα εἰπεῖν, ἐχομένῳ ὅτι ἐγγύτατα τῆς ξυμπάσης γνώμης τῶν ἀληθῶς λεχθέντων, οὕτως εἴρηται.

§. 9. Schriften Jesu.

Daß Jesus nichts Schriftliches hinterlassen hat, ist vielleicht nur zufällig geschehn, und durch die gewöhnliche Hinweisung auf den Gegensatz zwischen Buchstaben und Geist keineswegs erklärt, hängt jedoch mit der Unmittelbarkeit seines ganzen Lebens und Wirkens und mit der Beschaffenheit des ursprünglichen Christenthums zusammen, das nicht eine bestimmte Lehre sein, sondern ein neues Leben anregen und ein Reich in der Gemeinschaft desselben gründen wollte. Daher Jesus auch nur die Verkündigung, nicht die Niederzeichnung des Evangeliums gebot.

Augustin. de consensu Evv. I, 7. Retractt. II, 16. cf. *Fabricii* Codex apocr. T. I. p. 303 ss. — [Böhme] Neue Erklärung d. höchst wichtigen Gegens. Buchstabe u. Geist. Jen. 799. S. 87 ff. [Dgg: Hauff, Br. den Werth b. schriftl. Religionsurkunden als solcher betreffend. Stuttg. 809. B. I.] *C. F. Sartorius*, Causarum cur C. scripti nihil reliquerit Dsq. Lps. 815. Witting, warum J. nichts schriftl. hinterlassen? Brnschw. 822. Giesecke, warum hat J. C. nichts schriftl. hinterlassen? Lüneb. 822. Fricke, warum hat C. Nichts geschrieben? [A. Ztg. f. Christenth. u. K. 846. N. 5.] — *S. J. G. Michaelis*, Exerciti. theol. phil. I. Baumgarten-Crusius, bibl. Theol. Jen. 828. S. 22 f.

Apokryphischer Brief Jesu an Abgarus von Edessa: *Euseb.* H. ecc. I, 13. *Assemani* Bibl. Orient. Rom. 719 ss. f. T. I. p. 552 ss. III P. 2. p. 8. *Grabe*, Spicilegium Patrum. 700. T. I. p. 1-12. *Fabricius*, Cod. apocr. N. T. 719. T. I. p. 303 ss. 321. Cf. *Bayer*, Hist. Edessana et Osrhoëna. Petrop. 734. 4. p. 109. *Semler*, [resp. *Heine*] de C. ad Abgarum Ep. Hal. [759] 768. 4. Röhr, Pred. Bibl. B. I. S. 161 ff.

§. 10. Quellen zweiten Ranges.

Das Zeugniß des Josephus, dessen erst Eusebius gedenkt, ist ganz, oder doch zum Theile, unächt. Das Interesse dafür liegt in einer außerchristlichen Bestätigung, und gegentheils in dem Befremden über das Schweigen dieses Geschichtschreibers.[a] Einige flüchtige Erwähnungen römischer Autoren bezeugen, bei der römischen Unkenntniß und Verachtung des jüdischen Aberglaubens, nur den weitverbreiteten Glauben, daß der Gründer einer religiösen Secte unter den Juden, Namens Christus, unter Pontius Pilatus gekreuzigt worden sei.[b] Aber als Hülfsmittel zur Geschichte Jesu dienen fast alle Schriften seiner Zeitgenossen.

a) Antiquitt. XVIII, 3, 3: [das Eingeschloßne als muthmaßliche Interpolation] Γίνεται δὲ κατὰ τοῦτον τὸν χρόνον Ἰησοῦς, σοφὸς ἀνήρ, [εἴγε ἄνδρα αὐτὸν λέγειν χρή· ἦν γὰρ] παραδόξων ἔργων ποιητής, [δι-δάσκαλος ἀνθρώπων τῶν σὺν ἡδονῇ τἀληθῆ δεχομένων] καὶ πολλοὺς μὲν τῶν Ἰουδαίων, πολλοὺς δὲ καὶ ἀπὸ τοῦ Ἑλληνικοῦ ἐπηγάγετο. [Ὁ χριστὸς οὗτος ἦν.] Καὶ αὐτὸν ἐνδείξει τῶν πρώτων ἀνδρῶν παρ᾽ ἡμῖν σταυρῷ ἐπιτετιμηκότος Πιλάτου οὐκ ἐπαύσαντο οἵ γε πρῶτον αὐτὸν ἀγαπήσαντες. [Ἐφάνη γὰρ αὐτοῖς τρίτην ἔχων ἡμέραν πάλιν ζῶν, τῶν θείων προφητῶν ταῦτά τε καὶ ἄλλα μυρία περὶ αὐτοῦ θαυμάσια εἰρη-κότων.] Εἰς ἔτι νῦν τῶν χριστιανῶν ἀπὸ τοῦδε ὠνομασμένων οὐκ ἐπέ-λιπε τὸ φῦλον. Cf. XX, 9. *Euseb.* H. ecc. I, 11. Demonstr. evang. III, 5. — Die Literatur f. *Fabricii* Bibl. gr. ed. *Harles.* T. V. zu Anfange. Haverkamp's Ausg. d. Jos. T. II. Append. — Für die erst in Mitten des 16. Jahrh. einzeln bezweifelte, in Mitten des 17. Jahrh. vielfach bestrittene Ächtheit: *Daubuz*, pro test. Jos. Lond. 706. [auch bei Haverkamp.] *J. C. Dittmar*, de Fl. Jos. testimonio de C. Frncf. ad V. 715. 4. *Bretschneider*, Capp. Theol. jud. dogm. e Jos. scriptis collecta. Accessit πάρεργον super Jos. de C. testimonio. Lps. 812. *C. F. Böhmert, ü. Jos. Zeugniß v. C. Lpz. 823. *F. H. Schoedel*, Flav. Jos. de J. C. testatus. Lps. 840. Für Interpolation: *Montacutius* ad *Euseb.* l. c. Kuittel, neue Critiken ü. d. weltberühmte Zeugniß d. Jos. Brnschw. 779. Paulus in d. Heidelb. Jahrb. 813. S. 269 ff. 820. S. 731. *Olshausen*, Hist. ecc vet. monumenta. Berol. 820. T. I. p. 3 ss. *Heinichen*, Exc. ad Eus. T. III. p. 331 ss. Gieseler, KGesch. A. 4. B.I. S. 81 ff. Für Unächtheit, nach Luc. Oſiander, Dan. Heinſius, Dav. Blondel, Tanaquil Faber u. a. *M. Reis*, [pr. *G. G. Zeltner*] de Jos. silentio [quintuplici] ev. Hist. non noxio. Altd. 730. 4. *Got. Less*, super Jos. de C. testimonio. Gott. 781 s. 2 Dss. 4. *Eichstadius*, Flaviani de J. C. testimonii αὐθεντία quo jure nuper rursus defensa sit. Quaestt. IV. Jen. 813 s. Quaest. V. VI. ib. 840 s. 4.

b) Taciti Ann. XV. 44. *Plinii* Epp. X, 97. *Sueton.* Vita Claudii c. 25. *Lucian.* de morte peregrini c. 11 ss. *Lamprid.* Vita Alex. Sev. c. 29. 43.

Ant. Guiberti Apologeticon, testimonia auctorum ethnic. de C. et iis, quae illius adventu et crucis tempore in caelo et in terris mirabiliter facta sunt. L. B. 561. 4. *P. Pezron*, Hist. ev. per Jud. et Romanam confirmata. Par. 696. 12. *Dan. Müller*, de testimoniis gentium de C. Lps. 698. 4. *Dom. de Colonia*, rel. chrétienne, autorisée par le té-moignage des auteurs payens. Lyon 718. 2 T. 12 *Eckhard*, non christianorum de C. testimonia. Quedlinb. [725.] 737. 4. *J. C. Koecher*, Hist. J. C. e scriptoribus prof. eruta Jen. 726. 4. *J. A. G. Meyer, Vertheidig. u. Erläut. d. Gesch. J. u. d. App. aus Profanscribenten. Hann. 805. *Fronmüller, die Beweisfr. d. Zeugn., welche die nichtchr. Schriftsteller d. 2 ersten Jahrh. ü. d. Gesch. J. ablegen. [Studien der würtemb. Geiſtl. 838. B. X. H. 1.] — *J. A. Walter*, Codex in Suida mendax de Jesu. Lps. 724. 4.

§. 11. Unſichere Quellen.

Einige Berichte älterer Kirchenväter, welche nicht von den kanoniſchen Evangelien ausgehn, ſind entweder, beſonders als Aus-ſprüche Jeſu, nur unbedeutende Parallelen, oder tragen, wiefern ſie wirklich Eigenthümliches enthalten, mehr den Anſchein einer wunderlichen, meiſt auf altteſtamentliche Weißagungen gegründeten

§. 11. Unsichere Quellen. Apokryphen.

Meinung, als einer historischen Überlieferung. ᵃ) Die apokryphischen Evangelien, von denen nicht eins nach seinem Ursprunge oder nach seiner auf uns gekommenen Gestaltung über das 2. Jahrh. erweislich hinaufreicht, enthalten meist geschmacklose Erdichtung, weniges, das nur wahrscheinlich und Jesu würdig wäre; nirgends historisch verbürgt, dienen sie bloß, um als Beispiele der durchgeführten Auffassung Jesu als eines Zauberers und Geisterkönigs die historische Treue der kanonischen Evangelien durch ihr Gegentheil in's Licht zu stellen, und die Punkte anzuzeigen, an denen sich zuerst die Sage ansetzte. Sie zerfallen in drei Gruppen: Verherrlichung der Geburt und Jungfräulichkeit Marias, veranlaßt durch den Mariendienst schon vor dem nestorianischen Streite; Ausschmückung der Kindheit Jesu, wozu das Schweigen der ächten Evangelien und der Gegensatz wider gnostische Behauptungen reizte; endlich Steigerung der Passionsgeschichte nach der alten Sage von Berichten des Pilatus, als Gegensatz wider ein feindseliges Machwerk dieser Art und zur Darstellung der Lehre von der Höllenfahrt. ᵇ) Dagegen die wenigen Bruchstücke derjenigen Evangelien, die den kanonischen parallel laufen, und aus apostolischer Zeit stammen, wie das Evangelium der Hebräer, im Rechte jenen nicht ungleich, nur nach innern Gründen beurtheilt werden können. ᶜ) Die Erzählungen des Koran und einige andre Volkssagen der Araber oder Perser über die Jugend Jesu sind aus den Apokryphen entsprungen, doch mit poetischer Auswahl und Umbildung. ᵈ) Die Berichte der spätern Juden und der Zabier sind unsaubere Schmähschriften voll Widerspüche. ᵉ)

a) Grabe, Spicilegium. T. I. p. 12ss. *Fabricii* Cod. apocryph. De dictis Christi, quae in Evv. cann. non extant. T. I. p. 322ss. F. Klöpper in d. Kieler Mitarbeiten. B. II. H. 4. — *J. G. Körner*, de sermonibus C. ἀγράφοις. Lps. 776. 4.

b) 1) *Hist. Josephi Fabri lignarii*, arabice. *Evang. de nativitate Mariae*, latine. Cf. *Augustin.* c. Faustum Manich. XXIII, 9. *Protevang. Jacobi*, graece. Cf. *Origen.* in Matth. Opp. III. p. 462s. *C. A. Suckow*, de Prot. Jac. Vrat. 830. P. I. *Protev. Jac.* e Cod. Venet. ed. *Suckow*, Vrat. 841. 2) *Evang. Infantiae s. Thomae* in verschiedener Gestalt griechisch, arabisch, latein. *Ed. H. Sike*, Traj. 697. Cf. *Iren.* I, 17. *Epiphan.* Haer. LI, 20. *F. J. Schwarz*, de Ev. Inf. Jesu ficto et vero. Lps. 785. 4. Gervinus, National-Literatur d. Deutsch. B. II. S. 267. 3) *Evang. Nicodemi* graece, dessen einer Theil die Acta Pilati enthält, in sehr verschiedenen Recensionen. *Justini* Apol. I. c. 35. 48. *Tertull.* Apol. c. 21. cf. *Epiph.* Haer. L, 1. *Euseb.* H. ecc. II, 2. IX, 6. *Henke*, de Actis Pilati. Helmst. 784. 4. [Opp. acad. Lps. 802. p. 199 ss.] *Brunn*, de indole, aetate et usu Ev. Nicod. Berol. 794. *G. W. Lorsbach*, de vetusta Ev. Nic. interpr. german. Herb. 802. *Münter, Probabilien z. Leidensgesch. a. d. Ev. Nik. [Archiv f. KGesch. 822. B. V. St. 2.] — Sammlungen: *Grabe*, Spicilegium Patrum. Oxon. [698.] 700. 2T. *Fabricii* Codex apocr. N. T. Hamb. [703.] 719 ss. 3 T. *Birchii* Auctuarium Cod. apocr. N. T. Fabriciani. Hafniae, 804. Fasc. l. *Thilo, Codex apocr.

N. T. Lps. 832. T. I. — Bibl. d. Neu=Testamentl. Apokr. I. Die apok. Evv. Übrs. m. Anm. v. C. F. Borberg, Stuttg. 840. H. A. Daniel, Wahrh. u. Dichtung von J. C. Hal. 847. *Rud. Hofmann, d. Leben J. nach d. Apokr. Lpz. 851. — Kleuker, ü. d. Apokr. d. N. T. Hamb. 798. *C. J. Nitzsch, de apocryphorum Evv. in explicandis canonicis usu et abusu. Vit. 808. 4. *Paulus, ü. b. Entstehungsart d. 3 ersten kan. u. mehrerer apokr. Evv. [Theol. exeget. Conservatorium. Heidelb. 822. 1. Liefer.] F. J. Arens, de Evv. apoc. usu hist. crit. exeg. Gott. 835. *Ullmann, zur Charakteristik des Kan. u. Apokryphischen in Bez. auf d. ev. Gesch. [Historisch o. Mythisch? Abh. 4.] *Const. Tischendorf, de Evv. apoc. orig. et usu. Hag. 851. Jos. Pons, Recherches sur les Apocr. du N. T. Montauban 851.

c) Clubius, Untersuch. ob die in d. verloren gegangenen Evv. angeführten Ausspr. J. v. J. sein können. [Henkes Mus. 805. B. II. S. 351 ff.]

d) Herbelot, Bibl. orient. p. 499 s. Augusti, Christologiae Koranicae lineamenta. Jen. 799. Drst. d. Christol. d. Korans in Vergleich mit d. Christol. d. N. T. u. d. Kirche. [Apologien u. Parall. theol. Inhalts. Lpz. 800. S. 228 ff.] J. C. C. Schmidt, Sagen v. Jesu, aus morgenl. Schriften. [Bibl. f. Krit. u. Ereg. B. I. St. 1.] *C. F. Gerock, Christol. d. Koran. Gotha 839.

e) In 2 Recensionen: תוֹלְדוֹת־יֵשׁוּ. Lugd. Bat. 505. Wagenseil, Tela ignea Satanae. Altorf. 681. 4. סֵפֶר תּוֹלְדוֹת יֵשׁוּעַ הַנּוֹצְרִי. Historia Jeschuae Naz. a Judaeis blasphemiae corrupta, e Ms. hact. inedito ac versione et notis, quibus Judaeorum nequitiae deteguntur, ill. a J. J. Huldrico, Tigurino. Lugd. B. 705. Cf. Orig. c. Cels. I, 33. — Meelführer, J. in Talmude. Altorf 699. 2 T. 4. *Eisenmenger, entdeckt. Judenth. Königsb. 711. 2 B. 4. Werner, J. in Talm. Stadae, 731. 4. Stäudlin, Beitr. z. Phil. u. Gesch. d. Rel. B. V. S. 8 ff. — Lorsbach, neue Beitr. zu d. Apokr. d. N. T. a. den heil. Büchern d. Johannisjünger. Marb. 807. KGesch. §. 77.

Zweites Capitel. Plan.

§. 12. Begriff der Biographie.

Die Weltgeschichte ist ein von der göttlichen Weltregierung und der menschlichen Freiheit gebildetes organisches Ganze, in welchem sich das unendliche Leben der Menschheit darstellt. Wie in jedem wahrhaften Organismus auch die einzelnen Glieder organisch sind, so ist jedes Glied der Geschichte wiederum für sich eine organische Einheit d. h. eine bestimmte Gliederung des allgemein menschlichen Lebens oder ein individuelles Leben. Dieses entsteht dadurch, daß die allgemein menschliche Freiheit zur bestimmten Persönlichkeit wird, welche alles andre, was in ihren Gesichtskreis fällt, auf sich bezieht, und aus diesem Mittelpunkte auf ihren Umkreis zurückwirkt. Die Biographie ist die Darstellung eines solchen individuellen Lebens. Der Biograph muß daher eine klare Anschauung der bestimmten Art haben, in welcher der allgemeine Menschengeist als diese Individualität erschienen ist. Diese Anschauung ist möglich, weil jedem Einzelnen je nach dem Maße seines Geistes die Menschheit zum

Bewußtsein kommt, daher auch jede bestimmte Gestaltung des Menschengeistes durch die Betrachtung ihrer Äußerungen und Denkmale in unser Bewußtsein gelangen kann. Ohne diese Anschauung oder Idee eines individuellen Lebens, aus der sich als dem innersten Lebenspunkte alle Äußerungen desselben erklären, ist die Aufzählung der äußern Lebensschicksale unverständlich und todt. Die Lebensverhältnisse sind aber in der Art auszuwählen und darzustellen, als sie bildend und gebildet zur Entwicklung eines individuellen Lebens dienten, und daher in Einwirkung und Rückwirkung dieses selbst und seinen Zusammenhang mit der Weltgeschichte ausdrücken. Die Biographie ist nach ihrer Form ein Kunstwerk, als die in sich vollendete Darstellung einer bestimmten Idee durch die Erscheinung, aber sie wird dadurch zur Wissenschaft, daß sie nach Idee und Erscheinung streng an die Wahrheit des Geschehenen gebunden ist. Die Aufgabe des Biographen ist, seine aus Thatsachen geschöpfte Anschauung eines individuellen Lebens durch eine thatsächliche Entwicklung desselben in andern hervorzurufen.

§. 13. Verhältniß der Geschichte Jesu zu den Quellen.

Die Geschichte Jesu hat auf diese kunstgerechte und wissenschaftliche Weise die Anschauung seines individuellen Lebens durch die Thatsachen desselben hervorzubringen. Sie findet hinsichtlich der Thatsachen ihre Gränze in den Quellen, aber sie ist keine bloß erläuternde Umschreibung derselben, und hat aus ihnen nur dasjenige zu erwählen, woraus erkannt wird, wie Jesus ward, war und wirkte, in der Wechselwirkung seines Charakters und seiner Zeit. Als historische Kritik hat sie den subjectiven und objectiven Thatbestand auszumitteln, nehmlich theils, was die Evangelisten erzählen wollten, theils was wirklich geschehn ist, wiefern durch Vergleichung der verschiedenen Quellen unter einander, mit ihrem Zeitalter und mit dem Ganzen der Geschichte, eine solche Erhebung über den einzelnen Berichterstatter möglich ist.

§. 14. Idee des Lebens Jesu.

Nach dem Glauben der Christenheit ist in Christo Gott Mensch und dadurch der Welt das Heil geworden. Diese christliche Voraussetzung gilt in der Wissenschaft nur als eine Idee, an der die Thatsachen des Lebens Jesu zu messen sind, daher das Ziel der Wissenschaft die Aufhebung der Voraussetzung als solcher ist. Das wahrhaft religiöse Interesse kann hierbei der strengsten Forderung historischer Treue nicht widersprechen. Da das Göttliche sich in der Menschheit nur als wahrhaft Menschliches offenbaren kann, das vollkommene Ebenbild Gottes nur als das religiöse Urbild der Menschheit, so ist das Leben Jesu als rein menschliches Leben zu betrachten, und ohne diese Stetigkeit menschlicher Entwicklung könnte von einer Geschichte Jesu gar nicht die Rede sein. Hiernach stellt sich jene Voraussetzung als Anfrage, wiefern das religiöse Ideal der Menschheit in Jesu wirklich geworden sei? Gäbe ein Standpunkt außerhalb des Christenthums die größere Wahrscheinlichkeit, daß jene Idee nicht als Voraussetzung wirke, so muß doch da, wo das Leben Jesu wahrhaft begriffen werden soll, Christus wenigstens in der Vorstellung eine Gestalt gewonnen haben.

§. 15. Die Geschichte und das Wunder.

Die Regierung einer durch menschliche Freiheit bewegten Welt ist nur denkbar durch die Einwirkung göttlicher Freiheit. Jede Wirksamkeit Gottes in der Welt, meist nur durch ihre großartige und geheimnißvolle Kraft als solche empfunden, erscheint der religiösen Betrachtung als ein Wunder. Insbesondre zum Standpunkte des Alterthums, des Morgenlandes und der Religionsgründung gehörte die Anerkennung des Einwirkens eines unmittelbar Göttlichen durch die Erhebung über das Naturgesetz, während dem Standpunkte der neuern Zeit und Bildung die Anerkennung eines im Menschlichen und durch den Naturzusammenhang vermittelten Göttlichen nothwendig ist. Denn die Wirksamkeit Gottes erfolgt nicht aus, aber nach den Weltgesetzen, als den eingebornen Qualitäten alles Seins, weil die Welt selbst in und durch Gott ist. Daher die einzelne Thatsache niemals mit wissenschaftlicher Sicherheit als Wunder erkannt werden kann. Bei jeder Thatsache, welche als Wunder überliefert worden ist, ziemt also der Wissenschaft die Forschung nach ihren natürlichen Ursachen. Wo diese aber nicht mit historischer Treue und Sicherheit dargethan werden können, bezeichnet das Wunder entweder die Gränze unsrer Naturkraft und Naturkenntniß, oder nur die des Zeitalters, in welchem das Wunder aufgezeichnet worden ist. Kein anderes Gesetz ist dieser Forschung gegeben, als das strenge Gesetz einer redlichen und bescheidnen Geschichtsforschung, welche nicht mehr zu wissen vorgiebt, als sie nach sichern Urkunden und genauer Erwägung aller erkennbaren Umstände zu wissen vermag, und welche insbesondre die einzelne Thatsache nur im Zusammenhange mit dem ganzen Leben, dem sie angehört, betrachtet. Wieviel aber hiernach in den Thaten und Schicksalen Jesu unerklärt bleibe, so darf doch nichts in ihm vorausgesetzt werden, wodurch der Zusammenhang eines wahrhaft menschlichen Lebens aufgehoben würde.

§. 16. Zeit= und Sachordnung.

Durch die Aufzählung der Ereignisse nach der Zeitfolge wird die Übersicht des Gleichartigen zu sehr in Einzelnheiten zerstreut.

§. 16. Zeit- und Sach-Ordnung. §. 17. Perioden.

Durch die Zusammenfassung gleichartiger Thatsachen zwischen der Taufe und Leidensgeschichte unter allgemeine Betrachtungen ohne alle Zeitordnung verliert sich die geschichtliche Entwicklung der Begebenheiten und die Anschauung des Lebens in seiner lebendigen Bewegung. Daher sind beide Ordnungen so zu verbinden, daß die Geschichte zwar nach bestimmten Perioden und die Reihe der Ereignisse in der Zeitfolge abgehandelt wird, so weit dieß nach Beschaffenheit der Quellen möglich ist, aber bei der ersten einzelnen Thatsache, wo das Verständniß dieses fordert, oder da, wo durch die Geschichte selbst der Mittelpunkt einer bestimmten Gattung von Verhältnissen hervorgehoben ist, ihre Übersicht gegeben wird.

§. 17. Perioden.

Die Geschichte Jesu zerfällt nach Zeit und Charakter in eine **Vorgeschichte**, welche alles umfaßt, was seinem Auftreten als Messias voranging, und in **3 Perioden seines öffentlichen Lebens**: 1) von seiner Taufe, kurze Zeit vor dem 1. Passah, bis in die Nähe des 2. Passah; 2) bis an den Palmeneinzug zum 3. Passah; 3) bis zu seiner Hinwegnahme. Diese Eintheilung, nach der das öffentliche Leben Jesu 3 Passah oder 2 Jahre und einige Monate umfaßt, ruht allein auf Johannes [2, **13. 6**, 4. 13, 1], und ist einzuräumen, daß dieser andre Passahs übergangen haben kann, wobei nur das Ende der Verwaltung des Pilatus [36 oder 37 p. C.] den absoluten Schlußpunkt des Lebens Jesu bildet, obwohl weder in den Ereignissen, noch in der herrschenden Überlieferung ein Anlaß liegt, seine öffentliche Wirksamkeit länger zu denken, als aus den johanneischen Angaben erhellt. Aussprüche der Kirchenväter für 1 Jahr sind durch die Unbestimmtheit der synoptischen Evangelien und durch die mißverstandene Weißagung des Jesaias [61, 2] veranlaßt.*)

P. Frisii Ds. de tempore ministerii C. Vit. 604. 4. *Petavius*, quot paschata C. obierit? [ad Epiph. T. II. p. 203 ss.] *G. Weber*, quot annos C. cum hominibus conversatus sit? Berol. 697. 4. *Lauerbeck*, de annis min. C. Altorf. 700. 4. *[Koerner]* Quot paschata C. post bapt. celebraverit? Lps. 779. 4. *Priestley*, two letters to D. Newcome on the duration of our Saviours ministry. Birmingh. 780. *Newcome*, the duration etc. in reply to a lettre from D. Pr. Dublin 780. *Pries*, de numero paschatum C. Rost. 789. 4. *Haenlein*, te temporis, quo J. C. cum App. versatus est, duratione. Erl. 796. 4. Clubius, ü. d. Zeit Joh. u. J., u. Dauer ihres Lebens. [Henkes Muf. B. II. St. 3.] *B. Jacobi, ü. d. Data z. Chronol. d. L. J. in d. Ev. d. Joh. [Stub. u. Krit. 838. H. 4.] Cf. *Anger*, de tempp. rat. Lps. 833. p. 23 ss. Die äußersten Gränzen: 5 Passah nach J. Scaliger, de emend. tempp. IV. p. 257 ss. 1 Passah nach F. Burmann, de intervallo της πολιτειας s. functionis C. [Exercitt. P. II. Ds. 2.] Wieseler. [§. 22 nt. k.]

*) *Tertull.* c. Jud. c. 8. *Clement.* Stromm. I. p. 407. *Origen.* de princc. IV. T. I. p. 160 s. *Lactant.* Instt. div. IV, 10. *August.* de C. D.

XVIII, 54. Die Valentinianer nach *Iren.* I, 3. die Aloger nach *Epiphan.* Haer. LI, 22. Für 2 Jahre und einige Monate, also 3 Paſſah: *Epiphan.* Haer. XX, 2. LI, 25 ss. *Hieron.* in Dan. IX. Für 3 Jahre und einige Monate, also *Jo.* 5, 1 u. 6, 4 als 2 verſchiedene Paſſah: *Ignat.* [interpol.] ad Trall. c. 10. *Euseb.* H. ecc. I, 10. *Theodoret.* ad Dan. IX. ed. Hal. T. II. p. 1250. *Anonymus* in Job. [*Orig.* Opp. T. II. p. 886.] Dgg: *Irenaeus* II, 22 zwar gegen die gnoſtiſche Behauptung eines einzigen Lehrjahrs die 3 Paſſah nach Joh. geltend macht, aber als Minimum, während er ſelbſt behauptet, daß Jeſus, um jedes Alter zu heiligen, nach einer von Joh. ausgehenden Überlieferung und nach *Jo.* 8, 57 bis in's 50. Jahr gelebt habe. *Pisanski*, de errore Iren. in determinanda aetate C. Regiom. 778. 4. Dgg: Weiße, ev. Geſch. B. I. S. 284 ff.

Auch bei Joh. nur 1 Jahr: Köhler, die Zeitb. d. Lehrthätigk. J. C. [Annal. d. Theol. 832. B. I. H. 2. S. 168 ff.] A. W. Manitius, ü. d. Dauer d. Lehramtes Jeſu. [Käuffer, bibl. Studien. Dresd. 844. Jahrg. III.]

§. 18. Schwierigkeit und theologiſche Bedeutung.

Die Geſchichte Jeſu darzuſtellen, abgeſehn von den gewöhnlichen Schwierigkeiten einer Darſtellung aus antiken und orientaliſchen Quellen, iſt leicht, weil ſein Charakter ohne die Zweideutigkeiten und Widerſprüche iſt, die ſonſt in großen Charakteren räthſelhaft neben einander liegen: aber am ſchwerſten unter allen, weil er das Höchſte des Menſchengeiſtes bezeichnet, zu deſſen Anſchauung der Geſchichtſchreiber ſich hoch über ſeine eigne Wirklichkeit im Geiſte erheben muß.*) Leicht auch, weil Jeſu Geiſt nicht ein buntes Abbild der auf ihn einwirkenden Außenwelt iſt, vielmehr mit dem eignen klaren Willen die Geſchichte geſtaltet hat: aber ſchwer, weil die Hoffnung, welche an dem meſſianiſchen Namen haftete, und die Bedeutung, welche Jeſus als Kirchengründer erhielt, beſonders durch eine Vermiſchung des volksthümlichen und des religiöſen Meſſias, ſchon in der erſten Auffaſſung ſeines Lebens die hiſtoriſche Unbefangenheit ſtörte und bis auf die Gegenwart geſtört hat. Auch iſt nicht zu vermeiden, daß für unſre Gewöhnung, den Herrn nur auf dem Berge der Verklärung zu denken, das Eingehn in die kleinen Verhältniſſe und Fragen ſeines Lebens etwas Verletzendes hat, ſelbſt wenn ſie auf Koſten der menſchlichen Natur und Wahrheit entſchieden werden. Daher dieſe Unterſuchung nicht über das Bedürfniß einer möglichſt klaren Anſchauung ſeiner Eigenthümlichkeit auszudehnen iſt; aber die einfache Wahrheit iſt groß genug an ſich und das Reich Chriſti bedarf nicht einer Cenſur.b) Die Geſchichte Jeſu als Wiſſenſchaft unterſcheidet ſich von andern Darſtellungen ſeines Lebens dadurch, daß ſie für den alleinigen Zweck einer klaren Einſicht in das Leben Jeſu alle Mittel aufbietet, welche durch gelehrte Geſchichtsforſchung und durch wiſſenſchaftliche Erkenntniß des menſchlichen Geiſtes gegeben ſind; daher ſie nur denjenigen verſtändlich iſt, welche mit dieſen Mitteln umzugehn wiſſen. Sie iſt jenen Darſtellungen, welche be=

§. 18. Theologische Bedeutung.

sondre Zwecke verfolgen, oder unter besondern Beschränkungen, nicht beigeordnet, sondern steht als ihre gemeinschaftliche Rechtfertigung und Beurtheilung über ihnen.[c] Ohne einen außerhalb ihrer selbst liegenden Zweck ist sie die wissenschaftliche Erkenntniß desjenigen, wodurch das zeitliche Leben Jesu der Quell des Christenthums ist, und erweist sich dadurch als eine bestimmte theologische Wissenschaft.[d]

a) J. F. Petersen, Bem. ü. d. Leben J. in s. Verh. zu dem menschl. Leben überh. Lüb. 838. b) Hase, ü. Profanirung des Lebens J. [Theol. Streitschrr. Lpz. 834. H. 1. Abh. 3.] c) *Döderlein, de Hist. J. tenendae tradendaeque necessitate ac modo.* Jen. 783-86. 4. 4 Pgg. [Opp. theol. Jen. 789.] *Semler, Admonitio de discrimine Christianorum, qui* Hist. C. *discunt κατα σαρκα et κατα πνευμα.* Hal. 786. 4. Abh. ü. d. verschiedenen Rücksichten, in welchen u. für welche der Biogr. Jesu arbeiten kann. [Bertholdts krit. Journ. 816. B. V. S. 225 ff.] d) *J. L. Eberhard, de magno* Hist. J. C. *ad commendationem rel. christ. momento.* Hal. 787. 4. **C. F. Ammon, Disquiritur quatenus disciplina rel. et theol. chr. pendeat ab* Hist. J. Gott. 794. [Nov. Opp. th. Gott. 803.] *C. H. Albers, de momento et veritate* Hist. J. Gott. 795. 4. *J. G. Brüggemann, Momentum* Hist. J. C. *in universa* rel. Gott. 796. 4. *H. L. Stuckert,* [*pr. J. P. Dettmers*] Hist. J. C. *a disciplina* rel. *et* theol. chr. *divelli atque secerni neque debere neque licere ostenditur.* Frcf. ad V. 797. 4. **F. E. Schorch, d. Leben J. in sr. Angemessenh. zu d. rel. Bedürfnissen d. Menschengeschl. Lpz. 841.

Drittes Capitel. Literatur.

§. 19. Übersicht.

Die Literatur der Geschichte Jesu hat nicht das eigenthümliche Interesse einer fortschreitenden Wissenschaft, als die reale Entwicklung ihrer Idee, so daß ihre gegenwärtige Gestalt auf dieser Entwicklung ruhte und nur durch sie verstanden werden könnte: sie zeigt bloß, wie das Leben Jesu nach den Bedürfnissen und Ansichten der verschiedenen Zeitalter sich mannichfach darstellte. Ihre Hauptclassen sind: 1) die äußerliche Zusammenfügung der Quellen, 2) die geschichtliche Darstellung ihres Inhaltes, 3) die künstlerische Auffassung und Ausschmückung desselben; harmonische, historische und poetische Darstellung. Die Menge dieser Schriften bezeugt das fortwährende Bedürfniß, den verschiedenen Standpunkten der Volksbildung oder der Wissenschaft das Leben Jesu näher zu bringen, als es durch die Evangelien selbst geschieht; wenn schon in diesen der christliche Sinn zu allen Zeiten die vollkommenste Anschauung Jesu gefunden hat, so daß alle jene abgeleiteten Darstellungen nur deßhalb und in sofern einen Werth haben, als sie einführen in das wahre und tiefe Verständniß der evangelischen Quellen.

Heß, Revision des bibl. Geschichtstudiums. [Bibl. der heil. Gesch. Zür. 791. B. I. S. 195-400. B. II. S. 357-514.] Baur, krit. Untersuch. ü. d. kan. Evv. S. 1-76.

§. 20. Harmonische Zusammenstellung.

Sobald 4 unter sich verschiedene, dennoch oft wörtlich übereinstimmende Lebensbeschreibungen Jesu mit gleichem Ansehn von der Kirche anerkannt waren, wurde ihre Zusammenfassung als Hülfsmittel des Verständnisses, für apologetische Zwecke und als das erste Element einer Geschichte Jesu, zum Bedürfnisse, welches so oft sich erneute, als die historische Forschung neue Resultate der Zusammenstimmung oder ihres Gegentheils aufgefunden hatte, und welches bei der Leichtigkeit einer willkürlichen Zusammenfügung durch eine fast unübersehbare Reihe solcher Versuche befriedigt worden ist, die doch zum Theil auch nur als Ausgaben oder Commentare der Evangelien anzusehen sind. Ihre Hauptformen: 1) Zusammenfügung der 4 Evangelien in eine Erzählung, so daß Gemeinsames nur einmal erzählt, oft aber durch besondre Zeichen das jedem Evangelisten Zugehörige bemerkt wird, 2) Nebeneinanderstellung des Textes der Evangelien in parallelen Columnen, wobei zuweilen die parallelen Stellen des einen oder andern Evangeliums nicht ausgeschrieben, sondern nur durch Merkzeichen [canones] bezeichnet sind. Das Erstere die Harmonie, das Andere die Synopsis, doch finden sich diese Namen oft verwechselt, auch beide Formen verbunden. Hauptaugenmerk war: Darlegung der Einstimmigkeit und richtige Zeitordnung. Hinsichtlich der Erstern hat man vor Alters die Anerkennung kleiner Verschiedenheiten nicht gescheut, und die Andre, bei mancherlei Grundsätzen deßhalb, an die Anordnung der Evangelisten nicht gebunden, bis durch Osiander in der lutherischen Kirche der Aberglaube aufkam, daß jeder Evangelist als ein Organ des H. Geistes die Zeitordnung genau befolgt haben müsse und Verschiedenheiten unmöglich seien. Daher dieselben Ereignisse, weil sie von den Evangelisten an verschiedenen Stellen und mit verschiedenen Nebenumständen erzählt werden, als zwei-, ja dreimal geschehn angeführt wurden. Die innerhalb der katholischen und reformirten Kirche, auch von Chemniz und seinen Fortsetzern nicht aufgegebene Freiheit der Anordnung wurde noch auf dem Grunde des Inspirationsdogmas von J. A. Bengel wiederhergestellt. Als die protestantische Theologie des 18. Jahrhunderts mit der vollen Freiheit der Untersuchung den Zweifel an der Möglichkeit einer Harmonie brachte, blieb das Bedürfniß der Synopse, das vornehmlich für den akademischen Gebrauch seit Griesbach die kritische Nebeneinanderstellung des Grundtextes der Synoptiker, für die Leidensgeschichte auch des Johannes, veranlaßte.

Literaturgeschichte [unvollständige]: *Chemnitius*, de praecipuis scriptoribus Historiae harm. [Prolegg. fr. Harmonie, 2. Abh.] *J. Christiani* Speculum harm. praecipuarum Harmm. Bernae 642. 4. *Calovius*, Bibl. illust. Novi Test. 676. T.1. *Fabricii* Bibl. graeca. ed. *Har-*

§. 20. Evangelien-Harmonie.

les. T. IV. p. 880 ss. *[*J. M. Lange*]* De potioribus scrippt. Harmoniarum evv. Ds. ad *Clerici* Harm. Lugd. B. [Altorf.] 700. 4. *Nic. Alardi* Bibliotheca harmonico-biblica, quae per Hist. harmonicam tradit notitiam scriptorum harm. Hamb. 725. 12. *Walch*, Bibl. theol. T. IV. p. 863 ss. Danz, Universal=Wörterb. d. theol. Lit. S. 367 ff. Ebrard, wiss. Kritik. S. 49 ff.

Nächst den Einleitungen zu den Werken selbst, über die Grundsätze: *Eusebius*, περὶ διαφωνίας Εὐαγγελίων. Verloren. Cf. *Hieron.* Catal. scriptt. ecc. c. 81. *Fabricii* Delect. argumentorum et Syllab. scriptt. pro veritate rel. chr. Hamb. 725. 4. p. 535 ss. *Eusebius*, Quaestiones evangelicae. Cf. *Fabricii* Bibl. gr. T. VII. p. 402 s. Scriptorum vett. nova Collectio, e Vaticanis Cdd. ed. ab *Angelo Majo*, Rom. 825. 4. T. I. p. 1-101. *Epiphanius*, Haer. LI, 16. *Augustinus*, de consensu Evv. l. IV. — J. J. Walch, Einl. in d. Harm. d. Evv. Jena 749. Über die 3 ersten Evv. [Eichhorns Bibl. der bibl. Lit. 793. B. V. S. 761-996.] G. P. C. Kaiser, ü. d. synopt. Zusammenstellung der 4 Evv. Erl. 828.

Tatianus, [um 170] τὸ διὰ τεσσάρων [nach Victor von Capua Diapente], anhebend mit Jo. 1, 1 ohne die Genealogien, vernichtet durch orthodoxe Bischöfe; die unter Tatians Namen bekannten Harmonien sind unächt. Bibl. Patrr. max. L. B. 677. T. II. p. 203 ss. T. XIX. p. 738 ss. Cf. *Euseb.* H. ecc. IV, 29. *Theodoret.* Haerett. fabb. I, 20. *Epiphan.* Haeres. XLVI, 1. *Assemani*, Bibl. orient. T. II. p. 158. T. III. P. I. p. 13 ss. Zahn, Fragment e. hist. krit. Einl. in Tatians Harm. [Keils Analect. B. II. St. 12.] Heß, Bibl. der heil. Gesch. B. I. S. 342 ff. Credner, Beitrr. z. Einl. in d. bibl. Schrr. B. I. S. 437 ff. Dgg: Daniel, Tatianus. Hal. 837. S. 87 ff. — *Ammonius Alexandrinus*, [um 230] Ἁρμονία. In dieser verlornen Synopsis war nur Mt. als maßgebend ausgeschrieben, das Verhältniß zu den andern Evangelien aber durch 10 Buchstabenzeichen, Kanones, angezeigt. Cf. *Euseb.* Ep. ad Carpianum. *Hieron.* Catalog. scriptt. ecc. Ammonius. — *Eusebius*. Nach Ammonius Vorgange 10 synoptische Kanones, vielen Ausgaben des N. T. beigedruckt. Cf. *Euseb.* Ep. ad Carpianum. *Hieron.* Praefat. in IV Evang. ad Damasum. — *Victor Capuanus*, [gegen 550] Consonantia Evangeliorum. Übertragung eines griechischen Monotessaron, das von Victor nach bloßer Vermuthung dem Tatian, von andern dem Ammonius zugeschrieben ward, in das Latein der Vulgata. Quatuor Evangeliorum consonantia, ab Ammonio Alex. congesta ac a Victore Capuano Episc. translata. Mogunt. [J. Schöffer] o. J. Privilegium v. 1518. Neuer Druck: 523. u. 532. Bibl. Patrr. max. T. III. p. 265-298. Davon altdeutsche Übersetzung unter dem Namen Tatians aus dem 9. Jahrh: Harmoniae ev. antiquissima versio theodisca ut et Isidori Hispal. de nativitate Domini, passione, resurrectione etc. libri, eadem lingua conversi, fragmentum, theodisce et lat. ed. *Palthenius*, Gryphisw. 706. 4. Tatiani Syri Harmonia ev. translata in linguam Theodiscam ed. ad apogr. duo mspta. et curas *Jo. Schilleri* recensita subiectis notulis. [Thesaurus antiqq. Teuton. Ulm. 627. f.] Ergänzt, nach einem Cod. von St. Gallen, von Heß, Bibl. der heil. Gesch. B. I. S. 144 ff. Cf. *Gerbert*, Iter Alemann. 773. p. 107. Ammonius, Harm. ev. in ling. lat. et inde ante annos 1000 in franciam translata. Ed. *J. A. Schmeller*, Vien. 841. Compilation aus den Kirchenvätern als Commentar zu Victor von *Zacharias Chrysopolitanus*, in unum ex quatuor l. IV. [1101.] Colon. 535. u. Bibl. Patrr. max. T. XIX. p. 745-957. Das Manuscript einer andern auf Befehl Ludwig des Frommen verfaßten deutschen Harmonie sah, nach Chemniz [Vorrede zu sr. Harmonie], Melanchthon auf der Pauliner Bibliothek zu Leipzig, in deren Catalog auch Feller [Catalogus Cdd. Mss. Bibliothecae Paul. Lps. 688. 12. Praefatio.] es anführt, mit der Bemerkung, daß sich Luther desselben bedient habe; wir haben es aber vergeblich gesucht. — *Hesychius*, [um 6. Jahrh.] εὐαγγελικὴ συμφωνία. Bruchstücke in *Cotelerii* Ecc. gr. Monumm. T. III. p. 1 ss. — *Guido Perpinianus*, [13. Jahrh.] quatuor unum, h. e. Concordia ev. in 4 Evangelistas, perpetuis commentrr. ill. Col. [631. 641. 646.] 655. f. — *Jo. Gerson [Charlier]*, Concordautia Evangelistarum s. Monotessaron. o. O. u. J. [Cöln, um 1471] goth. f. Opp. Col. 483 s. goth. f. 4 T. Rec. *Ellies du Pin*, Antv. [Amst.] 706. 5 T. f. — *Jo. Huss*, Gesta Christi. goth. o. O. u. J. [um 1460] Collectio gestorum C. secundum tres annos praedicationis ejus digesta. [Hist. et Monimm. J. Huss et Hier. Pr. Nor. 558. 715. f. T. II.] Historia des ganzen Lebens unsers lieben Herrn ꝛc. durch M. Johann von Huffinetz im Latein zusammen gebracht vnd jetzt newlich durch Achillem P. Gasser vonn Lindaw verdeutscht. Nürnb. 559. — Die vier Evangelia in ainer Formlichen ordnung mit allen Concordantzen durch abgetaylte Capitel also gestelt nach eruorbrung der Histori, das aus vieren aines gemacht, vnd der Evv. wort on ainicherlay zusatz, vnueränbert beliben sind. Got zw lob. o. O. u. J. [um 1508.] — Domini C. h. e. tocius ev. Hist. ex 4 Evv. perpetuo tenore continuata narratio ex Ammonii Alex. fragmentis quibusdam e graeco per *Ottomarum Luscinium* versa. Aug. Vind. 523. 4. Denuo in usum Arnstadianae scholae a *Gaspare Burschio* recognita. Erphurd. 544. Dye Evangelisch hystori nach aller ordnung in ain red gestelt. Von Ammonio Alexandrino kriechisch beschrieben vnd durch Othmarn Nachtgal Doct. zu latein vnd teutsch gebracht. Augsp. 524. [Bloße Summarien, nicht Ammonius.] Freie Paraphrase: Die ganz Evangelisch hystori ꝛc. sambt einer erleutrung der schweren örter, vnd gutem bericht wa alle Ding hin bienend. Durch Othmaren Nachtgall Doct. Augsp. 524. 4. — *Memlerius*, quatuor Evv. consonantia. Mog. 524. — *Rob. Goullet*, Tetramon Evangeliorum. Par. 535. — *Ant. a Koninckstein*, Enarr. in Monotess. ev. Col. 539. — *Andr. Osiander*, Harmoniae ev. l. IV. graece et latine, in quibus ev. Hist. ex quatuor Evv. ita in unum est contexta, ut nullius verbum ullum omissum, nihil alienum immixtum, nullius ordo turbatus, nihil non suo loco positum: omnia vero literis et notis ita distincta sint, ut, quid cujusque Evangelistae proprium, quid cum aliis et cum quibus commune sit, primo statim aspectu deprehendere queas. Item Elenchus harmonn. Annotationum l. I. Basil. ap. Froben. 537. f. [Par. ed. Rob. Stephanus, 545. 12.] 561. f. Übers. von J. Schweintzer, Frkf. 540. Cf. *Solbrig*, de methodo Harmoniae ev. ἀμεταθέτῳ s. Osiandrina ejusq. fatis. Jn fr. Harmonia. — *Gabriel a Puteo Herboso*, Tetramon s. Symphonia. 547. — *Sim. Corroyi* Cons. ev. L. B. 547. Antu 591. — *Loys Myre*, la Vie de J. C. composée et extr. de 4 Evv., reduictz, en vne continuel sentence. Par. 553. 16. — *Corn. Jansenius Gandauensis*, Concordia ev., in qua, praeterquam quod suo loco ponuntur, quae Evv. non servato recensent ordine, etiam nullius verbum aliquod omittitur, literis autem omnia sic distinguuntur, ut quid cujusque proprium, quid cum aliis et cum quibus commune, etiam ad singulas distinctiones mox deprehendatur. Lovan. 549. Antu. 554. u. o. *Ejusd.* Commentariorum in suam Conc. ac totam Hist. ev. P. IV. Lovan. 571. f. L. B. 582. f. Mog. 624. f. *Matth. a Castro*, Epit. Conc. Jansenianae. Antu. 593. — *Rob. Stephanus*, Harm. Evv. Par. 553. f. — *J. Calvinus*, Harm. ex tribus Evv. composita, adjuncto seorsum Joanne. Genev. 553. f. u. o. franz. u. deutsch. — *Petri*

§. 20. Evangelien-Harmonie.

de Irurosqui, Dominicani, series Evv. Stellae Nauarr. 557. f. — *Lutz,* Harm. quatuor Evv. Bas. 560. — *Car. Molinaeus,* Collatio et unio quatuor Evv. eorum serie et ordine absque ulla confusione, permistione, vel transpositione servato, cum exacta textus illibati recognitione. Par. 565. 4. Opp. omnia. Par. 681. 5 T. f. — [*Crellius*] Monotessaron Hist. ev. latino-germanicum, mandato et sumpt. Duc. Sax. Augusti Elect. Wit. 566. 2 T. 4. (Nur wenige Exemplare für den Kurfürsten.) Paul Crell, Euangelion Unsers Herrn Jhesu Christi, Aus allen vier Euangelisten, nach ordnung der zeit vnd Geschichte einstimmig verglichen vnd zusammengezogen. Wittenb. H. Lufft. 571. — Laurent. Codmann, Harm. Evangelistarum. Das ist: die Historia vnsers lieben Herrn Jesu ꝛc. allen frommen Christen, sonderlich aber der Jugend in der Schul zum Hoff zu lieb vnd dienst gestellt. Nürnb. 568. Frff. 586. 4. — J. Matthesius, Hist. J. C. a. d. 4 Evv. Nürnb. 568. — *Jo. Buisson,* Hist. et Harm. ev. 571. Duaci 575. Rom. 576. 8. Col. 604. 12. — *J. Maria Verratus, Carmel.* Harm. ev. Ven. 571. — *Alanus Copus,* Syntaxis Hist. ev. Lovan. 572. 4. Neuer Titel u. Vorrede: Historiae ev. unitas. Duaci 603. — *J. Avenarii* Harm. ev. s. Vita C. Bas. 583. 588. 12. überf. 616. — *Geo. Sigelii* Synopsis hist. ev. J. C. quemadmodum Mt. Mc. et Lc. descripsere, in forma tabulae. Nor. 585. f. — *Heinr. Bünting,* Harm. Evv. D. i. Ein sehr schöne vnd eindrechtige zusammenstimmung der heil. 4 Evv., darin die wunderschöne, tröstliche, vnd liebliche Historia mit anzeigung der zeit, (nach astronomischem Calcul) in welchem Jare, Monden u. tage ein jede ev. Historie geschehn sey, sehr tröstlich vnd lieblich zu lesen. Magdeb. 589. 594. 612. 672. f. lat. 591. f. — *Thom. Beauxamis, Carmel.* Comm. in Harm. ev. ex Patribus congesti. Par. 590. 2 T. — *Gerardus Mercator, Cosmographus,* ev. Hist. quadripartita Monas, s. Harm. quatuor Evv., in qua singuli, integri et inconfusi et soli legi possunt, et rursum ex omnibus una universalis et continua Hist. ex tempore formari, digesta et demonstrata. Duisb. [592.] 603. 2 T. 4. — *G. Steinhard,* Evangelistarium. Lps. 593. — Harmoniae ev. a *Chemnitio* inchoatae, per *Polyc. Lyserum* continuatae l. V. Accessit de passione commentar. conscr. opera *J. Gerhardi.* Gen. 641. f. Den 1. B. von Chemnitz hatte Leyser herausgegeben, Frff. 593. 598. 608. 4., den 2. B. von ihm selbst 603., den 3. B. 608., den schluß Gerhard 626. Letzte Gesammtausgabe: * *Chemnitii* Harm. quatuor Evv., quam *P. Lyserus* et *J. Gerhardus,* is continuavit, hic perfecit. Hamb. 704. 3 T. f. Epitome Harm. ev. conscr. a *Chemnitio,* edit. a *Lysero.* Wit. 594. *D. Kluge,* Harm. Evv. Chem. Lys. Gerh. in tabulas redacta. Jen. 670. 4. Uebersetzung: Harm. d. h. Evangelisten, übers. unter Auffsicht von D. Math. Nicolai. Magdb. 764 f. 2 B. 4. — *Barth. Sculteti* Diarium humanitatis J. C. in eine einfache vnd ordentl. Hist. a. d. 4 Evv. ohn vorendrung des Textes vnd sensus gezogen. Mit austheilung der Jahre vnd Taggeiten nach d. Hebr. u. Röm. Rechnung. Frff. a. b. O. 600. 610. 4. — *Seb. Barradius,* Comm. in Conc. et Harm. 4 Evv. Mogunt. 601-618. 3 T. f. — *N. Selneccer,* Explicationes Harm. ev. Lps. 604. — *Meuschius,* Harm. ev. h. e. textus quatuor Evv. ita dispositus, ut non solum naturalis ἀκολουϑία singulorum, sed etiam quid quivis commune, quid peculiare habeat, quidquid naturali, aut arbitrario ordine recenseat, una cum quatuor solidis annis ministerii et duodecim profectionibus C. ex Galilaea ad annua festa, cuivis facile appareat. Hanov. 604. 4. — *Rup. Erythrophilus,* Catena aurea in Harm. Evv. Magdeb. 604. 4. deutsch 608. 4. — *J. Alesius,* Harm. ev. Lichae 605. — *Jo. de la Haye* [*Servius*], Evv. quaternio s. ev. Hist.

dispositio, qua ipsis Evv. verbis, sua quibusque tribuendo, res a Salvatore gestae ordinate distribuuntur. Duaci 607. 4. Triumphus veritatis, Ev. quadriga inuectae, S. Patrum exercitu stipatae. ib. 609. f. — *G. Oenopolae* Harm. Frcf. 607. f. — *Barthol. Riccius*, Vita Dom. Nostri J. C. ex verbis Evv. concinnata. Rom. 607. — *Eilh. Lubini* quadripartita ev. Hist. monas s. Harm. 4 Evv. graece, lat. germ. [Rost. 609. 616. 4.] Frcf. 615. 4. — *Jac. la Peyre d'Auzoles*, S. Evv. juxta s. Evangelistas. Par. 610. f. — *Alf. Salmeronis*, e soc. J., Comm. in ev. Hist. Col. 612. 12 T. f. — *A. Selmatteri* Symphonia nova Evv. Bas. 613. — *Roberti Arduenatis* mysticae Ezechielis quadrigae h. e. S. Evv. Historiarum et tempp. serie vinculata, gr. et lat. Mog. 613. f. — *Vinc. Regii*, e Soc. J., Dilucidatio Conc. et Hist. ev. Col. 615. f. — *Pol. Lyseri* Harmoniae␣ev. s. Vitae J. C. sec. 4 Evv. paraphrasi expositae l. III. priores, continentes Hist. pueritiae et acta primi et secundi anni ministerii ipsius. Ed. *P. Lyser* filius. Frcf. 616. 4. — *Caes. Becilli* Connexio Evv. in qua textus ordine servato rerum gest. series indicatur. Rom. 623. 625. Par. 631. 651. 12. — *G. Calixti* 4 evv. scriptorum Concordia et locorum diff. explicatio. [Halberst. 624. Brunsv. 634. Gosl. 638. 654.] Hlmst. 643. 663. 4. Collegienheft, gegen den Willen des Verf. gedruckt, letzte Ausg. durch f. Sohn. — *J. Baazius*, Harm. ev. Col. 624. Calmariae 627. 4. — *M. Walther*, Harm. bibl. [Argent. 627.] Nor. 654. 696. 4. — *T. Cartwrighti* Harm. ev. commentario analytico, metaphrastico, practico ill. Amst. 627. 647. 4. *Ejusd.* Comm. pract. in totam Hist ev. ib. 630. — *J. Cluveri* Harm. ev. paullo accuratius, quam vulgo solet, sec. paschata et itinera Domini digesta. [Rost. 628. Regiom. 642. 4.] Hmb. 701. — *A. Kromm*, 4 Evv. historico ordine digesta. Lovan. 633. 4. — Kromayer, Harm. d. Evv. Jen. 636. 4. — *Corn. Jansenii Iprensis* Tetrateuchus. Lovan. 639. 4. Mechlin. 825. 2 T. 12. — *T. Dornkrell*, Harm. N. T Hamb. 639. f. Evang. Vergleichung d. h. Lebensw. J. Lüneb. 688. 2 B. — [**Ant. Arnoldus*] Hist. et Cons. ev. Par. 643. u. o. auch franz. — *J. Bourghesii* Hist. et Harm. ev. Montibus Hannon. 644. f. — **Lightfoot*, Harm. 4 Evv. tum inter sese, tum cum V. T. 3 P. [bis zum 2. Paſſah] una cum explanatione praecipuarum difficultatum. Lond. 644. Vollſtändiger: Harmony, Chronicle and Order of the New T. with variety of observ. Lond. 655. f. In f. W. engl. A. Lond. 684. f. lat. Rotterb. 686. f. ed. **Leusden*, Franeq. 799. 2 T. f. — *Andr. Faber*, Syntagma Hist. ev. harmonicum. Ulm. 662. 4. — Conc. ev. Par. 653. — *Ch. Althofer*, Harm. ev. emedulata h. e. obss. sacrae in 4 Evv. Jen. 653. 658. 4. — *Joan. de Paris*, Margarita ev. s. J. C. Vita e 4 Evv. 657. — Ch. Große, kurze Harm., Stett. 666. — *Riccioli*, Ev. unicum. Bon. 667. 12. — *Sam. Craddock*, Harmony of the Evv. Lond. 668. f. — *L. Edinger*, Prol. ad 4 Evv. et delineatio harm. ἀκολουθείας Ev. de C. Hafn. 669. 670. — J. E. Schottel, ev. Harm. Brnschw. 675. — *J. Bircherode*, Series chron. annorum J. C. Hafn. 679. 4. — A. Calovius, Harm. d. Lebens, Sterbens u. Auferſt. J. C. Witt. 680. [Überſ. aus f. großen Bibelwerke, Vit. 676. T. 1.] — *Casp. H. Sandhagen, kurze Einl. z. Harm. d. 4 Evv. u. d. Geſch. d. App. Lüneb. [684. 4. 688. 702.] 710. m. Bubbei Anmm. Berl. 724. — *Bern. Lamy*, Harm. s. Conc. 4 Evv. Par. 689. 12. [Hist. ev. ex verbis 4 Evv. concinnata. Brix. 802.] **Ejusd.* Comm. in Harm. T. I. Apparatus chron. et geogr. T. II. Par. 699. 4. — *Flor. de Bruin*, Harm. Evv. Dordrac. 690. — Steph. Jebſen, Ordnung d. ev. Geſch. Flensb. [693.] 715. 4. — [*M. Mauduit*] Analyse de l'Ev. selon l'ordre hist. de la concorde. [Par. 694 ss. 3 T.] Caën 719 ss. 4 T. 12. — *Seb. le Roux*, Conc. 4 Evv. J. C. Hist. nova

§. 20. Evangelien-Harmonie.

arte exhibens. Par. [699.] 701. — Harm. Evv. o Zusammenf. b. 4 Evv. nebst e. sehr nützl. chron. Vorbereit. [Nach einem Mspt. aus der Bibl. d. Erzb. Usserius, brsgg. 672.] übers. v. A. H. Franke. Hal. 699. 2 B. — *J. Clerici Harm. ev., cui subjuncta est Hist. J. C. ex 4 Evv. concinnata. Acc. 3 Dss. de annis C. deque concordia et auctoritate Evv. Amst. 699. f. L. B. [Altorf.] 700. 4. [Nachdruck ohne b. griech. Text mit Langes Literaturgeschichte.] — *Couet du Vivier*, Hist. ev. dans son ordre naturel. Haye 706. 4. übers. v. Gr. von Geyersberg, mit Serpilius Vorr. Rgnsb. 711. — *J. H. Maji* Harm. ev. [m. dogm. Commentar] Frcf. 707. 4. - *Toinard*, ev. Harmonia gr. lat. [Op. posthum.] Par. 707. f. Harmonie ou Concorde ev. contenant la vie de nt. Seigneur. Suivant la méthode et avec les notes de feu M. *Toinard*. Par. 716. — *G. Serpilius*, Harm. ev. d. i. Unsers Heylands Lebensb. in 120 Fürstell. Rgnsb. 711. 4. — *Fr. Burmannus*, de Harmonie, ofte Overeenstemminge der vier Evangelisten. Amst. 712. Zweede Druck, voorgaans merkelyk vermeerdet door Fr. Burm. den Son. Amst. 739. 4. — *D. Solbrig*, Harm. ss. Evv. ὀρ-θόταχτος. Lps. 716. 4. — E. H. v. Canstein, Harm. u. Ausleg. der 4 Evv. Hal. [718.] 727. f. — *P. Lamberg*, Harm. ev. omnium dictorum et fact. J. C. c. *Maji* praef. Giess. 719. 4. — *J. A. Strubberg*, Harm. ev. manualis o. Heilige Zusammenstimmungen der 4 Evv. also verfasset, daß nichts ausgelassen, nichts versetzet. Lemgo 725. — *J. R. Rus*, Harm. Evv. ita adornata, ut investigata sedulo textus cohaerentia nullus versus sive trajiciatur sive praetereatur sine brevi explicatione. Lem. 727-30. 3 T. in 4 V. — Petersen, J. E. gestern u. heute u. derselbige in Ewigk., das A. u. das N. T. nach sr. vielfält. Oeconomien, die sowohl v. d. Welt, als auch vor u. nach b. Sündfl. im A. u. N. T. vorgegangen seyn, u. noch in d. künft. Aeonen werden vorgehen, worinnen zugl. die Harm. der Evv. Frkf. a. M. 731. 3 B. 4. — *Joh. Alb. Bengel*, richtige Harm. d. Vier Evv., da die Gesch. in ihrer natürl. Ordn. z. Bevestigung b. Wahrheit, wie auch z. Übung u. Erbauung in d. Gottseligk. vorgestellt werden. Tüb. [736. 747.] 766. — Hauber, Harm. der Evv. d. i. Übereinst. u. Vereinigung ihrer Beschreibungen des Leb. J. C. nach der Luth. Übers. in 4 Colonnen. Und: Das Leben C. von b. 4 Evv. beschrieben u. in e. kurz. Ausz. zusammengezogen u. m. e. allgem. Einl. in b. Harm. b. Evv. begleitet. Lemgo 737. Büsching, Vertheid. b. Harm. Haubers wider J. D. Michael. Lemgo 757. — Pauli Antonii harm. Erklärung der 4 Evv. [Collegienheft] mit Anmerkk. v. J. A. Maier. Hal. 737-748. 14 B. — *Timotheus Philadelphus* [Jos. Kayser, Separatist], Monotessaron Evangelicon [deutsch, nicht Luth. Übers.] o. O. 737. Drf. Pinacotheca ev. b. i. ev. Schatzkästlein, worinnen b. Lebens-Calender C., die ev. Harmonien-Tafel ic. o. O. 739. — *Godof. Kroellii* Monotessaron evangelicon [erst in einzelnen Tractaten seit 1728] luci publ. commissum, necnon ad formandas conciones conceptibus moralibus illustr. per *Bedan Seeauer*. Aug. Vind. et Oeniponti 759. f. — *J. Macknight*, Harm. of the four Gospels. Lond. [756. 4. u. o.] 822. 2 T. Comm. harm. in IV Evv. sec. singulorum ordinem proprium positus. Ex Anglico lat. fecit, notas adj. *Ruckersfelder*. Brem et Daventr. 772-9. 3 T. — C. G. M[irus]. Gesch. unsers H. J. C. auf Erden, b. i. die 4 Evv. in 1 Text zusammengezogen nach Bengels Harm. u. Übers. nebst dessen erläut. Anmerkk. u. vorgesetzter Abh. von D. Crusius v. b. Nutzen b. Harm. Lpz. 765. — A. F. Büsching, die 4 Evv. mit ihren eignen Worten zusammengesetzt und von neuem verdeutschet, auch mit hinläugl. Erklär. versehn. Hamb. 766. 1. B. — Bertling, neue Harm. der 4 Evv. Hal. 767. 4. — J. F. Bahrdt, Lebensgesch. J. E. n. d. Zeito. u. e. ungezw. Harm. b. 4 Evv. Lpz. 772. — Uhlig, harm. Vortrag der h. Gesch. a. den

26 Einleitung. Cap. III. Literatur.

4 Evv. Lpz. 774. — C. G. Wolf, Lebensgesch. J. in e. harm. Zusammenh. Lpz. 775. — *J. Priestley*, Harm. of the Evv. in greek, to which are prefixed critical diss. Lond. 777. 2 T. 4. — *Wil. Newcome*, Harm. of the Gospels, in which the original text is disposed after le Clercs general manner. Dubl. 778. f. — *Erh. Stephan*, Harm. graeca 4 Evv. [et reliqui N. T. libri] Argent. 779. — Molbenhauer, Anweis. wie die von d. 4 Evv. aufgef. Nachr. n. d. Zeitordn. folgen. Brem. 781. — Th. Townsons Abh. ü. d. 4 Evv. Mit vielen Zuf. u. e. Vorr. ü. Markions Ev. v. Semler. Lpz. 783. f. 2 B. [der 2. B. Harmonie mit Commentar.] — [*C. F. Bahrdt*] Fata et res gestae J. C. graece ex Evv. in usum scholar. Berol. 787. — *Rullmann*, Tabula Harmoniam 4 Evv. exhibens in usum lectt. Rint. 790. 4. [Nach Michaelis Einleitung.] — J. K. Müller, Harm. b. 4 Evv. z. öffentl. Erklär. u. z. Privatgebr. Frff. [791.] 803. — *J. J. Griesbach*, Evv. Mt. Marci et Lucae, una cum iis Jo. pericopis, quae Hist. passion. et resur. complectuntur; text. recogn. et sel. lectionis variet. adj. Hal. ed. 2. 797. [in 1. A. von 774. fehlt Joh.] 809. 822. — *J. White*, Diatessaron s. integra Hist. J. C. graece ex 4 Evv. inter se collatis ipsisq. Evv. verbis confecta. Subjungitur Evv. Harmonia brevis. Oxon. 800. — Nepom. Biechele, die 4 Evv. in Einem. [Ehrenbreitenst. 804. f.] Freib. 814. 3 B. — *H. Planck, Entw. einer neuen synopt. Zusammenstellung der 3 erst. Evv. nach Grundf. d. höhern Kritik. Gött. 809. — [Wendisches Monotessaron von Lezelinus Mith,] Stawizne nowoho Zakona wo kotrėch wopisam jo Te Ziweno ha ta Wutzba naschob' Kneza Jepusa Krėstusa ha tėch joho prėnschich Wutzowinkow. w Buduschne pola Chr. Gott. Matthiä. 814. — *De Wette* et *Lücke*, Synopsis Evv. Mt. Mc. et Lc. c. parallelis Jo. pericopis ex rec. *Griesb.* c. sel. lectt. variet. et brevi argum. notat. Ber. et Lond. 818. 4. Fr. Ab. Beck, deutsche Synopsis der 3 erst. Evv. nach der griech. Synopsis de Wettes. Brl. 826. — G. Ch. Matthäi, Synopse d. 4 Evv. nebst Kritik ihrer Wundererzählungen. Gött. 826. — *H. N. Clausen*, quatuor Evv. tabulae synopticae juxta rationem temporis, quoad fieri potuit, composuit annotationibusque et perpetua sectionum singg. collatione instruxit. Havn. 829. — *Maur. Rödiger*, Synopsis Mt. Mc. et Lc. c. Jo. pericopis parallelis. Hal. [829.] 839. — *Rotermundt*, Synopsis et Harm. 4 Evv. Passov. 834. — *C. G. Küchler*, Vita J. C. graece. Lps. 835. — J. F. Allioli, Leben J. e. Ev. Harmonie. Landsh. 840. — J. Gehringer, synopt. Zusammenst. d. griech. Textes d. 4 Evv. Tüb. 842. 4. — Das Urev. v. d. Leben J. C. nach d. Übereinst. d. 4 Evv. Barm. 846. — *Friedlieb*, quatuor Evv. in Harm. redacta. Vrat. 847. — *C. Tischendorf*, Synopsis ev. ex quatuor Evv. praetexto brevi comm. Lps. 851. — *R. Anger*, Synopsis Evv. Mt. Mc. Lc. cum locis qui supersunt parall. litterarum et traditionum evv. Irenaeo antiquiorum. Lps. 851. — P. J. Spindler, übersichtl. Evangelienharm. Augsb. 852. Neue synoptische Commentare: *Paulus, Commentar, Lüb. Lpz. 800 ff. 2. A. 804 f. 3 B. Exegetisches Handb. Hdlb. 830-2. 3 B. Thieß, krit. Comment. Hal. 804 ff. 2 B. *Olshausen, bibl. Comment. Kngsb. [830 ff.] 833 f.] 837. 2 B. Glöckler, die Evv. des Mt. Mk. u. Lk. in Übereinst. gebracht u. erklärt. Frankf. a. M. 834. 2 Abth.

§. 21. Historische Darstellung. I.

Die alte Kirche hat die Erklärung und harmonische Zusammenfügung der Evangelien in Prosa nicht überschritten. Die Auffassungen des Lebens Jesu im Mittelalter, wie sie auch später in der katholischen Kirche vorkommen, waren ohne Kritik, phantastisch und

§. 21. Historische Darstellung. I.

sagenhaft, unterhaltende Erbauungsbücher. Bonaventuras Leben Jesu ist weniger Geschichte, als Meditation einer schönen und dichterischen Seele über dieselbe. Ludolphus de Saxonia hat die geistreichen Reflexionen Augustins, die Anschauungen der Kreuzfahrer und die ganze Fülle apokryphischer Sagen in seine Geschichte aufgenommen, indem er treuherzig verhieß, nicht nur was geschehn sei, sondern auch wie es im weitern Verlaufe als geschehn auf eine fromme Weise gedacht werden könne, darzustellen. Simon de Cassia nähert sich der gelehrten Untersuchung durch Zusammenfassen der Ereignisse unter allgemeine Betrachtungen. Hieronymus Xavier hat seinen Neubekehrten die apokryphischen Fabeln nicht vorenthalten.[a] Nach der Reformation bilden Auszüge und Paraphrasen von Harmonien den Übergang zur Geschichte.[b] In der weitern Bearbeitung lassen sich 2 oft in einander verfließende Richtungen scheiden, eine asketische, welche sich an das Vorbildliche im Leben Jesu hielt, und eine kritische, der es um Ausmittelung des Thatbestandes zu thun war. Die asketische Richtung umfaßt theils erbauliche Schriften, bloße Erzählung der Thatsachen mit ihrer Nutzanwendung auf's Leben, wohlgemeint und zum Theil auch wohlgeschrieben, doch meist zu oberflächlich, um einer tiefern Sehnsucht nach der Bekanntschaft mit dem Herrn zu genügen;[c] theils eigentliche Volks- und Jugend-Schriften in belehrenden Umrissen, auch in Bildern.[d] Die kritische Richtung entstand zunächst als Gegensatz, indem Jesus als unglücklicher Empörer, als Haupt oder Werkzeug einer geheimen Gesellschaft dargestellt wurde, in den scharfsinnig bittern Fragmenten von Reimarus, in den Volksschriften von Bahrdt und in dem Romane von Venturini, von beiden Letztern im guten Glauben, den Propheten von Nazaret mit der Bildung des Zeitalters zu versöhnen. Ein Nachklang dieser verschollenen Bildung schilderte v. Langsdorf unter dem Namen Jesu einen frommen Jesuiten, der die fixe Idee hatte Messias zu sein.[e] Hierdurch erhielten die allgemeinen Reflexionen über das Leben Jesu den apologetischen Zweck, die Wahrheit seiner Geschichte und die reine Größe seines Planes darzuthun. Besonders ist Reinhard bei Darlegung des göttlichen Planes Jesu unwillkürlich ein beredter Interpret seiner rein menschlichen Herrlichkeit geworden, und Herder hat in seinem Ideale der Humanität die Einheit des Göttlichen und Menschlichen ahnungsreich angeschaut.[f] Nach ältern unvollständigen Versuchen einer rein historischen Form,[g] wurde das Leben Jesu mit psychologischen und antiquarischen Erläuterungen für die gebildeten Stände beschrieben: Heß, der anfangs als neuerungssüchtig und französirend, später als altgläubig galt, hat über ein halbes Jahrhundert mit einer sorgfältigen, vermittelnden und paraphraſtiſchen Darſtellung dem frommen Bedürfniſſe in Deutſchland genügt; Opitz bringt die Ereigniſſe vor's Auge, aber ſeine Natür= lichkeit iſt trivial, ſein Styl geziert und ſein Suppliren des Unbe= kannten apokryphiſch; Greiling hat nach Reſultaten des Com= mentars von Paulus das Leben Jeſu als Symbol einer Geſchichte der Menſchheit empfindſam und beredt dargeſtellt; Planck ſuchte mit hiſtoriſcher Gewandtheit, die doch auch benutzt wird, über Ab= gründe leicht wegzuſchreiten, den göttlichen Urſprung des Chriſten= thums durch ſeinen rationalen Inhalt darzuthun; Bodent hat die entfernteſten Erinnerungen ſeiner Lectüre hier untergebracht; endlich Paulus hat durch eine denkgläubige und deutſchthümliche Über= ſetzung der Evangelien=Harmonie nebſt paraphraſtiſcher Geſchichts= ausführung gegen die kirchliche Anſicht von Chriſto einen ausführ= lichen Beweis geführt, doch mit ſeinem Lehrregenten innerhalb enger Gränzen der Menſchheit Andeutungen eines vormenſchlichen Meſſias= geiſtes vereinbar findend. Sein Unternehmen, alles Wunderbare auf den gewöhnlichen Gang der Dinge zurückzuführen, ſteht neben der Behauptung eines durchweg hiſtoriſchen Inhaltes der Evangelien. [h])

a) S. Bonaventura, Vita C. o. D. u. J. [um 1480] 4. goth. — **Ludolphus de Saxonia*, [um 1330] Vita J. C. e 4 Evv. et scriptoribus orthodoxis concinnata. o. D. [Strasb.] 474. f. goth. Col. 474. f. goth. o. D. [Cöln] u. J. f. goth. Norimb. 478. f. goth. Argent. 483. 487. f. Norimb. 495. f. L. B. 507. f. Antu. 618. f. Aug. Vind. 729. f. u. oft. Livro de Vita Christi, traduz. por *Bn. de Alcobaza*, Lisb. 495. f. goth. 4 B. Vita Christi o Vida de Christo nuestro Señor, por Landulfo Car- tuxiano, traducida de latin en romance por *Ambr. Montesino*, Sevilla 537. f. goth. 4 T. Le grand Vita Christi, trad. de lat. en franç. par *Gu. Le Menand*, Lyon 493. goth. 2 B. u. o. par *Langlois*, Par. 605. Caſtil. Valenzia 495. f. 4 B. Ital. per *Fr. Sansovino*, Ven. 570. 576. 606. f. Cf. *Fabricii* Bibl. lat. med. et inf. aet. T. IV. p. 847. — *Simon de Cassia*, [um 1360] de gestis Domini Salvatoris in 4 Evv. l. XV, pia et mirabili eruditione, supra quam vulgo creditur, passim referti. Bas. 517. Col. 533. 540. f. [nach Walch urſprünglich italieniſch: Firenze. 496. f.] — Das Leben J. C. gezogen aus den 4 Evv. Strasb. 508. f. — Historia C. persice conscripta simulque multis modis contaminata a *Hier. Xavier*, lat. reddita et animadvv. notata a *Lud. de Dieu*, L. B. 639. 4. — Mart. Cochem, großes Leben E., o. ausführliche, andächtige vnd bewegliche Be= ſchreibung des Lebens vnd Leidens vnſers Herrn, vnd ſ. glorwürdigſten mut= ter Maria, ſamt aller ihrer Befreundten. [682. 2 B. 4. u. o.] Frkf. 727.

b) Georg. Fabricii Hist. J. C. summatim relatae expositio. o. D. u. J. [Lpz. 566.] Lps. 581. — *C. Varsevicius*, de factis et dictis J. C. Comm. Cracov. 583. 4. — *G. Wirth*, [Ph. et Med. Dr. Lips.] Vita vel Ev. J. C., Dei et Mariae filii, ex 4 Evv. ita conscripti, ut lector nihil vel in ordine, vel in rebus ipsis iure desiderare possit; et Epitome Actt. Epp. et Apocal. Omnia cum succincta et cath. expositione ill. Frcf. 594. f. — *Barth. Radmann*, de Vita C. Frcf. 600. f. — **Bern. de Monte- reval*, Vie du Sauveur du monde. Tirée du Texte des 4 Evv. et reduite en un corps d'Histoire. Où dans la suite du discour sont touchées les difficultez tant hist. et theol. avec sentim. des S. Pères cotez à la marge. Par. [637. 4 T. 4. 639. 6 T. 12. 651. 3 T. 696.] 741. 3 T. 12. — *Laur. Forerus*, Vita J. C. Dill. 640. — J. G. Olearius, Leben J. C. Hal. 669. 12. — Meditations sur l' Hist. et la Concorde des Evv. Brux. 676. 2 T. 12. — Ant. Steyrer, Leben u. Lehre J. C., des Sohnes Gottes, des Sohnes Mariä, nach d. 4 Evv. ordentl. verf. Erf. 742. 4. — Magnus Fr. Roos, Lehre u. Lebensgesch. des Sohnes Gottes nach den 4 Evv. Tüb. 776. 2 B. — Mutschelle, Gesch. J. nach d. 4 Evv. in Eines gesammelt. Münch. [784.] 806. — *P. de Ligny*, Hist. de la vie de nt. Seigneur J. C. Avign. 774 s. 3 T. — Sertro, Abriß d. Gesch. J. Gött. 785. 4. — *Baker*, Harmony or Agreement of the four Evv. transl. from the original text with notes explanatory. Lond. 787. 4 P. — H. C. Bergen, Denkwürdigkeiten a. d. Leben J. nach den 4 Evv. harmonisch geordnet mit erklärenden Anmerkf. Gieß. 789-91. 2 B. — J. J. Keller, Leben J. nach den 4 Evv. übereinstimmig beschrieben. Stuttg. 802. — Leonh. Meister, J. v. Naz., s. Leben u. Geist aus d. Urquelle geschöpft nach d. Mtth. Bas. 802. — Leonh. Horn, Lebensgesch. J. nach d. 3 ersten Evv. o. erklärende Überschr. der christl. Urkunden mit exeget., hist., geogr. u. antiquar. Anmerkf. Nürnb. 803-5. 3 B. — Aug. Sebastiani, Denkwürdigkeiten aus d. Leben J., aus den 4 Evv. zusammengestellt u. mit d. Resultaten der neuern Exegese begleitet. Cobl. u. Lpz. 806. 1. B. — F. Hümmer, Leben J. nach der Harm. der Evv. Wien 807. 3 B.

c) *Pietro Aretino, i quattro libri de la humanità di Christo. Venet. 538. 540. 12. Il genesi, l'humanità di Christo, e i salmi. Venet. 551. 3 T. in 1 V. 4. — *Bart. Kassicch [Cassio]*, Xivot Gospodina nascega Jsukarsta. Vita del Signor nostro Giesu C. Rom. 538. — Chr. Fischer, ev. Historienharm. [Homilien] Ulfen 575-95. f. — *J.* Habermann, Vita C., d. Leben vnd d. gantze Ev. Historie von C. in schöne kunstreiche figuren vnnd kurze Sprüche gebracht, sampt sehr nützl. Gebetlein. Zeitz 580. 12. — *Alonso de Villegas*, Vitoria y Triunfo de Jesu Ch. y libro en que se escriven los Hechos y milagros que hizo en el mundo éste señor y Dios nuestr, dotrina que predicò, preceptos, y cõsejos que dio : conforme a como lo refieren sus Euangelistas, y declaran deùersos Doctores. Ponense conceptos y pensamientos graues, exemplos y sucessos marauillosos, consideraciones y cõtemplaciones piadosas: de lo qual con el diuino fauor los Letores pueden sacar importante prouecho. De modo, que a imitacion del mismo Jesu C., alcancen vitoria de los demonios y vicios, que les hazen continua guerra : y assi adornados de virtutes y obras meritorias, subiran triunfando a gozar de los bienes eternos de la Gloria. Dirigido al amado dicipulo de Jesus el Ap. y evang. S. Juan. Madr. 603. f. — *Franc. de Roxas*, Comm. in Conc. Evv. juxta translations litterales, anagogicos, morales et allegoricos sensus. Madrit. 621. 2 T. f. L. B. 631. 3 T. f. — Vita Ch. Das Leben unsers Erlösers u. Seligmachers J. C. auch fr. gebenedeiten Mutter von beyder Kindh, an biß zu ihren herrl. Himmelfahrten. Vor Zeiten durch e. anbächt. Lefer zusammengezogen u. durch Adam Walaffer gemehrt. Münch. 642. — **Jer. Taylor*, the great exemplar of santity and holy life, according to the christian institution, described in the life and death of J. C. Lond. 653. 667. f. u. o. Das Leben unsers Herrn u. Seligmachers J. C., mit sonderbaren, heiligen Anmerkf. A. d. Engl. u. d. 7. A. Brm. 704. 4. — *Nic. Avancinus*, Vita et doctrina J. C. ex 4 Evv. coll. et in meditationum materiam ad singg. totius anni dies distributa. Vien. Aust. 667. 12. Col. 689. 16. Avanzin, Leben u. Lehren unsers Herrn. A. d. Lat. v. J. F. Feichtenbeiner, Augsb. 820 f.

2 B. — Carol. Stengelius, vnsers lieb. Herrn J. C. deß Gecreuzigten Stammenbuech, Oder Denkwürdige Historien, von J. C. vnd den Jenigen, welche Ihnen in Nachtrag deß Creuzes gleichförmig zuwerden begehren, auff alle vnd jede Täg deß gantzen Jahrs ausgetheilet. Darzu erst kommen der alten Römer vnd Griechen Calender mit dem Christl. verglichen durch J. B. Masculum Neapolitanum. Gbr. u. verl. bei Jäcklin. 668. 2 B. — La vie de nt. Sauveur et Red. J. C., ensemble la vie, les complaintes etc. de la vièrge et la destruction de Jerusal. Le tout tiré tant des S. Escritures, que des fidelles Historiens, au grand profit des lecteurs Catholiques. Lyon 676. — Amab. Creutzberg, andächt. Betracht. b. Leben J. Lpz. 714. — *Wil. Reading, History of our Lord and Saviour J. C. Lond. 716. — A. G. Helmund, heil. Leben. C. Frkf. 719. 4. — A. O. Rivinus, Hist. v. J. C. in 200 puncten abgefasset u. so deutlich vorgestellet, daß es auch ein kind verstehn kann. Lpz. 722. 4. — Betracht. ü. b. Leben J. C., in denen man b. Evv. erklärt, die Übereinst. ihrer Erz. gezeigt hat; in Anmerkk. erl. u. hrsg. v. J. G. Walch. Jen. 740. 4. — C. H. de Bogatzky, Leben J. C. auf Erden. Hal. 753. Leben J. C. im Himmel. Hal. 754. — Balth. Petersen, Leben u. Leiden, Tod u. Auferstehsammt der Himmelf. J. C., aus b. Evv. beschrieben. Husum 781-3. 4 B. — *J. J. Stolz, Predigten ü. b. Gesch. unf. Herrn. Frkf. 781-7. 6 B. — *J. K. Pfenninger, jüd. Briefe, Erzählungen u. Gesp. aus der Zeit J., o. e. Messiade in Prosa. [Dessau u. Lpz. 783-90. 10 B.] Mit Vorr. v. Geßner. Baf. 821-3. 12 B. — R. Ch. Lossius, neuste Gesch. der Bib. o. das Leben J. Erf. 789. — [Ch. F. Sintenis] Scenen aus dem Leben J. z. Bildung e. edlen u. großen Charakters. Zerbst 800 f. 2 B. — *K. v. Eckartshausen, C. unter den Menschen. Fortsetzung: C. der größte Held im Kampfe, der größte Dulder im Leiden. München 804. u. o. — Bauriegel, b. Leben J. u. fr. App. Neust. [810.] 821. Lebensgesch. J. nach b. 4 Evv. zur Bef. e. rechten Erk. b. Person u. Lehren unf. Herrn. Hal. [818 ff. 3 B.] 825. — *Lb. Pflaum, b. Leben J. für Geist u. Herz evang. dargestellt. Nürnb. 819. — *C. F. v. Ammon, Predigten ü. J. u. f. Lehre. Dresb. 819. — K. Schleich, b. Leben J. in Bildern. Münch. 821. H. 1. — [P. Schmidt] Leben J. u. b. Heiligen. Wien [822.] 826. 2 B. — J. P. v. Langer, der Herr u. seine Apostel in bildl. Darstellungen, mit begleit. Terte v. M. F. v. Freyberg. Stuttg. 823. 4. — A. Franke, J. b. der Heilige Gottes auf Erden, frommen Christen e. Gruß zur irdischen Gemählden. Bresl. 824. 12. — Das Leben b. Heilandes J. C. Treu nach b. heil. Büchern u. Überlieferungen. Mit Holzschn. v. Gubitz. Brl. 824. — *Theod. Schuler, neue jüd. Briefe, o. Darstellungen aus b. Leben J. Strasb. 826. 2 B. — Von b. glänzenden Ruhme J. C. während fr. irdischen Wanderzeit, nebst einigen, seine äußerlichen Lebensverhältn. betreffenden Umständen. A. d. Lat. übrf. v. L. A. Mayer. Bresl. 826. — S. Buchfeltner, b. Leben u. Leiden unf. Herrn u. Heil. mit bef. Hinsicht a. b. Erklär. b. sonn- u. festt. Evv. Münch. 826. — G. Nevels, Leben J. C. o. Gesch. J. nebst b. Apostel-Gesch. u. Betracht. der Zerstöhr. Jerus. f. alle Stände. Düren [Aachen] 826 f. 2 B. — Heinr. Stephani, Leben J. nach Mt. für Christen, die mehr Aufschluß ü. dnf. zu erhalten wünschen. Mgbb. 830. — A. J. Onymus, Leben u. Lehre J. nach Mt. Mk. u. Lf. in Homilien. Sulzb. 831. — J. C. Cramer, J. C. b. Weg z. wahren Leben. Nach b. Evv. Mc. u. Lc. Lpz 834. 2 B. — *Marheineke, Betr. ü. b. Leben b. b. Lehre b. Welterl. Brl. 837. — Das Leben unsers Herrn J. C. nach b. 4 Evv. Aus b. Franz. Mit Bewil. des Bisch. Orb. Regensb. Sulzb. 837. — *Fr. Röffelt, J. C. nach b. Erz. der 4 Evv. für b. Gebildeten des weibl.

§. 21. Historische Darstellung. I.

Geschl. Mit 7 Kupf. Lpz. 837. — *K. Zimmermann, d. Leben J. in Pred. Darmst. 837 f. 4 Abth. — Rieger, d. Leben J. Betrachtt. ü. d. 4 Evv. nach d. Harm. des s. Bengel. Meurs 838. — *C. G. A. Böckel, d. Leben J. Erbauungsbuch. Brl. 838.

d) *Histoire de la vie de nt. Seigneur J. C. Par. [378.] 689. 12. — Detlew Beckmann, die lieblichste u. allerwertheste Historia, welche in sich hält d. ganzen Lebensl. J. C. [Kiel 684. Lindau 691.] Durlach 702. 2 B. 4. — Matth. Bartels, heil. Hist. des Lebensl. unsers Herrn, nach Ordnung H. Becmanns. Hamb. 699. — *Augustin Calmet*, Histoire de la Vie et des miracles de J. C. tirée de l'hist. de l'ancien et du nouv. Test. Bruxel. 721. — *J. F. Feddersen, das Leben J. für Kinder. Hal. 776. 7. A. 827. Für katholische Kinder eingerichtet v. Huffer, Münst. 790. — J. L. Ewald, J. v. Nazar. Lemgo 786. — H. M. A. Cramer, Lebensgesch. Jesu. Lpz. 787. — *Dalrymple*, Hist. of Christ for the use of the unlearned. Lond. 787. — Marr, Vers. e. Gesch. J. Münst. 789. 10. A. 830. — A. Reichenberger, d. Leben J. für d. Jugend. Mit sittl. Anmerkk. Wien [798.] 826. — G. Gesner, d. Leben J. u. s. Lehre, nach d. Festgeschichten. Lpz. 799. — L. M. F. Gebhard u. J. F. Müller, rel. Volksbelehrungen ü. d. Gesch. J. u. sr. App. Erf. 701. 4 B. — *S. C. G. Küster, J. C. der Sohn Gottes; in sr. Wirksamkeit auf Erden dargestellt, f. Schulen u. zur häusl. Erbauung. Brl. 819. 2. A. für die Jugend. Brl. 821. — H. Müller, Jesus, wie er lebte u. lehrte. Religionsbuch, wörtlich aus d. Bibel. Quedlinb. 820. — *C. Hufnagel, Leben J. v. Naz. für kindl. Herzen Bedürfn. u. Leben. Frkf. 820. 2 B. — Nikodemos, o. Unterhaltungen e. Lehrers mit s. Schülern ü. d. Gesch. J. Nürnb. 821. 1. H. — W. C. J. Die Grundlage d. Christenth. in Jesu sämmtl. Reden u. Ausspr. nach den 4 Evv. nebst b. geschichtl. Veranlassungen. Hann. 824. — Paul Ewald, Leben J. für Schule u. Haus. Erl. 826. — J. G. Pfister, Leben u. Lehre J. C. in der einfachen Sprache der Evv. Zum Gebr. f. d. liebe Jugend. Würzb. 826. — A. Waibel, das Eine Ev. o. die 4 Evv. im gesch. Zusammenh., sammt der Gesch. b. App., m. d. nöthigsten Erklärr. Augsb. 826. — [Erndörfer] Gesch. J. f. d. kath. Zöglinge d. Taubstummen-Instituts zu München. Münch. 829. — Leben d. Erlösers, d. chr. Jugend durch Abbild. u. gesch. Darst. d. wichtigsten Auftritte dess. ans Herz gelegt. Hrsg. v. Gerhard u. Steindrucker Menzel, Brsl. 831. 8 H. — Les voyages de J. C. Par. 831. Bearbeitet v. J. A. F. Schmidt, die Reisen J. Ilmen. 833. — Flügel, Leben J. f. obere Classen d. Bürgersch. Marb. 833. — *Sparfeld, d. Leben J. C. für d. Rel. Unterr. in obern Classen. Lpz. 837. — Marz, die ev. Gesch. o. Leben J. nach d. 4 Evv. in Luth. Übers. harm. mit Einl. u. Erl. z. Gebr. in Schulen u. Fam. Stuttg. 837. — K. A. Frege, das Leben J. für Schulen u. für Alle, welche s. Leben sich als Vorbild für ihr eignes gewählt haben. Güstr. 837. — Das Leben unsers Herrn J. C. nach d. 4 Evv. A. d. Franz. Sulzb. 837. — A. W. Möller, d. Ev. für Kinder. Nach d. 4 Evv. Rint. 839. — A. F. G. Zeisler, d. Leben J. nach d. 4 Evv. Gera 840. — Hierzu die biblischen Geschichten für Jugend und Volk.

e) *Vom Zwecke J. u. sr. Jünger, noch ein Fragment des Wolfenbüttler Ungenannten [H. Sam. Reimarus], hrsgg. v. Lessing, Brnschw. 778. 784. Brl. 835. cf. Allg. deutsche Bibl. B. XL. S. 356-428. Leipz. Lit. Z. 827. N. 55. — K. Fr. Bahrdt, Briefe ü. d. Bibel im Volkstone. Wochenschr. v. e. Pred. a. d. Lande. Hal. 782-3. 1. Jahrg. 4 Quartale. 2. Jahrg. 2 Quart. [Fortgesetzt unter dem Titel:] Ausführung des Plans u. Zwecks J. Brl. 784-93. 12 B. — [Venturini] Natürliche Gesch. des großen Propheten v. Naz. Bethlehem [Kopenh.] 800-2. 3 B. [Drſ.] Jeſus d. Auferſtandne. Nachtrag z. natürl. Geſch. ꝛc. Aghpten [Kopenh.] 802. 806. — Karl Th. v. Langsdorf, einfache u. durchaus wohlgeprüfte Darſt. d. Lebens J. Für prot. kath. u. Sectenchriſten, auch Israeliten. Manh. 831 f. 3 H. Supplementheft mit Vorr. zur künft. 2. A. 833. Vrg. Allg. K3. 833. N. 183 f. 834. N. 32. Theol. Lit. Bl. 833. N. 69. — Die mittelbar hierher gehörigen Schriften von Paalzow, Wünſch, Paine u. a. ſ. Bretſchneider, ſyſt. Entwickelung. A. 4. §. 45.

f) W. Craig, Verſ. ü. d. Leben J. A. d. Engl. Zür. 773. — *[J. Fr. Kleufer] Menſchlicher Verſ. ü. d. Sohn Gottes u. der Menſchen. Brem. 776. [Mit dem Namen des Verf. neuer Titel:] Ulm 795. — Augenſcheinlicher Beweis, daß die Abhandl. v. d. Zwecke J. ꝛc. voll ganz offenbarer Widerſprüche u. Unwahrheiten ſey. Frff. u. Lpz. 778. — F. W. Maſcho, die Vertheidigung b. geoffenb. Rel. wider einige Fragm. der Wolfenb. Bibl. 2 St. Hamb. 778 f. Drſ. Beleuchtung der neueſten Angriffe auf d. Rel. J., beſ. d. Schr. v. Zwecke J. Hamb. 778. — J. C. Blaſche, kurze auch d. Laien verſtändliche Beantwortung wider d. Beſchuld. v. Zwecke. J. Jena 778. — *[J. C. Döderlein] Fragmente u. Antifragmente. Nürnb. 778. 2 B. 3. A. 1. B. 788. — Fr. Th. Göze, Inhalt u. Beantw. d. Fragm. v. Zwecke J. Danz. 779. — G. C. Silberſchlag, Antibarbarus. Brl. 779. — *J. S. Semler, Beantw. d. Fragm. eines Ungenannten, insbeſ. v. Zwecke J. Hal. [779.] 780. Anhang. Hal. 779. — F. P. Asbrand, kurze Widerl. d. Schr. v. Zwecke J. Caſſ. 779. — *Bell, Unterſ. v. d. göttl. Sendung Joh. u. J. C. überſ. m. Anh. v. Henke. Brnſchw. 779. — J. H. D. Moldenhawer, genaue u. unparth. Prüfung des Fragm. v. Zwecke J. Brem. 781. — *F. V. Reinhard, Verſ. ü. d. Plan, welchen b. Stifter d. chr. Rel. z. Beſten d. Menſchen entwarf. Witt. [781. 783. 798.] m. Zuſ. u. Anh. v. Heubner. 830. Cf. [Gockel] Alternative ü. d. Reſultat der Schr. ü. den Plan ꝛc. [Auguſtis theol. Monatſchr. 801. St. 1. S. 40 ff.] — T. C. Piper, Unterſ. bei Gelegenh. des Fragm. v. Zwecke J. Greifsw. 781. — K. F. Scheibler, Sophron o. d. freimüthige Chriſt. Ein Dialog nach Veranlaſſung d. Fragm. v. Zwecke J. Deſſ. u. Lpz. 782. — J. G. Schultheß, d. Wahrh. u. Würde d. erſten ev. Erzähl. allernächſt gegen d. Br. ü. d. Bibel verth. Zür. 783. — [C. Kruſe] Vom Zwecke des Sokrates u. ſr. Schüler. Für Freunde d. Wolfenb. Fragm. u. ähnl. Schriften. Deſſ. u. Lpz. 784. — G. F. Seiler, das Chriſtenth. durch Wahrh. nicht durch Täuſchung gegründet. Deſſ. 784. 2. A: J. C. der Wahrheitslehrer, kein Volkstäuſcher. Erl. 787. — G. H. Müller, d. Wahrh. d. Geſch. J. m. prakt. Anm. f. denk. Jünglinge. Stuttg. 785. — J. Tobler, Gedanken z. Ehre J. C. u. ſ. Reichs. Zür. 788. — Einzig möglicher Zweck J. Brl. 789. — *Thom. Wizenmann, Geſch. J. nach dem Mt. als Selbſt=Beweis ihrer Zuverläſſigk. Mit Vorr. v. Kleuker. Lpz. 789. — Seel, Plan Gottes z. Erziehung der Menſchen durch J. 791. — Tieftrunk, d. Zweck J. Brl. 2. A. 793. — Jeruſalem, Leben u. Charakter J. [Nachgel. Schriften. Brnſchw. 792. B. I. S. 75 ff.] — *Herder, vom Erlöſer der Menſchen nach d. 3 erſten Evv. [Chriſtl. Schrr. Rig. 796. 2. B.] *Drſ. von Gottes Sohn der Welt Heiland, nach Joh. Ev. [Ebnd. 797. 3. B.] Dgg: Kleuker, Br. an eine chr. Freundinn ü. d. Herder. Schrr. von Gottes Sohn. Münſt. 802. — Descôtes, Schutzſchr. f. J. v. Naz. o. d. Reich C. u. Gottes nach neuteſt. Begr. Frkf. 797. 2 B. — [J. G. Haſſe] Freimüthige Unterſ. ü. J. d. Sohn Gottes. Hal. 798. — [J. V. Bermehren] J. v. Naz., wie er lebte u. lehrte, nach den 3 erſten Evv. Beilage z. Niemeyers Charakteriſtik der Bibel. Hal.

§. 21. Historische Darstellung. I.

799. — L. Hörstel, Beiträge z. Anerk. u. Werthsch. d. Verdienste J. C. Brnschw. 800. — *K. A. Märtens, J. auf d. Gipfel sd. irdischen Lebens. Halberst. 811. — J. Ph. Conz, morgenländischen Apologen. Jesu Universalreligion. Seitenstück z. Reinhards Plan J. Lpz. 811. — J. J. Keller, neue Ansicht b. ev. Gesch. Eßling. 815. — Der Zweck J. geschichtlich u. seelenkundlich dargestellt. (Ein Vers. v. e. innigen Freunde Jesu u. sd. heil. Werkes. Lpz. 816. — *Kleuker, bibl. Sympathien, o. erläuternde Bemerkk. u. Betrachtt. ü. d. Berichte der Evv. v. J. Lehren u. Thaten. Schlesw. 820. — *C. Sartorius, ü. d. Zweck J. als Stifter eines Gottesreichs. [3 Abhandll. ü. wichtige Gegenst. der exeg. u. syst. Theol. Gött. 820.] — *F. C. Gelpke, J. von sich, e. Beitr. z. Stärkung d. Gl. an ihn. Lpz. 829.

g) *Jo. Camerarius*, Hist. J. C. summatim relatae Expositio, itemque eorum, quae de App. etc. Lps. [566.] 581. — *Mountacutii Θεανθρωπικον* s. de Vita J. C. originum eccl. l. II. Lond. 636-40. 2 T. f. — *J. G. Dorscheus*, admirandor. J. C. septenarius. Argent. 687. 12. — *Paul Pezron*, Histoire ev., confirmée par la judaique et la romaine. Par. 696. 2 T. — *Ig. Hyac. de Graveson*, Tr. de mysteriis et annis C., dss. dogmat. et chron. necnon obss. hist. et crit. juxta germanam divi Thomae mentem ill. et ad scholae usum adcommodatus. Rom. 711. 4. — *Leonh. Offerhaus*, de Vita Salvatoris privata et publica [de Vita et gestis C.] Ds. zuerst 1719, dann umgearbeitet als Anhang zu: Spicilegiorum historico-chronol. l. III. Groning. 739. 4. — *A. Driessen*, J. nascens, patiens et moriens, resurgens etc. Gron. 732. 4. — *J. H. G. v. Einem*, Hist. C. et App. Gott. 758. 4.

h) *[J. J. Heß] Gesch. der 3 letzt. Lebensjahre J. Lpz. 768. 2 B. 3. A. samt dessen Jugendgesch. Zür. 774. 2 B. 6. A: J. J. Heß, Lebensgeschichte J. Zür. 781. 2 B. Nebst Anhang: Über die Lehren, Thaten u. Schicksale unf. Herrn. Zür. 782. 7. umgearb. A: Lehre, Thaten u. Schicksf. unf. Herrn. Zür. 806. 2 B. 8. A: Lebensgesch. J. Zür. 823 f. 3 B. Brg. Nöthige Erinnerungen ü. Heß, Gesch. J. Frkf. u. Lpz. 774. Gedanken e. sächs. Predigers ü. die Gesch. der 3 letzten Lebensj. J. Lpz. 774. — A. F. Hoppenstedt, J. u. seine Zeitgenossen. Hann. 784-6. 3 B. — [C. A. Opiz] Gesch. u. Charakterzüge J. Nach Mt. u. a. gleichzeitigen Schriftstellern. [Weißenf. u. Lpz. 798.] Jen. 810. — J. B. N. Hacker, J. d. Weise von Naz. ein Ideal aller denkbaren Größe, für s. wahren Verehrer z. weitern Nachdenken. Lpz. 800-3. 2 B. — C. A. Opiz, Vers. e. pragmatisch erzählten Gesch. J. v. sr. Geburt an bis zur öffentl. Ausbreitung sr. Lehre, für Christen u. Nichtchristen. Zerbst 812. — *J. C. Greiling, d. Leben J. v. Naz. Ein rel. Handb. f. d. Geist u. d. Herz der Freunde J. unter den Gebildeten. Hal. 813. — J. A. Jacobi, die Gesch. J. für denkende und gemüthvolle Leser. Goth. 817. N. Titel: Sonderabb. 819. — G. J. Planck, Gesch. d. Christenth. in d. Periode sr. Einführung in d. Welt durch J. u. d. App. Gött. 818. B. I. — Augustin Bodent, [Katholik] die erste u. heiligste Gesch. der Menschh., J. v. Naz., historisch-kritisch, mit steten Rückblicken auf griech. röm. u. jüd. Religionsgesch. Gemünd 818 f. 1. 2. B. 822. 3. 4. B. — Paulus, b. Leben J. als Grundlage e. reinen Gesch. d. Urchristenth. Dargestellt durch e. allgemeinverständl. Geschichtserzähl. über alle Abschn. d. 4 Evv. u. e. wortgetreue, durch Zwischensätze erklärte Übersetzung des nach b. Zeitfolge u. synoptisch geordneten Textes derselben. Hdlb. 828. 2 B. Brg. Schröter, ü. das Psychologische in d. chr. Theol. des H. D. Paulus, in bes. Bezieh. auf dessen Leben J. [Oppositionsschr. 828. B. I. H. 3.] Einige Hauptpunkte aus Paulus Leben J., vom sittl. u. prakt. Standp. aus beleuchtet. Nördl. 830. Schultheß, Beschuldbb. b. H. D. Paulus dessen Leben J. betr. von H. D. Hug, nach b. Gesetze b.

Leben Jesu. 4. Aufl. 3

panharm. Interpretation untersucht. Zür. 830. J. E. Osiander, Bemerk. ü. d. ev. Gesch. m. Bezug a. d. neuern Bearbeitt. d. Lebens J. v. Paulus u. Hase. [Tüb. Zeitsch. 831. H. 1.]

§. 22. Historische Darstellung. II.

Nachdem der Versuch einer rein wissenschaftlichen Darstellung des Lebens Jesu vorlag [1829], hat Strauß, die kritische Richtung ausschließlich durchführend, in scharfsinniger Polemik sowohl gegen die übernatürlichen Annahmen des Supernaturalismus als gegen die natürlichen Auslegungen des Rationalismus den factischen Inhalt der Evangelien als Mythus aufgefaßt, in dessen vergrößerndem, durch alttestamentliche Vorbilder und messianische Erwartungen gebildetem Reflexe nur wenige einfache Linien der geschichtlichen Wahrheit noch zu erkennen. Seine Voraussetzung war theils der Ursprung aller Evangelien aus später Tradition, theils die Unmöglichkeit sowohl des Wunderbaren, als der menschlichen Vollkommenheit in einer historischen Person. Seine wissenschaftliche Bedeutung ist die Zusammenfassung und Schärfung alles dessen, was gegen die Einstimmigkeit und historische Zuverlässigkeit der Evangelien im Einzelnen vorgebracht worden ist. In der 3. Bearbeitung trat an die Stelle der enthusiastischen Negation der bloße Zweifel, und die Anerkennung einer außerordentlichen Begabung Jesu gab Raum für das Zugeständniß eines mehr historischen, doch in's Mythische verfließenden Inhalts. Die 4. Auflage kehrte zur ersten zurück mit dem abgedrungenen Zugeständnisse der Absichtlichkeit und Erdichtung im 4. Evangelium. Daneben Weiße, von einer großen religiösen Auffassung Jesu und im Gegensatze der Traditionshypothese von der Ursprünglichkeit des Markusevangeliums ausgehend, mit subjectiv origineller geistreicher Kritik historische und unhistorische Bestandtheile unterschied, so daß die letztern meist den beschränkten Zwecken der andern Evangelisten oder einer allegorischen Bedeutung anheimfallen. Gfrörer wollte nachweisen, wie auf dem Boden des weit über die Zeiten des Talmud hinaus sich immer gleichbleibenden Judenthums das Christenthum aufgewachsen sei, indem er aus dem durch historische Mathematik, mit herzlicher Verachtung aller Metaphysik, als ächt erkannten Johannisevangelium und aus den zustimmenden Anklängen der andern Sagen-Evangelien, die nur den Glauben der Christen in Galiläa gegen Ende des 1. Jahrh. enthielten, den historischen Christus als religiösen Messias nach dem Vorbilde Mosis darstellte, der die sinnlich übernatürliche Messiasidee zum rein religiösen Glauben vergeistigt, Heilungswunder vollbracht habe und in dem Conflicte mit dem weltlichen Messiasthum untergegangen sei. Salvador hat das Leben Jesu mit der Aufklärung des modernen Judenthums aufgefaßt, das Christenthum als letzte Mischung der

§. 22. Historische Darstellung. II.

Mystik des Orient mit dem Hebraismus, der aus seiner Mitte bis auf die Zeit seines endlichen Sieges den Christen einen Gott gesetzt habe. Hennell hat in rein religiösem Interesse mit der Originalität eines mit seinen Vorgängern unbekannten Forschers sich ein Leben Jesu aus allerlei Vorstellungen zubereitet, die in Deutschland nach Bahrdt, Paulus und Strauß benannt werden. Lützelberger beschrieb den historischen Jesus als einen Bußprediger, der wie Johannes, von dessen Schule sich trennend, den kommenden Messias verkündete, und wegen des Tempeltumultes hingerichtet, in der Phantasie seiner Anhänger selber zum wiederkommenden Messias wurde. In die von Strauß hinterlaßnen Trümmer eintretend, mit der peinlichsten Kritik der evangelischen Berichte, setzte Bruno Bauer an die Stelle des Geheimnisses einer undenkbaren Mythenbildung die schriftstellerisch bewußte Erzeugung des evangelischen Inhalts, so daß sich bei Markus noch die einfachen Grundlagen fänden, die von den folgenden Evangelisten mit immer steigendem Mißverständnisse ausgebeutet wären, indem sie doch alle im dunkeln Drange ein Bedürfniß der Gemeinde erfüllten, die bereits in das Bild ihres Gründers, nach dem Untergange der geschichtlichen Erinnerung, den nur in ihr selbst entstandenen Messiasbegriff zugleich mit dem Abbilde ihrer eigenen Erlebnisse übertragen hätte. Er selbst in immer steigender Verbitterung gegen den evangelischen Christus wie gegen das preußische Ministerium hat in einer spätern Bearbeitung mit dem Christenthum als einer der Vergangenheit anheimgefallenen Macht gänzlich gebrochen, und doch knüpft die Vorstellung von Jesus als dem Heros eines einst welterschütternden revolutionären Kampfes noch ein Band mit ihm.[a]) Während sich an den titanischen Kampf auch die Leichtfertigkeit bloß apokryphischer Behauptungen anschloß,[b]) führte die Kritik der evangelischen Geschichte zur selbständigen Kritik ihrer Quellen zurück. Die Zurücksetzung der synoptischen Evangelien gegen Johannes ward seit Strauß immermehr aufgegeben. Das Urevangelium des Markus, gegen die herrschende Ansicht seiner zweifachen Abhängigkeit mit großen Mitteln behauptet,[c]) war auch die frühere Voraussetzung von B. Bauer. Ein sächsischer Anonymus hat den in der apostolischen Kirche vorhandenen Principienstreit mit wunderlichem Scharfsinne benutzt, um alle Verschiedenheiten der 4 Evangelien aus dem persönlichsten Parteigezänk der Apostel zu erklären.[d]) Dem tiefern Ernste der Tübinger Schule ergaben sich die kanonischen Evangelien als Werke des 2. Jahrhunderts: das Matthäus-Evangelium als die am meisten ursprüngliche und relativ glaubwürdige Überarbeitung des Evangeliums der Hebräer; das nach Lukas genannte, nach der bald wiederzurückgenommenen Bevorzugung des Marcion-Textes, eine Verarbeitung des vorgefundenen historischen

Stoffs auf dem Standpunkte des Paulinismus zur Ausgleichung mit dem Ebionismus; das Markus=Evangelium ein Auszug aus beiden Evangelien zur Verwischung der Gegensätze; das 4. Evangelium, unter der Voraussetzung, daß der ideale Gehalt und die geschichtliche Wahrheit sich gegenseitig ausschlössen, der spät erst mögliche, aus synoptischem Material geistvoll componirte Roman des Logos;[e]) welche Kritik der Quellen sich doch mit ihrem letzten Grunde wieder auf die Kritik der evangelischen Geschichte stellen mußte.[f]) Der Widerspruch, der sich zunächst gegen Strauß erhob,[g]) erzeugte auch eine positive Literatur. Neander, zwar schwankend über den Inhalt seiner Voraussetzung, wer Christus sei, doch voll Geneigtheit des Glaubens an einen vollkommen historischen Thatbestand und mit sinniger Entwicklung desselben in seiner Widerspruchslosigkeit, sah doch sich mannichfach gedrungen, von dem unvermittelten historischen Inhalte der Evangelien abzuweichen, oder die Gründe des Gegentheils unbeachtet zu lassen. Entschiedener hat Krabbe die Evangelien schon durch den H. Geist, obwohl ohne Inspiration des Buchstabens, vor allem Mythischen oder Unhistorischen verwahrt, und in fortwährender Berücksichtigung des straußischen Gegensatzes unzureichende apologetische Gründe durch Glauben und Liebe ergänzt.[h]) Kuhn gedachte durch das Gleichgewicht des Geschichtlichen und der Idee das Leben Jesu, in der Nachahmung des durch Matthäus am reinsten gegebenen Evangelientypus, zur Wissenschaft zu erheben, indem er, von der kirchlichen Beglaubigung des göttlichen Inhalts der Evangelien aus, der modernen Bildung so viel einräumte, als jene Auctorität gestattet, während Andere nur diese katholische Auctorität der Kritik entgegenzustellen hatten.[i]) Ebrard hat nicht als ein Geschichtsforscher, sondern wie ein Advocat die durchgängige Sicherheit und Einstimmigkeit der Evangelien gegen eine „Gottentfremdete Kritik" vertheidigt, der auch Wieseler in seiner räumlich zeitlichen Bestimmung der Begebenheiten auf gelehrte Weise nicht minder entschieden entgegentrat. Lange wollte, in einem dreigliederigen Werke die Vermittelung des alten Glaubens mit der neuen Bildung gläubig unternehmend, in den 4 Berichten über das Leben Jesu nicht den Mangel der Einheit, sondern den Reichthum derselben nachweisen; noch mehr phantastisch als geistreich, mehr paradox als orthodox, und darüber mit den eignen Parteigenossen zerfallen.[k]) Auf einer Bahn zwischen den entgegengesetzten Richtungen gab Theile, bei ziemlich disparatem Inhalte, in der Hauptsache ein übersichtliches, gelehrtes Compendium, Ammon wie ein Schriftgelehrter für's Himmelreich seine Betrachtungen, die das Allzuwunderbare beseitigten, ohne es leugnen zu wollen.[l]) Indem Einige nur die Ergebnisse der negativen Kritik unter die Massen trugen,[m]) schrieb Hartmann für die Gebildeten

§. 22. Historische Darstellung. II.

in der Gemeinde ein Leben Jesu, das den gänzlich historischen und göttlichen Inhalt der Evangelien voraussetzt, Francke ein andres, das mit offnen Zugeständnissen für die Kritik ein rein menschliches, göttlich begnadigtes Leben, soweit der christliche Glaube es bedarf, als geschichtlich sicher behauptet. Auch Hahn hat in dem verfrüh=ten Dafürhalten der vollendeten, über die Sorgen der Kritik schon hinausgestellten Geschichtschreibung nur eine populäre, gemüthliche Erzählung dargebracht.ⁿ)

a) *Dav. Fr. Strauß, d. Leben J. kritisch bearbeitet. Tüb. 835 f. [837 f.] 3. mit Rücksicht a. d. Gegenschriften verb. A. 838 f. 2 B. 4. A. 840. 2 B. Vrg. Strauß in d. Allg. KZ. 836. N. 39. in Zellers Jahrbb. 846. H. 3. u. die Recensionen: Theol. Lit. Bl. 835. N. 85-89. 836. N. 27-32. 837. N. 33-36. v. Paulus. Jahrbücher f. wiss. Kritik. 835. N. 109-13. 836. N. 86-88. 837. N. 41-43. v. Bauer. Tholucks Lit. Anzeiger. 836. N. 18 ff. 37 ff. Blätter f. lit. Unterh. 836. N. 61-65. v. Weiße. Studien u. Kri=tiken. 836. H. 3. vrg. 838. H. 2. v. Ullmann u. Jul. Müller. Lit. Blatt. 836. N. 79. v. Kayserlingk. N. 100. v. W. Menzel. Jen. Lit.Z. 836. N. 166-71. Hall. Lit. Z. 837. N. 1-4. v. Credner. 841. N. 57 f. v. Schnitzer. Krit. Pred. Bibl. 836. B. XVII. 2. [v. Kimmel] m. Nachtr. v. Röhr. Revue de deux mondes. Dec. 838. v. Edgar Qui=net, im Ausz. mitgeth. v. Schwab in d. Tüb. Zeitschr. 839. H. 4. — *Ch. Herm. Weiße, d. ev. Gesch. kritisch u. philos. bearbeitet. Lpz. 838. 2 B. — *Gfrörer, Gesch. d. Urchristenth. I. Das Jahrh. des Heils. II. Die h. Sage. III. Das Heiligth. u. d. Wahrh. Stuttg. 838. 5 B. Vrg. Wieseler in d. Studien u. Krit. 839. H. 4. — *J. Salvador*, Jésus-Christ et sa doctrine, Hist. de la naissance de l'église, de son organisation et de ses progrès pendant le premier siècle. Par. 838. 2 T. Übrs. v. Jacobson, Dresd. 841. 2 B. Vrg. Jen. Lit. 3. 838. N. 201 f. v. Baumgarten=Crusius. Hall. Lit. Z. 841. N. 172 f. v. Reuß. — C. C. Hennell's Untersuch. ü. d. Ursprung d. Christenth. A. d. Engl. [Lond. 838.] Eingeführt v. Strauß, Stuttg. 840. — E. C. J. Lützelberger, J. was er war u. wollte u. wie er z. Ch. ward. Nürnb. 842. Vrg. Dess. kirchl. Tradit. ü. d. Ap. Joh. in ihrer Grundlosigk. Lpz. 840. — B. Bauer: Kritik d. ev. Gesch. des Joh. Brem. 840. Kritik d. ev. Gesch. d. Synopt. Lpz. 841. 2 B. Kritik d. ev. Gesch. d. Syn. u. d. Joh. Brnschw. 842. Kritik d. Evv. u. Gesch. ihres Urspr. Brl. 850 f. 3 B. Mit 3 Supplementen ü. Apostelgesch. u. Paul. Briefe. — F. Nork, bibl. Mythol. d. A. u. N. T. Stuttg. 843. B. II.

b) Wichtige hist. Enthüllungen ü. d. wirkl. Todesart J. Nach e. alten in Alexandrien gesund. Mscpt. v. e. Zeitgenossen J. a. d. O. d. Essäer. A. d. lat. Urterte. Lpz. 849. [als 3. A.] Hist. Enthüll. ü. d. wirkl. Ereign. d. Geburt u. Jugend J. Als Fortf. d. zu Alexandrien aufgesund. alten Urk. a. d. Essäer=Orden. Aus wortgetreuer Abschr. d. Orig. übrs. Lpz. 849. [J. N. Truelle, die wicht. hist. Enthüllungen e. lit. Betrug. Regensb. 850.]

c) *Ch. G. Wilfe, der Urevangelist o. exeg. krit. Unters. ü. d. Ver=wandtschaftsverh. der 3 ersten Evv. Dresd. u. L. 838. Dgg: *A. Hilgenfeld, d. Mk. Ev. nach Composition, Stellung, Urspr. u. Char. Lpz. 850. *F. C. Baur, d. Mk. Ev. nach Urspr. Tüb. 851.

d) Die Evv. ihr Geist, ihre Verfasser u. ihr Verh. zu einander. Lpz. 845.

e) *Ferd. Ch. v. Baur, krit. Untersuchungen ü. die kan. Evv., ihr Verh. zu einander, ihren Char. u. Urspr. Tüb. 847. [Die Abh. ü. Joh. be=

38 Einleitung. Cap. **III.** Literatur.

reits i.d. Theol. Jahrbb. 844. ü. Lukas, ebend. 846. Dgg: *Bleek, Beitrr. z. Ev. Kritif. Vrl. 846.] A. Hilgenfeld, d. Ev. u. d. Briefe Joh. Hal. 849. — A. Ritschl, d. Ev. Marcions u. d. Ev. d. Luc. Tüb. 846. Dgg: *Hilgenfeld, krit. Unters. ü. d. Ev. Justin's. Hal. 850. S. 448 ff. *G. Volckmar, d. Ev. Marcion's. Lpz. 852. Vgr. Baur, Marcus. S. 191 ff.

f) Baur, Evv. S. 530: „Das Hauptargument für den späteren Ursprung unserer Evangelien bleibt immer dieß, daß sie, jedes für sich, und noch mehr alle zusammen, so Vieles aus dem Leben Jesu auf eine Weise darstellen, wie es in der Wirklichkeit unmöglich gewesen sein kann."

g) F. Steudel, Vorläufig zu Beherzigendes bei Würdigung d. Frage ü. d. hist. o. myth. Grundl. des L. J. [Tüb. Zeitschr. 835. H. 3.] Tüb. 835. Beck, ü. myth. Auffass. d. Evv. Urkunden. [Ebnd. 835. H. 4.] *Kern, Erört. d. Hauptthatsachen d. ev. Gesch. [Ebnd. 836. H. 2 f.] Osiander, Apologie d. L. J. gegen d. neusten Versuch es in Mythen aufzulösen. [Ebnd. 836. H. 4. 837. H. 1.] Tüb. 837. — Eschenmayer, der Ischariothismus unsrer Tage. Tüb. 835. — *Ch. B. Klaiber, Bemerkk. ü. d. L. J. v. Str. [Studien d. Geistl. Würtemb. B. IX. H. 1.] Stuttg. 836. — *Vaihinger, ü. d. Widersprüche, in welche sich die myth. Auff. verwickelt. Stuttg. 836. — *Wilh. Hoffmann, b. L. J. v. Str. geprüft f. Theol. u. Nichttheol. Stuttg. 836. 3 Lieff. [N. Titel: Stuttg. 839.] — Franz Baader, ü. d. L. J. v. Str. Münch. 836. — *A. Neander, Erkl. in Bez. auf e. Art. d. Allg. Z. nebst dem auf höhere Veranl. von ihm verf. Gutachten. Vrl. 836. — J. P. Lange, ü. d. gesch. Charakter d. kan. Evv. insb. d. Kindheitsgesch. J. Duisb. 836. — *G. C. A. Harleß, die krit. Bearb. d. L. J. v. Str. nach ihrem wiss. Werth beleuchtet. Erl. 836. — K. H. Sack, Bemerkk. ü. d. Standp. d. L. J. v. Str. Bonn 836. — F. J. Grulich, beruhigende Betr. ü. d. neuesten Versuch, d. L. J. in e. Sage zu verwandeln. Lpz. 836. — Heinroth, Bemerkk. e. Laien ü. Str. L. J. [Tholucks Lit. Anzeiger. 836. N. 46 f.] — Krug, ü. altes u. neues Christenth. Lpz. 836. — [Nägeli] Laienworte ü. d. Hegel=Straußische Christologie. Zür. [836.] 839. — Philalethes. Zwei Gespr. in Bez. auf d. L. J. v. Str. Lpz. 836. — Ev. KZ. 836. N. 5 f. v. Hengstenberg. Vrg. N. 36 f. 48 ff. 55 ff. Allg. KZ. 836. N. 68. 137. 150. 202. 837. N. 14 ff. bes. 104-6. v. Bretschneider. — M. F. L. Gelpke, das Unhaltb. der Ansicht d. L. J. nach Str. Grimma 836. — Pätsch, v. d. chr. Theol. zur Warnung gegen die Str. Tendenz. Vrl. 836. — *J. Fr. Wurm, das Leben Luthers kritisch bearb. v. D. Casuar. Mexico, 2836. Tüb. 839. — Das Leben Napol., kritisch geprüft. A. d. Engl. [827.] Nebst einigen Nutzanw. auf d. L. J. v. Str. Lpz. 836. — *Barth, die Mythen d. L. J. Auszüge a. Haiat ul Kulub o. Gesch. Muhammeds, beschr. v. Muh. Bachir. Stuttg. 837. — W. F. Wilcke, Trad. u. Mythe. Lpz. 837. — Kottmeier, quid de periculo J. C. Historiam mythice interpretandi nuper facto judicandum sit? Brem. 837. — *Al. Schweizer, d. L. J. v. Str. im Verh. zur Schleierm. Dignität des Religionsstifters. [Stud. u. Krit. 837. H. 3.] — Mack, Bericht ü. d. krit. Bearb. des L. J. v. Str. [Theol. Quartalschr. 837. H. 1.] Tüb. 837. — Joh. Zeller, Stimmen b. deutschen K. ü. das L. J. v. Str. Zür. 837. — *Tholuck, die Glaubwürdig. d. ev. Gesch., zugleich e. Kritik des L. J. v. Str. für theol. u. nicht theol. Leser. Hamb. [837.] 838. — *Betrachtungen e. Laien ü. d. neue Betrachtungsw. b. Gött. 837. — S. R. Geier, die Alexandermythen vergl. m. d. sog. ev. Mythen. [Zeitschr. f. hist. Th. 838. H. 3.] — *C. Ullmann, Historisch o. Mythisch? Beitrr. z. Beantw. d. gegenw. Lebensfrage d. Theol. Hamb. 838. — *J. Schaller, d. hist. C. u. d. Phil. Lpz. 838. — Das Bedürfniß

§. 22. Historische Darstellung. II.

der ev. Kirche u. die nothw. Richtung d. theol. Wiss. m. Bezugn. auf die Str. Schr. in Brr. Lpz. u. Cleve 838. — *E. Quinet, ü. d. L. J. v. Str. A. d. Französ. [nt. a] von G. Kleine, Holzmünd. 839. — Bemerkk. zu Str. L. J. für Volksschullehrer. Grimma 839. — [J. T. L. Danz] Zwei Gespr. ü. d. Ansicht des H. D. Str. v. d. ev. Gesch. für nicht wiss. gebildete u. nicht gelehrte Leser. Jena 839. — Das Christenth. d. 19. Jahrh. z. Verst. der Str. Grundansicht. In Brr. an e. Dame. Braunschw. 839. — *Grapengiesser, Beurth. b. hist. u. dogm. Kritik v. Str. Hamb. 839. — Fr. Vorländer, ü. d. phil. theol. Theorie des D. Str. [Fichtes Zeitsch. f. Phil. u. spec. Theol. 839. B. III. H. 1.] — Hagel, Str. L. J. a. d. Standp. d. Katholic. betrachtet. Kempt. 839. — *J. E. Hug, Gutachten ü. d. L. J. v. Str. Freib. [840.] 844. — A. C. Buob, de la personne de J. C. d'après ses biographes les plus récents. Strassb. 840. 4. — W. F. Rink, die angefochtenen Erzählungen in d. L. J. Freib. 842. — G. C. T. Francke, wie soll die Straußische Ansicht v. Christenth. aufgefaßt u. widerlegt werden? Flensb. 845. — Friderika Bremer, Morgen=Wachen. [A. d. Schwedischen: Morgonväkter.] Hamb. 842. — *F. Fleck, die Vertheidigung d. Christenth. Lpz. 842. — Gust. Schweizer, der Christen Gl. an J. v. Naz. in Brr. an e. Lehrer d. israel. Rel. Brl. 842. — J. Räbiger, Lehrfreih. u. Widerleg. d. krit. Principien Br. Bauers. Bresl. 843. — *C. L. Wilib. Grimm, d. Glaubwürdigk. d. ev. Gesch. m. Bezug a. Str. u. Br. Bauer. Jena 845. —— *Strauß, Streitschriften zur Vertheid. meiner Schr. ü. das L. J. u. zur Charakteristik der gegenw. Theol. Tüb. 837. 3 H. [gegen Steudel, Eschenmayer, Menzel, ev. KZ, Jahrb. f. wiss. Kritik, theol. Studien u. Kritiken.] *E. Ullmann, Noch ein Wort ü. d. Persönlichkeit C. u. b. Wunderbare in d. ev. Gesch. Antwortschr. an Str. [Stud. u. Krit.] 838. Steudel, kurzer Bescheid a. Str. Streitschr. [Tüb. Zeitsch. 837. H. 2.]

h) *A. Neander, d. Leben J. C. in s. gesch. Zusammenh. u. s. gesch. Entwickl. dargestellt. Hamb. [837. 838. 839.] 845. 852. Vrg. die Recc: Theol. Lit. Bl. 838. N. 100-3. v. Dav. Schulz. Hall. Lit. Z. 838. N. 95-97. [v. Schwarz.] Gött. Anz. 838. St. 82 f. v. Lücke. Jahrbücher f. wiss. Krit. 838. N. 55. v. Hase. Jen. Lit. Z. 839. N. 101 f. — Otto Krabbe, Vorlesungen ü. d. Leben J. für Theol. u. Nichttheologen. Hamb. 839.

i) *Joh. Kuhn, d. Leben J. wissensch. bearb. Mainz 838. B. I. — Silbert, d. Leben J. für kath. Christen. Mit 12 Stahlstichen. Lpz. 838 f. 6 H. 4. — Franz de Ligny, Lebensgesch. J. C. in harm. Verbind. b. Evv. nach d. Vulgata, nebst vielen Betrachtt. u. Erläutr. a. d. h. Kirchenvätern, m. zweckm. Widerleg. aller Trugschlüsse unserer Zeit. Nach d. 6. franz. A. übrs. v. J. A. Moshamer, Wien 3 Th. in 1 B. 843. kl. 4. — G. Riegler, d. Leben J. C. in Harm. b. 4 Evv. kritisch, hist. u. praktisch erklärt. Bamb. 843 f. 3 B. — *J. Nep. Sepp, d. Leben C. Mit Vorrede v. J. v. Görres. Regensb. 843-5. 4 B.

k) *A. Ebrard, wissensch. Kritik d. evang. Gesch. Ein Comp. d. gesammten Evangelienkritik. Frnkf. 842. 2. umgearb. A: Ein Komp. f. Geistl. u. Studirende. Erl. 850. — *K. Wieseler, chronol. Synopse d. Evv. Beitr. z. Apcl. d. Evv. u. ev. Gesch. v. Standp. b. Voraussetzungslosigk. Hamb. 843. — *Joh. Pet. Lange, d. Leben J. nach d. Evv. Heidelb. 844-7. 5 B. Dgg: Fr. Krummacher in s. Palmblättern. März=Heft ff. 845. Lange, Worte b. Abwehr gegen Krumm. Zür. 846.

l) *Theile, z. Biographie J. Lpz. 837. — *C. F. v. Ammon, d. Gesch. d. Lebens J. Lpz. 842-7. 3 B. Vrg. die betreff. Artikel d. bibl. Realwörterb. v. Winer. 3. A. 847.

m) Strauß u. die Evv. o. d. Leben J. v. Str. für denkende Leser aller

Stände bearb. v. e. evang. Theologen. Burgd. 839. — Carl Krane, d. Buch v. J. oder d. Leben J. v. Naz. im Lichte d. neusten wiss. Forschungen dargest. f. d. Gebildeten d. deutschen Volks. Cass. 850. — Der Fall d. Christenth. in sr. gegenw. Gestalt als K. Zugleich e. vollst. Gesch. J. des Weisen v. Naz. Lpz. 850.

n) Jul. Hartmann, d. Leben J. nach d. Evv. für gebildete Leser. Stuttg. 837 f. 2 B. Vrg. Drs. ü. d. gesch. Auffass. u. Darst. d. L. J. Stuttg. 836. — *Aug. Francke, d. Leben J. für ev. Christen. Mit 12 Stahlstichen. Lpz. 838 f. 6 H. 4. [Mit Silbert nt. i nur gleich als Buchhändlerunternehmung.] 3. A. in 16. Lpz. 842. — Werner Hahn, d. Leben J. Eine pragm. Geschichts-Darst. Brl. 844. Vrg. Dess. gesch. Begründung u. Ankünd. d. wahren Gotteswiss. Nebst e. Sendschr. an K. Hase u. D. Strauß. Lpz. 839.

§. 23. Poetische Darstellung.

Sobald die Kunst Bürgerrecht erhielt in der Kirche, wurde die Geschichte Jesu episch dargestellt, die Poesie des Heidenthums bequemte sich mühsam dem neuen Geiste und heidnische Gedanken empfingen christliche Namen. Juvencus [um 331] hielt sich sorgsam an die Evangelien, nur verständigend und vergeistigend. Nonnus [um 400] schilderte den johanneischen Christus auslegend und ausführend mit denselben glänzenden Worten, mit denen er die Thaten des Dionysos gefeiert hatte. Cölius Sedulius [um 430] hat das Leben Jesu als fortlaufendes Wunder dargestellt, mit vorherrschendem Witz, doch nicht ohne Spuren von Natur und Poesie. In Sannazar's Geburt der Jungfrau [1505-25] und in Vida's Christias [1520-30] hat sich diese Verschmelzung des heidnisch und christlich Römischen zum prachtvollen Epos vollendet, jener um die Krippe von Bethlehem, dieser um's Kreuz die Ereignisse versammelnd.^a) Neben dieser freien Nachahmung wurden auch Geschichten Jesu aus Versen Virgils und Homers zusammengekünstelt.^b) Nach der Mitte des 9. Jahrh. schien das Leben Jesu durch Otfried von Weißenburg in hochdeutscher Sprache Anfang und Mittelpunkt einer germanisch christlichen Dichtung zu werden. Schon vorher war auf der Grundlage des Victor von Capua eine Evangelienharmonie in sächsischer Mundart entstanden. Beide sinnig, höchst anschaulich in den Farben ihrer Zeit, in freien Ausführungen oft wahrhaft dichterisch. Otfrieds Evangelienbuch mehr gelehrt, allegorisirend und moralisirend, doch anmuthig und singbar in einzelnen Liedern, mit Reimen und Assonanzen. Der Heliand in alliterirenden Versen, einfacher, mehr episch schildernd, nationaler, Christus ein milder Volkskönig in Mitten seiner Gefolgsleute.^c) Nach langem Verstummen verflachte sich diese Dichtungsart zu gereimter Prosa, über die sich einige durch naive Treuherzigkeit wie Schön und Greiff, oder durch lebendige Anschaulichkeit mit superlativen Übertreibungen wie Lavater, oder durch natürliche Einfalt wie Weihe, oder durch Innigkeit wie Göpp erhoben.^d) Klopstock hat mit deutschem Her=

§. 23. Poetische Darstellung.

zen die antike Form erneut. Sein Messias steht als poetisches Werk am Eingange, als kirchliches Werk am Ausgange eines Zeitalters. Aber die unbeweglich hochgespannten Gefühle erstarren, die Bilder verschwinden im luftleeren Raume und die vor dem Anfange abgeschloßne Geschichte eines Gottes weckt nicht menschliche Theilnahme, die sich nur an die Episoden menschlichen Schicksals im Himmel, in der Hölle oder auf Erden hält. Dagegen Rückert die unendliche Gewandtheit des Reimes nur benutzte, um dem Evangelium seine Einfalt und morgenländische Art zu bewahren. Halem scheute das Wunderbare selbst in der Poesie, Sallet hat das straußische Evangelium zur Poesie erhoben.[e]) Die glückliche Auffassung einzelner Züge des Lebens Jesu in poetischen Bildern hat in neuerer Zeit musivische Zusammenstellungen derselben veranlaßt.[f]) Die Denkmale der lyrischen Auffassung beginnen mit Prudentius, sie selbst ist weit älter, bezieht sich ihrer Natur nach auf Einzelnes, und vollendet sich, wie sie begann, im Festgesange der Kirche. Die Darstellung als Tragödie mußte sich in der Passionsgeschichte concentriren. Der leidende Christus, eher ein Werk des jüngern Apollinaris als Gregors von Nazianz, ist nur den Worten nach eine Nachahmung des gefesselten Prometheus ohne Ahnung der erhabenen Einfalt des Aeschylus und der innern Verwandtschaft des Mythus; die Passion von Cristal ein modernes Theaterstück mit französischer Gewandtheit.[g]) Die Unverletzlichkeit der evangelischen Geschichte wird immer den freien Bildungen der Poesie den Raum verweigern, aber die Poesie wird nie aufgeben sich an dieser höchsten aller Geschichten zu versuchen.[h])

a) Poetae christiani. Ven. 502. 4. *G. Fabricius*, Poetarum vett. eccl. Opp. c. fragmm. et commentarr. Bas. 564. 4. Corpus omnium vett. poetarum lat. sec. seriem temporum. [L. B. 603.] Aurel. Allobr. 611. 627. 640. 2 T. in 1 V. Chorus poetarum class. duplex, sacrorum et profanor. [ed. *Alex. Fichetus.*] L. B. 616. 4. *Maittaire*, Opp. et fragmm. vett. poetarum latin., prof. et eccl. Lond..713. 2 T. f. Neuer Titel: Corpus omnium vett. poett. Hag. Com. 721. 2 T. f. *Collectio Pisaurensis omnium poetarum lat. a prima latinae ling. aetate ad sextum usque seculum. Pisauri 766. 6 T. 4. Die christ. Dichter 5. u. 6. T. — *Cajus Vettius Aquilinus Juvencus*, Historiae ev. l. IV. o. O. u. J. [Daventr. um 1490.] 4. goth. Mit *P. Barri* paeanes quinque. Par. 499. 4. T. f. Ven. 502. 4. Lps. 505. f. Cum commentar. *Jo. Badii Ascensii*, Rothomag. 509. 4. Bas. 541. 4. Lps. 511. 4. Mit Sedulius ed. *Reinh. Lorichius Hadamarius*, Colon. 537. Mit Aratus u. Prudentii Enchir. Bas. 537. Par. 545. 12. Ex Cd. Ms. Rottendorpbii et all. Mss. mit Sedul. u. Arat. Bas. 545. Mit Sedulius, Arat. etc. ed. *Th. Poelmann*, Bas. 551. Mit Prudentius. L. B. 553. 16. Mit Sedul. etc. Calari 573. Mit Sedul. u. Arat. L.B. 588. 12. Cum notis *Koenigii, Omeisii, Schoettgenii, Badii, Ascensii, G. Fabricii* aliorumq. selectioribus rec. *Erh. Reusch*, Frcf. et Lps. 710. Ad Mss. Codd. Vaticanos aliosque et ad vett. editt. rec. *Faustin. Arevalus*, Rom. 792. 4. *A. R. Gebser*, de Juvenci vita et scriptis. Adject. l. I. Hist. ev. animadvv. criticis ill. Jen. 827. — *Nonnus Panopolitanus, μεταβολὴ τοῦ κατὰ Ἰωάννην ἁγίου Εὐαγγελίου. Paraphrasis Evangelii secundum Joan. o. D. u. J. [Ben. 501.] 4. Studio Demetrii Ducae Cretensis ed. Rom. 526. 4. [Cura Melanchthonis] Hagen. 527. [Lat. redd. Hegendorphinus] ib. 528. A Cp. Hegend. lat. facta. [gr. u. lat.] Par. 541. 2 T. in 1 V. [gr.] Par. 556. Conversio Ev. secundum Jo. graecis versibus conscr. nunc prim. ad verbum latina facta multisque in locis emend. per Jo. Bordatum. Par. 561. 4. Cum vers., lat. Erh. Hedeneccio intrp. Bas. 571. u. öft. Op. Fr. Nancii c. interpr. lat. et notis. L. B. 589. 2 T. in 1 V. Ed. emend. L. B. 599. Hierzu: Fr. Nancii ad Nonni paraphr. curae secundae. L. B. 593. [gr. lat.] Op. *F. Sylburgii. [Heidelb.] 596. Oft u. schlecht nachgedruckt. [gr. lat.] Acc. notae P. N. A. [Nicolai Abrami] Par. 623. *Dn. Heinsii Aristarchus sacer s. ad Nonni in Jo. metaphrasin exercitationes, quarum priori parte interpres examinatur, post. interpretatio eius cum S. Scriptura confertur. Acc. Nonni et S. Ev. contextus c. interpr. lat. L. B. 627. Der Text des Joh. u. Nonn. ist weggelassen bei dem Abdrucke in Heinsii sacrr. exercitt. ad N. T. l. XX. L. B. 639. f. Gegen Heinsius: Ursini Nonnus redivivus. Hmb. 667. Cf. Jonath. A. Weichert, de Nonno Panop. Witt. 810. 4. Nonnos von Panopolis der Dichter. Beitr. z. Gesch. der griech. Poesie v. *Ouwaroff, m. Anm. v. F. Gräfe. Petersb. 817. 4. *L. F. O. Baumgarten-Crusius, de Nonno Panop. Joannei Ev. interprete. [Opp. theol. Jen. 836. N. IX. überarbeitung eines Programmes von 1824.] Fr. Passow, Specimen novae edit. evang. Joannei a Nonno versibus adstricti. Vratisl. 828. 4. Nonni Panop. Metaphrasis Ev. Jo. rec. lectionumque varietate instruxit *Fr. Passovius, Lps. 834 Das Ev. Joh. metaphrasirt durch Nonnus, metrisch übertr. von H. A. W. Winckler. Gieß. 839. — Coelius Sedulius, Mirabilium divv. l. V. [IV.] s. Carmen paschale in librum Evv. o. D. u. J. [Utrecht, um 1473.] f. goth. Carmen pasch. [ed. Pt. Eisenberger] Lps. 499. 4. goth. Carm. pasch. Prudentii poemata. [ed. Janus Parrhasius] Mediol. o. J. [1501.] Paschale quod Sedulius carmen dedit discipulus, doctor legat et monachus. Spir. 501. 4. goth. Mirabilium divv. l. IV. [ed. Jo. Vadianus] Viennae Pann. 511. 4. Carm. pasch. cum commentr. Antonii Nebrissensis, L. B. 512. 4. Caesar. Aug. 515. 4. Bas. 541. Granatae 553. 4. Paschale opus [ex rec. J. Bremii]. Taurini 516. 4. Mirabilium divv. libri, carmen pasch. dicti, et hymni duo. Cp. Cellarius ex Mss. Codd. rec. et adnott. ill. Hal. 704. Ad Codd. Mss. fid. rec. lectt. varias, observatt. et indices adj. *J. F. Gruner, Lps. 747. Cum notis variorum, quibus acc. Th. Wopkensii adversaria emendatiora, maxima ex parte adhuc inedita. Curante H. J. Arntzenio, qui adnott. et observatt. specimen adjec. Leovardiae 761. Opp. omnia ad Mss. Vatic. aliosq. et ad vett. editt. recognita. Prolegomenis, scholiis et appendicc. ill. a *Faustino Arevalo, Rom. 794. 4. In Prosa von Sedulius selbst: Opus paschale. Operis pasch. l. V. nunc primum in lucem editi. Ex cod. P. Pithoei. Cura Fr. Jureti, cujus notae adjectae sunt. Par. 583. — *A. Sinc. Sannazarius, Christeis s. de Partu Virginis l. III. Neap. 526. 4. Ven. [Aldus] 527. Ven. [fratres de Sabio] 528. Ven. [*Aldus] 529. 533. [Opp. Ven. 535. 570. Amst. 689. 12. E secundis curis Jani Broukhusii, Lond. 728.] Übersetzungen: - de Partu Virg. l. III. etrusco carmine redditi a J. B. Casaregio, nunc primum e Vat. et Mediceo Cod. coll. cura A. F. Gorii, Flor. 740. 4.- del Parto della Vergine l. III. trad. in versi toscani da G. Giolito, Ven. 688. 4. Veron. 732-4. - trad. in versi ital. da Bn. Trento, [mit b. lat.

§. 23. Poetische Darstellung.

Texte] Padova 819. - el Parto de la Virgin traducido en octava rima por *G. Fernandez de Velasco*, Toledo 554. Madr. 569. Auch im Parnaso español. T. V. Sanasaro español, traducion de *F. de Herreras Maldonaldo*, Madr. 621. - les couches sacrées de la Vierge, poème héroique, mis en prose franç. par *Colletet*, revu et corrigé sur le latin par *P. L. J.* Par. 645. 12. - de Partu Virg. carmen tripartitum. Die Geburt d. Jungfr. Lat. u. deutsch v. F. L. Becher. Mit b. Bildn. u. Leben. d. Dichters. Lpz. 826. — *Marcus Hieron. Vida, Cremonensis, Albae Episcopus*, Christiados h. e. de C. vita, gestis ac morte l. VI. Opp. Antu. [536. 12. Bas. 537. 12. Crem. 550. L. B. 566. 592. 597. 606. 607. 12. Antu. 578. 12.] 595. Jesus C. Ein lat. Heldengedicht des Erzb. Biba. Deutschen Verehrern der göttl. Helden gesungen v. J. D. Müller. Hamb. 811. — *Fr. Vavasseur*, Theurgicou s. de miracc. C. ex IV Evv. l. IV. Par. 645. — *Theodos. Fabricii* Harm. Evv. metrica. Vit. 586. f. [bloß Gedächtnißverse, 1 Bogen.]

b) *Proba Falconia*, [um 400] Cento Virgilianus. Als Anhang des Ausonius. Ven. 472. f. o. O. u. J. [Bas. um 1475.] f. goth. Antu. 489. 4. goth. Brix. 496. 4. [Par.] 499. 4. goth. L. B. 516. Centones, de fidei nostrae mysteriis e Maronis carminibus excerptum Opusc. Par. 550. 4. Col. 592. Cento Virgilianus Hist. V. et N. T. complexus, ed. *J. H. Kromayer*, Hal. 719. — Virgilii evangelisantis Christiados l. XIII. In quibus omnia, quae de Domini J. C. in utroque Test. vel dicta, vel praedicta sunt, altisona divina Maronis tuba suavissime decantantur, inflante *Alex. Rossaeo*. Roterod. 653. Tigur. 664. 12. — Ὁμηροκέντρωνες [der Eudocia, Gemahlin Thedosius II zugeschrieben] ed. *Henr. Stephanus*, Gen. 578. 12. Bibl. Patrum. Par. T. XI. p. 572 ss. Cf. *Fabricii* Bibl. gr. ed. Harles. T. 1. p. 551 ss.

c) Liber Evangeliorum Domini gratia Theotisce conscriptus. Evangelienbuch in altfrenckischen Reimen durch Ottfrieden von Weißenburg vor 700 Jahren beschrieben. Hrsg. von Matth. Flacius. o. O. [Bas.] 571. Nach den von Marq. Freher [Worms 631.] u. Pt. Lambecius [Commentar. de Bibl. Vindobon. Vind. 665. f. T. II. p. 417-52.] mitgetheilten Verbesserungen die von J. Schilter 1693 begonnene, von Scherz vollendete Ausg. in *Schilteri* Thesaurus antiquitatum Teutonicarum. Ulm. 727. f. T. I. Krist, das älteste von Ottfried verf. hochdeutsche Gedicht, krit. hrsg. v. *E. G. Graff, Königsb.* 831. 4. Vrg. Dittmar von Stabe, Specimen lectionum antiquar. Franciscan. ex Otfridi libris Evv. Stadae 708. 4. *C. F. Pezold*, de laboribus Otfridianis Dt. de Stade. [Miscell. Lips. Lips. 716 ss. T. V. p. 56-66.] Histoire littéraire de la France. Par. 740. 4. T. V. p. 368 ss. *Ph. Andr. Grandidier*, Notice sur la vie et les ouvrages d'Otfr. Strasb. 778. Heß, Bibl. der heil. Gesch. B. II. S. 484-89. H. Hoffmann, Bonner Bruchstücke von Otfried. Bonn 821. 4. *Lachmann in b. Hall. Encycl. 836. Sect. III. Th. VII. *W. Wackernagel, Otfr. v. W. [Elsäß. Neujahrsblätter. Bas. 847. S. 210 ff.] *G. B. Lechler, Otfr. althochd. Evangelienbuch. [Stud. u. Krit. 849. H. 1 f.] — *Heliand. Poema Saxonicum sec. noni. Ed. *J. And. Schmeller*, Monachii, Stuttg. 830. 4. Hierzu Glossarium. Ib. 840. 4. Vrg. *A. F. C. Vilmar, deutsche Alterthümer im Heliand. Marb. 845. 4. — Über ein andres Gedicht vom Leben und Leiden Jesu etwa aus dem 12. Jahrh. s. Hoffmann, Fundgruben f. Gesch. deutscher Spr. u. Lit. Bresl. 830. B. l.

d) Ch. Schön, Vita J. C., Hist. unnd Geschücht von unsern Herrn, Reimweise verfaßt, auch mit schönen Gebetlein u. Figuren geziert. Lpz. 602. 12.

Einleitung. Cap. III. Literatur.

— Fried. Greiff, der 4 Evangelisten übereinstimmende Geschichtbeschreibung C. von sr. heilsamen Geburt bis zu sr. siegreichen Himmelfahrt, in 4 Theilen nach d. Osterfesten u. deren jedes in gewisse Geschichten abgetheilt, deren Inhalt kurz in zwei baar Versen verfaßt, die Sonn= und Feyertägliche Evangelia aber in Gesang o. Lieder gebracht, u. mit einem kurzen Gebetlein beschlossen. Alles in Reimen verfaßt. Tüb. 647. — J. G. Schottel, Concordia Evv. d. i. ordentl. zusammengefugte vereinbarung der Evang. mit vngezwungenen reimen ausgefertiget. Brunsv. 675. — *J. C. Lavater, neue Messiade, o. die 4 Evv. u. die AG. in Herametern. Winterth. 783-86. 4 B. In d. Werken. Augsb. 834. B. I. — Karl Weihe, d. Sohn Gottes auf Erden. Vers. e. Erzähl. d. Lebens J. nach d. Evv. in gereimten Versen. Elberf. 822-24. 2 B. — G. Willmy, J. C. d. Welterlöser, in 32 Gesängen, nach d. Harm. d. Evv. Verbessert u. herausg. v. Steinam u. Riegler. Sulzb. 825. 3 B. 12. — Karl Kirsch, das Ev. in Versen bearbeitet. Lpz. 825. — J. G. Reinhardt, J. Reden, Gleichnisse u. Lebenslauf, in Versen erklärend vorgetragen. Lpz. 826. — C. F. Prochnow, d. Geist J. in bibl. Gemählden u. Liedern. Brl. 827. — *F. Jac. Göpp, der Erlöser, episch=eleg. Gedicht nebst Liedern u. Gebeten z. Erbauung. Lpz. 827. — W. Unschuld, die heil. sonn= u. festtägl. Evv. d. KJahrs. Ein Sonettenkranz. Cobl. 840. — D. Pape, C. Episches Gemählde in 12 Gesängen. Hameln 840. — F. A. Steger, d. Heiland. Epos in 12 Gesängen. Zeitz 841. — K. Moritz, C. d. Überwinder. Ein Gedicht in 5 Ges. Oppeln 841. — Friederike Wohlfahrth, J. C. in 12 Ges. Neust. 851.

e) *F. G. Klopstock, der Messias [seit 1748]. Hal. 760-773. 4 B. Altona 780. Unvollendete Prachtausg. Lpz. 798-817. 12 B. In den Werken. Lpz. 799 ff. 3-6 B. Le Messie. Poëme. Bern et Hamb. 796. 4 T. 4. — *Fr. Rückert, Leben J. Evangelien=Harm. in gebundner Rede. Stuttg. u. Tüb. 839. — G. A. v. Halem, J. d. Stifter d. Gottesreichs, Gedicht in 12 Ges. Hannov. 810. 2 B. Brg. Henke, Museum. 806. B. III. S. 3 ff. — J. v. Sallet, Laienevangelium. Lpz. 842.

f) *F. P. Wilmsen, Leben J. C. beschrieben v. d. Evv. u. geschildert in 59 Liedern deutscher Meistersänger. Schule u. Haus. Brl. u. Posen [816. 54 Lieder] 826. — C. H. Gittermann, Hosianna, d. Leben J., dargestellt in Gesängen deutscher Dichter. Hann. 821. — *J. C. Schincke, J. C. o. d. Ev. in frommen Gaben ausgez. deutscher Dichter. Erbauungsb. f. denkende Verehrer Jesu. Hal. 826. Anhang: Dess. ev. Geschichten u. Reden in frommen Dichtergaben. Neust. 831.

g) Χριστὸς πάσχων. Gregorii Naz. Tragoedia, Christus patiens. Rom. 542. lat. per *Fr. Fabricium*. Antu. 550. Mit Übers. in lat. Verse v. *Roilettus Belnensis* in Greg. Naz. Opp. Col. 690. f. p. 253-98. Cf. *Augusti*, Quaestt. patristicarum biga. Vrat. 816. 4. Dgg: *Eichstadius*, Drama christ. quod χριστὸς πάσχων inscribitur, num Greg. Naz. sit tribuendum? Jen. 816. 4. [Von Gregor sind einige elegische Verse ü. Wunder u. Parabeln Jesu, nur Summarien: Opp Col. T. II. p. 105.] *Magnin*, C. patiens. [Journal des Savants. Avr. 848. Jan. et Mai 849.] — *Fr. Cristal*, la Passion de J. C. Par. 833. — Fragmente e. Schauspiels: Die 3 letzten LebensJ. J. Im Magazin f. kath. Geistl. v. Köberle. Landsh. 826. B. II. Nov. u. Dec. N. 4. Brg. §. 98 nt. c.

h) A. Rodnagel, J. Person u. Leben als Gegenst. poet. Darst. [Allg. K3. 845. N. 121 f. Brg. 846. N. 122.]

Vorgeschichte.

§. 24. Übersicht.

Die Vorgeschichte des öffentlichen Lebens Jesu, von seiner Geburt bis an's 30. Lebensjahr, handelt von den Bedingungen, unter denen er Messias und Welttheiland **innerlich** geworden ist. Sie ist theils **Kindheits- theils Bildungs-Geschichte**. Nur die Erstere ruht auf den Berichten des Matthäus und Lukas, und ist, nächst ihrer gelehrten Erläuterung und wissenschaftlichen Kritik,[a] als ein Cyklus von Bildern aus der Kindheit Jesu mit richtiger Ahnung ihres Charakters in volksmäßiger,[b] legendenartiger,[c] oder poetischer Gestalt[d] dargestellt worden. Die Andre ist großentheils auf Rückschlüsse aus den Denkmalen des öffentlichen Lebens Jesu, auf bekannte Verhältnisse der Volksgeschichte und auf die allgemeinen Gesetze menschlicher Bildung verwiesen.

a) P. *Canoo*, Delin. Hist. nativitatis Dom. nostri. Ber. 607. *Cundisius*, de nativ. J. C. salutifera. Jeo. 644. 4. *C. Schütze*, Annott. phil. ad Hist. nativ. Dom. Leucop. 676. 4. *J. A. Schmid*, Thema natalitium C. a nonnullis impie et absurde erectum. Vit. 683. 4. **A. Bynaeus*, de natali J. C. l. II. Amst. 689. 4. *Scharf*, de nativ. Jesuli. Vit. 683. 4. *Maji* Hist. nativ. C. Giess. 717. 4. *E. Reusch*, de nativitate C. Helmst. 735. 4. *J. B. Carpzov*, Eratopaegnia sacra s. pueritiae et juventutis J. Miscellanea. Hlmst. 771. 4. *Heilmann*, de humili C. infantia. [Opscc. T. I. p. 501 ss.] **A. H. Niemeyer*, Conjecturae ad illustr. plurimorum N. T. scriptt. silentium de primordiis vitae J. C. Hal. 789. 4. **C. F. Ammon*, Narrationum de vitae J. C. primordiis fontes, incrementum et nexus cum rel. chr. Gott. 798. 4. [N. Opp. th. Gott. 803.] **F. G. de Schubert*, de infantie J. C. Historiae a Mt. et Luca exhibitae authentia atque indole. Gripesw. 815. — S. F. Oelpke, b. Jugendgesch. b. Herrn. Bern 841. *b)* [J. J. Heß] Erste Jugendgesch. Jesu. Zür. 771. — S. M. Geburt u. Jugendgesch. Jesu. Münch. 784. — *[S. A. Dann] Das Denkwürdigste a. d. frühern Gesch. J. für Kinder. Stuttg. 2. A. 830.

c) Ev. Infantiae f. §. 11 nt. b. — *Benedicti Dubeni, Lucensis*, Catalogus prodigiorum, quae paulo ante, in et post nativitatem Domini acciderunt. Ex optimis diverss. autorum monumentis coll. Vit. 591.

d) Venantius Honorius Fortunatus, [Episc. Pictaviensis] de Partu Virginis l. primus. App. ed. *Browerus*, Mog. 617. 4. **Mch. Ang. Luchi*, Rom. 786. 2 T. Auch in der Samml. v. Maittaire [S. 41] p. 1693 s. und in der Ausg. des Juvencus von Poelmann. — *Thomae Cevae Jesus puer. Poema. Dilling. 690. 699. 12. Mediol. 718. 12. Ceva, J. b. Knabe. Ein lat. Heldengedicht übers. v. J. D. Müller. Magdeb. 822. — *J. C. Wernsdorf*, ad Hist. nativ. C. Annott. e re poetica. Helmst. 765. 4.

§. 25. Kritik der Geburtsgeschichte.

1. Bei wesentlich gleicher Tendenz sind die als Bestandtheile ihrer Evangelien wohlverbürgten Berichte des Matthäus [1 s.] und Lukas [1-2, 39] so durchaus verschieden, daß beide offenbar aus verschiedenen

Quellen geschöpft sind, also eine bestimmte Erzählung Marias in der Kirche nicht bekannt war, und, zusammengehalten mit dem Schweigen des Markus, die Kindheit Jesu zur kirchlichen Überlieferung nicht gehörte. Johannes, durch seine Stellung zur Mutter allein vollgültiger Zeuge, schweigt selbst da, wo er eine Volksmeinung erwähnt [7, 41 s.], nach der Jesus nicht aus Bethlehem stamme.ᵃ) 2. Beide Berichte verhalten sich auch theilweis ausschließend zu einander. Lukas führt die Mutter nach Bethlehem durch eine römische Schatzung, die der römischen Schatzungsweise nicht angemessen ist und nur durch künstliche Deutungen von dem Verdachte einer Verwechslung mit der bekannten um 10 Jahre spätern Schatzung des Quirinus losgesprochen werden kann: ᵇ) nach Mt. 2, 1. 22 s. erscheint Bethlehem als Wohnort der Maria. Kamen die Magier vor der Darstellung im Tempel: so fiel Jesus bei derselben in die Hände des Herodes; kamen sie nach derselben: so erschrak Jerusalem nicht vor der unerhörten Kunde Mt. 2, 3. cf. Lc. 2, 38, und sie fanden das Kind nicht mehr in Bethlehem Lc. 2, 39. ᶜ) 3. Das Schweigen des Josephus über einen versuchten Messiasmord ist wenigstens möglich: ᵈ) aber die unsichere Maßregel eines allgemeinen Kindermords, während das messianische Kind durch Hirten und Magier in dem kleinen Orte allgemein bekannt sein und in jeder bedrohten Mutter einen Verräther finden mußte, ist undenkbar bei der bekannten Klugheit des Herodes. 4. Die Zweifel der nächsten Verwandten Jesu an seiner prophetischen und messianischen Würde, ja an seiner gesunden Vernunft [Jo. 7, 5. Mt. 12, 46-50. Mc. 3, 21 ss.], sind unvereinbar mit jenen Wundergeschichten, die daher noch weniger dienten, Fremde auf den Glauben an den Messias vorzubereiten, daher ein Zweck derselben nicht erkennbar und als Erfolg nur ein Kindermord bekannt ist. 5. Die Vorstellung eines wegweisenden Sternes und die Richtigkeit einer astrologischen Deutung ist eben so sehr im Sinne jener Zeit, als sie, ernst genommen, vor einer höher gebildeten Kenntniß des Sternenhimmels verschwindet.

---

a) *Lüderwaldt*, de vi argumenti, quod ducitur e silentio scriptoris. Brunsv. 753. *C. F. Ammon*, Ambigitur de argumentis, quibus ductus Jo. nativitatem J. C. Bethlehemiticam silentio praetermiserit? Gott. 797. 4. [Nova opp. p. 85 ss.]

b) *Reinold*, Census habitus nascente C. Franeq. 682. 4. *G. Wernsdorf*, de Censu, quem Aug. temp. nativ. C. per orbem terr. fecit. Vit. [693.] 720. *G. W. Wedel*, de Censu Aug. Jen. 703. 4. *C. Breithaupt*, Confutatio Bodini in Colloq. heptaploin. adserentis Censum Aug. temp. nativ. C. non esse factum. Helmst. 737. 4. *Perizonius*, de Aug. orbis descriptione. Oxon. 738. 4. *J. C. Volborth*, de Censu Quir. Gott. 785. 4. *A. Birch*, de Censu Q. Haf. 790. 4. Rist, Verhandeling over Luc. II, 2. 791. *J. G. Hasse*, de Censu Q. Regiom. 796. 4. *Süskind*, Symbol. ad ill. quaedam Evv. loca. Tub. 803. 2 Pgg. *C. F. Ammon*, de Censu Q. Erl. 810. 4. Übersicht der Ausflüchte: *Kuinoel* ad Luc. II, 2. Savigny, ü. d.

röm. Steuerverf. [Zeitschr. f. gesch. Rechtswiff. A. 2. B. VI. H. 3.] *E. Huschke, ü. d. z. Z. d. Geburt J. C. gehaltenen Census. Bresl. 840. *J. v. Gumpach, d. Schatzung. [Stud. u. Krit. 852. H. 3.] Mit Berufung auf Acta 5, 37. *Tac.* Ann. I, 11. *Sueton.* Octav. c. 101. *Cassiod.* Variar. III, 52. Hiernach Tholuck, Glaubw. S. 156 ff. Ebrard, Kritik. S. 169 ff. Wieseler, Synopse. S. 73 ff. Dgg: Strauß, B. I. S. 226 ff.

c) *Epiphan.* T. II. p. 135. — *Leichner*, de temp. Magor., quo ex Or. venerunt. Arnst. 655. 4. *Triebel*, de Magis post J. in templo repraes. advenientib. Jen. 715. 4. *Rettig*, de tempore, quo Magi Beth. venerint. Giess. 824. 4. d) *C. Cellarius*, Fl. Josephi silent. de trucidat. pueror. Beth. Merseb. 692. 4. *C. G. Hofmann*, Cur Jos. caedem infantum Beth. tacuerit? Vit. 741. 4. *Volborth*, Inquiritur in causas, cur Jos. caedem puerorum Beth. silentio praeterierit. Gott. 788. 4. Cf. *Salmasius*, de Herode infanticida. Antu. 648. *J. Barthisius*, de infanticidio Herod. Lps. 655. 4. *Ol. Celsius*, [resp. *Nc. Spak*] de infantic. Beth. Ups. 727. 4. *C. J. Ansald*, Herod. infanticidii vindiciae. Brix. 747. 4. *E. A. Schulze*, de Her. pueror. caede. Frcft. ad V. 765. 4. *J. D. L. Danz*, de vi et momento infanticidii Herod. in Hist. J. C. Jen. 823. 4.

§. 26. Sagen der Kindheit.

Da sonach diese Überlieferungen jeder streng historischen Anschauung widerstreben, da ihr Gegenstand das Wunderbare im Sinne des Alterthums ist, und seine Auffassung Poesie, bei Matthäus einfach, volksmäßig, bei Lukas idyllisch, mit alttestamentlich lyrischen Ergüssen, da endlich die geschichtliche Form nur als das unbewußte Sinnbild religiöser Ideen erscheint: so sind sie für heilige Sagen zu achten, welche sich in verschiedenen Gemeindekreisen unwillkürlich durch das Bedürfniß bildeten, die Geburt des Göttlichen in sinnlich bedeutungsvoller Erscheinung anzuschaun und zu feiern. Alttestamentliche Vorbilder und nationale Messiaserwartungen haben mitgewirkt, aber die erzeugende Kraft war das christliche Gefühl einer Wiederherstellung der menschlichen Natur, die Anschauung der spätern Schicksale Jesu und die ahnungsvolle Betrachtung des damaligen Standes seiner Sache. Die Auswüchse dieser Sagenbildung zeigen sich in den Apokryphen, nur die Erwähnung einer Höle als Geburtsort Jesu ist uralt, auch in der kirchlichen Erinnerung festgehalten worden.[a]) Manche Nebenumstände haben sich, angemessen dem Bildungstriebe der Sage, selbst in der protestantischen Volksvorstellung erhalten.[b]) In der katholischen Kirche sind einige Zweige der Sage fortgebildet worden, von der Kritik nur selten beeinträchtigt.[c]) Dagegen die protestantischen Theologen den Buchstaben der evangelischen Überlieferung halb gelehrt und halb erbaulich unter den treuherzigsten Voraussetzungen zergliederten,[d]) bis nach dem Durchgangspunkte ihrer natürlichen Erklärung[e]) sich das Bewußtsein ihres mythischen Inhalts immermehr geltend machte.[f]) Obwohl ihre Entstehung um so leichter zu erklären ist, je mehr noch außer dem weltgeschichtlichen Ereignisse der Geburt des Heilandes geschichtliche Elemente sich zur Sage vergeistigt haben, so können doch die Spuren der Historie aus der Poesie dieses Sagenkreises nur willkürlich herausgefunden werden, und die natürlich psychologische Erklärung, die doch selbst zur Annahme traditioneller Ausschmückung hingedrängt wird, verkennt den Charakter der Sage und entwürdigt ihre hohen Gestalten zu Wesen, die weniger nach Bethlehem, als nach Beblam gehören. Ihre Wahrheit ist eine ideale und ewige; aber keineswegs ist hierdurch die historische Wahrhaftigkeit des apostolischen Zeugnisses verletzt, da dieses erst mit der Taufe des Johannes anhebt Act. 1, 21 s. 10, 36-41. cf. Mc. 1, 1.

a) *Justin.* c. Tryph. c. 78. Cf. *Fabr.* Cod. apocr. T. I. p. 105 s. 169. — *Wetsten.* ad Luc. II, 7. *J. H. Krause*, de loco C. natalitio. Lps. 699. 4. *C. S. Scherff*, de nativ. C. Bethlehemitica, utrum in urbe, an extra urbem facta. Lps. 704. 4. *Feuerlin*, Dijudicatio controversiae de C. extra Bethl. nato. Gott. 744. 4. Oetter, Bestätigte Wahrnehm., daß der Heiland in einer Höhle unter Bethl. geboren. Nrnb. 774. **J. A. Ernesti*, de variis opinn. super loco nativ. J. C. Lps. 776. *b) Rohr*, Pictor errans in Hist. sacra. [Lps. 679.] Eisenb. 700. 4. *P. C. Hilscher*, de erroribus pictorum circa nativitatem C. Lps. [689.] 705. M. Ranft, der lieben Alten Einfalt in Erdichtung verschied. Umstände b. d. Geb. C., die nicht schriftmäßig sind. Zeit 740. 4. Cf. Acta Hist. eccl. Weim. 741. S. 118 ff. 606 ff.

c) J. B. *H. Crumbach*, Primitiae gentium s. Hist. et encomium S. trium Magorum ev. Col. 604. f. 3 T. *P. de Marca*, de adventu Magorum et an reges fuerint? [Opp. ed. *Baluz.* Par. 681.] *Passoni*, de verit. et divinit. Hist. Magor. Rom. 765. Cf. **J. C. Thilo*, de magis et stella quaestio. Hal. 834. 4. Dgg: Kuhn, L. J. B. I. S. 140 ff.

d) A. Strauch, de Bethl. s. patria Messiae. Vit. 659. 661. u. Annal. Bethl. Vit. 683. *Wegner*, de loco nat. J. C. Colon. Br. 673. 4. *Buddeus*, Meditatio de Bethl. Jen. 727. — *J. C. Posner*, de singular. et mirandis, quae in corporis C. formatione et animatione evenerunt. Jen. 697. *J. G. Joch*, de sing. et mir., quae circa modum partus C. evenisse dicuntur. Jen. 701. *G. H. Goetze*, num Maria Filium Dei pariens obstetricis opera fuerit usa? Lub. 707. *Ejusd.* Quaestio th. num Filius Dei, quum nasceretur, lacrymatus fuerit? Ib. 708. *J. G. Beil*, de J. vagiente Conjecturae quaedam. Walden. 745. — [*Ez. Spanheim*] Disc. sur la crèche de notre Seigneur. Gen. 655. lat. Ber. 695. 12. *G. H. Goetze*, de praesepio C. Jen. [662.] 703. 2 Pgg. 4. *J. C. Letsch*, Exerc. phil. de cunabulis C. Vit. 665. *D. Vogel*, de stabulo Bethl. Regiom. 706. — *J. A. Schmid*, de fasciis C. Helmst. [698.] 726. 4. *C. F. Wilisch*, de fasciis C. Altenb. 715. 4. *E. S. Cyprian*, de fasciis C. [Dss. ecc. pentas. p. 66 ss.] — *G. Lyser*, de circumcis. C. Vit. 629. *Mtth. Kunstmann*, de praeputio C. Regiom. 668. *D. Gerdes*, de mysterio circumc. [Exercitt. acad. Amst. 738. 4. p. 305 ss.] — **G. Calixtus*, Hist. Magorum. Hlmst. [628. 636.] 641. 4. *J. Müller*, ev. M. Hist. Tig. 660. *C. Notnagel*, de M. patria, itinere et stella ductrice. Vit. 652. 4. *B. Stolberg*, de M. Vit. 663. 4. [Thesaur. theol. phil. P. II. p. 66 ss.] *Olearius*, Adss. heptas ex Hist. M. Lps. 671. 4. *J. Madewisius*, de stella nati regis Judd. a M. observata. Jen. 671. 4. *A. Sennert*, Exercitt. phil. heptas tertia, de M. Vit. 681. *D. G. Möller*, Hist. M. Alt. 688. *A. Hochmuth*, de M. ad cunas C. properantib. Lps. 689. 4. *Beyschlag*, Hist. M. Vit. 693. 4. *C. Cellarius*, de M. ex Or. stella duce Beth. profectis. Hal. [704.] 709. 4. *B. C. Struve*, de M. Messiam exosculantium nomine, patria et statu. Jen. 709. 4. *M. A. Herold*, de M.

§. 27. Abstammung Jesu.

regem suum invenientib. Lps. 711. 4. *G. H. Goetze*, de fide M. Lub. 714. *J. H. Elswich*, de M. stella duce profectis. Vit. 716. cf. §. 28, nt. e. — *Werner*, de nocte nativit. C. Regiom. 677. 4. — *A. Strauch*, de Aegyptiaco Servatoris exsilio. Vit. 666. — *J. P. Grunenberg* [pr. A. D. Habichorst] de Filio Dei ex Aeg. revocato. Rost. 698. 4. 3 Dss. Hoffmann, J., ein Emigrantenkind. Lpz. 734. *Georgi*, de fuga et redita C. Vit. 743. 4. *G. C. Reccard*, de fuga infantis J. in Aeg. Regiom. 780s. 2 Pgg. 4.

e) Br... Die Nachricht, daß J. durch d. H. Geist u. von e. Jungfr. geboren sey, aus Zeitbegriffen erläutert. [Schmidts Bibl. B. I. St. 1.] Bemerkk. ü. d. Glaubenspunkt: E. ist empfangen vom H. G. [Henkes N. Mag. B. III. St. 3.] — Otto Thieß, die Magier u. ihr Stern. Hmb. 790. J. E. L. Schmidt, d. Erzähl. v. d. Mag. nach 2 Recensionen. [Bibl. f. Krit. u. Er. B. II. H. 2.] — Betrachtungen ü. d. Geburt J. als Wahrh. u. Dichtung. [Oppositionsschr. B. V. S. 109 ff.] — Eck, Venturini, bes. Paulus im Commentar, Leben Jesu u. exeg. Handbuch. *f)* Gabler, Rec. ü. Paulus. [Nst. Theol. Journ. B. VII. H. 4.] *Bertholdt*, Christol. Judaeor. Erl. 811. p. 84 ss. Schleiermacher, ü. Luc. S. 42 ff. De Wette, bibl. Dogm. A. 3. §. 281 u. a. Strauß, B. I. Abschn. 1. Weiße, ev. Gesch. B. I. Buch 1. Dgg: Ebrard, S. 188 ff. Lange, B. I. Th. I. S. 39 ff.

§. 27. Abstammung.

Nur der Mittelpunkt dieses Sagenkreises, die jungfräuliche Geburt des Herrn, auf die doch Paulus kein Gewicht legte [Gal. 4, 4], ist mit der Glaubenslehre verbunden worden. Allein da selbst die Gottheit Christi nur scheinbar durch übernatürliche Erzeugung bedingt ist, auch das Kind der Jungfrau am Erbe eines gefallenen Geschlechts theilgenommen hätte: so bleibt nur die hierarchisch-essenische Vorstellung übrig, daß die Vollziehung des alten Schöpfungssegens [Gen. 1, 28] an sich etwas unreines sei.ª) Die Sage ist nur der Ausdruck des Gefühls der geistigen Reinheit und Göttlichkeit Jesu [Rom. 1, 3], wenn unter Judenchristen entstanden, in dieser bestimmten Form vermittelt durch das damalige Verständniß von Jes. 7, 14. Ps. 2, 7, doch der heidenchristlichen Anschauung näher gelegen. Ähnliche Mittelpunkte aller religiösen Sagenkreise des Alterthums und des Morgenlandes, in diesem als Vermittlung der Welterneuerung und Heimkehr des Menschengeschlechts zur Gotteinheit, unter Griechen und Römern zum poetischen, lüsternen oder politischen Spiele entartet, deuten wohl auf ein allgemeines Bedürfniß, das aber nicht in dieser unlautern Gestalt erfüllt werden mußte, sondern die Sage von Göttersöhnen durch Geblüt und den Willen des Fleisches [Jo. 1, 12 s.] enthält nur die Ahnung der Geburt des Göttlichen in der Menschheit durch Glauben und Geist.ᵇ) Jesus, mit bedeutsamem, doch nicht ungewöhnlichem Namen,ᶜ) galt als der Erstgeborne von Maria und Joseph. Dem widersprechen nur die ersten Capitel des Matthäus und Lukas [cf. 3, 23]. Aber die Stellen, in denen Joseph der Vater Jesu genannt wird [Mt. 13, 55. Lc. 2, 48. Jo. 1, 46. 6, 42 u. a.], können bei allen Evangelisten und müssen bei Matthäus und Lukas als gemeine Rede von Galiläa oder im weitern Sinne verstanden werden. ᵈ) Eine Geburt Jesu außerhalb des Gesetzes würde zwar seinen eignen Werth nicht berühren, ist aber weder historisch wahrscheinlich, denn sie würde in Nazaret als Vorwurf laut geworden sein, noch scheint providentiell gedenkbar, daß der Reinste von allen außerhalb der von Gott gesetzten Ordnung geboren sei. Jede bestimmte Ableitung der Art, zumal mit der Absicht, die Geburt eines Messias einzuleiten, ist verläumderisch oder phantastisch.ᵉ) Die davidische Abstammung ist durch die Stammbäume bei Matthäus und Lukas nicht außer Zweifel gestellt, da beide nur durch verzweifelte Mittel vereinigt werden können, auch auf dem Standpunkte beider Evangelisten eine Abstammung gar nicht erweisen, daher jedenfalls auf ganz anderm Standpunkte entstanden sind.ᶠ) Die Begrüßung als Davidsohn kann auch nur den Messias bezeichnen. Aber die Abstammung Jesu von David, keineswegs durch Mc. 12, 35 als falsche Satzung der Schriftgelehrten bezeichnet, war den Aposteln unzweifelhaft Act. 2, 30 s. Rom. 1, 3, und Nachkommen eines Bruders Jesu wurden am Hofe Domitians als Abkömmlinge Davids angesehn.ᵍ) Auch diese Abstammung aus königlichem Geblüt ist gleichgültig an sich, doch wichtig für die psychologische Erklärung.

a) Dgg: *C. Ch. Flatt, Obss. exeg. dogm. ad Hist. ortus C. divini. Pg. I. Vindicatur narrationi Lc. 1, 26 ss. veritas hist. Pg. II. Tub. 809 s. 4. *J. J. van Oosterzee*, de J. e Virg. M. nato. Traj. ad Rb. 840. Neander, S. 9 ff. R. Rothe, theol. Ethik. Witt. 845 ff. B. I. S. 379 f. Moderne Phantasien, daß Jesus als der zweite Adam wenigstens halb unmittelbar von Gott erschaffen werden mußte, daß er, nicht ein einzelner Mensch, sondern der Sohn der Menschheit, berechtigt war aus der jungfräulichen Begeisterung zu entstehn, die sich als die Blüthe der Herrschaft des Geistes über die Natur trotz aller Schmähung der Welt in das Walten Gottes ergiebt: Köllner, die gute Sache d. luth. Symbole. Gött. 847. S. 69. J. P. Lange, positive Dogmat. Heidelb. 851. S. 644 f.

b) Hieron. adv. Jovin. II, 14. Müller, Glaube d. Hindus. S. 385 ff. Rhode, rel. Bildung d. Hindus. B. II. S. 65 ff. P. v. Bohlen, d. alte Indien. Königsb. 830. B. I. S. 336. Georgi, Alphabet. Tibet. Rom. 762. p. 55 ss. 369 ss. Du Halde, Beschr. d. chin. Reichs. Rost. 747. B. III. S. 26. — *Jamblich*. Vita Pythag. c. 2. *Diog. Laert.* III, 1, 2. cf. *Origen.* c. Cels. I, 37. VI, 8. *Hieron.* adv. Jovin. I, 26. *Augustin.* de C. Dei, III, 4. — *Cicero*, de republ. II, 2. *Justin. Apol.* I. c. 21. *Wetsten.* ad Mt. 1. Luc. 2. *Valckenar.* ad Act. 14, 12. — *Hasse, Nativitatis C. cum Platonis nativitate comparatae praestantia. Regiom. 788. 4. Maurer, ü. d. Menschw. unf. Herrn. [Beitr. z. Beförbr. d. vernünft. Denk. H. 10. S. 128 ff.] *J. E. C. Schmidt, Skiagraphie der Gesch. des Dogma v. J. übern. Geburt. [Schmidts Bibl. B. I. St. 3.] Der Jungfrau Maria wird durch Gabriel verkündigt, daß sie e. himml. Sohn gebähren werde. Eine heil. Dichtung. [Scherers Schriftforscher. St. 2. N. 8.] A. H. M. Kochen, ü. Mt. 1, 18-21. [Augustis N. theol. Blätt. 800. H. 3.] *C. F. K. Rosenmüller, ü. d. Geburt d. Heilandes v. d. Jungfr. [Gablers Journ. f. auserl. theol. Lit. 806. B. II. St. 2.] Plüschke, Abh. in Keils u. Tzschirners Analekt. B. V. H. 2.

§. 28. Geburts-Jahr und Tag.

Betrachtt. ü. b. Erzählungen v. b. Geburt J. als Wahrheit u. Dichtung. [Oppositionsschr. v. Schröter u. Klein. B. V. S. 409 ff.] Ammon, B. I. S. 172: nicht Mythus, nicht Dichtung, doch aus einer spätern, mehr allegorisirenden und idealisirenden, als geschichtlichen Begründung der evangelischen Christologie hervorgegangen.

c) יהושע contrahirt ישוע, Josua, σωτήρ, cf. Exod. 24, 13. Hag. 1, 1. Mt. 27, 16 nach der aus *Orig.* tract. 25 in Mt. wiederhergestellten Lesart. Act. 7, 45. Col. 4, 11. — *A. Pfeiffer*, de nomine J. [De Talmude Judd. p. 177 ss.] *D. H. Koepken*, de nom. J. Helmst. 701. 4. *Ch. Fritzsche*, de nom. J. Frib. 705. 4. *J. C. Clodius*, de nomm. C. et Mariae arabicis. Lps. 724. 4. S. J. Baumgarten, Betr. b. Namens J. Hal. 736. *G. C. J. Chrysander*, de vera forma atque emphasi nom. J. Rint. 751. 4.

d) [Pseudo] *Justini* Quaestt. et respp. ad qu. 133. — [Walther] Verf. e. schriftm. Beweises, daß Jos. b. wahre Vater C. sey. Brl. u. Stralf. 791. Dgg: Oertel, Antijosephismus o. Kritik ü. e. Ungenannten schriftm. Bew. Germanien 792. *Gebauhr*, [pr. Hasse] Probatae Josephum verum J. patrem ex Sc. S. non fuisse. Regiom. 792 s. 2 Dss. 4. — *F. A. Ludewig*, hist. krit. Unters. ü. b. versch. Meinungen v. b. Abkunft J. C. Wolfenb. 831.

e) Das Erstere nach der jüdischen Tradition schon bei *Origen.* c. Cels. I, 32. von Panthera. Das Andre: Venturini, natürl. Gesch. b. Prophet. v. Naz. mit Vergleichung von *Joseph.* Antiqq. XVIII, 4. Die natürl. Geb. J. v. Naz. hist. beurkundet durch Joseph. Alterth. XVII, 2, 4. von e. Greise im J. 1823. Neust. 830. Dgg: Korb, Anticarus o. hist. krit. Beleucht. d. Schr. ꝛc. Lpz. 831. Annalen d. Theol. 832. B. II. H. 1. Theol. Lit. Bl. 832. N. 16-18.

f) Jul. Africanus. [*Euseb.* Hist. ecc. I, 7.] *August.* de Cons. Evv. II, 3. — *D. Flinsbach*, Geneol. C. et omnium populorum tabulae. Bas. 567. f. *S. Steier*, Hist. geneal. J. C. I. III. Frcf. 594. f. *F. Gomarus*, Examen controvv. de geneal. C. Groen. 631. 12. *Gerh. J. Voss*, Ds. gemina, una de J. C. geneal. Amst. 643. 4. *A. Calovius*, Geneal. C. Vit. 652. *J. M. Lange*, de geneal. C. ex patribus sec. carnem. Nor. 703. 4 Dss. 4. *Grunenberg*, de βίβλῳ γεν. a Mt. scripta. Rost. 703. *J. H. Hottinger*, de geneal. C. Tiguri. [711.] 713. 2 Dss. *J. Koch*, de utraque geneal. C. Hann. 730. 4. *Benzel*, de dupl. geneal. Lund. 734. 4. *S. J. Baumgarten*, de geneal. J. C. Hal. 749. 4. *Dürr*, Geneal. J. Gott. 778. 4. K. Ströbel, Beitr. z. schriftmäß. Verständn. d. Geschlechtsreg. J. C. [Zeitschr. f. luth. Th. 840. H. 3.] *K. Wieseler*, d. Geschlechtstafeln J. b. Mt. u. Lk. [Stud. u. Krit. 845. H. 2.] *F. Delitzsch*, ü. d. beiden Geschlechtsreg. J. C. [Zeitschr. f. luth. Th. 850. H. 4.] Cf. Hug, Einl. B. II. S. 233 ff. Hoffmann, L. J. S. 148 ff. Ebrard, S. 188 ff. — Winer, Realw. B. I. S. 562 ff. Strauß, B. I. S. 136 ff. g) *Euseb.* Hist. ecc. III, 15. Cf. *Koerner*, de propinquorum Servat. persecutione. Lps. 782. 4. Dgg: *Schulthess*, Symbolae ad internam criticen libb. canonicor. 833. T. I. p. 64 s. Strauß, B. I. S. 156 f. Weiße, B. I. S. 167 ff.

§. 28. Geburts-Jahr und Tag.

Die Kirchenväter haben nur eine schwankende Tradition,[a] erst im 6. Jahrh. setzte *Dionysius Exiguus* das Geburtsjahr Jesu auf 754 nach Erbauung Roms, in's Jahr der Welt nach der Julianischen Periode 4714.[b] Diese *aera Dionysiaca* ruht auf der Angabe [Lc. 3, 1] vom öffentlichen Auftreten des Täufers im 15. Regierungsjahre des Tiberius, vom Todestage des Augustus, dem 19. August 767 R. an gerechnet. Johannes mußte nach der Volkssitte das 30. Jahr erreicht haben. Er hatte bereits Schüler und große Anerkennung im Volke, als Jesus auftrat. Aber die Art seiner Wirksamkeit ist nicht durch einen bestimmten Zeitraum bedingt, auch Josephus [§. 77, nt. b] scheint ihn nur als flüchtig vorübergegangene Erscheinung zu betrachten.°) Keinenfalls kann die Taufe Jesu um Jahre später gesetzt werden, denn ein solcher Mangel alles historischen Sinnes ist bei Lukas nicht zu erwarten, daß er eine Lebensgeschichte Jesu mit der feierlichen Zeitbestimmung des Auftretens einer Nebenperson eröffnete, ohne daß dadurch zugleich die Zeit der Hauptperson bestimmt würde. Da nun auch ein Beruf, wie er in Jesu Bewußtsein stand, eine Sehnsucht wecken mochte [cf. Lc. 12, 49], welche zur That eilte, sobald es die Volkssitte, auf welche Lukas selbst deutet, gestattete: so scheint Lc. 3, 23 genau zu fassen, um den Anfang des 30. Lebensjahres. Sonach vom Auftreten des Täufers etwa 29 Jahre zurückgezählt, ergiebt sich das dionysische Geburtsjahr.ᵈ) Dagegen von den neuern Gelehrten die Geburt Jesu in das 4. Jahr vor die dionysische Epoche oder noch weiter zurück versetzt wird, weil Herodes schon 750 R. vor dem Passah gestorben ist. Aber diejenigen, welche den durchweg historischen Gehalt der ersten Capitel des Matthäus bezweifeln, haben kein Recht zu dieser Rücksichtnahme, denn die Volkssage hat schon weit entferntere Personen zusammengerückt, als hier die beiden großen Könige Israels. Auch der Stern der Weisen berechtigt nicht zu einer astronomischen Berechnung, ein Leitstern der dichterischen Sage ist keine Planetenconjunction.°) Der Geburtstag Jesu ist seit dem 3. Jahrh. in der Kirche gefeiert und verschieden bestimmt worden.ᶠ) Die römische Feier des 25. Dec., zwar mit dem Übernachten der Heerden im Freien auf dem flachen Lande nach dem Klima Palästinas vereinbar,ᵍ) scheint doch weniger durch eine bestimmte Überlieferung, als durch ein Anschließen an altrömische Sitte [natales solis invicti] veranlaßt. Berechnungen, die vom Dienste der Priesterordnung Abia aus [Lc. 1, 5] rückwärts oder vorwärts auf den October oder December geführt haben, setzen eine Reihe Möglichkeiten als wirklich voraus.ʰ)

Grynaeus, Chronologia brevis ev. Historiae. Bas. 580. *Petavius de anno natali C. [*Epiph.* Opp. T. II. p. 92ss.] *T. Dorncrellius*, Chronol. evangelico-apost. s. 76 annorum Hist. ad dinumerationem annorum et mensium recensita, cum designatione diversarum epocharum inter se invicem exacte congruentium, additis cujusque anni characteribus et eclipsibus, adjunctis alicubi Judaeorum festis tribus solemnioribus consignata, aequalibus duodecim mensium et sexenniorum intervallis distincta. Hamb. 639. f. *J. Cloppenburg*, de anno, mense et die natali C. 641. [Opp. th. Amst. 684. 4. T. I. p. 62 ss.] **G. J. Vossius*, Ds. gemina, altera de annis, quibus J. natus, baptizatus, mortuus. Amst. 643. 4. [Tractt. th. Amst. 701. f. p. 49 ss.] *Guil. Lange*, de annis C. l. II. L. B. 649. 4. *Aeg.* Strauch, de natali Immanuelis. Vit. [654.] 670. 4. *D. Spiegel*, de natali C. Vit. 666. 4. *F. Leuera*, de invicta veritate anni, mensis et diei pas-

§. 28. Geburts-Jahr und Tag.

sionis J. C. ejusque nativitatis, ex vett. PP. traditionibus totiusque Ecc. praeceptis, demonstrationibus aequinoctiorum, pleniluniorum et feriarum certiss. comprobata. Rom. 668. 4. *M. Seneschall*, Trias ev. de anno, mense ac die C. nati, baptizati et mortui. Leod. 670. 4. *Ch. Ravius*, de adventuali plenitudine temporis J. C. in carnem, a priori deducta. Frcf. 673. 4. [Thesaur. th. phil. T. II. p. 905 ss.] *Ant. Bynaeus.* [S. 45.] *Clericus*, de annis C. In fr. Harmonie. *Sal. van Till*, de anno, mense et die nati J. C. [L. B. 700. 4. Lond. 714.] ed. *Walch*. Jen. 740. *Heineccius*, de genuina nativit. J. C. aera. Hal. 708. 4. *P. Allix*, de anno et mense natali J. C. Lond. [710. 722.] Jen. 740. *C. D. Koch*, de anno natali J. C. per nummum et fata Antipae Herodumque caeterorum demonstrato. Helmst. 721. 2 Dss. *J. C. Knebel*, de anno et die nativ. C. Hal. 721. 4. J. J. v. Einem, Geb. v. d. Geburtszeit J. C. Magdeb. 731. *Liebknecht*, de aera nativ. J. C. genuina. Giess. 735. 4. *Leonh. Offerhaus*, Spicilegiorum hist. chronol. l. III. Groning. 739. 4. *Th. V. Monelia*, de annis J. C. Rom. 741. 2 Dss. 4. *J. G. Hager*, de anno nativ. C. Chemn. 743. *M. Lupus*, de notis chron. anni mortis et nativ. J. C. Rom. 744. 4. *N. Mann*, true years of the birth and death of Christ. Lond. 752. *H. Owen*, Observations on the Gospels. Lond. 764. *Reccard*, Rationes et limites incertitudinis circa tempus nativ. C. Regiom. 768. 4. *D. Magnani* Problema de anno nativ. C. anno octavo ante aeram vulg. Rom. 772. *J. Floder*, [resp. *B. Jungblad*] Explicatio verborum Luc. 3, 23. de tempore baptismi C. Ups. 773. 4. *J. A. Ernesti*, de libro Magnani, cui tit. est Probl. de anno nat. C. Lps. 774. 4. [Opp. phil. crit. ed. 2. p. 420 ss.]. *L. J. Uhland*, C. anno ante aeram vulg. IV. exeunte natum esse contra Magnanum demonstratur. Tub. 775. 4. *E. F. Wernsdorf*, Exerc. in novissimam litem de nati C. anno. Vit. 776. 4. *Hartmann*, Systema chronol. bibl. Rost. 777. 4. Bennigsen, bibl. Zeitrechn. Lpz. 778. J. G. Franf, astron. Grundrechn. d. bibl. Gesch. d. Volkes Gottes u. d. alten Völker. Dess. 783. [*Jo. Horix*] Obss. de annis C. Mogunt. 789. *Sanclemente*, de vulg. aerae emendatione l. IV. Rom. 793. f. K. Michaeler, ü. d. Geburts- u. Sterbej. J. C. Wien 796. 2 B. *F. G. v. Süskind*, neuer Vers. ü. chron. Standpunkte für die AG. u. d. Leben J. [Bengels Archiv. B. I. St. 1 f.] Dr f. Vermischte Auff. Stuttg. 831. N. 7 f. Paulus, exeg. Handb. 830. B. I. S. 227 ff. *Renz*, ü. d. Geburtsj. J. [Stud. d. Würt. Geistl. 827. B. I. St. 1. cf. St. 2.] *Göschen*, Bemerkk. z. Chron. d. N. T. [Stud. u. Krit. 831. H. 4.] Feldhoff, ü. d. Jahre b. Geb. u. Auferst. uns. Herrn. Frkf. 832. *Rud. Anger*, de temporum in Actis App. ratione. Lps. 833. c. 1. *F. Piper*, de externa vitae J. C. chronologia recte constituenda. Gott. 835. 4. W. D. Block, d. wahre Geburtsj. E. o. wir sollten 1862 schreiben. [J. 735 R. geboren, Herodes 739 R. gest.] Brl. 843. *K. Wieseler*, S. 48 ff. L. A. Seyffarth, Chronol. sacra. Unterf. ü. d. Geburtsj. d. Herrn. [J. geb. 752 R. Herodes gest. 753 R.] Lpz. 846. J. B. Weigl, ü. d. Geburts- u. Sterbej. J. C. [Joh. geb. 24. Juni, J. 25. Dec. 749 R.] Salzb. 850. 4. — Übersicht der verschiedenen Ansichten: *G. J. Voss*, p. 1 ss. *Spanhem.* Chronologia sacra. Opp. T. I. p. 159 ss. *Fabricii* Bibliogr. antiquaria. Hamb. 716. p. 187 ss. 342 ss. *Wolfii* Curae philol. et crit. p. 578 ss. 596 ss. *Ruinoel* ad Luc. 3, 1. Münter [nt. e] S. 105 ff.

Wörgeri Triga dss. de mense nascentis Dom. contra Bochartum. Kil. 679. 4. *Mayer*, Quod quilibet anni mensis gloriam nati Serv. ambitiose sibi asserat. Gryph. 701. 4. *Dav. Vogel*, de festo nativ. C. Regiom. 705. Pg. nat. de die natali J. C. Wit. 728. 4. *Funk*, de die Serv. natali. Rint. 735. 4. [Dss. acad. p. 149 ss.] *Baumgarten*, de mense dieque memoriae

C. nati antiquitus consecrato. Hal. 740. 4. [Opp. lat. P. II. p. 45 ss.] *A. J. v. d. Hardt, de momentis quibusd. hist. et chron. ad determ. C. diem natal. Hlmst. 754. 4. *J. G. Koerner, de die natali Serv. Lps. 778. 4.

a) *Iren.* III, 25 nennt das 41., *Tertull.* adv. Judd. c. 8 das 43., nach andrer Lesart das 41., *Clemens*, Stromm. I. p. 340. *Euseb.* Hist. ecc. I, 3 u. *Epiphan.* Haer. LI, 22 das 42. Regierungsjahr des Augustus. Als Todesjahr die älteste herrschende Tradition das 15. Regierungsjahr des Tiberius, Consulat der beiden Gemini, 782 R. *Tertul.* adv. Judd. c. 8. *Clem.* Stromm. I. p. 147. Daneben fand Prosper, Chronicon, das 18. Jahr des Tiberius von manchen angenommen. Cf. *Münter*, S. 105 ff. *Ideler*, S. 385 f.

b) *Hamberger*, de epochae chr., quae aera Dionys. audit, ortu et auctore. Jen. 704. 4. [*Martini* Thes. dss. T. III. P. I. p. 34 ss.] *J. G. Jani* Hist. aerae christ. Vit. 715. 4. c) Dgg: Clubius, ü. d. Zeit u. Lebensdauer J. u. Joh. [Henkes Muf. B. II. H. 3.] Strauß, A. 1. B. I. S. 314 ff. A. 4. S. 345 ff. Dgg: A. 3. B. I. S. 381 ff. Kuhn, B. I. S. 173 ff.

d) *A. Schweizer*, b. Verh. d. ev. Vorgesch. z. Bestimm. d. Jahres d. Geburt C. [Theol. Jahrbb. 847. B. VI.]

e) *J. Keppler*, de J. C. Serv. nostri vero anno natalitio. Frcf. 606. 4. [*S. Calvisii* Ep. de vero nativ. C. anno. Lps. 613. 4.] Drs. wiederholter ausführl. Bericht, daß unser Hailand nit nuhr ein Jahr vor dem anfang unserer heutigen tags gebrauchten Jahrzahl geboren sey: wie D. Helisaeus Röslinus fürgiebt: auch nit nuhr zwey J. wie Scaliger u. Calvisius dafür halten, sondern fünff gantzer Jahr. Straßb. 613. 4. *Ejusd.* de vero anno, quo aeternus Dei filius hum. naturam assumserit. Frcf. 614. 4. *U. Junius*, Errores Astrologor. circa thema C. genethliacum. Lps. 701. Ch. G. Semler, vollst. Beschr. d. Sterns d. Weisen, wobei d. große Unterschied desselben v. e. Cometen gezeigt u. v. der wahren Zeit b. Geb. C. u. denen merkwürdigen Umständen d. Weisen gehandelt wird. Hal. 743. *Ch. Sigm. Georgi*, de Magis ad J. ejusdem stella deductis. Vit. 744. 4. *Reccard*, de stella, quae Magis C. nato apparuit. Regiom. 766. 4. *Gust. Sommelius*, de stella nati regis Judaeorum. Lund. 771. 3 Pgg. 4. *J. F. Froriep*, ad Hist. Magor. quaedam adnott. Erf. 772. f. J. J. Sillig, Vermuthung ü. d. Stern d. Magier. [Theol. Nachr. Sept. 807. S. 498 f.] Dgg: Bemerk. eines Astronomen. [Ebnd. S. 500 ff.] *Pfaff*, d. Licht u. d. Weltgegenden, sammt e. Abh. ü. Planetenconjunctionen u. d. Stern d. 3 Weisen. Bamb. 821. *J. W. Wurm*, astr. Beitr. z. Bestimm. d. Geburts- u. Todesj. J. [Bengels Archiv. B. II. St. 1 f.] *Ideler*, Handb. d. Chronol. Brl. 826. B. II. S. 381 ff. Verbessert nach Encke im Lehrb. d. Chronol. S. 428 ff. *Fr. Münter*, d. Stern d. Weisen. Untersuchungen ü. das Geburtsj. C. Kopenh. 827. *Anger*, d. Stern d. W. u. d. Geburtsj. C. [Zeitsch. f. hist. Theol. 847. H. 3.] Oppositionsschr. v. Klein. B. V. H. 1. S. 90 ff. F. Th. Schubert, vermischte Schrr. B. I. S. 71 ff. G. Heinr. Schubert, Lehrb. d. Sternk. Münch. 2. A. 832. S. 226 f. *J. v. Gumpach, Hülfsbuch d. rechnenden Chronol. Heidelb. 853. S. 90 ff. Die astron. Berechnungen gehen auf 747 oder 748 R., Wieseler auf 750.

f) *Clem.* Stromm. I. p. 407. *Sulpic. Sev.* Hist. sac. II, 27.

g) Dgg: *Lightfoot* ad Lc. 2, 8. Winer, bibl. Realw. B. I. S. 657.

h) *J. J. Scaliger*, de emendatione temporum. Jen. 629. f. [Thes. temporum ed. 2. Amst. 658. f.] *J. A. Bengel*, Ordo temporum. Stuttg. [741. 763.] 770. *Seyffarth*, Chron. sacra. p. 97 ss.

§. 29. Die heilige Familie.

Maria erscheint mütterlich zärtlich und sinnig [Lc. 2, 48-51], später untergeordnet dem hohen Sohne [Jo. 2, 3 ss.], einmal irre an

§. 29. Ältern und Verwandte Jesu.

ihm [§. 80], doch ihre Liebe stark für das höchste Leid Jo. 19, 25 s. In der Sage des Lukas als holdselige, gottergebene Magd des Herrn, heimisch in der dichterischen Vorzeit und von den höchsten Hoffnungen ihres Volks tief bewegt. In der kirchlichen Sage ist sie zum Urbilde ihres Geschlechts geworden, in sich einend, was die Natur ewig getrennt hat.ª) Diese Bildung entsprach einem religiösen Bedürfnisse; aber die Geschichte ist karg und streng gegen das Ideal.ᵇ) Joseph war Handwerker in Holz [τέκτων Mt. 13, 55], nach verschiedenen Gesichtspunkten der Sage bald besonders kunstreich, bald ungeschickt. Es lag im kirchlichen und künstlerischen Interesse, ihn als abgelebten Greis vorzustellen. Er hat wahrscheinlich nicht die Hoheit, sicher nicht den Untergang Jesu erlebt.ᶜ) Beide Ältern hielten sorgfältig auf die Vorschriften des Gesetzes Lc. 2, 41. Als Brüder des Herrn [Gal. 1, 19. 1 Cor. 9, 5] werden genannt: Jakobus, Joses, Simon und Judas [Mt. 13, 55. Mc. 6, 3], von seinen Schwestern [Mt. 13, 56] nennt die Sage Esther und Thamar. Die Brüder werden zugleich mit dem Vater [Mt. 13, 55] und mehrmals mit der Mutter Jesu [Mt. 12, 46. Mc. 3, 31. Lc. 8, 19. Jo. 2, 12] erwähnt, haben erst später an ihn geglaubt und sind nicht mit seinen Vettern zu verwechseln [Jo. 7, 5. Act. 1, 13 s.]. Sie als solche, oder doch als Halbbrüder aus einer frühern Ehe Josephs zu nehmen, lag folgerecht nach der Geburtssage im Sinne der Kirche. Die Verweisung der Mutter an Johannes [Jo. 19, 26] scheint dem günstig. Allein Matthäus setzt unbefangen voraus, daß Jesus Geschwister haben konnte, und in dem Zusammenhange, wie er ihn den Erstgeborenen nennt, daß er sie hatte, 1, 25. cf. Lc. 2, 7.ᵈ) Ihre unbefangene Anführung als Kinder der Maria ist ein Zeugniß für die Geschichtlichkeit der Evangelien. Der Mutter Schwester hieß Maria, Frau des Klopas [Alphäus, חלפי], Mutter des jüngern Jakobus und Joses [Jo. 19, 25. Mc. 15, 40. 3, 18], wahrscheinlich auch des Judas Lebbäus [Lc. 6, 16. Act. 1, 13. cf. Jud. 1], und nach Hegesippus [*Euseb.* H. ecc. IV, 22] des Symeon, sonach die Namen der Schwestern, wie der Schwestersöhne gleich, Jakobus und Judas Apostel; doch hat sich vielleicht schon früh die Überlieferung jener Namen verworren. Eine Verwandtschaft mit Elisabeth ruht nur auf Lc. 1, 36,ᵉ) mit Salome auf einer späten Überlieferung,ᶠ) oder auf einer Zählung der Frauen unter dem Kreuze [Jo. 19, 25], die unter der Muttersschwester Jesu die Salome verstehend, zu Gunsten einer doch immer unvollständigen Harmonie mit Mt. 27, 56, die johanneische Überlieferung in Widerspruch bringt mit ihr selbst [19, 26].ᵍ)

Hugo Broughton, Christs family. Lond. 608. [Opp. Lond. 662. f. T. II.] J. *Crause*, Exerc. de Jos. et Mar. Servatoris parentib. Jen. 667. **Hyac. Serry*, de C. ejusq. virgine matre. Ven. 719. 4. **Ant. Sandini*, Hist. familiae sacrae, ex ant. monumm. collecta. Patav. 734. *Serry*, Animadvv. in Hist. fam. sacrae. Par. 735.

a) Literatur als Fortsetzung der apokr. Evangelien in: *Hippol. Marraccii* Bibl. Mariana, alphab. ordine digesta, qua auctores, qui de M. Dei parente virgine scripsere, cum recensione operum continentur. Rom. 648. 2 T. Cf. *Suiceri* Thesaur. v. Μαρία. *b) J. Meisner,* de sepultura M. Vit. 664. *Aeg. Strauch,* de b. virginis M. natalibus. [Vit. 666. 676.] Lps. 702. 4. **Spanhem.* de M. matre. L. B. 686. 4. *J. F. Mayer,* de conventu App. ad mortem M. Lps. 671. *M. Lipenius,* de ortu M. Stett. 675. 4. *C. Posner,* de singular. et mirandis conceptionis. C. Jen. 697. *H. J. van Bashuysen,* de sanctit. et virgin. matris J. C. ad ill. Jes. 7, 14. Servest. 720. **J. A. Schmid,* Prolusiones Marianae, notabiliora, s. vera s. ficta, ab auctoribus antiq. et rec. de b. M. notata, exhibentes, ed. *Moshem.* Hlmst. 733. 4. *F. M. Reimbold,* J. H. Serry testis veritatis in Hist. M. et C. adv. Baronium aliosque in Ecc. Rom. Lps. 736. 4.

c) Justin. c. Tryph. c. 88. *Epiphan.* Haer. LI, 10. LXXVIII, 7 s. *Augustin.* Cons. ev. II, 1. Dgg: *Hieron.* c. Helvid. c. 7 u. in Mt. 12, 46. — Apokryphisch: Hist. Josephi fabri lignarii, arab. et lat. ed. *G. Wallin.* Lps. 722. 4. *Thilo,* Cod. apocr. T. I. 1 ss. *Tischendorf,* Evv. apocr. p. 115 ss. Traditionell: Acta Sanctor. Mart. T. III. p. 4 ss. *A. M. Affaitati,* Vita di S. Giuseppe. Mil. 716. *A. Calmeti* Ds. de S. Jos. [Proll. in S. Script. Luc. 729. f. T. II. p. 421 ss.] Anderes b. *Walch,* Bibl. T. III. p. 412. *Thilo,* Cod. apocr. T. I. p. XVI. u. 375 s. Kritisch: *J. F. Mayer,* num Jos. tempore nativ. C. fuerit senex decrepitus? Lps. 672. *G. H. Goetze,* de cultu Jos. Annaeb. 702. [Melett. Annaeb. Lubec. 707. p. 917 ss.] *S. Reay,* Narratio de Jos. e codice desumta notisque instr. Oxon. 822. — *G. C. J. Chrysander,* de sapientia Dei in connubio Jos. et M. miranda. Hlmst. 744. 4. — Gegen die Tradition Hilarius und Beda τέκτων als Schmid. Cf. *Delarue* ad Orig. Opp. T. I. p. 659.

d) Tertul. de monog. c. 8. — *Orig.* in Mt. tom. 10. T. III. p. 462: Abstammung der Geschwister aus früherer Ehe als Sage. *Epiph.* T. I. p. 1049 s: die volle Gewißheit. *Joan. Damasc.* de fide orth. IV, 14: Muster der Ausflüchte gegen Mt. 1, 25. Cf. *Thilo* l. c. T. I. p. 362 ss. — *P. Tiliander,* de τοῖς τοῦ κυρ. ἀδελφοῖς. Ups. 772. 4. *Geyer,* de consobrinis J. C. Vit. 777. 4. Kuhn, b. Brüder J. u. Jacobus Alphäi. [Jahrb. f. Th. u. chr. Phil. 834. B. III. S. 1 ff.] *J. F. J. Demme,* Fueritne Jac. frater Dom. Apostolus quaeritur. Vrat. 839. Olshausen, B. I. S. 465 f. — *K. F. W. Clemen, ü. d. Brüder J. [Winers Zeitschr. f. wiss. Theol. 829. H. 3.] *Schott, ü. d. Brüder J. [Röhrs Mag. 830. B. III. St. 1.] *A. H. Blom,* de τοῖς ἀδελφοῖς et ταῖς ἀδελφαῖς τοῦ κυρίου. L. B. 839. Wieseler, ü. b. Brüder b. Herrn in ihrem Unterschiede v. d. Söhnen Alphäi, u. Jak., d. Ap. u. Sohn Alphäi, d. Säule d. jeruf. Gem. [Stud. u. Krit. 842. H. 1.] *Schaff, d. Verh. d. Jac. Bruber d. Herrn zu Jac. Alphäi. Brl. 842. *Fritzsche,* Ev. Mt. p. 480 ss. Winer, bibl. Realw. B. I. S. 566. Strauß, B. I. S. 208 ff. Neander, S. 47 f.

e) Als Tochter von Marias Mutterschwester Sube in Fragm. *Hippolyti Theb.* b. *Fabric.* Pseudepigr. T. II. p. 290.

f) Bald als Schwester Josephs, bald als Tochter des Klopas, oder [*Niceph.* H. ecc. II, 3] des Aggai, Bruders des Zacharias. *g)* Wieseler, d. Söhne Zebedäi, Vettern d. Herrn. [Stud. u. Krit. 840. H. 3.]

§. 30. Die Kindheit.

Unter der heitern und großartigen Natur von Nazaret, dem Kranze des Berges,*) ist Jesus aufgewachsen, seinen Ältern unterthan,

§. 30. Kindheit Jesu.

in reicher, doch allmäliger Entwickelung [cf. Lc. 2, 40. 52], ohne welche seine ganze Kindheit nur Schein wäre. ᵇ) Das Ereigniß seines 12. Jahres [Lc. 2, 41 - 50] ᶜ) ist zwar noch nicht durch das apostolische Zeugniß verbürgt, macht aber im Gegensatze der mährchenhaften Darstellung im Evangelium infantiae den vollen Eindruck historischer Wahrheit, und nächst dem Bedeutungsvollen, wodurch es der Aufzeichnung werth war, ist es allein die Wahrscheinlichkeit eines Wunsches der apostolischen Kirche, von diesem Entwickelungspunkte des Lebens Jesu etwas seiner Würdiges zu wissen, und die späte Sage einer glänzenderen Frühreife Mosis, Samuels und Salomos, was diese Erzählung in einer historischen Schrift zum Mythus machen soll. ᵈ) Das Zurückbleiben Jesu ist ohne Nachlässigkeit der Ältern bei freisinniger und vertrauensvoller Erziehung durch irgend einen Zufall leicht denkbar.ᵉ) Seine Rede zeigt von derselben Gottesnähe, in rein menschlicher und kindlicher Form, welche die Idee seines Lebens ist; eine Andeutung davon, daß seine spätere Herrlichkeit nicht frühern Verirrungen abgerungen, sondern ununterbrochene Entwickelung seiner Freiheit war. Auch Maria nahm ihres Kindes Antwort als bedeutungsvolles Wort, dessen ahnungsreichen Sinn sie nicht erschöpfte; und auch hierdurch ist diese Erzählung von dem Sagenkreise einer göttlichen Geburt geschieden. Aber um das klare und übermenschliche Bewußtsein seiner Bestimmung darin zu finden, ᶠ) muß man die verschloßne Knospe dieser Rede auseinander reißen und sich an der Kindheit mit ihren wahrhaften Wundern versündigen.

a) Bebel, de Jesu Nazareno. Arg. 666. 4. *Grünenberg*, de Jesu Ναζαραίῳ. Rost. 699. 4. *J. S. Brumhard,* [pr. *Verpoortennio*] de Jesu Nazareno et Nazarenis ad Mt. 2, 23 ex Jer. 4, 16 et 31, 6 explicandum. Cob. 731. 4. *J. U. Fresenreuter,* Conjecturae de sensu verbb. Mt. 2, 23. Cob. 740. 4. C. F. H. Lindemann, ü. d. Nazaräer, z. Erläut. v. Mt. 2, 23. [Henkes Muf. B. I. H. 2.] *B. L. Koenigsmann,* de patria J. C. Slesv. 807. 4. — *E. Robinson, Palästina. Hal. 841. B. III. 1. S. 425 ff.

b) F. Weise, de J. C. educatione. Hlmst. 698. 4. *J. Mich. Lange,* de profectibus C. adolescentis ex Luc. 2, 52. Alt. 699. 4. Pg. natal. ad Luc. 2, 52. Jen. 714. 4. [Ternii Syll. Progg. exegg. p. 474 ss.] *Beismann,* ad Luc. 2, 52. Frcf. ad M. 739. 4. **J. G. Knapp,* de infantia ac pueritia J. C. Hal. 745. 4. *G. Sommelius,* de J. puero proficiente. Lund. 774. 4. Lieber, ü. d. Wachsth. J. in d. Weish. Mainz 850. — *J. F. Koeber,* de obed. J. pueri admiranda. Ger. 689. 694. 2 P. *Lange,* de subjectione C. sub parentib. Lps. 738. 4. *Rom. Teller,* de subject. C. sub parentib. Lps. 748. 4.

c) J. F. Mayer, de J. duodecim annorum puero. Gryph. 707. 4. *Bloch,* de anno aetatis duod. Havn. 755. 4. *Brendel,* de narrat. Luc. 2, 42 ss. Iseb. 786. 4. — Körner, b. zwölfj. J. [Annal. b. Th. 834. Jan. N. 2.]

d) Gabler in f. Neuest. theol. Journ. 799. B. III. S. 39. Strauß, A. 1. B. I. S. 279 ff. A. 4. B. I. S. 318 ff. Weiße, B. I. S. 212 ff. Dgg: Tholuck, Glaubw. S. 206 ff. Grulich, d. erste Tempelbesuch J. [Journ. f. Preb. 836. Mz. u. Apr. S. 161 ff.] Strauß, A. 3. B. I. S. 342 ff.

e) Dgg: Jon. Schuberoff im Magaz. v. Festpredigten. Magdeb. 825.

B. III. S. 63 ff. [Dgg: Journ. für Prediger. B. LXIII. St. 2. S. 21 ff.] Drs. Etwas ü. d. im Journ. f. Pred. erschienene Kritik meiner Ansicht v. d. Abreise d. Eltern J. ohne d. Sohn. [N. Jahrb. 826. B. X. H. 1.] Olshausen, B. I. S. 146. *f)* *Georgi,* [resp. *J. F. Nathusio*] de officii prophetici primitiis, quas C. δωδεκαετής edidit. Vit. 744. 4. Reinhard, Plan Jesu. A. 5. S. 371ff. Dasselbe für seinen Zweck: B. Bauer, Evv. B. I. S. 293 f.

§. 31. Bildung.

Die geistige Bildung Jesu ruhte auf glücklichen Naturgaben, und war durch den Zweck seines Lebens bedingt, der, einmal erkannt, oder doch in dunkler Sehnsucht gefühlt, jedes vorgefundene, förderliche Talent rasch entwickeln mußte: überschritt jedoch nicht die gewöhnlichen Bildungsmittel Palästinas, noch die Gränzen des Menschengeistes; denn obschon dasjenige, was Jesus wollte, nie vorher in eines Menschen Herz gekommen war, so liegt es doch im Herzen der Menschheit.*a)* Daß Jesus eine andere Sprache verstand, als den syrochaldäischen Volksdialekt und wahrscheinlich das Althebräische,*b)* oder eine andere Gelehrsamkeit besaß, als die des A. Testaments und der pharisäischen Überlieferung, ist nicht erweisbar. Durch Betreibung des väterlichen Gewerkes war er nach morgenländischer Sitte auch von der höchsten Bildung seines Volks nicht ausgeschloßen.*c)* In der heitern Bewegung des Mittelstandes unter einem Volke, das, ohne fest abgeschloßne Stände, sorgfältigen Jugendunterricht als religiöse Gewissenssache ansah, und auf den Festversammlungen einer Nation, die aus 3 Welttheilen zusammenkam, war zur Entwickelung eines angeborenen Verstandes volle Gelegenheit.*d)* Galiläa vereinte die Vorzüge des Judenthums, dessen ganze Eigenthümlichkeit und Energie auf religiösen Grundlagen ruhte, mit der Gelegenheit einer, wenn auch einfachen, doch freieren Bildung. In einzelnen Fällen hat Jesus große Menschenkenntniß, Beredtsamkeit, Geistesgegenwart und fast jeden königlichen Zug geborener Herrscher auf Erden gezeigt: aber in dieser geistig weltlichen Größe erscheinen andre ihm überlegen, ihrer höchsten Entfaltung waren seine Verhältnisse nicht fähig. So gewiß er lehrbegierig und mittheilend die Schulen seines Volks benutzt hat [Lc. 2, 46. cf. Mt. 13, 52], bis wohl frühzeitig eine Abneigung hervortrat: so findet sich doch keine Andeutung, daß er einer bestimmten Schule angehörte, oder eine eigentlich gelehrte Bildung erhielt, vielmehr das Gegentheil [Jo. 7, 15 s. Mt. 13, 54 s.]; auch die Begrüßung als Rabbi kommt nicht immer als bestimmte Würde, sondern als freie Ehrfurchtsbezeugung vor.*e)* Manche Ähnlichkeit des Urchristenthums mit dem Essenismus läßt an persönliche Beziehungen denken, Jesus wird die verschiedenen Schulen seines Volks mit einander verglichen, vielleicht auch die alexandrinische Vergeistigung des Mosaismus gekannt haben: wie aber jede Ableitung aus einer bestimmten Schule im eignen Charakter derselben unlösbare Schwierigkeiten fin-

§. 31. Bildung Jesu.

det,ᶠ) so reicht sie auch nicht aus, um die Erhebung Jesu über alle Zeitalter zu erklären, da seine Eigenthümlichkeit nicht in irgend einer Schule des Morgen= oder Abendlandes zu lernen, sondern die Voll= endung seines religiösen Lebens selbst war, welche, wie jede That des Genius und der Freiheit, zwar unerklärlich, aber als rein menschlich in der Menschheit immerdar möglich ist. Daher ebenso unangemes= sen scheint, die Bildung Jesu von den Bildungsmitteln seiner Zeit loszureißen, als sein weltumgestaltendes schöpferisches Wesen aus sei= ner Zeit erschöpfen zu wollen.

a) Beweis für das Erste und gegen das Zweite: *F. V. Reinhard*, Consilium bene merendi de universo genere humano ingenii supra hominem elati documentum. Vit. 780. 4. [Opp. acad. T. I. p. 234-67.] Aus= geführt in s. Plan Jesu. Cf. *Euseb.* Demonst. ev. III, 5.

b) Pfeiffer, de lingua Galilaeor. Vit. 663. 4. *L. Bröndlund*, de idiomate Petrino, Mt. 26, 73. Hafn. 718. 4. — **J. Reiske*, de lingua vernac. J. C. Jen. 670. 4. *J. Klaeden*, de lingua J. C. Vit. 739. 4. — **Dom. Diodati*, de C. graece loquente Exercitt. Neap. 767. Dgg: Ernesti, neueste theol. Bibl. B. I. St. 3. S. 91, 268 ff. *De Rossi*, della lingua propria di Cristo. Parma 772. 4. Brg. Ernesti, a. a. O. B. III. S. 79 ff. *H. F. Pfannkuche, ü. d. paläst. Landesspr. in d. Zeita. C. u. b. App. nach de Rossi. [Eichhorns allg. Bibl. B. VIII. S. 365-480.] — *C. H. Zeibich*, de lingua Judaeor. tempore C. et App. Vit. 791. 4. **H. E. G. Paulus*, Verosimilia de Judaeis Palaest., Jesu etiam atque Apostolis, non Aramaea dialecto sola, sed Graeca quoque Aramaisante locutis. Jen. 803. 4. Flatts Mag. St. IX. S. 52 ff. **Nic. Wiseman*, de lingua C. et App. [Horae syriacae. Rom. 828.] — *E. F. Wernsdorf*, Sententiae de C. latine loquente examen. Vit. 771. 4.

c) Mc. 6, 3. cf. Mt. 13, 55. *Justin.* c. Tryph. c. 88. Dgg: *Origen.* c. Cels. VI, 36. — **J. Jacobaeus*, de arte C. mechanica privatos inter parietes exculta. Hafn. 703. 4. *Schreiber*, an J. Redemtor possit vocari minister fabri lignarii? Jen. 743. 4. *El. Tragard*, an titulus τεκτων Mc. 6, 3. Servatori recte tribuatur? Gryphisw.781.4. Brg.Luther,B.XXII.S.397.

d) Gfrörer, die Erzieh. d. Juden z. Zeit J. [Tüb. zeit. 838. H. 1.]

e) Orig. c. Cels. VI, 16. — *P. C. Hilscher*, de J. C. studiis ἄτερ γραφῆς. [Miscell. Lips. T. V. p. 23 ss. auch *Fabricii* Cod. apocr. T. III. p. 424 ss.] *J. F. Mayer*, de praeceptorib. C. Gryph. 704. 4. *D. H. Arnoldt*, de Judaeis C. defectum eruditionis male objicientib. ad Jo. 7, 15. Regiom. 750. 4. **J. G. Rau*, de momentis, quae ad J. div. rerum scientia imbuendum vim habuisse videntur. Erl. 796. 4. Heß, ü. Verschiedenes, was z. Bildung J. beigetragen. [Lehren, Leben, Schicks. J. B. II. Abh. 7.] *Greiling, ü. d. intell. Selbstbild. J. u. dessen Bildungsmittel. [Henkes Mus. 805. B. II. S. 297-341.] *Kuhn, ü. d. Bildungsgang J. [Tüb. theol. Quartalschr. 838. H. 1. abgekürzt in s. L. J. B. I. S. 419 ff.] — *G. Olearius*, de doctoratu C. in V. et N.T. obvio. Lps. 709. 4. *Ch. Ern. Schmid*, de promotione acad. C. ejusque App. perperam tributa. Lps. 740. 4. *Chrysander*, de doctoratu C. tricennarii. Brunsv. 749. 4. *Cf. Wilke*, de solemni magistrorum promot. in Judd. academiis. Vit. 758. 4. Paulus, L. J. B. I. 1. S. 122: essenisches Rabbinat. — *J. A. Walter*, Codex in Suida mendax de J. in numerum XXII sacerdotum solenniter cooptato ex Lc. 4, 17. Lps. 724. 4.

f) Ableitung 1) aus den Mysterien oder Zauberkünsten Aegyptens: cf. *Orig.* c. Cels. I, 38. Evang. Joan. Templarior. in *Thilo* Codex apocr. T. I.

p. 847 s. 869. **Eisenmenger**, entd. Judenth. B. I. S. 149 f. 2) aus orient. Philosophie: J. A. L. **Richter**, d. Christenth. u. d. ältesten Religionen d. Orient. Lpz. 819. [Das Christenth. als Veröffentlichung des Essenismus, dieser aus Parsismus, griechischen, ägyptischen Mysterien und Brahmaismus.] Dgg: *T. P. Bergsma*, de Zoroastris quibusd. placitis cum doctr. chr. comparatis. L. B. 825. 3) aus griechischer Philosophie: cf. *Orig.* c. Cels. VI, 16 s. *August.* de doctr. chr. II, 28. *J. F. Mayer*, Utrum C. legerit Platonem vel Terentium? Hmb. 701. 4. 4) aus alexandrinischem Hellenismus: **Bahrdt**, Br. ü. d. Bibel im Volkstone. Brl. 784. B. I. S. 384. ***Gfrörer**, Philo u. d. aler. Theof., bes. in der Vorrede. Stuttg. 831. [Umfassender die historischen Grundlagen in d. Gesch. d. Urchr.] Dgg: **Theile**, C. u. Philo. [Winers n. krit. Journ. B. IX. St. 4.] *Scheffer*, Quaestt. Philon. P. II. p. 41 ss. 5) aus dem Unterrichte der Rabbinen: als gewöhnliche jüdischer Vorwurf, die Stellen bei **Lampe**, Ev. sec. Jo. Bas. 726. T. II. p. 319. Das Christenth. enthält keine übern. geoffenb. Lehre. Sendschr. an H. Dav. Friedländer. 794. 6) aus Essenismus: englische und deutsche Naturalisten im 17. und 18. Jahrh. *J. G. Wachter*, de primordiis chr. rel. l. II. quorum prior agit de Essaeis, Christianorum inchoatoribus, alter de Christianis, Essaeorum posteris. 1717. Ms. cf. **Heubner** zu Reinhards Plan Jesu. Anh. V. Nach Voltaire *Frédéric* II. Oenvres. Berl. T. XI. p. 94. **Riem**, C. u. d. Vernunft. Brnschw. 792. S. 368 ff. ***Stäudlin**, Gesch. d. Sittenl. Jesu. B. I. S. 570 ff. [zurückgenommen.] Dgg: **Lüderwald** in Henkes Mag. St. VII. S. 126 ff. *E. G. **Bengel** in Flatts Mag. B. VII. S. 126 ff. *J. H. Dorfmüller*, de dispari I. Essaeorumque disciplina. Wunsid. 803. *Elkonis Tingae* Or. de J. C. loctore θεοδιδάκτω, minime Esseno. Groen. 805. **Bandelin**, ü. d. Bildung d. Propheten v. Naz. z. ersten Religionsgründer. Lüb. 809. *A. F. v. **Wegnern**, ü. d. Verh. d. Christenth. z. Essenism. [Zeitschr. f. hist. Th. 842. B. XI. H. 2.] 7) aus dem Sadducäismus und dessen Vergleichung mit dem Pharisäismus: Versuch den Urspr. d. Sittenl. Jesu hist. zu erklären. [Henkes Mag. B. V. S. 426 ff.] **Des-Côtes**, Schutzschr. für J. v. Naz. Frff. 797. S. 128 ff. Die Auferst. d. Todten nach neutest. Begriffen. 798. S. 90 ff. Dgg: **Ammon**, chr. rel. Moral. 4. A. 806. S. 151 ff. **Bauer**, Moral d. N. T. B. I. S. 385 ff. — **Fr. Atger*, de l'originalité de la morale de J. Strasbourg 838. 4.

§. 32. Sündlosigkeit und Untrüglichkeit.

Die Vollendung des religiösen Lebens ist in sittlicher Beziehung und negativ Sündlosigkeit, d. i. eine solche Erfüllung eines jeden Lebensmomentes durch die ihm mögliche Gottesliebe, daß keine Störung durch Gefühl, Gedanke oder That stattfindet. Hierdurch ist nicht der innere Kampf, noch die äußre Versuchung ausgeschlossen Hebr. 4, 15]: aber jedes Schwanken des Kampfes und jede Lust an der Versuchung. Solche Reinheit ist dadurch bedingt, daß Jesus schon in seiner Entstehung aus dem Zusammenhange des sündigen Menschenlebens heraustrat, was nur durch Gott möglich war; aber nicht im Widerspruche gegen das Gesetz menschlicher Erzeugung, denn wie der künstlerische, wird auch der religiöse Genius geboren, und jedes individuelle Leben ruht auf einem ursprünglich bestimmten Sein, das auf den Schöpfer zurückweist [§. 1]. Nur die reine Menschheit wurde

§. 32. Sündlosigkeit Jesu.

hierdurch erneut: Jesus konnte, wie der erste Mensch, fallen oder siegen. Daher was er ist, er von Gottes Gnaden, und doch auch durch sich selbst ist, wie jeder andre nach dem Maße seines Geistes. Die Behauptung der Unmöglichkeit einer sündlosen Entwickelung achtet das Endliche selbst für das Böse, oder streitet gegen eine positive, phantastisch ausgeschmückte Vollkommenheit, die dem Individuum nicht zukommt;[a] da doch nur die Negation der Sünde gemeint sein kann, die das Gewissen unbedingt fordert, daher auch durch die Gnade Gottes für möglich achten muß. Der sittliche Schatten, der auf einigen Thaten oder Außerungen Jesu zu liegen scheint, schwindet der schärferen Betrachtung.[b] Aber die objectiv historischen Beweise seiner Sündlosigkeit haben nur eine mittelbare Bedeutung. Denn der Haß der Feinde, der die Reinheit seines Wandels nicht anzutasten wagte, die Anerkennung des Pilatus, die Theilnahme der edlen Römerin, das Bekenntniß des Hauptmanns am Kreuze, die Verzweiflung des Judas:[c] sie alle zeugen nur für einen rechtschaffenen Mann, dessen Blut schuldlos vergossen wurde. Daß die Evangelien nichts Unlauteres von Jesu berichten, könnte ohne Verletzung der Wahrheit in der Lebensgeschichte eines geringeren Mannes vorkommen, die von Freunden zur Feier seines Andenkens und zur Erbauung seiner Verehrer geschrieben wäre. Hieran ist nur bedeutend, daß auch bei weiterer Entwickelung der sittlichen Begriffe nichts Unlauteres hervorgetreten ist. Die Huldigung des strengen Täufers, die unbedingte Verehrung der Apostel und ihre Erklärung, daß Jesus gerecht, heilig und ohne Sünde war [Act. 3, 14. 1 Ptr. 2, 21. 3, 18. 1 Jo. 2, 29. 3, 7. Hebr. 4, 15], ist ein unverwerfliches Zeugniß für seine sittliche Hoheit: allein sie konnten nicht seine Vergangenheit, noch das Geheimniß seines Herzens, um bezeugen zu können, daß niemals die sündige Lust darin Raum gefunden habe; auch ist dieser strenge Begriff der Sündlosigkeit, wie die neuere Zeit ihn gefaßt hat, bei den Aposteln gar nicht vorauszusetzen.[d] Daher ihr Zeugniß wenig mehr besagt, als Xenophons Zeugniß von seinem Lehrer.[e] Der Rückschluß aus der sittlichen Wirkung des Christenthums bewährt um so entschiedener den sittlichen Geist seines Gründers, als geschichtlich erwiesen werden kann, daß alles Unlautere in der Christenheit spätere Zuthat ist, während alles Herrliche auf den Herrn zurückweist:[f] allein, bloß geschichtlich betrachtet, wäre dieß auch möglich, wenn in Christo nach der Weise anderer Gründer von Gemeinschaften die Eigenthümlichkeit seines Reichs und das sittliche Streben, das er anregte, nur verhältnißmäßig am kräftigsten war. Nach dem aufgestellten Begriffe der Sündlosigkeit ist daher nur ein subjectiver Beweis möglich aus dem Selbstbewußtsein Jesu, dessen Aufrichtigkeit durch die objectiven Beweise verbürgt ist. Er hat dieses Selbstbewußtsein ausgesprochen: theils in der Aufforderung [Jo. 8,

46], ihn einer Sünde zu zeihen, die sich zwar zunächst auf Irrthum und Täuschung bezieht, doch gründlich betrachtet und nach hellenistischem Sprachgebrauche mit der Reinheit des Herzens zusammenhängt, und durch denselben Apostel überliefert ist, der bei allen anderen das Ableugnen der Sünde für Selbsttäuschung erklärt 1 Jo. 1, 8, während Jesus auch der Gottheit gegenüber sich niemals in das Verhältniß des Sünders stellt,[g]) mit Ausnahme desjenigen Gebets [Mt. 6, 12], das nicht nothwendig als sein individueller Ausdruck anzusehn ist; theils in den Aussprüchen für seine Einheit mit Gott, welche, gerade rein menschlich betrachtet, jede Störung der Gottesliebe durch die Sünde ausschließen. Dieß ist die verborgene Wahrheit in der vor Alters gewöhnlichen Ableitung der Unsündlichkeit aus der Gottheit Christi, oder nach ihrer spätern Wendung aus dem Zeugnisse Gottes für seine Sündlosigkeit.[h]) Aber wie Jesus nicht vor dem Tode sittlich vollendet war, [Phil. 2, 8 s. Hebr. 2, 9 s.] so ist auch seine Vollkommenheit nur eine menschlich beschränkte, daher Gott allein vollkommen gut Mt. 19, 16.[i]) Die **Untrüglichkeit** ist die andere Seite der religiösen Vollkommenheit in Bezug auf die Erkenntniß und deren Mittheilung. Sie ist beschränkt nach dem Maße des Alters und der Menschheit überhaupt, auch nur religiöse Erkenntniß, ohne irgend eine Meisterschaft oder Unfehlbarkeit in andern Künsten und Wissenschaften, hat sich aber jedem Zeitalter dadurch erwiesen, daß die reine Lehre Jesu immer das Maß seiner reinsten Religionsbegriffe gewesen ist.

*C. Ullmann, d. Sündlosigk. J. Eine apolog. Betracht. A. 2. Hamb. 833. [Zuerst in d. Stud. u. Krit. 828. H. 1.] A. 5. Hamb. 846. Vrg. *A. Schweizer, ü. d. Dignität d. Religionsstifters. [Stud. u. Krit. 834. H. 3 f.]

a) DeWette, Sittenlehre. T. I. S. 182 ff. Strauß, B. II. S. 709 f. Streitschrr. H. 3. S. 119 ff. u. Glaubensl. B. II. S. 191 f. Dgg: J. Müller, chr. L. v. d. Sünde. 844. B. I. S. 382 ff. Ullmann, S. 144 ff. Vrg. Luther [Walch, B. VII. S. 1730] vom Tempeltumulte: „Warum greift hier der Herr mit der Faust drein, so er doch zuvor alles durch das Wort gethan hat? Ist das nicht aufrührisch? Diese That Christi ist nicht zum Exempel zu ziehen, er hat sie nicht als Diener des N., sondern des A. T. und Mosis Schüler gethan." Ammon, B. I. S. 245: die nur **subjective** Sittlichkeit.

b) G. F. Doehner, de dictis aliquot J. C. quae ἀναμαρτ. ejus infringere videautur. Zwickav. 840. Ullmann, S. 123 ff. c) H. J. Vogelsang, de ἀναμαρτ. J. C. testimonio Judae proditoris confirm. Bonn. 839.

d) Auch Athanasius glaubte an sündlose Menschen und vollkommne Tugend auf Erden. Die Beweisstellen b. Ullmann S. 171 f.

e) Memorabb. I, 1, 11: Οὐδεὶς πώποτε Σωκράτους οὐδὲν ἀσεβὲς οὐδὲ ἀνόσιον οὔτε πράττοντος εἶδεν, οὔτε λέγοντος ἤκουσεν.

f) J. L. Ewald, ü. d. Größe J. u. ihren Einfluß a. f. Sittenl. Hann. 798. Dess. erste Fortf. Beantw. versch. Einwürfe. Gera u. L. 799. *Theile, ü. d. sittl. Erhabenh. J. [Allg. K. Z. 841. N. 92-94.]* E. R. Käuffer, J. C. unser Vorbild. Für Forschende unter den Verehrern J. Dresb. 845.

g) J. G. Steinert, de pecul. indole precum Domini. Ossit. 817.

h) Stellen der Kirchenväter in *Suiceri* Thes. v. ἀναμαρτησία, ἀνα-

§. 33. Charakter Jesu.

μάρτητος. — *Walther*, de C. hominis ἀναμ. Vit. 690. 4. *Id.* de dissimilit. ortus nostri et C. hominis. [Dss. th. ed. *Hoffmann*. Vit. 753. 4. p. 207 ss.] *Hoevel*, [pr. *Baumgarten*] de ἀναμ. C. ejusque necessitate. Hal. [740.] 749. 4. Erbstein, Geb. ü. b. Frage, ob b. Erlöser sündigen konnte? Meiß. 787. Über b. Anamartesie J. [Grimm u. Muzels Stromata. St.2. S.113 ff.] — F. v. Meyer, war J. E. b. Sünde fähig? [Blätter f. höhere Wahrh. Neue Folge. 2. Samml. Brl. 831. S. 198 ff.] — *M. Weber*, Virtutis J. integritatem neque ex ipsius professionibus neque ex actionibus doceri posse. Vit. 796. 4. [Opp. Lps. 828. p. 179 ss.] *C. F. Fritzsche*, de ἀναμ. J.C. Hal. 835 s. 4 Pgg. 4. [Fritzschiorum Opp. Lps. 838. p. 48 ss.] — Dgg: *Ullmann, Polemisches in Betr. b. Sündlosigk. J. mit bes. Bezieh. a. Fritzsche u. Strauß. [Stub. u. Krit. 842. H. 3.]

i) *C. Tischendorf*, Ds. crit. et exeg. de Mt. 19,16. Lps. 840. Vrg. Theile im Theol. Lit. Bl. 841. N. 21. Gegen Ullmann: K. Wimmer, ü. Mt. 19, 16-22. z. L. v. d. Sündlosigk. [Stub. u. Krit. 845. H. 1.] Gott allein das Princip seines sittlichen Lebens.

§. 33. Charakterschilderungen.

Jede allgemeine Charakteristik Jesu ist in Gefahr, sich zu einer personificirten Moral und Psychologie mit Aufzählung aller möglichen Tugenden und Fähigkeiten zu verflachen. Denn dem Ideale der Menschheit ist wesentlich, gleich Gott, einen scharf gezeichneten Charakter nicht zu haben, sondern das schöne Ebenmaß aller Kräfte.ª) Nur ein leicht bewegliches und tief bewegtes Gefühl scheint charakteristisch hervorzutreten;ᵇ) doch kann auch dieses der evangelischen Darstellung angehören. Daher wenigstens eine Geschichte Jesu ihren Vortheil dahin verstehen wird, statt jener abstracten Zergliederung den Charakter Jesu auf concrete Weise nach Johannis Vorgange als das Innere in den Erscheinungen seiner Reden und Thaten zur lebendigen Anschauung zu bringen. Dieser Charakter erscheint schon am Anfange seines öffentlichen Lebens vollkommen abgeschlossen. Sein Wesen ist vollendete Gottesliebe, dargestellt in reinster Humanität. Für die Energie einzelner Tugenden und Stimmungen hat die Geschichte größere Beispiele: darin steht Jesus allein, daß in voller Harmonie jede Tugend, soweit ihre Offenbarung in seinem Wirkungskreise möglich war, einträchtig neben der andern waltet und dasjenige einschließt, was sonst durch ihre einseitige Ausbildung ausgeschlossen wird. Aus einzelnen Ereignissen und selbst Reden Jesu lassen sich zwar einseitige Charakterzüge aufstellen, denn jede individuelle Rede, als solche, hat etwas Einseitiges, aber die Ergänzung ist aus andern Reden fast durchaus nachzuweisen, z. B. Mt. 10, 34 cf. 5, 9. Jo. 10, 8 cf. Mt. 5, 17. Mt. 12, 30 cf. Mc. 9, 40. Das Vorwalten der religiösen Stimmung ist diesem Charakter wesentlich, scheint jedoch in dieser Ausschließlichkeit auch ihrem Zwecke gemäßen Auswahl der Evangelisten anzugehören, die der Thränen Jesu, aber nie eines Lächelns gedenken, und seine einfache Sitte und Traulichkeit im häuslichen Leben nur unwillkürlich andeuten.ᶜ) Sein Charakter ist durchaus männlich, daher nur insofern ein Vorbild für das andre Geschlecht, als auch in diesem sich reine Menschheit darstellt, und das oft ungetrübtere Gefühl für ächte Männlichkeit findet.[d])

Geist J. wie sich ders. auf Erden geäußert hat, nach den interessantesten Situationen. Lpz. 797. Th[urn]. Über J. rel. u. wissensch. Charakter. [Scherers Schriftf. B. III. H. 3.] Jerusalem, nachgel. Schrr. B. I. S. 75 ff. *Greiling, Leben J. S. 5-12. 73-86. E. G. Winkler, Vers. einer Psychographie J. f. gebildete Christusverehrer. Lpz. 826. *Kähler, C. im Verhältn. zu s. Vorzeit. [Schuderoffs nst. Jahrb. B. VII. H. 1.] *Ullmann, Sündlosigk. J. S. 39-52.

a) Dgg: *F. L. Woytt*, [pr. *J. G. Walch*] de temperamento C. hominis. Jen. 753. 4. [Bücking] Ü. d. Temp. J. C. Stendal 793. Winkler, Psychogr. S. 122 ff.
b) *G. Naumann*, de J. C. ab animi affectib. non immuni. Lps. 840. Vrg. Theile im Th. Lit. Bl. 841. N. 19. Vrg. §. 100, nt. b.
c) Reinhard, Pred. ü. Joh. 2, 1-11. Blicke in d. häusl. Leben Jesu. 1802. I. N. 3. Vrg. §. 93. d) Dgg. zum Theil Ullmann, Sündlosigk. S. 43.

§. 34. Der Herr im Fleisch und Bild.

Das Andenken der Äußerlichkeit Jesu galt der apostolischen Kirche nicht hoch. Im jüdischen Bilderhasse gestattete man keine Abbildung Jesu, und im Gegensatze wider die griechische Weltansicht dachte die gedrückte Kirche nach Jes. 52, 14. 53, 2 den Herrn niedergebeugt und entstellt.[a]) Die ersten Bilder Jesu im 2. Jahrh. finden sich in den Heiligthümern von Heiden und heidnisch Gesinnten.[b]) Durch den Sieg über das Griechenthum erlangten die rein menschlichen Gedanken desselben Geltung in der Kirche. Sobald die Vorstellung von Jesu wirklich dargestellt wurde, war absichtliche Häßlichkeit unmöglich. Eusebius hat Bilder Jesu gesehn. Die Votivstatue Jesu und des blutflüssigen Weibes zu Paneas kann ächt gewesen sein.[c]) Zur Zeit Augustins war die Darstellungsweise sehr mannichfach, und noch später verschieden unter den verschiedenen Völkern nach ihrem Nationalgepräge.[d]) Doch bildete sich seitdem eine feststehende Art, den Herrn, soweit die Erstarrung der Kunst es zuließ, in ernster morgenländischer Schönheit, mit langem gescheitelten Haare und kürzerem zweispitzigen Barte, darzustellen, nach dem byzantinischen Typus in ruhiger Hoheit, nach dem römischen schmerzlich bewegt. Im Wunsche einer historischen Bestätigung wurden seit dem 6. Jahrh. alte heilige Bilder als nicht von Menschenhänden gemacht, oder als Werke des h. Lukas verehrt.[e]) Nur auf diese künstlerische Tradition gehn die Schilderungen der Gestalt und des Antlitzes Jesu zurück.[f]) Nach der frühesten nur sinnbildlichen Bezeichnung als Fisch, Lamm oder Hirt, wurde Jesus als Lehrer dargestellt, hierauf als Knabe, als Kind nicht vor dem 5. Jahrh., zuletzt am Kreuze. Die Annahme einer Mißgestalt Jesu widerspricht der Geschichte, denn was schon vom Priesterthum ausschloß, wäre dem, der Messias sein wollte, vorgerückt worden. Die Annahme hoher

§. 34. Bilder Jesu.

männlicher Schönheit ist zwar unter den spätern Kirchenvätern nur künstlerisch, unter den altlutherischen Dogmatikern nur dogmatisch begründet und auf Ps. 45, 3 gestützt:[g] wird jedoch durch den mehrfach bemerkbaren ersten Eindruck seiner Erscheinung begünstigt [cf. Lc. 21, 27. Jo. 18, 6] und entspricht einem Gefühle, dem sich das Urbild der Menschheit nothwendig in einer schönen Natur darstellt. [h]) Aus geschichtlichen Andeutungen erhellt eine feste Gesundheit Jesu neben einer gewissen Zartheit [Mt. 8, 24. Mc. 15, 44] und das Nichtvorhandensein eigentlich charakteristischer Gesichtszüge Jo. 20, 14 ss. Lc. 24, 15 ss.

*Jo. Reiske, Exerc. de imagg. J. C. Jen. [672.] 685. 4. *Thom. Lewis*, Inquiry into te shape, beauty and stature of Christ and Mary. Lond. 735. *Jablonski*, de origine imagg. C. [Opp. ed. *te Water*. L. B. 809. T. III. p. 377 ss.] Junker, ü. Christusköpfe. [Meusels Misc. artist. Inh. H. 25. S. 28 ff.] Ch. F. v. Ammon, ü. Christusköpfe. [Mag. f. Pred. B. I. St. 2.] *Münter, Sinnbilder u. Kunstvorst. d. alten Christen. Altona 825. 4. H. 2. S. 3 ff. Tholucks Lit. Anzeiger 834. N. 71. Engelmann, kurze Darst. d. Gestalt, in welcher J. C. a. d. Erde wandelte. Lpz. 834. *Wilh. Grimm, die Sage v. Urspr. d. Christusbilder. Brl. 843. 4. *F. Piper, Mythol. b. chr. Kunst. Weim. 847. B. I. S. 100 ff.

a) *Justin.* c. Tryph. c. 14. 85. 88. *Clement.* Paed. III, 1. Stromm. II. p. 440. [schön nur in innerer Schönheit.] *Orig.* c. Cels. VI, 75 ss. *Tertul.* de carne Christi. c. 9. adv. Jud. c. 14.

b) *Lamprid.* Alex. Sever. c. 29. *Iren.* I, 25. Spottbilder auf den Christengott [*Tertul.* Apologet. c. 16] veranlaßten vielleicht zur künstlerischen Darstellung. — *Zeibich* in Nov. Miscell. Lips. T. III. p. 42 ss.

c) *Euseb.* H. ecc. VII, 18. *Sozom.* V, 20 s. — *Th. Hasaei* Dss. II. de monimento Paneadensi. Brem. 726. 4. [*Ejusd.* Sylloge Dss. P. II. p. 314.] *Beausobre, Abh. ü. d. Bildf. zu Paneas. [Cramers Samml. z. K Gesch. Lpz. 748. B. I.] *Heinichen*, Excurs. 10. ad Euseb. T. III. p. 397 ss.

d) *Aug.* de Trinit. VIII, 4 s. *Photii* Ep. 64.

e) 1) Bild Jesu an Abgarus nach Edessa gesandt. *Evagr.* IV, 26. cf. *Leo Diac.* IV, 10. 2) Sudarium S. Veronicae, als Legende von vera icon, oder nach dem apokryphischen Namen des blutflüssigen Weibes Βερονίκη, in Rom und Mailand. 3) Sudarium Christi in Besançon und Sindon Christi in Turin. *J. Gretser*, Syntagma de imagg. non manufactis. Ingolst. 622. *J. Beausobre*, des images de main divine. [Bibl. Germanique. T. XVIII. p. 10 ss.] 4) Als vom h. Lukas, ein von *Theodorus Lector* bei *Niceph. Callist.* II, 43 erwähntes Bild, und der 12jährige Christus im Chor der Laterankirche. 5) Bild Christi von Nicodemus aus Cedernholz geschnitzt zu Berytus, im 10. Jahrh. nach Constantinopel gebracht, jetzt in Lucca. Acta syn. Nicaenae II. Sess. IV. *Leo Diac.* X, 5.

f) *Joan. Damasc.* Ep. ad Theoph. Imp. de venerandis imagg. unächt, doch aus der Zeit des Bildersturms. [Opp. ed. *Lequien.* T. I. p. 631.] *P. Lentuli* Epistola nicht vor d. 12. Jahrh. [*Fabricii* Cod. apocr. N. T. T. I. p. 301 ss. besser b. *Gabler*, Opp. Ulm. 831. T. II. p. 636 ss.] *Nicephor. Callist.* I, 40. — *J. B. Carpzov*, de oris et corporis J. C. forma Pseudo-Lentuli, J. Damasc. et Nicephori prosopographiae; obiter Neo-Zopyrorum C. icones inducuntur. Hlmst. 777. 4. *J. Ph. Gabler*, in ἀυθεντίαν ep. P. Lentuli ad Senatum R. de J. C. scriptae. Jen. 819. 822. 2 Pgg. 4. [Opp. T. II. p. 638 ss.] Jen. Lit. Z. 821. Ergänzungsbl. N. 40.

g) *Hieron.* in Mt. 9, 9. — *J. Fecht*, de forma C. [Noctes christ. Darl.

Leben Jesu. 4. Aufl. 5

677. Exerc. X. p. 359 ss.] *E. S. Cyprian*, de pulchr. C. [Sel. Pgg. p. 88 ss.] *B. a Sanden*, de pulchrit. C. Regiom. 711. 4. Bornagius, J. d. schönste unter d. Menschenkindern. Brsl. 716. Drs. Geb. ü. d. leibl. Gestalt J. eb. 717. Cf. *Aug. Calmet*, de forma C. [Proll. et Dss. in S. Sc. lat. ed. *Mansi*, Luc. 729. f. T. I. p. 543 ss.] *M. Weber*, Doctr. bibl. de natura corporis C. Hal. 824. 4.

h) Rigaltius, in Obss. ad Tertul. p. 45. u. Ds. ad Adnott. in Cypr. erneute die Vorstellung der Häßlichkeit. *Vavassor*, de forma C. Par. 649. cum praef. de facie Dei ed. a *Josua Arndio*. Rost. 666. Weder häßlich, noch schön. Ebenso *Gabler* l. c. Opp. T. II. p. 668 s.

§. 35. Das Zeitalter.

Alle großartige Wirksamkeit des einzelnen Mannes ist dadurch bedingt, daß in ihm das Streben eines Zeitalters sich vollendet, und wird dadurch welthistorisch, daß dieses Streben dem in der Geschichte und Vernunft ausgesprochenen Willen Gottes entspricht. Der Wille Gottes in der Vernunft ist immer derselbe, in der Geschichte immer ein besonderer, das wahre Streben eines Zeitalters liegt nicht allezeit offenbar, sondern ist oft das Gegentheil dessen, was äußerlich herrscht und indem es sein Außerstes erreicht hat, bereits innerlich absterbend in seiner Verwesung ein neues Leben nährt. Die indischen und germanischen Völkerstämme bildeten festabgeschloßne Kreise des religiösen Lebens, noch großer Entwickelungen fähig, doch im Zeitalter des Augustus für die Völkerfamilie, welche durch die Siege Alexanders und der Römer zusammengebracht war, ohne geistige Bedeutung, und wie die Geschichte bewiesen hat, unfähig zur selbständigen Entwickelung einer Religion für die Menschheit. Die römisch-griechische Bildung hatte, was in ihr war, vollbracht, die Verherrlichung des irdischen Lebens rein als eines solchen, und in der Zeit der weitesten Ausdehnung ihrer Herrschaft verkündete sich ihr Untergang durch den Verfall ihrer edelsten Organe: der Volksfreiheit, der Philosophie und der Kunst. Die geistige Größe und Schönheit der alten Welt ist nicht so rasch untergegangen, als es gemeinlich grob rhetorisch dargestellt wird: doch kämpfte schon der Unglaube mit dem Aberglauben und die Wollust mit der Entnervung. Die Vereinigung der Völker zu einer Gottesfamilie konnte nur ausgehn von einem Volke, welches die erste Bedingung derselben, die Energie des Glaubens an den einigen Gott in sich trug, und nur in der Zeit eines solchen Verfalles seiner religiösen Volksthümlichkeit, daß wenigstens die edleren Gemüther für eine geistige Revolution empfänglich waren. Diese Bestimmung hatte ein sonst an rein menschlicher Bildung damals geringes und Völkern widerliches Volk auf der Gränze dreier Welttheile, seiner Natur nach morgenländisch, aber durch das Schwert der Eroberer in die Geschichte des Abendlandes hineingestoßen und in alle Welt verstreut. Der uranfängliche Widerspruch des Judenthums, ein Gott des Weltalls und seine Gunst auf ein Volk beschränkt, war mit dem Elende

§. 35. Zeitalter Jesu. §. 36. Messianische Weißagung.

dieses Volks immer schneidender hervorgetreten, sein Gesetz war eine Last und selbst sein Glaube zur Verführung geworden: aber bei der furchtbaren Entartung und Unsitte war die Energie dieses Glaubens geblieben und bei dem allgemeinen Verfalle verkündete sich in der weit verbreiteten Hoffnung und Sehnsucht nach einem höhern Leben die stille Zurüstung auf dasselbe.

J. G. Knapp, de statu temporum nato C. Hal. 757. 4. **Gfrörer,** das Jahrh. des Heils. [Gesch. d. Urchr. I.] *Corn. Boon,* Hist. conditionis Judaeor. relig. et moralis inde ab exilio usque ad tempp. C. Gron. 834. — *J. Masson,* Jani templum C. nascente reseratum, s. tract. vulgarem refellens opinionem existimantium, pacem toto terr. orbe sub tempus Serv. natale stabilitam fuisse. Roter. 700. 4.

§. 36. **Die messianische Weißagung.**

Die Sehnsucht der Menschheit nach dem Idealen hat sich im hebräischen Volke so eigenthümlich und mächtig gestaltet, theils durch das Selbstgefühl einer Religion, welche durch ihre Wahrheit bestimmt war, in ihrer eignen Vollendung die Religion der Menschheit zu werden, theils durch die Eitelkeit eines Volkes, welches seinen Glauben an eine Vorliebe Gottes im steten Unglücke nur durch den Glauben an die Zukunft retten konnte. Dieser Glaube ist als messianische Weißagung nach Bedürfniß und Einsicht der verschiedenen Zeitalter und Charaktere auf's verschiedenartigste ausgesprochen worden; nicht daher in ihrer einzelnen Erfüllung, sondern in ihrer gesammten Wirkung ist sie als das Mittel zu beachten, durch welches die Vorsehung den Messias hervorrief. Der hebräische Staat war eine **Theokratie** d. i. der Volksmeinung nach: ein von Gott durch sein Gesetz und fortwährendes Einwirken mittels seiner Stellvertreter regiertes Reich; seinem Wesen nach: ein unmittelbar durch die Volksreligion zusammengehaltenes Gemeinwesen. Vor dem Exile wurde die Theokratie mehr als etwas Bestehendes angesehn, die Hoffnung bezog sich nur auf ihre fortschreitende Ausbildung: in und nach dem Exile war sie mehr ein Ideal [Dan. 7, 18-27] d. i. eine künftige Herrlichkeit des Staats durch sittlich-religiöse Erneuerung des Volkes; im Gegensatze der weltlichen Reiche, **Reich Gottes, Himmelreich,** wiefern durch den Messias, **Messiasreich.** Es galt als das Erbtheil des Volkes Gottes, und bezog sich nach der Volksansicht auf die Ausländer nur insofern, als sie von den Juden unterjocht werden sollten; nach den höhern Gesichten der Propheten aber sollten die Heiden selbst durch die Annahme der wahren Religion in das Reich eingehn. Dasselbe wurde je nach der Bildung einzelner Menschen und Zeiten mehr oder minder sinnlich aufgefaßt: aber beide Momente, das politische und das religiöse, Volksbeglückung und reine Gottesverehrung, obwohl das eine dem andern vorwaltend, blieben stets vereint, als wesentlich eins im Begriffe der Theokratie.*) Wie schon an Moses sich die Hoffnung eines Propheten in seinem Geiste angeschlossen hatte Deut. 18, 15. cf. 34, 14, so entwickelte sich aus der theokratischen Monarchie die Erwartung eines gottgeliebten Königs der vollendeten Theokratie, Dan. 9, 25 [cf. Ps. 2, 2] מָשִׁיחַ, χριστός, d. i. der nach altväterlichem Brauche [1 Sam. 16, 13] gesalbte Volkskönig κατ' ἐξοχήν. Aber beide Arten der messianischen Weißagung: das messianische Reich nach dem Vorbilde der republikanischen Theokratie ohne den messianischen König, und der persönliche Messias, gingen neben einander her; unter den Propheten waltet die erstere Auffassung vor, zur Zeit Jesu war die zweite volksthümlich; doch in der Schule des Hillel, vielleicht fast allgemein in den gelehrten Schulen, in der Ansicht des Philo und der Essener scheint sich die andere fortgepflanzt zu haben. Der Messias galt als sichtbarer Repräsentant der Gottheit, daher man Namen und Eigenschaften derselben ihm beilegte. Er wurde in den Zeitaltern und Volksstämmen, die dem davidischen Königshause günstig waren, aus Davids Geschlecht erwartet. Aber seit dem Exile bildete sich durch den Dämonenglauben auch die Erwartung eines übermenschlichen Messias, angeschlossen an Dan. 7, 13 ss.[b]) Der jüdische Volksglaube ist auf diese Vorstellung eingegangen,[c]) aber noch ein Jahrh. nach Christo herrschte die Erwartung des Davidsohnes vor.[d]) Der Versuch, dem Zeitalter Jesu die Messiaserwartung abzuleugnen,[e]) hat sein Recht in der mannichfachen Gestaltung derselben, es gab allerdings kein Dogma vom Messias: aber die Macht des Volksglaubens an denselben, wie sie aus nachchristlichen Judenschriften erhellt,[f]) kann in der Art nicht aus dem Christenthum entlehnt sein; vielfache Zeugnisse für den jüdischen Volksglauben in den Evangelien erweisen gerade durch seine Mannichfaltigkeit und Verschiedenheit vom Glauben der apostolischen Kirche ihre Treue; endlich wenn Josephus die große Hoffnung seines Volks zu einer Hofschmeichelei entwürdigt, so gesteht er doch zugleich, daß jene von dem Volke und seinen Weisen in ihrem Sinne verstanden wurde,[g]) mit offener Absichtlichkeit bricht er ab von der Weißagung des Daniel auf das Messiasreich, da ihm nur zukomme, Vergangenes zu berichten, nicht Künftiges,[h]) und zahlreiche Abentheurer, deren er gedenkt, daß sie als Propheten mit der Verheißung von Wunderthaten das Volk verführten,[i]) können sich nur auf den Messiasglauben gestützt haben, wie nachmals Bar Cochba. Hatte sich sonach im Zeitalter Jesu alles höhere Volksleben um diese Weißagung versammelt, so war hierdurch die volksthümliche und nothwendige Form gegeben, in der allein diesem Volke zu helfen war.

*Ernesti, Narratio crit. de interpretatione prophetiar. Messian. in Ecc. chr. [Opusc. p. 459 ss.] J. E. Ch. Schmidt, Gesch. ü. d. Gesch. d. jüd. Christol. [Mag. f. Rel. u. Sittenl. B. I. H. 1.] Hengstenberg, Christol. d. A. T. Th. I. Abth. 1. S. 352 ff.

§. 36. Messianische Weißagung.

A. Gulich, Theol. proph. Amst. 675. 4. 690. *A. Hulsius*, Nucleus prophetiae. L. B. 683. 4. *N. Gürtler*, Syst. Theol. proph. [Amst. 702.] Fref. 724. 4. J. Oporin, b. Kette b. im A. T. bef. Vorherverkündggn. Gött. 745. 4. **J. D. Michaelis*, Entw. b. typ. Gottesgelahrth. Gött. [753.] 763. *C. C. Anton*, Ratio prophetias mess. interpretandi. Dess. 786. 4. H. Stephani, Gedanken ü. Entst. u. Ausbild. b. Idee v. e. Messias. Nürnb. 787. cf. Eichhorns Allg. Bibl. B. I. St. 5. S. 735 ff. **A. Birch*, de Mess. Havn. 789. 4. Von b. Hoffn. besserer Zeiten b. b. Juden. [Beitr. z. Beförd. e. vern. Denk. H. XIII. S. 30 ff.] **Fr. Münter*, de notionis Messiae apud Judd. progressu et sublimiori expos. in doctr. App. Havn. [789.] 794. [Kuinoel] Mess. Weiß. b. A. T. übers. u. erläntert. Lpz. 792. *G. Schlegel*, de principiis exspectationis de Messia in gente jud. Gryp. 793. 4. **[E. H. Stahl] Von b. mess. Idee. [Eichhorns Allg. Bibl. B. VI. St. 4.] G. F. Seiler, die Weiß. u. ihre Erfüll. Erl. 794. **Ch. F. Ammon, Entw. e. Christologie b. A. T. Erl. 794. W. K. J. Ziegler, vernunft- u. schriftmäß. Erörtr., daß d. Bew. f. b. Göttlichk. b. chr. Rel. mehr a. d. Vortrefflichk. b. Lehre, als a. W. u. Weiß. zu führen ist, sammt Entwickl. b. Ursp. b. Ideen v. Mess. [Henkes Mag. B. I. St. 1.] J. Kouynenburg, Unters. ü. b. Natur b. alttest. Weiß. auf b. Messias. A. d. Holl. Lingen 795. J. E. Ch. Schmibt, christol. Fragmente. [Bibl. f. Kritik u. Exeg. B. I. St. 1. 3.] A. T. Hartmann, ü. b. Schilderungen b. gold. Zeitalters bei b. Hebr. [4. Exc. zu s. Übers. des Micha. Lemgo 800.] **J. Fr. Winzer*, de aureae aetatis spe Judaeorum. P. I. Lps. 800. 4. **Paulus, ü. b. nächsten, gemeins. Ursp. der Erwartungen v. e. messian. Theokr. in J. Zeita. [Evv. Comm. B. III. S. 43 ff. Brg. Leben Jesu. B. I. Einleitung.] G. S. Ritter, die Begrr. v. M. in succeff. Entwickl. [Scherers Schriftf. B. III. St. 1.] J. G. Lehmann, die Messiasidee im A. u. N. T. Witt. 812. 4. **J. Jahn*, Vaticinia de M. [Appendix Hermen. Vien. 813.] E. G. F. Sittig, ü. Messiasidee in ihrer Entwickl. Vers. das Verh. b. Messiasbegr. b. Dogmatik zur Messiasidee b. Vernunft darzustellen, u. hiernach b. Frage zu entscheiden: war J. der da kommen sollte? Bamb. u. Lpz. 816. **J. A. Kanne, C. im A. T. Nürnb. 818. 2 B. G. Fr. Griesinger, Prüfung b. gemeinen Begr. v. b. übernatürlichen Ursp. b. proph. Weiß. Stuttg. 818. J. J. Broix, ü. Ursp. u. allmälige Entwickl. b. Messianism. Landsh. 822. **[Steudel] Prolusio de mess. vaticiniis, quonam scil. charactere distinguantur, atque ex notis, quibus a recte cognoscantur, quasnam ad rem ipsam, neque ad solam rei adumbrationem pertinere censendum sit. Tub. 824. 4. **†Hengstenberg*, Christologie b. A. T. Brl. 829 ff. 2 B. Jos. Beck, ü. b. Entw. u. Darst. b. mess. Idee in b. H. S. alten B. Hann. 835. **J. J. Stähelin, b. mess. Weiß. b. A. T. in ihrer Entst., Entwickl. u. Ausbildung. Brl. 847. A. Schumann, C. o. d. Lehre b. A. u. N. T. v. b. Person b. Erlösers. Hamb. 852 f. 2 B.

a) **Ch. Schoettgen*, de regno coelorum. [Horae hebr. T. I. p. 1147 ss.] **Jac. Rhenferd*, de saeculo futuro. [Meuschenii N. T. ex Talm. ill. p. 1116 ss. cf. *Ejusd*. Opp. philol. p. 887 ss.] **Herm. Witsius*, de saec. hoc et fut. [ib. p. 1171 ss.] *C. F. Sixt*, de regno C. quaedam ad Hist. C. pertinentia. Altd. 757. 4. J. J. Heß, Vers. v. Reiche Gottes. Zür. [774.] 796. 2 B. Drs. Der wahre Begr. v. Theokratie näher bestimmt u. gerettet. [Bibl. b. heil. Gesch. B. II. S. 1-64.] **Drs. Kern b. Lehre v. Reiche Gottes. Zür. 812. *Koppe*, de regno Messiae. Gott. 780. 4. *Ejusd*. Exc. I. ad Ep. I. ad Thessal. **Keil*, Hist. dogmatis de regno Messiae C. et App. aetate. Lps. 781. 4. [Opusc. ed. *Goldhorn*. p. 22 ss.] Eckermann, v. Reiche b. Messias. [Theol. Abhandl. B. II. St. 1.] **C. Ch. Flatt*, de notione vocis βασιλ. τῶν οὐρανῶν. Tub. 794. 4. [*Potti* Commentt. th. T. II. p. 421 ss.]

Nösselt, ad loc. Pauli, Rom. 14, 17. [Opp. Fasc. II. p. 112ss.] *Seiler*, de regni Messiae vera natura. [Opp. T. I. p. 105 ss.] Ottomar II, [Pölitz] Beiträge z. hist. Interpret. des N. T. [Henkes N. Mag. B. III. S. 201 ff. B. IV. S. 123 ff. 492 ff.] H. Ch. Ballenstedt, das Messiasreich als Dichtung u. als Grundlage d. ewigen Reichs d. Wahrheit. 3. Fortf. der krit. Unters. des Philo u. Joh. Gött. 812. J. F. Voigtländer, d. Plan d. Reiches Gottes. Lpz. 820.

b) Bretschneider, ü. d. Messiasreich im 4. B. Esra. [Henkes Mus. B. III. St. 3.] *Bertholdt*, Christol. Judaeorum Jesu Apostolorumque aetate. Erl. 811. Gfrörer, Gesch. d. Urchr. I. Abth. 2. S. 219 ff.— *Steinwender*, C. Deus in T. V. Regiom. 828. Hengstenberg, Christol. Th. I. S. 215 ff.

c) Jo. 7, 27. 12, 34. cf. Hebr. 7, 3. *Orig.* c. Cels. IV, 2.

d) *Justin.* c. Tryph. c. 49 u. Rückschluß aus dem Ebionismus.

e) B. Bauer, Synopt. S. 181. 391 ff. Dgg: *Zeller, ü. d. mess. Dogmatik d. Judenth. In s. Jahrbb. 843. H. 1. Fleck, Vertheid. d. Christenth. S. 198 ff. Ebrard, S. 651 ff.

f) *Imm. Schwarz*, J. Targumicus. Torg. 758. 2 Cmtt. 4.

g) Bell. Jud. VI, 5, 4: Τὸ ἐπᾶραν αὐτοὺς [Judaeos] μάλιστα πρὸς τὸν πόλεμον ἦν χρησμὸς ἀμφίβολος ὁμοίως ἐν τοῖς ἱεροῖς εὑρημένος γράμμασιν, ὡς κατὰ τὸν καιρὸν ἐκεῖνον ἀπὸ τῆς χώρας τις αὐτῶν ἄρξει τῆς οἰκουμένης. Τοῦτο οἱ μὲν ὡς οἰκεῖον ἐξέλαβον, καὶ πολλοὶ τῶν σοφῶν ἐπλανήθησαν περὶ τὴν κρίσιν· ἐδήλου δ'ἄρα περὶ τὴν τοῦ Οὐεσπασιανοῦ τὸ λόγιον ἡγεμονίαν, ἀποδειχθέντος ἐπὶ Ἰουδαίας αὐτοκράτορος. — *H. A. Zeibich*, de Jos. Vespasiano imperium Rom. vaticinante. Gerae 783. 4. — Aus der Zeit des Antiochus Epiphanes: Orac. Sibyl. III, 590 ss.

h) Antiqq: X, 10, 4. cf. Dan. 2, 44 s.

i) Antiqq. XX, 5, 1. 8, 6. Bell. Jud. II, 13, 4 s.

§. 37. Bestimmung und Entschluß.

Jesus war von Ewigkeit zum Weltheilande bestimmt, aber er hat diese Bestimmung, eben weil sie seine eigne war, selbständig ergriffen durch freies Eingehn in den Willen Gottes, wie er ausgesprochen lag in seiner Begabung, in den Erwartungen seines Volkes und im ganzen Verlaufe der Weltgeschichte. Er hat die messianische Weißagung auf sich bezogen, weil er sich erkannte als denjenigen, den Gott zum Messias berufen, und diese Gewißheit, daß er der von allen Propheten verheißne Messias sei,ᵃ) ohne welche sein Leben gar nicht verstanden werden kann, schließt das selbständige Ergreifen seiner Bestimmung vollkommen ein. Nach einer rabbinischen Überlieferung soll jeder Israelit, insbesondre jeder Davidsohn wünschen, der Messias zu sein: es ist die Art großer Menschen, den Wunsch, der ihr Leben beherrscht, zur That zu machen; und der Gedanke eines übermenschlichen Messias konnte denjenigen nicht schrecken, der erkannte, daß das wahrhaft messianische Werk gerade durch den menschlichen Messias zu vollbringen sei. Die Annahme seines Messiasbewußtseins schon in der Krippe ist gegen die Idee dieser Geschichte [§. 14] und gegen das Evangelium [Lc. 2, 40]. Auch in volksmäßiger Ansicht wurde für möglich gehalten, daß der Messias in seiner Verborgenheit ihm selbst unbekannt sei. ᵇ) Die Behauptung, daß Jesus nur durch eine unmittel-

§. 37. Bestimmung und Entschluß Jesu.

bare Offenbarung zum Messias berufen sein konnte, weil dieses nicht eine allgemeine Pflicht war, vielmehr ein Beruf, der nur an einen Einzigen kommen konnte,[c] läßt unbeachtet, daß der Beruf eines jeden ein besonderer, und je größer und welthistorischer derselbe ist, um so mehr nur einem Einzigen durch seinen Geist und sein Geschick gegeben sein kann. Auch Lebensbestimmungen, die weit über alles subjective Wissen und Wollen hinausgehn, verkünden sich zuweilen in einem mächtigen Vorgefühle.[a] Aber beides ist denkbar: entweder daß sein Messiasbewußtsein unmittelbar mit seinem Selbstbewußtsein und mit der Kenntnißnahme der messianischen Volkshoffnung sich entwickelte, oder daß es aus innern Zweifeln und Hoffnungen mehr als bestimmter Entschluß hervorging. Es kann sein, daß der erste Keim dieses Bewußtseins in den Hoffnungen der Mutter lag, doch würde, wer großes Gewicht hierauf legte, die Selbständigkeit Jesu gefährden, daher selbst diejenigen, welche die Wundersagen der Geburt für historisch achten, wenn sie eine rein menschliche Entwicklung fest und die Erziehung eines Dalai Lama fern halten wollen, veranlaßt sind anzunehmen, daß dem Kinde diese Messiasdesignation verschwiegen blieb. Auch ist möglich, daß der Glaube Jesu bestärkt wurde, theils durch das Eintreffen messianischer Merkzeichen: aber andere, die von den Propheten verkündigt oder im Volksglauben enthalten waren, trafen nicht ein, und das Eingetroffene war vielen gemeinsam; theils durch die ungewöhnliche Kraft über die Natur, die er später bewies: aber es ist zweifelhaft, ob schon der Jüngling derselben in ihrem ganzen Umfange sich bewußt war. Entschieden aber wurde sein Glaube an sich selbst, so innerlich durch seine vollkommene Liebe zur Gottheit und Menschheit, eine menschliche Vollendung des göttlichen Lebens in ihm, durch die er über das gemeine Loos der Menschen hinausgestellt war, wie äußerlich durch jenen Verfall des menschlichen Geschlechts, dem nichts geblieben war, als eine Hoffnung, die zu erfüllen er beschloß. Der Beweis, daß Jesus wirklich der Messias war, ist vormals durch einzelne Nachweisungen des Zutreffens messianischer Weißagungen kümmerlich geführt worden:[c] die Geschichte selbst führt ihn unwiderleglich durch die thatsächliche Nachweisung, daß Jesus dasjenige gewollt und vollbracht hat, was ein Messias auf dem höchsten Standpunkte der religiösen Anschauung wollen und vollbringen mußte. Davon, daß er die Weltgeschichte umgestalten würde, hat Jesus ein klares Bewußtsein gehabt; er hat es ausgesprochen, es ist niedergezeichnet worden in einer Zeit, als es der gemeinen Berechnung sinnlos dünken mußte, und sein Wort ist erfüllt.

a) A. Th. Hartmann, Hat sich Jesus für d. v. Gott verheißenen Messias gehalten o. blos den Erwartungen der Zeitgenossen accommodirt? [Blicke in d. Geist d. Urchristenth. Düsseld. 802.] b) *Justin.* c. Tryph. c. 8. Stellen d.

Rabbinen b. Schöttgen, wahrh. Meſſ. S. 484. Münter, Stern d. Weiſen. S. 62. c) Heubner zu Reinhards Plan Jeſu. S. 497 f.
d) Tholuck, Glaubw. S. 218 f. 223 ff. Strauß, A. 3. B. I. S. 353.
e) G. Olearius, J. b. wahre Meſſias. Lpz. [714. 726.] 737. *T. G. Hegelmaier*, Ostenditur, omnium temporum Christianis credi oportere, J. esse C. Tub. 784. 4.

§. 38. Plan Jeſu im Allgemeinen.

Unter einem Plane Jeſu iſt nur die ſubjective Auffaſſung des Amtes zu verſtehn, dazu Gott ihn beſtellt hat, ohne die Nebenbedeutung des Willkürlichen, bloß durch Reflexion Erſonnenen.*) Aus der meſſianiſchen Weißagung nahm Jeſus in ſeinen Plan nur dasjenige auf, worüber, als über eine ewige Wahrheit, ein Irrthum nicht ſtatt finden konnte. Er machte Gottes Plan mit den Menſchen zu dem ſeinigen, indem er beſchloß, ein Gottesreich zu gründen, d. i. zunächſt ſein Volk, durch daſſelbe die Menſchheit zu einer ewigen Gemeinſchaft durch fromme Liebe zu einigen und dadurch Heiland der Menſchheit zu werden. Dieſe Beziehung auf die Menſchheit, unleugbar am Ausgange ſeines Lebens Mt. 21, 43. 24, 14. 28, 19 et parr., iſt nicht erſt durch ſeine Verwerfung vor ſeinem Volke vermittelt, denn: 1) ſie war bereits gegeben auf dem höhern Standpunkte der meſſianiſchen Weißagung Jes. 2, 2 ss. Mich. 4, 2. Mal. 2, 11, ſelbſt im Charakter des ſpätern Judenthums; 2) angemeſſen dem allliebenden Herzen Jeſu, wie dem rein geiſtigen Principe ſeiner Religion, iſt ſie ſchon früh von ihm angedeutet worden Lc. 4, 25 ss. Mt. 8, 1 s. Jo. 4, 21-24. 10, 16; 3) einige entgegenſtehende Ausſprüche [Mt. 10, 5. 15, 24. cf. Act. 10, 11] erklären ſich als weiſe Schonung des Nationalſtolzes und als die geſchichtlich nothwendige, frühere Berückſichtigung des jüdiſchen Volkes. b)

* *Storr*, de notione regni coel. in N. T. Tub. 782. 4. [Opusc. Tub. 796. T. I. p. 253 ss.] *C. F. Schmidt-Phiseldeck*, de morali societate C. sub typo regni coel. adumbrata. Havn. 794. 4. Des-côtés, Schutzſchr. f. J. v. Naz. o. d. Reich C. u. Gottes nach neuteſt. Begr. Frkf. 797. *Car. G. Bauer*, de causis, quibus nititur rectum super notione regni div. in N. T. passim obvia judicium. Lps. 810. 4. [Syll. comm. theol. ed. *Rosenmüller*. T. I. P. 2.] *Theremin, b. Lehre v. göttl. Reiche. Brl. 823. *F. F. Fleck*, de regno div. liber exeg. hist. quatuor Evv. doctrinam complectens. Lps. 829.

a) Neander, S. 123 ff. Dgg: Ullmann, Sündloſigk. Jeſu. [A. 2. S. 71.] S. 143. L. J. Rückert, Theol. B. II. S. 125 f.

b) Reinhard, Plan Jeſu. S. 24 ff. 407 ff. *Rau*, de J. gentilium pastore. Erl. 807. 4. [Linde] Die Univerſalrel. J. Seitenſtück zu Reinhard. Lpz. 311. *J. A. H. Tittmann*, de J. C. rerum e consilio Patris peragendarum vere sibi conscio. Lps. 816. 4. Strauß, A. 3. B. I. S. 567 ff. Vrg. *Cic.* Tusc. Qu. V, 37. Dgg: [Röhr] Br. ü. d. Ration. S. 41. 254. Kaiſer, bibl. Theol. B. I. S. 15 ff. 25 ff. 243 f. Häfeli, Nachgelaßne Schrr. hrsg. v. Stolz. Winterth. 814. B. II. S. 73 f. Der Zweck Jeſu geſchichtlich und ſeelenkundlich. S. 14 ff. 104 f. 123 ff. Strauß, A. 1. B. I. S. 502 ff. A. 4. S. 522 ff.

§. 39. Jesus als theokratischer Volkskönig.

Die Behauptung eines bloß politischen Zweckes Jesu, dem die religiösen Motive nur als Mittel dienten,ᵃ) wird an dem unbedingten Vorwalten seiner religiösen Tendenz, an der gänzlichen Versäumniß jeder politischen Maßregel und am Gottesfrieden seines Todes zu nichte. Ganz verschieden davon ist die Annahme eines ursprünglich theokratischen Planes, in welchem das sittlich religiöse Moment vorwaltete, ohne doch die politische Seite der Theokratie auszuschließen.ᵇ) Da jedoch Jesus im Glauben an seinen Sieg äußerlich unterging, so mußte innerhalb des allgemeinen Begriffs [§. 38] eine lebendige Fortbewegung seines Plans angenommen werden, so nehmlich, daß Jesus am Anfange seines öffentlichen Lebens eine sittlich religiöse Wiedergeburt seines Volkes zu bewirken, dadurch auch die äußere Herrlichkeit der Theokratie zu erneuen, und allmälig alle Völker in dieselbe hineinzuziehn hoffte. Nachdem er aber in seiner Verwerfung vor seinem Volke die göttliche Verwerfung jeder nationalen Beziehung erkannt hatte, ging die höhere Bedeutung seines Lebens ihm auf, unbekümmert um die Mißverhältnisse der Staaten und die Spaltungen der Völker, ein geistiges Reich des religiösen Lebens zu gründen.ᶜ) Die Grundlagen dieser Ansicht sind: 1) Das politische Element gehörte, wie zum Wesen der Theokratie, so zum Begriffe des Messias. Allen, für die der Name des Messias eine Bedeutung hatte, war in derselben auch die politische Erwartung gegeben, und jeder, der sich als Messias verkündete, mußte sie aufregen. Jesus hat zwar immer vom Äußern auf das Innere, vom Politischen auf das Religiöse verwiesen, denn jenes hielt das Volk schon von selbst fest: aber er hat nie offen und bestimmt erklärt, daß er nicht vorhabe, im Sinne des Volkes Messias zu sein; er hat vielmehr selbst im Kreise seiner Vertrauten ihre weltliche Hoffnung auf eine Weise bestätigt, zu der ihre Zahl mit der nationalen Erinnerung an die 12 Stämme paßte Mt. 19, 27-29, und hat diese Apostel zur Verkündigung des Reichs, das sie als ein politisches erwarteten, ausgesandt. 2) Eine Umgestaltung des Plans Jesu ist durch klare Zeugnisse nicht nachzuweisen, denn die Evangelisten konnten eine solche gar nicht bemerken, weil sie selbst mit der ganzen apostolischen Kirche an der weltlichen Messiashoffnung festhielten, nur später von der Wiederkunft des Messias erwartend, was sie von seiner Ankunft erwartet hatten [§. 103]. Aber der exegetische Beweis ist vielmehr von denjenigen zu führen, welche durch die Annahme eines nur geistigen Zweckes Jesu ihm einen Plan unterlegen, der, als von allem verschieden, was die Propheten verkündet hatten und was das Volk erwartete, eines urkundlichen Beweises bedarf. Sie berufen sich auf: a) Mt. 4, 9s. Nur eine Herrschaft durch satanische Mittel hat er verschmäht. b) Jo. 6, 15. Die flüchtige Gunst eines gesättigten Volkshaufens ist nicht der begeisterte Gesammtwille einer Nation. c) Lc. 12, 14. Wie es seine ablehnende Rede ausspricht: noch war ihm keine öffentliche Gewalt durch den Volkswillen übertragen. d) Jo. 18, 36. Abgesehn davon, daß dieser Ausspruch einer andern Zeit angehört, verwirft Jesus nur einen verzweifelten Gewaltstreich seiner Anhänger zu seiner persönlichen Rettung, denn um ein weltliches Reich in diesem Sinne, das durch List und Gewalt erkämpft werden mußte, war ihm allerdings nie zu thun, sondern um ein Gottesreich, das zuerst in den Herzen zu erbauen. 3) Aus der Heiterkeit seines ersten Auftretens und aus der Wehmuth in der Nähe seines Ausganges — eine Umwandelung, wie die bloß zeitliche Annäherung des ursprünglich in seinem Plane Enthaltenen sie nicht hervorbringen konnte in diesem großen Charakter, — aus den Segnungen seines ersten Evangeliums [Lc. 4, 18-21] und aus der unheilvollen Verkündigung in der Folgezeit [Mt. 11, 20-24], aus dem offnen Worte, daß er Jerusalem zu retten gedachte, und nun es untergehn werde in seinem Verderben, auch politisch untergehn [Lc. 19, 41-44. Mt. 23, 37 s.], aus diesem allen erhellt, daß er gehofft hatte, als Messias anerkannt zu werden, und erst im Untergange dieser Hoffnung seinen Plan umgestaltete. Ward er aber anerkannt durch den Gesammtwillen der Nation, durch dessen Bethätigung in sittlicher Umkehr und religiösem Aufschwunge: so fiel die höchste Gewalt im Staate von selbst ihm zu. 4) Es ist nicht einzusehn, wozu ein bloßer Sittenlehrer und Religionsgründer des messianischen Namens bedurfte, der so viele Mißverständnisse in sich trug und ihm das Leben kostete. 5) Jesu Begeisterung wäre geringer gewesen, als seine Klugheit, wenn er vor dem Versuche an der Macht seines Geistes über sein Volk verzweifelt hätte. Will aber alles wahrhaft menschliche Streben das im Geiste anerkannte göttliche Gesetz auch in der Außenwelt geltend machen: so war das Streben nach einer wahrhaften Theokratie vollkommen religiös, und das Irrige darin, daß er diese höchste Entwickelung des menschlichen Gesammtlebens noch in die Schranken seines irdischen Lebens zog, lag bei hoher Geistesklarheit durch die Weißagung der Propheten demjenigen nahe, der sich zum Messias bestimmt wußte. Da nun allmälige Geistesbildung in Jesu anerkannt wird, so ist schon dadurch die allmälige Lichtung der aus der Nationalanschauung aufgenommenen Irrthümer vorausgesetzt, wiefern diese nur der Intelligenz, nicht der Gesinnung angehörten. Sein Charakter aber, welcher die höchste Hoffnung der Menschheit gefaßt hatte, wird durch diesen tragischen Irrthum nicht herabgezogen, vielmehr als sittliche That wäre dieß größer als sonst etwas Einzelnes in Jesu Leben, wenn er anfangs meinte, daß der Thron seines Ahnherrn David ihm bestimmt sei, und als er statt des Thro-

§. 40. Religiöser Plan Jesu.

nes ein Kreuz aufgerichtet sah, da, wo ein Anderer verzweifelt hätte, statt eines jüdischen Messias Welttheiland wurde. Daher seine vorbildliche Herrlichkeit hierdurch nicht verletzt, wohl aber menschlicher Theilnahme näher gebracht wird, als durch ein vom Anfange an fest in sich abgeschloßnes Sein.

a) [Reimarus] Vom Zwecke J. u. sr. Jünger. S. 108 ff.
b) Ammon, bibl. Theol. A. 2. B. II. S. 378 f. Historisch exeg. Scepticismus in Rücks. auf die Ausspr. J. ü. d. v. d. Juden erwartete Messiasreich. [Henkes Mag. B. V. S. 520 ff.] *De Welte, Com. de morte J. C. expiatoria. Ber. 813. 4. p. 87 ss. [Opusc. Ber. 830.] Jn s. Bibl. Dogmatik [3. A. 831. §. 216 ff.] Aufstellung der Gründe für und wider, mit der Entscheidung, „daß Jesus die sinnlichen Vorstellungen der Jünger nothgedrungen stehen ließ, ja auch bisweilen durch Äußerungen, die aber einen geistigen Sinn hatten, zu bestätigen schien, daß aber dergleichen Äußerungen durch Mißverstand der Jünger in crassern Ausdrücken überliefert worden sind." Paulus, L. J. B. I. Abth. 2. S. 106 f. B. II. Abth. 2. S. XI. Cf. Allg. Lit. Z. 829. N. 61. *C. F. A. Fritzsche, ad Mtth. p. 113s. — Dgg: J. C. Doederlein, Ostenditur C. alienum fuisse a legibus civil. ferendis. Jen. 787. 4. [Opp. theol. Jen. 789. N. 3.] *Süskind, Bemerkk. ü. b. Aussprüche J. ꝛc. [Flatts Mag. St. X. S. 143 ff.]
c) Diese Ansicht war in der 1. Ausg. dieses Lehrbuchs durchgeführt. Dgg: Heubner, Anhang II. zu Reinhards Plan Jesu. S. 394 ff. *[Lücke] Examinatur, quae speciosius nuper commendata est, sententia de mutato per eventa, adeoque sensim emendato C. consilio. Gott. 831. 2 Pgg. 4. J. E. Osiander, ü. d. ev. Geschichte mit Bezieh. a. ihre neuern Bearbb. in Paulus u. Hases Leben J. [Tüb. Zeitsch. 831. H. 1. Ullmann, ü. d. Sündlosigk. [2. A. S. 71 ff.] S. 144 ff. Über ihr Recht: Hase, Abh. v. Plane Jesu. [Theol. Streitschrr. 834. H. 1. S. 61 ff.] Rückert, Theol. B. II. S. 127 ff.

§. 40. Jesus als König der Wahrheit.

Von Seiten des hergebrachten Glaubens, daß Jesus immer nur ein religiöses Reich gründen wollte ohne alle politische Bedeutung, ist gegen die theokratische Behauptung einzuwenden: ad 1) Die volksthümliche Messiashoffnung war die Brücke zum Gottesreiche, Jesus hatte kein Recht, sie abzubrechen. Er konnte nur vom Äußern auf das Innere verweisen, und hat auch vor dem Volke offen ausgesprochen, daß die Freiheit, die er bringe, die wahre Freiheit von der Sünde sei Jo. 8, 31 ss., und sein Reich nicht hie oder da in äußerlicher Gestalt komme Lc. 17, 20 s. ᵃ) Allein die politische Erwartung war so tief gewurzelt, daß selbst die Versicherung seines nahen Todes sie den Aposteln nicht nehmen konnte. Mt. 19 hat allerdings einen Schein, den die Annahme eines ironischen Sinnes nur gewaltsam löscht. Doch ist diese Verheißung aus einer Zeit, wo Jesus auf Erden nichts verhieß als den Tod in seiner Nachfolge Mt. 17, 22 s. 20, 22 s. Die Vermuthung, daß sie aus früherer Zeit stamme, ist willkürlich; wenigstens kann der Evangelist sie nicht anders verstanden haben, als mit dem irdischen Untergange zusammenstimmend. Sie gehört in den Kreis der Bilder von der Wiederkunft Christi. ᵇ) ad 2)

Eine historische Behauptung, die nicht urkundlich erwiesen werden kann, bleibt immer Conjectur. Die Verpflichtung zum Beweise ist wenigstens gleich. Denn daß eine Zeit war, in welcher Jesus das politische Element aufgegeben hatte, wird zugestanden: also ist von dieser Seite zu erweisen, daß es auch eine Zeit gab, wo er dasselbe festhielt. Unter den angeführten Stellen beweist Lc. 12, wie wenig Jesus Lust hatte, sich in bürgerliche Streitigkeiten zu mischen, denn zur Entscheidung dieses Rechtshandels, als Prophet oder als Schiedsrichter, bedurfte es keiner öffentlichen Bestallung. Jesu Zeugniß über sein Leben vor einem Richter über Leben und Tod ist wenigstens redlicher und großartiger, wenn es in voller Unbedingtheit genommen werden kann. Ein urkundlicher Beweis für einen bloß geistigen Messias ist das ganze Evangelium Johannis. Zwar könnte man sagen, Johannes habe überall die nationale Hülle abgestreift, so auch die erste nationale Gestaltung des Planes Jesu. Allein in der Art, wie Johannes den Herrn betrachtet, ist moralisch unmöglich, daß er ihn gedacht habe als erst durchgedrungen vom Irrthume zur Wahrheit. Hier also ein Zeugniß, daß selbst der Vertraute Jesu von einem anfangs politischen Inhalte des Planes Jesu nichts wußte. Zeigen die andern Evangelien Spuren des theokratischen Messias, so findet sich doch nirgends eine politische Zurüstung. ad 3) Jesus kam mit froher Botschaft, und mußte im Schmerze scheiden von einem Volke, das sein Heil verworfen hatte, auch wenn er nie einen unmittelbar politischen Zweck gehabt hatte. Wie aber durch die sittliche Wiedergeburt eines Volkes auch die Nationalwohlfahrt neu begründet wird, so war ein Messiasmord des politischen Unterganges Vorzeichen. Wäre Jesus als Messias anerkannt worden, so hätte immer bei ihm gestanden, ob er eine andere als geistige Macht und Auctorität üben wollte. ad 4) Dennoch war es dieser Glaube Jesu an sich selbst und der Apostel an seine messianische Berufung, aus dem die Begeisterung hervorgegangen ist, durch welche die Kirche gegründet wurde, und an dem ein höherer Glaube an Christum sich bildete, durch welchen das Christenthum eine Macht geworden ist unter den Völkern, wie eine bloße Vernunftreligion es nie werden konnte. ad 5) Doch liegen Gründe vor, die einen bedächtigen Mann abhalten mochten, vom politischen Messiasthum das Heil zu erwarten. Vorerst: die messianische Theokratie konnte nicht römische Provinz sein. Von Wunderkräften Jesu, durch die man römische Legionen überwältigt, ist nichts bekannt. Um in's Unbestimmte hin für einen Kampf mit den Römern, zu dem ein theokratischer Messias auch gegen seinen Willen durch den Enthusiasmus des Volks fortgerissen worden wäre, wunderbare Hülfe vom Himmel zu erwarten, erscheint er überall zu besonnen. °) Sodann: die Propheten haben allerdings eine Theokratie und ein Weltreich vereinbar gefunden. So-

§. 41. Resultat über den Plan Jesu.

bald aber diese Vereinigung in der klaren Gegenwart zur Gestalt kommen soll, wird das Unding offenbar. Ein aus Irrthümern zur Wahrheit emporstrebender Held ist allerdings anziehender, aber nicht besser als ein Mann, der immer klar und gerad seine Bahn gegangen ist. Trübte jener Irrthum aber auch nicht die sittliche Herrlichkeit Jesu: so ist doch schwer zu denken, daß die Klarheit und Erhabenheit seines Wesens, jenes Unfehlbare und Göttliche, das wir in seinen Reden hören [z. B. Jo. 14, 6], unverletzt blieb, wenn er selbst erst aus solchen Irrthümern und innern Kämpfen sich zur Idee seines Lebens emporrang.

a) J. A. Gnilius, Dictum Salvat. Lc. 17, 20 s. de regno in terris. Argent. 733. 4. *Fleck, neue Erkl. v. Luc. 17, 20 f. [Winers exeg. Studien. B. I. S. 159 ff.] *Schaubach zu Luc. 17, 20. [Stud. u. Krit. 845. H. 1.]
b) W. E. Ewald, de XII thronis App. et judicio in tribus Israel. [Emblemata sacra. T. III. p. 409 ss.] Monthly Magazine. Apr. 796. p. 208 ss. C. W. Hebenstreit, Abh. ü. d. Auß. J. v. Reiche des Messias, zu Mt. 19, 27 ff. [Henkes Mag. B. II. St. 2. Cf. B. IV. St. 1. S. 175 ff.] *Chr. Fr. Fritzsche*, Obss. exeg. ad Mt. 19, 27 s. Grim. 805. 4. — *F. A. Liebe, ü. Mt. 19, 28. v. eine v. d. Ev. u. seinen Auslegern übersehne Ironie. [Winers exeg. Studien. B. I. S. 59 ff.] Cf. Schultheß, neue theol. Annal. März 828. S. 192 f. *Fleck*, de regno div. p. 436 s. *c)* Dgg: Strauß, B. I. S. 520 f. Anders A. 3. B. I. S. 555. Vrg. §. 103.

§. 41. Resultat.

Jesus hat irgendeinmal die theokratische Messiashoffnung erwägen und überwinden müssen, da der Messiasglaube nur in dieser Gestalt an ihn gelangen konnte: aber es ist nicht zu erweisen, daß dieses nicht vor der That durch die klare Besonnenheit seines Geistes, sondern erst in Mitten seines Werkes durch schwere Erfahrungen geschehn sei, obwohl in den vorliegenden Urkunden das politische Element nicht so entschieden zurückgewiesen ist, als man geneigt ist anzunehmen, daher es auch in der apostolischen Hoffnung der Rückkehr Christi sich forterhielt, und im Mittelalter durch die Annahme wieder auflebte, daß Christus auch alle weltliche Gewalt auf Erden besessen und an S. Peter verliehen habe. Hat aber Jesus nie auf die Verwaltung des Staats Anspruch gemacht, noch seinen Aposteln hinterlassen zu herrschen wie die Gewaltigen auf Erden [Lc. 22, 25 s.]: so hat er doch durch eine Aussaat von Tugenden auch das Vaterland retten und das öffentliche Volksleben durch seinen Geist erneuen wollen, der eine erhaltende, aber auch eine umstürzende Gewalt geübt hat, wie nichts anderes in der Weltgeschichte. Sein Plan war eine sittliche Reformation und ein geistiges Reich: aber das göttliche Gesetz, das er geltend machte, war allerdings bestimmt, im Laufe der Zeiten die Welt zu überwinden, oder vielmehr sie als höchstes Weltgesetz zu durchdringen, also daß der König der Wahrheit auch der Weltherrscher werde.

§. 42. Mittel.

Die Mittel zur Ausführung dieses Planes mußten seiner Natu[r]
nach sein, und waren nach allen historischen Spuren [z. B. Mt. 19, 21]
rein geistig: Lehre, Beispiel, Erziehung, die Macht der Liebe und d[ie]
angeborene Herrschaft eines großen Charakters über seine Umgebun[g.]
Hierzu kam die Wundergabe Jesu, wiefern er derselben bereits be[]
wußt war, doch lag in ihr keine Bürgschaft des Siegs. Weder al[s]
Glied noch als Haupt hat Jesus einem geheimen Bunde angehört.[']
Einsame Nächte unter dem Sternenhimmel lebte er mit Gott, Ve[r]
klärte und Engel, deren die Evangelien gedenken, wer sie auch gewese[n]
seien, berechtigen nicht zur Annahme geheimer Bundesglieder. Sei[n]
Plan konnte durch das Geheimniß nicht gefördert werden, er hat si[ch]
auf die Öffentlichkeit seines ganzen Lebens berufen [Jo. 18, 20] un[d]
immer von Gott allein seine Sendung abgeleitet; auch die Art, w[ie]
die Apostel nach seiner Hinwegnahme die Kirche gründeten und ih[re]
eigenen Irrthümer allmälig überwanden [Act. 15], zeugt von d[er]
höchsten Selbständigkeit. Die größere Offenheit Jesu gegen seine Jü[n]
ger [Lc. 8, 9 ss. 12, 41] und die Bevorzugung einiger derselben w[ar]
das gewöhnliche Verhältniß vertrauter Schüler, die Folge ihrer Fähig[]
keit und seiner Vorliebe, ohne mit den Graden von Mysterien etw[as]
gemein zu haben; vielmehr ist überall in Jesu Lehre das Geheime n[ur]
die Vorbereitung des Öffentlichen Mt. 10, 27. Mc. 4, 21 s. Lc. 1[2,]
2 s. [b]) Denn so ist die Art des Gottesreichs, daß es zwar geheim [in]
den Herzen begründet, aber offen verkündet wird vor der Welt. B[ei]
der Ausführung hielt Jesus seinen Entschluß in tiefer Verborgenhei[t]
und scheint in solcher geistigen Einsamkeit gelebt zu haben, daß [er]
nicht einmal Jugendfreunde zu seinem Plane heranbildete. Das Ve[r]
trauen auf seine Mittel lag in der Gewißheit seiner messianisch[en]
Bestimmung und in der Beschaffenheit seines Planes, welcher d[er]
Weltgeschichte als göttliche Idee vorschwebt, daher siegreich durchg[e]
führt werden würde, auch wenn Jesu Name längst vergessen wäre.

a) Romantische Maschinerie bei **Bahrdt** und **Venturini**. Dgg: [ ]
V. Reinhard, de C. ab instituenda societate clandest. alieno. Vit. 786.

b) Entgegengesetzte Meinungen der Gnostiker und Alexandriner. Äh[n]
lich: H. Ch. **Ballenstedt**, Philo u. Joh. Brnschw. 802. W.L. **Chri[st]**
mann, ü. Tradition u. Schrift, Logos u. Cabbala. Tüb. 825. Die Allg[e]
genwart Gottes. Goth. 1. B. 817. Elensis. 2. B. 819.

Erste Periode.
Das angenehme Jahr des Herrn.

§. 43. Übersicht.

Die Periode beginnt mit der Taufe Jesu vor dem 1. Passah seines öffentlichen Lebens [§. 28], als die Söhne Herodes des Großen, Herodes Antipas über Peräa und Galiläa, Philippus über Ituräa und Trachonitis, als römische Vasallen geboten, und Judäa, nach der Verbannung des Archelaus zu Syrien geschlagen, römische Provinz war, seit 26 p. C. verwaltet vom Procurator Pontius Pilatus, unter ihm durch den Hohenrath nach altväterlichem Gesetze. Vor dem Passah war Jesus kurze Zeit [Jo. 2, 12 s.] in Galiläa. Das Passah ist beschrieben Jo. 2, 13-3, 21, und kein Tendenzbedürfniß nöthigte den 4. Evangelisten gegen den wirklichen Verlauf die Feindschaft des jüdischen Unglaubens gleich an ihrem Hauptsitze vorzuführen, wo sie damals nicht einmal kräftig hervortrat [Jo. 2, 23], und hervorgehoben die für eine solche Tendenz erwünschte Steigerung ausgeschlossen hätte.^a) Nachher übte Jesus eine große öffentliche Wirksamkeit in Judäa, gleichzeitig mit Johannes, wie durch Jo. 3, 23 die dem allgemeinen christlichen Eindrucke hingegebene synoptische Überlieferung [Mt. 4, 12. Mc. 1, 14] berichtigt wird, welche einig mit dem 4. Evangelium über das Kommen Jesu aus Judäa, aber die Verkündigung in Galiläa und unmittelbar nach der Versuchung für den Anfang achtend [Mt. 4, 17. Lc. 4, 13 s. Act. 10, 37] ihren Theil an der Wahrheit darin haben mag, daß Jesus nach der Verhaftung des Johannes sich durch Samarien nach Galiläa begab,^b) doch wahrscheinlich erst im Spätherbste Jo. 4, 3. 35.^c) Die Absicht, aus welcher Jesus Judäa verließ Jo. 4, 1-3, wäre nicht erreicht und die gute Aufnahme, die er in Galiläa fand Jo. 4, 45, nicht benutzt worden, wenn er nicht geraume Zeit daselbst geblieben wäre.^d) Die Gränze der Periode ist durch das nächstbevorstehende Passah Jo. 6, 4 gegeben. Dagegen durch das Fest der Juden Jo. 5, 1 bei fehlendem Artikel ein bestimmtes Fest gar nicht angezeigt und nur wegen der sonstigen Zeit-Kunde und Folge im 4. Evangelium wahrscheinlich ist, daß eins der minder bekannten, Ausländern gar nicht erst zu nennenden Feste wie das Purim gemeint sei.^e) Der Nichtbesuch des folgenden Passah ist durch Jo. 7, 1-4 motivirt. Sonach bildet die Volksspeisung mit ihren nächsten Folgen den Schlußpunkt, wo auch die Synoptiker mit Johannes zusammentreffen, daher ihre Berichte über galiläische Ereignisse bis zu dieser Stelle in das erste Jahr eingereiht werden mögen. Wie Epiphanius es bezeichnet, ist dieses das angenehme Jahr des Herrn,[f]) voll Hoffnung und Segensverkündigung, der Kampf noch entfernt und vereinzelt, erst gegen das Ende hin auf unglücklichen Ausgang deutend.

a) Dgg: Baur, S. 130. b) Dgg: unwahre Harmonistik: Ebrard, A. 1. S. 158 ff. [Vrg. Baur, S. 58 f.] A. 2. S. 149 ff.] Erst Jo. 6, 1 mit Mt. 4, 12 zusammenfassend: Wieseler, S. 160 ff. c) *Dan. Gerdes*, de emblemate messis, ad Jo. 4, 35. *Id.* Defensio hujus Ds. adv. J. Meierum. Traj. ad Rh. 720. *G. Sommelius*, [resp. *Andr. Colland*] de sensu verborum Jo. 4, 35. Lund. 775. 4. Jacobi in d. Stud. u. Krit. 838. H. 4. S. 858 f.

d) Vrg. A. Gemberg, ü. J. Wirksamk. in Gal. nach Mk. [Stub. u. Krit. 845. H. 1.] e) Die ältere Literatur bei d'*Outrein*, Bibl. Brem. Clas. I. p. 597 ss. Die neuere bei *Kuinoel* ad Jo. 5, 1. cf. Süskind in Bengels Archiv. B. I. S. 156 ff. Paulus, ex. Handb. B. I. S. 245 f. *Lücke, Jo. B. II. S. 1 ff. Hengstenberg, Christol. B. II. S. 565. Jacobi in d. Stub. u. Krit. 838. H. 4. S. 862 ff. Wieseler, S. 205 ff.

f) *Epiph.* Haer. 51, 25. Jes. 61, 2. Lc. 4, 19.

§. 44. Der Vorläufer.
Mt. 3, 1-12. Mc. 1, 1-8. Lc. 3, 1-20. Jo. 1, 19 ss.

Johannes [יהוחנן] war berufen, durch eine sittliche Erweckung die Nation auf den Messias vorzubereiten, und als das persönlich gewordene Judenthum in seiner höchsten Erscheinung dadurch, daß er dem Führer der neuen Zeit die ersten Freunde zuführte, die Bestimmung desselben auszusprechen wie zu vollenden.[a]) Die Erzählung von seiner Geburt [Lc. 1, 5 ss. 57 ss.], obwohl schwerlich aus einem christlichen Gemeindekreise, ist mit der Geburtssage Jesu nach Charakter und Überlieferung so eng verflochten, daß sie wie diese beurtheilt werden muß. In der apokryphischen Sage ist auch Johannes vor den Nachstellungen des Herodes wunderbar errettet und nach der Lehre seiner spätern Anhänger zart und wunderbar erzeugt ein incarnirter Gott.[b]) Seine Lebensweise als Nasiräer schloß sich an das Vorbild der Propheten, vielleicht auch der Essener.[c]) Aber sei's dem Volke [Lc. 3, 15 ss.] sei's dem Hohenrathe [Jo. 1, 19 ss.] gegenüber, es lag nicht in seiner Stellung, eine höhere Auctorität anzusprechen, als die der Wahrheit in ihrer beredten nationalen Verkündigung, nur die freie Verehrung des Volks hat ihn für einen Propheten geachtet Mt. 21, 26. Mc. 11, 32. Er trat auf als Bußprediger in der Wüste Juda, unter Jüngern, denen er Gebete Lc. 11, 1 und Fasten Mt. 9, 14. Mc. 2, 18. Lc. 5, 33 vorschrieb, und unter wechselnden Volkshaufen im Flußgebiete des Nieder-Jordan. Seine Lehre war strenge Sittenlehre in scharfer individueller Nutzanwendung,[d]) seine Taufe zur Buße Gelübde und Sinnbild, nach Art der mannichfach im Morgenlande, besonders unter Essenern üblichen Abwaschungen, aber als Epoche des ganzen Lebens.[e]) Josephus konnte seiner messianischen Bedeutung nicht gedenken. An sich ist nicht wahrscheinlich, daß solch ein reformatorisches Unternehmen, und das so tiefen Eindruck auf das Volk

§. 44. Johannes der Täufer.

machte, sich nicht in bestimmte Beziehung zur großen Volkshoffnung gestellt hätte; auch die Taufe erhielt erst als Vollziehung eines prophetisch messianischen Sinnbildes [Ezech. 36, 25. Jes. 1, 16] volle Bedeutung, und ihr Bezug auf die messianische Feuertaufe, wie das Bild des Messias mit der Wurfschaufel [Mt. 3, 11 s.], ist eben so charakteristisch, als nicht eigentlich vom christlichen Standpunkte aus gedacht.[f]) Aber Johannes könnte sich nur so allgemein und am Ausgange seines Lebens als Vorläufer bezeichnet haben, nach einem vorgefundenen Volksglauben an Propheten als Vorläufer und Gefährten des Messias Mal. 3, 1. 23. Mc. 1, 2 s. Lc. 9, 19, wie es Mt. 3, 2. Act. 13, 25. 19, 4 ausgedrückt ist, während die christliche Überlieferung unwillkürlich darauf kommen mußte, dieses nach dem Erfolge individuell zu fassen.[g]) Auch hat Jesus selbst erst in offner bewußter Allegorie ihn seinen Elias genannt Mt. 11, 14. cf. Jo. 1, 21. Dennoch berechtigt kein innerer Widerspruch, das bestimmte Zeugniß sämmtlicher Evangelien für eine frühe persönliche Anerkennung Jesu zu verwerfen. Daß Johannes forttaufte auf den Kommenden und eine besondere Schule zusammenhielt, findet schon darin seine Erklärung, daß auch Jesus bisher nur die Nähe des Reichs verkündet hatte. Das Fortbestehn dieser Schule auch nach seinem Tode war die Bevorzugung des auf jüdischem Standpunkte über Jesum erhabenen Lehrers. Die Botschaft [Mt. 11, 2 ss. Lc. 7, 18 ss.] geschah nicht zunächst seiner Schüler wegen, war nicht wesentlich Zweifel, noch erst aufsteigender Glaube, sondern Mahnung, und vollkommen begründet in der theokratischen Messiasvorstellung des Täufers.[h]) Keinenfalls können die Synoptiker darin einen Zweifel gesehn haben, der mit der Festigkeit seines Zeugnisses in Widerspruch stünde. Sie haben mehr die volksthümlich jüdische, Johannes, dieß voraussetzend, hat ausschließlich die nach Jesu hingewandte Seite des Täufers geschildert.[i]) Das Wortspiel Jo. 1, 15 verkündet im Munde des Täufers nicht nothwendig eine Präexistenz Jesu. Die Vorstellung Jo. 1, 29, daß der Messias durch Kampf und Schmerz hindurchschreiten müsse, wie ein Opferthier, auf das die Sünde der Welt gelegt ist, war dem nationalen Glauben an eine siegreiche irdische Theokratie nicht nothwendig entgegengesetzt, cf. Jes. 53. Lc. 2, 34 s.[k]) Die Anerkennung Jesu als Messias ist Jo. 3, 23. 30 nur dahin ausgeführt, daß Johannes in dem erhabenen Geiste und Berufe Jesu eine göttliche Bestimmung erkannte, der mit männlichem Selbstgefühle sich unterordnend durch die höchste Aufopferung einer auf Ideen gegründeten Freundschaft er sein eignes Fortleben im Gottesreiche sicherte. Dieses mag selten sein, und könnte in der Erinnerung des Evangelisten aus einer bloßen Thatsache sich erst zu dieser freien subjectiven Anerkennung verklärt haben, aber es liegt in der sittlichen Ordnung und ist geschichtlich nicht unerhört, daß die niedre, beschränkte Natur sich der höhern, freiern unterordne.¹) Doch scheint mit dieser tiefen Erkenntniß und Hingebung des johanneischen Johannes das Urtheil Jesu Mt. 11, 11. Lc. 7, 26. 28, welches ihn zwar mit subjectiver Wahrheit als den erhabensten Geist des Alterthums anerkennt, aber ganz außerhalb des Gottesreichs stellt, nur insofern vereinbar, als dasselbe ihn mit seinem Werkdienste einseitig bloß als Schlußpunkt des Judenthums betrachtet Mt. 11, 13.ᵐ) Auch geht die Rede des Täufers Jo. 3, 31 ss. so ganz in die Vorstellungs= und Redeweise des Evangelisten über cf. 3, 11. 18, daß sie für dessen eigne Reflexion gehalten werden muß.ⁿ) Wenn charakteristische Sprüche der Rede, in welcher Matthäus [3, 2. 5-12] den Täufer die Bedeutung seines Lebens zusammenfassen läßt, in Jesu Munde wiederkehren Mt. 7, 19. 23, 33,°) so enthalten sie die Erfüllung des von Johannes Verkündeten [Mt. 4, 17] in einem milderen und größeren Sinne Mt. 13, 30; auch mögen sich Beider Reden in den Erinnerungen der Zeitgenossen vermischt haben. Nach Mt. 3, 14 hatte Johannes schon vor der Taufe Jesu die höchste Achtung vor ihm, oder die Ahnung seiner Würde ist im Momente der Begegnung ihm aufgegangen, nach Jo. 1, 33 kannte er damals seine messianische Bestimmung noch nicht, womit nur Lc. 1 unvereinbar wäre; doch kann auch die eine oder die andre Rede des Täufers in der Erinnerung durch ein bestimmtes Interesse entstellt sein, und die Ausgleichung im Hebräer-Evangelium trägt darin nicht den Charakter des Ursprünglichen.ᵖ) Von einer Vertraulichkeit oder Verabredung zwischen Jesus und Johannes ist nirgends eine Spur.ᵠ) Als Herodes Antipas den gefürchteten Sittenprediger in Banden gelegt hatte, ging Jesus nach Galiläa, nicht um für die Rettung des Freundes zu wirken.ʳ)

J. Wild, de Jo. nativitate, vita, reb. gestis et morte. Regiom. 627. *Jo. Meisner,* de Jo. B. Vit. 656. 4. *Ch. Wasewitz,* Turtur Joanneus s. Exerc. de Jo. B. Magdeb. 659. 4. *F. Bechmann,* de C. Praecursore. Jen. 670. 4. *J. E. Büttner,* Inquisitio in Hist. Jo. Filii Zach. Jen. 672. 4. *O. B. Premper,* de Jo. B. Vit. 682. *J. Pasch,* de J. B. Vit. 686. *A. H. Deutschmann,* de Jo. B. Wit. 693. *Ch. Cellarius,* de Jo. B. [Hal. 694. 703.] 711. 4. *G. Schoening,* Vita Jo. B. Vit. 698. *J. F. Hammerschmid,* de vita et morte Jo. B. Prag. 699. 4. *Herm. Witsii* Exerc. de vita Jo. B. [Miscell. sacr. T. II. p. 366 ss.] *Ch. Iselii* Ds. de Jo. B. Bas. 717. 4. *J. Jac. Hottinger,* Jo. B. Historia chron. Tur. 717. 3 Dss. 4. [Pentas Dss. biblicochron. Traj. ad Rh. 723. p. 143 ss.] *Sal. Deyling,* de Jo. B. [Obss. sacr. P. III. p. 251 ss.] *J. Dav. Müller,* de Jo. B. Helmst. 733. 2 Pgg. 4. *Matth. Asp,* [resp. *P. Bodin*] de Jo. B. Ups. 733. Schmidts Bibl. f. Krit. u. Exeg. B. III. S. 137 ff. C. W. Stein, ü. Gesch., Lehre u. Schicksale Jo. d. T. [Keils ꝛc. Analekten. B. IV. St. 1.] *J. F. Abegg,* de Jo. B. oratio. Heidelb. 820. 4. *Did. Bax,* de Jo. B. L. B. 821. *J. G. E. Leopold, Jo. d. T. Hann. 825. *Usteri, Nachrichten v. d. T. Jo. [Stud. u. Krit. 829. H. 3.] *L. v. Rohden, Jo. d. T. in s. Leben u. Wirken. Lüb. 838. — *Winer, bibl. Realw. B. I. S. 585 ff. *W. Grimm, Jo. d. T. [Hall. Encycl. Sect. II. B. XXII.]

§. 44. Johannes der Täufer.

Die kirchl. Tradition: Acta Sanctor. Juni. T. IV. p. 687-846. *J. H. v. Wessenberg, Jo. d. Vorläufer. Const. 821. — *Pontii Paulini* de Jo. Bapt. carmen. [Maittaire, Opp. et Fragmm. vett. Poett. lat. Lond. 713. T. II. p. 1649-51.] F. A. Krummacher, Jo. Drama. Lpz. 815. *Silvio Pellico*, Erodiade. [Tre nuove Tragedie. Turin 832.]

a) *Quenstedt*, de Jo. primo Evangelii et Baptismi N. T. ministro. Vit. 663. *J. G. Richter*, de munere sacro Jo. B. divinitus delegato. Lps. 756. 4. *Wilh. Bell, Untersuch. d. göttl. Sendung Jo. d. T. u. J. C. A. d. Engl. m. Anm. u. e. Anh. v. Henke. Brnschw. 779. *J. G. Rau*, de Jo. B. in rem cbr. studiis. Erl. 785 s. 2 Pgg. 4. *b*) *Protev. Jacobi* c. 22 s. [Thilo, T. I. 263 ss.] *Niceph.* H. ecc. I, 14. — Die Zabier s. K Gesch. §. 77.

c) Cf. *Josephi* Vita c. 2. — *Conr. Olde*, de domicilio, victu et amictu Jo. Rost. 658. 4. *And. Glauch*, de victu Jo. Lps. 659. 4. *Jo. Chremitzii* Dsp. de amictu Jo. B. Lps. 663. *Balth. Stolberg*, de amictu et victu Jo. B. Vit. 683. [Menthenii Thes. th. phil. T. II. p. 82 ss.] *Sam. Schurzfleisch*, Ἰωάννης ἐρημάζων. Vit. 686. [Ib. p. 79 ss.] *Paul Rabe*, de victu Jo. B. Regiom. [689.] 694 *Id.* de amictu Jo. B. Ib. 693. 4. *J. B. Hebenstreit*, de Jo. Eremita Eremitis in papatu dissimilis. Jen. 693. 4. *Ol. Borneman*, de victu Jo. B. Hafn. 694. 4. *J. C. Harenberg*, de victu Jo. B. [Otia Gandersh. sacr. Traj. ad Rh. 740.] *J. K. Endemann*, de victu Jo. B. Hersfeld. 752. 4. *J. Amnell*, [resp. *Jo. Flodmann*] Amictus et victus Jo. B. Ups. 755. 4. *Thaddaeus a S. Adamo* [*Dereser*], de victu Jo. B. in deserto commorantis. Bon. 785. 4. Nachgedruckt in: *Jo. Jos. Müller*, de victu Jo. B. in deserto commorantis. Bon. 829. cf. Leipz. Lit. Z. 830. N. 246.

d) *Ch. F. Ammon*, de doctrina et morte Jo. B. Erl. 809. 4. *J. G. Ernst*, de doctr. Jo. B. Argent. 831. 4.

e) *J. A. Gleich*, de bapt. Jo. Torg. 689. 4. W. C. L. Ziegler, ü. d. Johannistaufe als unveränderte Anwendung d. jüd. Proselytentaufe, u. ü. d. Taufe C. als Fortsetz. der Johannist. [Theol. Abhandll. Gött. 804. B. II. S. 132 ff.] Gabler, ob in d. Stelle der Mischnah tract. Pesachim VIII. §. 8. ein Beweis für d. Proselytent. enthalten sey? [Journ. f. auserl. theol. Lit. B. III. S. 426 ff. Kleine theol. Schrr. B. I. S. 373 ff.] *C. B. Bengel, ü. d. Alter d. jüd. Proselytent. Tüb. 814. [Archiv. B. II. S. 740 ff.] J. C. Osiander, ü. Zweck u. Bedeutung der Jo. T. [Keils ꝛc. Analekt. B. IV. St. I.] *Schneckenburger, ü. d. Alter d. jüd. Proselyten=T. u. deren Zusammenst. mit dem Joh. u. chr. Ritus. Brl. 828.

f) *Ch. V. Kindervater*, de indole atque forma regni Messiae e mente Jo. B. Lps. 802. 4. *Fleck*, de regno div. p. 72 ss.

g) Strauß, B. I. S. 360 ff. B. Bauer, Synopt. B. I. S. 154 ff. *h*) Nächst den Commentaren: *C. W. Batt*, Diss. on the message from S. John the Baptist to our Saviour, Luk. 7, 19. Lond. ed. 2. 789. Cf. Monthly Review. 789. p. 91. Grimm, ü. die Absicht d. Gesandtsch. Jo. an J. [Stromm. B. 11. St. 6.] *K. C. L. Schmidt, exeg. Beitrr. B. I. Verf. 1. N. 6. Verf. 4. No. 31. Eichhorns allg. Bibl. B. VI. S. 112. 132 ff. VIII. 856. IX. 1001 f. Bengels Archiv. B. I. St. 3. *J. C. F. Löffler, Bemerkk. ü. Mt. 11, 2-10. v. d. Sendung Jo. an J. [Kl. Schriften. B. II. S. 150-66. Brg. s. Mag. f. Pred. B. I. S. 52-59.] Dgg: *Zeigermann, de consilio, quo Jo. discipulos suos ad J. ablegaverit, e dubiis in ipsius animo coortis haud repetendo. Numb. 813. 4. *B. Gademann, ü. d. Verh. Joh. d. T. z. Herrn: [Zeitschr. f. luth. Th. u. K. 852. H. 4.] das Bangen einer Hoffnung, die lange verzog, nachdem seine tiefen Einblicke in das Werk Jesu, nur prophetische Ekstasen, im Kerker ihm verblichen.

i) Als Gegensatz: Dav. Schulz, chr. L. v. Abendm. S. 145 f. Winer, Realw. B. I. S. 588. Strauß, B. I. S. 391 f. Weiße, B. I. S. 262 ff.

Ausgleichend: Jo. u. J. [Henkes N. Mag. B. VI. S. 373-440.] *Hemsen*, de Christologia Jo. B. Gott.824. 4. Neander, S. 67 ff. Kuhn, B.I. S.206 ff.

k) Literatur zu Jo. 1, 29. ältere bei *Wolf*, Curae phil., neuere bei *Gabler*, Meletemata in Jo. I, 29. Jen. 808 ss. 4 Pgg. 4. [Opp. 831. p. 514 ss.] Lücke, Jo. B.I. S. 348 ff. 402 ff. — J. T. L. Danz, das aus b. ev. Gesch. des Jo. scheidende Lamm Gottes. Jen. 847. S. 37 f: der Täufer habe gesagt: הִנֵּה גִּבּוֹר עַמֶּנוּאֵל in der Bedeutung der starke Held von יְשֻׁעוֹן feststehn. Der Übersetzer habe dafür das entsprechende Wort ἀμενός gewählt, als Gegensatz von ἀμενής, der ungemein Starke; der Abschreiber habe daraus ἀμνός gemacht.

l) Steffensen, ü. d. tiefen Sinn b. Schriftw. ἐκεῖνον δεῖ αὐξάνειν etc. [Pelts Mitarb. 839. H. 1.] Weiße, B.l. S. 270 f. Dgg: Strauß, B. I. S. 376 ff.

m) Jetz, de Jo. B. majore eodemque minore in regno caelorum problema hermen. naturali et novo modo solutum. Starg. 770. 4. *G Sommelius*, de minore in regno coelorum. Lund. 772. 2 Pgg. 4. *Id.* de eminentia Jo. Mt. 11, 11. Lund. 772. 4. Gedanken ü. d. Zeugniß J. von Jo. Mt. 11, 11. [Grimms u. Münzels Stromm. B. II. St. 7.] — *Chrysostomus*: μικρότερος κατὰ τὴν ἡλικίαν καὶ κατὰ τὴν πολλῶν δόξαν, nehmlich Jesus. Hiernach *Fritzsche*, Mt. p. 401. *Fleck*, de regno div. p. 83. Dgg: Winer, Gramm. d. N. T. A. 5. S. 281. — Ausflüchte b. Hoffmann, L. J. v. Str. geprüft. S. 292. *n)* Lücke, Jo. B.I. S. 543 ff. Tholuck, Jo. S. 117. Strauß, B.I. S. 371 ff. Neander, S. 296 f.

o) B. Bauer, Synopt. B. I. S. 154 f.

p) J. Engeström, [resp. *G. A. Stahl*] Conciliatio inter dicta apud Evv. Mt. 3, 14 et Jo. 1, 31. 33 occurrentia. Lund. 739. 4. *G. Sommelius*, [resp. *E. L. Ziebeth*] Qualis Jo. de C. notitia fuerit. Lund. 775. 4. Dgg: Lücke, Jo. B. I. S. 417 ff. οὐκ ᾔδειν αὐτὸν als jede Bekanntschaft ausschließend, daher Mt. 3, 14 s. irrig und nach dem Ev. der Ebioniten [*Epiph.* Haer. XXX, 13.] zu berichtigen. Zur Rettung von Lc. 1: Bleek, Bem. z. Ev. Jo. [Stud. u. Krit. 833. H. 2. S. 435.] Krabbe, S. 142: er kannte ihn als Messias, nicht als Gottessohn. Neander, S. 107: alles früher durch andre Vernommene erschien als ein Nichtwissen gegen das ihm jetzt gewordene göttliche Zeugniß in seinem Innern. Ebrard, S. 258 f. Dgg: Strauß, B.I. S.354 ff. *q)* Dgg: [Reimarus] v. Zwecke J. S. 133 ff. Planck, Gesch. d. Chr. in b. Per. fr. Einf. B. l. S. 117.

r) Bern. Lamy, de vinculis Jo. B. [f. S. 24] zur Ausgleichung von Mt. 4, 12. Mc. 1, 14 mit Jo. 3, 24. Dgg: *J. Pienud*, sur la prison de S. Jean B. et sur la dern. pâque de J. C., où l'on fait voir contre le P. Lamy, que S. Jean n'a été mis qu'une fois en prison. Par. 690. *Ch. Cellarius*, Ds. gemina de Jo. B. ejusq. carcere et supplicio. Hal. 698. 703. 4. [Dss. acad. T.II. p. 375 ss.] **Sal. van Til*, de Jo. B. incarc. fictitia Herodiana vincula antecedente. L. B. 707. 4. *Id.* de Jo. B. incarc. unica ministerio ejus publico finem imponente. Ib. 708. *Id.* de tempore incarc. Jo. B. ex Herodis itinere Rom. eruendo. Ib. 710. 4.

§. 45. Die Taufe.

Mt. 3, 13-17. Mc. 1, 9-11. Lc. 3, 21. 22. Jo. 1, 32-34.

Eine Taufe Jesu zur Buße oder auf den Verheißnen wäre eine Unwahrheit gewesen. Daß er erst damals sich als Messias erkannt, oder doch der Gottheit überlassen habe, in entscheidender Stunde ihn als Messias zu erklären,[a]) bringt in die Zeit seiner volljährigen Entwickelung etwas Unklares und Herausforderndes, das mit der göttli=

§. 45. Taufe Jesu.

chen Sicherheit seines nachmaligen Bewußtseins nicht wohl zusammenstimmt. Eine nothwendige Abwaschung der durch die Gemeinschaft mit dem unreinen, excommunicirten Volke überkommenen theokratischen Unreinigkeit[b]) übersieht, daß dieses Volk auf theokratischem Standpunkte das Volk Gottes ist. Eine Todesverheißung dadurch, daß sich Jesus dem Symbol der Todeswürdigkeit unterzog,[c]) legt in die johanneische Taufe einen Sinn, den erst die christliche Taufe in Bezug auf Tod und Auferstehung Christi [Rom. 6, 4] erhalten hat. Nach Mt. 3, 15 ließ er sich taufen, um alles zu erfüllen, was das Gesetz und dessen Fortsetzung durch Gottgesandte dem vollkommenen Israeliten auflegte.[d]) Allein da diese Erklärung auch durch Beachtung der vorliegenden Schwierigkeit[e]) nachmals entstanden sein kann, und Jesus anderwärts für die cäremoniellen Erweiterungen des Gesetzes keinen Eifer an den Tag legte: so ist denkbar, daß sich beide Beziehungen der johanneischen Taufe ihm individuell, schon im Übergange zur christlichen Taufe, gestalteten als Gelübde und als Messiasweihe, wie sie auch in der Volks-Erwartung lag.[f]) Volk und Jünger waren nicht zugegen, oder da dieses an sich, insbesondre nach der Darstellung des Lukas [3, 21] unwahrscheinlich ist, vernahmen doch das Wunder nicht, denn der Eindruck würde auf die Johannisjünger entscheidend gewesen sein, Johannes und Jesus hätten sich auf nichts Größeres berufen können. Die Stimme vom Himmel wird bei Matthäus in anderer Form erzählt, als von Markus und Lukas. Der Bericht des Augenzeugen durch die unmittelbare Überlieferung seines Jüngers findet sich bei Johannes, der dadurch, daß er zur Ausscheidung sagenhafter Umbildungen berechtigt,[g]) noch nicht selbst Erzeugniß der Sage ist. Der Täufer bezeugt, ein himmlisches Anzeichen gesehen zu haben, er sagt nichts von einer himmlischen Stimme, deren Evidenz auch mit der Anfrage und Antwort Mt. 11, 3 ss. unvereinbar wäre. Die Stimme ist nicht als Deutung des Anzeichens [Bath Kol],[h]) sondern als wirkliche Stimme von den Synoptikern, besonders von Lukas dargestellt. Also ist die Deutung, welche der Täufer dem Anzeichen gab Jo. 1, 34, in der Überlieferung mit Bezug auf Jes. 42, 1. Ps. 2, 7 zur himmlischen Stimme geworden. Die Fortbildung der Sage erscheint in Denkmalen, die auf nicht minder alten Zeugnissen ruhn als die kanonischen Evangelien.[i]) Lukas erzählt die Erscheinung als objectiven Thatbestand, die andern noch in subjectiver Auffassung. Nach Markus hat Jesus sie gesehn, nach Matthäus kann er sie gesehn haben, bei Johannes ist nur vom Täufer die Rede, daß er sie sah, und das, was in seinem Gesichte den Messias auszeichnet, ist kaum sinnlich wahrnehmbar. Daher die Wahrheit der Geschichte der Moment ist, als dem Täufer das Bewußtsein aufging: dieser ist der Messias! von ihm ausgesprochen in hergebrachten Sinnbildern [cf. Act. 7, 55. Lc. 10, 18. Jo. 1, 51], oder auch ihm selbst sich äußerlich darstellend, auf oder ohne Anlaß eines wirklichen Phänomens.^k) Die Vordersätze jenes Momentes sind durch Mt. 3, 14. Jo. 1, 33 gegeben. Die Bezeichnung des Messias durch das Ruhen des Geistes auf ihm geht von prophetischen Anschauungen der Geistesfülle messianischer Zeiten aus, cf. Jo. 3, 34. Act. 2, 17 s. Das Gleichniß mit der Taube an Gestalt oder sanftem Schwunge ist ein Symbol, das, wär' es auch damals noch nicht üblich gewesen, doch in der Natur und Poesie selbst liegt.¹) Eine Geistesmittheilung als wahrhafte Messiasweihe ist die Ansicht aller Evangelisten; ohne Folgerichtigkeit für das erste und dritte, ein Widerspruch für das vierte Evangelium, ᵐ) das doch durch bloßes Übergehn der eigentlichen Taufhandlung sie, als dem Logos fremd, vergeblich in Abrede stellen würde,ⁿ) denn bei dem vollen Anklange an das aus der synoptischen Überlieferung Bekannte mußte jeder Leser den Taufact voraussetzen. Diesen selbst aber, statt der allgemeinen Vermittelung des Evangeliums durch die Johannestaufe, als der allein geschichtlichen Thatsache, erst in der Anschauung der Gemeinde entstanden sein zu lassen,°) dazu gehört die Mißachtung aller historischen, auch noch so einigen, unverdächtigen Überlieferung. Einer äußerlichen Geistesmittheilung bedurfte Jesus nicht, nur seine Freudigkeit mag gestärkt worden sein durch die erste Anerkennung von Seiten des letzten Propheten; aber das Epochemachende ist das Heraustreten des Messias aus seinem verschloßnen Bewußtsein in die Wirklichkeit [ἐπιφάνεια].

C. Parschitz, de baptismo C. Vit. 692. 4. *J. Jc. Hottinger*, de J. C. ad Jordanem baptizato. Tur. 708. 4. *Id*. de J. C. ad Jordanem glorificato. Tur. 709. 4. *G. Olearius*, Demonstratio auctoritatis C. ex bapt. Lps. 711. 4. *F. Christ*, de Sp. S. ὡσεὶ περιστερὰν descendente. Jen. 727. 4. *Hier. Kromayer*, de bapt. C. ad Mt. 3, 13-17. Vit. 728. 4. *Hartmann*, J. Naz. verus Messias, in bapt. suo demonstratus. Rost. 757. 4. *G. Sommelius*, [resp. *J. Hjort*] Obss. philoll. in dictum Mt. 3, 16. de bapt. C. Lund. 780. 4. *Id*. [resp. *A. Linnelöf*] Dictum Mt. 3, 17. Lund. 780. 4. — *Eine Meinung ü. b. Gesch. der T. u. Versuchung unsers Herrn. [Henkes N. Mag. B. IV. H. 2.] *Usteri, Nachrichten ü. Jo., die Taufe ꝛc. [Stud. u. Krit. 829. B. II. H. 3.] *Bleek, Bemerkk. z. Ev. Jo. [Eb. 833. H. 2.]

a) Jenes: Weiße, B. I. S. 273 ff. 471 ff. Dieses: Paulus exeg. Handbb. B. I. S. 362 ff. b) J. P. Lange, B. II. S. 176 f.

c) Ebrard, S. 254-7. d) Berl. Jahrbücher f. Kritik. 833. N. 97.
e) Evang. Nazaraeor. nach *Hieron*. adv. Pelag. III, 2. [*Fabricii* Cod. apocr. T. I. p. 340.]

f) *Justin*. c. Tryph. c. 49. — De Wette, B. I. T. 1. S. 43. Strauß, A. 3. B. I. S. 432 ff. Mit Zurücknahme des Johannisjüngerthums: A. 1. B. I. S. 374. 391, auf welches die 4. A. S. 391 zurückkommt.

g) Gewöhnliches Verfahren seit Schleiermacher, ü. Luk. S. 58 f. u. De Wette, bibl. Dogm. A. 3. §. 208. Dgg: Strauß, B. I. S. 419 f. Weiße, B. I. S. 472 ff. Usteri steigert die Verschiedenheit der Berichte zur Verschiedenheit des Ereignisse.

h) Nach *J. A. Danz* in *Meuschenii* N. T. ex Talmude illustr. Lps. 736. p. 350 ss. Ammon, B. I. S. 273 f: religiöse Deutung des Donners.

§. 46. Versuchung Jesu.

i) Justin. c. Tryph. c. 88. Ev. sec. Hebr. bei *Epiph.* Haer. XXX, 13. [*Fabr.* Cod. apocr. T. I. p. 347 ss.] Nächstdem hat man verglichen: *Cicero,* de Divin. I, 48. *Horatii* Od. III, 4. *Liv.* VII, 26. *Suetonii* Aug. c. 97. — *Euseb.* H. ecc. VI, 29. — Weitere apokryphische Fortbildung: J. P. Lange, B. II. S. 182 ff. *k)* Schon von *Orig.* c. Cels. I, 43-48. und *Hieron.* ad Mt. angedeutet, ausgeführt von Theod. Mopfueft. als πνευματικὴ θεωρία, ὀπτασία, οὐ φύσις. — *Er. Schmid,* Op. posthum. p. 60. Usteri, Bleek in den ang. Schrr., Tholuck, Olshausen, Lücke in den Commentaren. Neander, S. 111. Krabbe, S. 146. Kuhn, S. 309 ff. göttliche Offenbarung in symbolischer Vision.

l) Schultheß, der Geist Gottes wie e. Taube. [Winers krit. Journ. 825. B. IV. S. 257-94.] K. A. Kahnis, d. L. v. h. Geiste. Hal. 847. B. I. S. 113 f. *Obbarius,* de columba Syro sancta. Rudolst. 838. 4. Parallelstellen bei Wetstein und Paulus.

m) Strauß, B. I. S. 420 ff. Er habe einer göttlichen Anregung oder Mittheilung nicht bedurft: Krabbe, S. 143. Neander, S. 112. [bestimmter A. 3. S. 71.] Kuhn, S. 330. Dgg: Olshausen, B. I. S. 171 f. Lücke, Jo. B. I. S. 434 ff. *n)* Baur, S. 107 f. *o)* B. Bauer, Synopt. B. I. S. 207 ff. Evv. B. II. S. 41 ff. Dgg: Strauß, B. I. 418 ff.

§. 46. Die Versuchung.
Mt. 4, 1-11. Mc. 1, 12. 13. Lc. 4, 1-13.

Die Versuchung Jesu ist als Erscheinung des Teufels ein unnützes Schauspiel voll Widersprüche in sich selbst, gegen den Charakter Jesu und jeden denkbaren Charakter eines wirklichen Teufels.^a) Die letzte Versuchung als lockendes Angebot der dem Teufel verfallenen Seelen findet nur in dem mythischen Dogma vom betrogenen Teufel eine Gleichung, im Widerspruche mit dem Evangelium, das nur alle Reiche der Welt darbieten läßt; oder sie muß sich verstärken durch die hinter ihr stehende Drohung, die ganze furchtbare Macht der Sünde gegen Jesum loszulassen, wovon das Evangelium nichts weiß.^b) Die Widersprüche mindern sich nicht durch die Annahme eines menschlichen Versuchers, ausgesandt vom Hohenrathe, oder sonst woher, zur Befreundung, Durchforschung oder Vernichtung Jesu.^c) In einer Zusammenfassung beider Ansichten, die Gesandtschaft des Hohenraths und hinter ihr der Teufel, das Riesenfossil der Urwelt,^d) begegnen sich nur die beiderseitigen Widersprüche. Als Vision, durch die Abspannung des Aufenthalts in der Wüste, oder auch diese selbst als Bestandtheil der Vision, bewirkt vom Teufel zur Verlockung, oder als Prüfung von Gott, oder als natürliches Gewächs der Phantasie wie des h. Antonius und Luthers Teufelanfechtungen, steht sie bedeutungslos in der evangelischen Geschichte, denn in Visionen und Träumen kann sich die Tugend ohne Freiheit nur scheinbar bewähren, und die Besonnenheit der Begeisterung Jesu ist dieser Annahme ungünstig.^e) Als Mythus nach dem Vorbilde der Einsamkeit des Moses und Elias [Exod. 24, 18. 34, 28. 1 Reg. 19, 8], der Versuchung Hiobs und einer sagenhaften Versuchung Abrahams, oder als Mythus des Kampfes der absoluten Gegensätze des Göttlichen und Satanischen, darf sie nach ihrer Stellung innerhalb des apostolischen Zeugnisses nur dann und insoweit genommen werden, wiefern sie nicht als geschichtliches Moment in der Entwickelung Jesu begriffen werden kann.ᶠ) Als inneres Erlebniß der Gemeinde, die vor dem Abgrunde des christlichen Princips, das mit seinem Wunderglauben und seiner leidenschaftlichen Erwartung des jüngsten Tags den natürlichen wie den geschichtlichen Verlauf der Dinge zu zersprengen drohte, endlich einmal zurückschrak, dieses in das Leben des Herrn verlegt,ᵍ) kann sie schon deßhalb nicht verstanden werden, weil von diesem Zurückschrecken in der Kirche jener Zeit nichts zu verspüren ist.ʰ) Als innere Versuchung und ihre Darstellung als Parabel ist sie so beschrieben worden, daß dadurch eine sündige Neigung in Jesu vorausgesetzt schien.ⁱ) Daher sie nur insofern als Parabel gelten sollte, als Jesus darin gelehrt habe, in welchem erwarteten Sinne er nicht Messias sein und das messianische Werk von den Aposteln nicht fortgeführt haben wolle, oder als Parabel eines Anhängers Jesu zur Warnung gegen die Hauptmomente der irdischen Messiashoffnung.ᵏ) Hierdurch ginge das wesentliche Merkmal einer Versuchung Jesu verloren. Sie ist vielmehr wahrhafte, innere Geschichte, die ganze Bildungsgeschichte Jesu umfassend, wahrscheinlich von ihm selbst mit Rücksicht auf Exod. 16. Deut. 8, 2. Ps. 91, 11 s. zur individuellen Thatsache objectivirt [cf. Mt. 25, 31ss. Lc. 10, 18], da eine lange Reihe innerer Erlebnisse kaum faßlicher und vorbildlicher darzustellen war, als in dieser sinnbildlichen Form; in der evangelischen Überlieferung nach der volksthümlichen Erwartung eines persönlichen Zusammentreffens zwischen dem Messias und dem Satanˡ) als wirkliche Geschichte genommen, insofern zum Mythus geworden, doch mit richtigem Gefühl an den Eingang des messianischen Lebens gestellt, um neben der stillen, ungestörten Ausbildung [Lc. 2, 40. 52] auch die Freiheit einer rein menschlichen Entwicklung im Kampfe gegen den Weltgeist zu bezeugen [Hebr. 4, 15], der hier als Lust der Welt, wie am Ausgange seines Lebens als Schrecken der Welt auftritt.ᵐ) Lukas, der die Aufeinanderfolge verstellt hat, scheint doch eine Ahnung des sinnbildlichen Gehaltes gehabt zu haben 4, 13, Markus hat ihn gänzlich verkannt und eine abentheuerliche Notiz an seine Stelle gesetzt.ⁿ) Gerade das Zeichen innerer Kämpfe auszulassen war Johannes veranlaßt.ᵒ) Die Versuchungsgeschichte ist ein Bild sowohl der durch frommen Sinn über die Selbstsucht siegreichen Menschheit im Gegensatze des ersten Sündenfalls, als des geistigen Siegs, durch welchen Jesus der Messias geworden ist. Es sind die Versuchungen der Menschheit überhaupt, großer Menschen insbesondere, Jesu im besondersten, die des niedern irdischen Sinnes, des Ehrgeizes und der Herrschsucht,

§. 46. Versuchung Jesu.

welche als Verlockungen eines selbstsüchtigen, Gottversuchenden weltlichen Messiasthums zwar niemals in den Willen Jesu aufgenommen, noch zur sündigen Lust eines unentschiedenen Zustandes geworden sind, aber durch seine von der gemeinsamen Denkart nothwendig berührte Phantasie ihm entgegengebracht wurden, daher auch in dieser Hinsicht sinnreich als äußere Versuchung dargestellt. In dieser Anschauung ist die geschichtliche Grundwahrheit, die parabolische Form und die mythische Überlieferung verbunden. Da die Scene der beiden letzten Versuchungen zur poetischen Form gehört, die Dauer und Folge der Versuchungen verschieden erzählt wird, und die 40 Tage eine vorbildliche heilige Zahl enthalten:[p] so wird auch der Aufenthalt in der Wüste zweifelhaft, und das 4. Evangelium läßt allerdings nur jenseit seines Anfanges Raum für denselben; doch ist möglich, daß sich Jesus nach dem Vorbilde seiner geistigen Vorfahren in eine Wüste [Quarantania] zurückzog, um am Vorabende der Entscheidung noch einmal mit Gott sein Leben zu durchdenken, so daß eben hierdurch die Veranlassung gegeben wurde, das Allgemeine zu individualisiren.

Literatur: *Wolf*, Curae, *Koecher*, Analecta, *Ruinoel*, *Fritzsche*, Commentr. ad h. l. — C. C. L. Schmidt, exeg. Beitr. zu d. Schrr. des N. T. B. I. S. 277 ff. K. C. Flatt, pragm. Darst. d. Versuchungsgesch. mit Beitr. zur Beurth. d. verschied. Ansichten. [Süskinds Mag. St. XV. S. 168 ff. St. XVI. S. 42 ff.] Ältere bes. patristische Literatur: Tüb. theol. Quartalsch. 828. H. 1 f. Neueste: Ullmann, Sündlosigk. Jesu. Beilage.

a) J. Winkler, die wahrhaftig v. Teufel erduldete Vers. C. Hamb. 694. 4. *C. Vitringa*, de tentat. Dom. J. in deserto. Franeq. 695. 2 Pgg. 4. *J. Jc. Hottinger*, de J. C. in deserto cum Satana congressu et reportata de hoste victoria. Tur. 709 s. 3 Dss. 4. *Z. Grapii* Ds. de tentat. Evae et C. Rost. 715. 4. *J. M. Lorentz*, de tentat. C. super pinnaculo templi. Argent. 739. 4. *J. Engeström*, [resp. *Brock*] de tentat. C. a Mt. descripta, collata cum Mc. 1. Lc. 4. Lund. 744. 4. **Heumann*, de geographia C. tentantis diaboli. [Dss. syll. Gott. 743. T. I. P. I. p. 174 ss.] *Georgi*, de telis Satanae ignitis, quibus J. petiit, irritis. Vit. 746. 4. *S. J. Baumgarten*, de tentat. C. in deserto. Hal. 755. 4. *Wrangel de Saga*, de tentat. C. in deserto. Gott. 757. 4. *G. Sommelius*, de tentat. C. Lund. 778. 4. *Id.* de indole κοσμοδειξεως satanicae. Lund. 781. 4. **Storr*, Dss. exeg. in l. N. T. historr. aliquot loca. Tub. 790. 4. [Opusc. acad. T. III. p. 8 ss.] J. St. Postius, Evens u. C. Verf. als wahre Gesch. Zweybr. 791. 4. F. M. Ziegenhagen, b. Verf. C. in d. Wüsten. In Druck gg. v. Pasche. o. O. 791. *D. Ol. Domey*, Obss. Hist. tentat. C. illustraturae. Upsal. 792. 4. Schultheß, ü. d. Versucher. [Süskinds Mag. St. XI. S. 30 ff.] **Ch. F. Fritzsche*, ü. d. Ev. am Sonnt. Invoc. [Tschirners Memorab. 817. B. VI. St. 2.] Kief, ü. d. moral. psychol. Ansicht der Versuchungsgesch. [Rupertis Theologumena. 823. B. I. N. 9.] Zöllich, b. Gesch. d. Versuch. C. Ein Maschal. [Quartalsch. f. Predigerwissensch. 826. B. I. H. 2.] Paul Ewald, d. Versuch. C. mit Bezugn. a. d. Vers. d. Protoplasten. Bair. 838. [Dgg: Theile in d. Th. Lit. Bl. 841. N. 20.] K. Graul, exeg. dogm. prakt. Vers. ü. d. Versuchungsgesch. [Zeitsch. f. luth. Th. u. K. 844. H. 3.]

b) L. Könnemann, ü. d. Versuchungsgesch. [Zeitsch. f. luth. Th.

u. K. 850. H. 4.] Die Versuchungen gegen die 3 Hauptsäulen der Erlösung gerichtet, und siegreich bestanden die 3 Grundlehren des Christenthums begründend: die Lehre von der Einigung der beiden Naturen in Christo, von der communicatio idiomatum und von der Rechtfertigung durch den Glauben ohne des Gesetzes Werke. — Ebrard, S. 264 ff. Der zweite Adam mußte ebenso versucht werden wie der erste, Satan zuletzt unmaskirt, eine dem Menschenleibe analoge Gestalt.

c) *Herm. von der Hardt*, Exegesis locorum difficilior. quat. Evv. p. 470 ss. [Ch. H. Schütz] Die Vers. J. e. Empörungs-Versuch jüd. Priester. Hamb. 793. K. G. Schuster, Beitr. z. Erläut. d. N.T. [Eichhorns Bibl. B. IX. St. 6.] S. H. Möller, Ansichten v. dunkeln Stellen d. N. T. Hal. 810. S. 21. Drf. Neue Ansichten schwieriger Stellen a. den 4 Evv. Goth. 819. S. 20 ff. u. in s. Kritik d. Komment. v. Paulus. S. 30 ff. *[Feilmoser] Über d. Versuchungsgesch. [Tüb. theol. Quartalsch. 828. H. 1 f.] Ebenso Basedow, J. G. Rosenmüller, Venturini, Kühnöl. — Gründe gegen a und b bei Paulus, exeg. Handb. B. I. S. 376, Gabler, Usteri und Schweizer in den Abhh. nt. e. u. k. d) Lange, B.1. Th.1. S. 195 ff.

e). Unter den KVätern die Meinung von einer durch den Teufel bewirkten Vision [in spiritu] wenigstens für die 2. u. 3. Versuchung: *Orig.* de princ. IV. T. I. p. 175. *Cyprian.* de jejun. et tentat. [Opp. exc. *le Preux*. 593. f.] p. 496. *Theod. Mopsuest.* bei *Münter*, Fragmm. Patrum gr. Havn. 788. Fasc. I. p. 107. — Über Bartels s. Nachricht von e. Streitigk. ü. d. Vers. J. [Acten z. nst. KGesch. 789. B. I. S. 349 ff. Eichhorns allg. Bibl. B. X. S. 680 f.] *Flatt in Süskinds Mag. s. oben. Zuletzt vertheidigt von Olshausen und Krabbe. — Als gottgewirkt: *Farmer*, an inquiry into the nature and design of Christ's temptation. Lond. 761. übrs. v. Schwager, Brem. 777. — Als natürlich: *Gabler, ü. d. Versuchungsgesch. [N. theol. Journ. B. IV. H. 3.] Drs. ü. d. Unterschied zwischen Ausl. u. Erklärung, erläutert durch d. verschiedne Behandlungsart d. Versuchungsgesch. [Nst. theol. Journ. B. VI. S. 235 ff. u. Kleine Schrr. B. I. S. 201 ff.] Drs. abgenöthigter Nachtrag. [Journ. f. theol. Lit. B. II. S. 309 ff.] *Bertholdt*, Tres priores Evangelistas tentationem J. C. a diabolo ad merum visum internum distinctis et expressis verbis revocare demonstratur. Erl. 812. 4. [Opp. ed. *Winer*. Lps. 824. N. 3.] Ebenso Clericus, Paulus, Gratz, Jahn, Ammon. Als Parallelen Ezech. 8, 3. 40, 1 ss. Apoc. 1, 10. 4, 2. 17, 3. 21, 10. Auch kann verglichen werden die von *Origen.* tom. 2 in Jo. [T. IV. p. 63 s.) angeführte Stelle aus dem Ev. Hebraeorum. Dgg: *C.F. Schott*, de tentat. C. utrum sit vere et externe, an in visione facta? Tub. 768. 4. J. Dav. Schulze, daß d. Versuchungsgesch. weder Parabel, noch Vision seyn könne. [Augustis theol. Monatssch. 801. H. 2. N. 12.] Drs. [gegen Gabler] Aphorismen die Versuchungsgesch. betr. [Eb. 802. H. 2. No. 8.] — *Meyer, die Versuch. C. als bedeutungsvoller [Morgen=] Traum. [Stud. u. Krit. 831. H. 2.]

f) Thieß, Comm. ü. d. N.T. B. I. S. 55 ff. *K. C. L. Schmidt, exeg. Beytrr. Frff. 794. B. I. N. 5 f. *W. C. L. Ziegler, ü. d. Versuchungsgesch. [Gablers Journ. f. theol. Lit. B. V. S. 201 ff.] J. E. Ch. Schmidt in s. Bibl. f. Krit. u. Exeg. B. II. S. 222 ff. J. Dav. Schulze in Augustis theol. Monatssch. 801. H. 12. 302. H. 8. Schröter, d. Versuch. J. e. Hypothese d. frommen Judenchristen. [Rehkopfs Pred. Journ. f. Sächs. Jahrg. III. S. 381 ff.] *J. G. F. Löffler, ü. d. Versuchungsgesch. [Mag. f. Pred. 804. B. I. St. 2. u. Kleine Schrr. Weim. 817. B. II. S. 166 ff.] *Fritzsche*, Mt. p. 172 ss. — *L. Usteri, ü. d. Versuch. [Stud. u. Krit. 832. H. 4.] Strauß, B. I. S. 479 f. Gfrörer, Gesch. d. Urchr. I. Abth. 1. S. 379 ff.

§. 46. Versuchung Jesu.

g) B. Bauer, Synopt. B. I. S. 240 ff. h) B. Bauer, Evv. B. II. S. 53. i) Beiträge z. Beförd. e. vernünft. Denk. H. 3. S. 89 ff. *Thaddäus a. S. Adamo [Dereser], die Versuchungsgesch. C. erläutert u. v. Widersprüchen gerettet. Bonn [789. 4.] 794. *Ammon, Bibl. Theol. B. II. S. 317 ff. Hezel, ü. d. Vers. C. [Schriftf. B. II. St. 3.] [J. H. Floh] Pröve eener beredeneerde Verklaaring der Geschiedenisse van 's Heiland Verzoeking in de Woestyne. Deventer 791. Philof. Fragm. ü. d. Teufel u. d. Vers. C. Frkf. u. Lpz. 792. *Cunze*, quo sensu homines in N. T. a Deo tentari dicantur, et quid praecipue de tentat. C. statuendum sit? [Potti Syll. Comm. theol. T. VIII. p. 308 ss.] *Eichhorns allgem. Bibl. B. III. S. 281 ff. J. Ch. G. Liebe, Bemerkk. ü. einige Stellen des N. T. [Augustis N. theol. Blätt. B. I. S. 42-57.] *Augusti, Herkules am Scheidewege, J. vor d. Versucher in d. Wüste. [Eb. S. 593-98.] F. Petri, ü. d. Vers. J. [Eb. B. II. S. 27-38.] Krug, ü. d. Versuchungsgesch. J. [Henkes Muf. B. III. S. 405-10.] *Gelbricht*, an male, ut nonnulli opinantur, de animo Jesu sentiendum sit, si ὁ πειράζων ἐν τῇ ἐρήμῳ Christus ipse i. e. mentis ipsius cogitata fuerint? Alteb. 815. F. A. Pollitz, ü. d. Vers. J. [Rupertis theol. Miscell. B. I. N. 15. Vrg. N. 16.] *E. A. Richter*, Formam tentationis Mt. 4. parabolicam ex Judaeorum opinione de duplici Adamo esse repetendam. Vit. 823. Ullmann, Sündlosigk. J. [1. A. Stud. u. Krit. 828. H. 1.] — Dgg: *Döderlein, theol. Bibl. B. III. S. 681 ff. [Ch. F. Schütz] Kritik d. Hypoth. einer innern Verf. im Verstandesvermögen J. Schlesw. 796. Cf. Verklaaring van de Geschiedeniß der Verzoeking van Christus en Oplosning der Zwaarigheden, die tegen dezelve gemaakt worden door Thaddaeus, Doederlein en Leß ꝛc. Utr. en Amsterd. 791. *C. Dahl*, Hist. J. tentati. Ups. 800. 3 Pgg. 4.

k) Schleiermacher, ü. Luf. S. 54 ff. [Schneemann, krit. Verf. gegen d. krit. Verf. Schl. In Röhrs Mag. 831. B. IV. St. 2.] *Baumgarten-Crusius, bibl. Theol. S. 303. L. Usteri, ü. d. Vers. [Stud. u. Krit. 829. H. 3.] Zurückgenommen, s. nt. f. Gegen ihn *Hasert, Bemerkk. ü. d. Ansichten v. Ullmann u. Usteri v. d. Vers. [Eb. 830. H. 1.] *A. Schweizer, Krit. b. Ogns. zw. Versuch u. Supern. u. exeg. hist. Charkt. b. Versuchungsgesch. J. Zür. 833. Gegensatz von βασιλεία τοῦ θεοῦ und κόσμος als Parabel. Wiefern Christus eingeschlossen ist, Annäherung an die Ansicht nt. n. — Theile, z. Biogr. J. S. 49. Vrg. Th. Lit. Bl. 841. N. 20.

l) Schöttgen, J. d. wahre Messias, a. d. jüd. Theol. dargestellt. Lpz. 748. S. 754 ff. *Bertholdt*, Christol. Judaeor. Ed. 811. p. 69 ss.

m) Wesentlich einverstanden: *Hocheisen, Bemerkk. ü. d. Versuchungsgesch. m. Bezieh. auf Ullmann. [Tüb. Zeitsch. 833. H. 2.] Karsten im Mekenlenb. KBlatt. 837. B. I. 1. *Ullmann, Sündlosigk. J. S. 158 ff. Weiße, B. I. S. 280. B. II. S. 11 ff. Kuhn, B. I. S. 239 ff. mit der Meinung, daß schon die Evangelisten keinen buchstäblich geschichtlichen Sinn beabsichtigten. *E. W. Kohlschütter, ü. Sinn u. Bedeut. der Versuchungsgesch. [Käuffers bibl. Stud. 843. N. 4.] nur Selbstprüfung. De Wette, B. I. Th. I. S. 48 f. C. Pfeiffer in Deutsch. Zeitsch. f. chr. Wiss. 851. N. 22. W. F. Rink, eb. N. 36. Jener eigenthümliche messianische Versuchungen, dieser allgemein menschliche. F. W. Laufs, ü. d. Vers. J. [Stud. u. Krit. 853. H. 2]: wunderliche Versuchungen des Messias in Bezug auf Juden- und Heidenthum; unklar, wiefern „hinter dem Drängen des natürlichen Lebens die böse Geistesstimme" als persönlich gedacht ist. — Neander, S. 120 ff: doch wiefern es für Christus keine aus seinem Innern aufsteigende Versuchung gab, mußte sie sich ihm darstellen als vom Satan herrührend, den „wir hier wohl als thätig denken können."

n) Schleiermacher, ü. Luk. S. 56. De Wette, B. I. T. 2. S. 129. Dgg: Kuhn, B. I. S. 349 f. *o*) Baur, S. 107 ff.

p) Von Krabbe [S. 167] aus rationalistischem Grunde vermindert, von Weiße [B. I. S. 283] aus psychologischem Grunde auf Jahre verlängert.

§. 47. Die ersten Jünger.

Jo. 1, 35-51. — Mt. 4, 18-22. Mc. 1, 16-20. — Lc. 5, 1-11.

Nach Johannes führte das Zeugniß des Täufers, unmittelbar vor der Rückkehr Jesu nach Galiläa, ihm die ersten Jünger zu, die den Messias suchten. Der ungenannte Jünger verräth sich auf zarte Weise durch die kleinliche Schilderung dieser unvergeßlichen Stunde als den Verfasser des Evangeliums. Nach einem Messiasmerkmale, welches auch sonst königlichen Menschen eignet, daß sie die Geister durchschaun,ª) von Johannes aber als geheimnißvolles Wissen hervorgehoben 2, 24 s. 4, 17 s., begann der Herr an Petrus seine Erziehung mit einem Wortspiele, das später [Mt. 16, 18] unter bestimmteren Verhältnissen wiederholt und fortgebildet werden konnte. Auch den Nathanael aus Kana Jo. 21, 2, wo Jesus befreundet war, gewann ein Wort seltsamer Kunde des scheinbar Zufälligen, das von Jesu selbst geringgestellt wird gegen das offenbare Walten der Vorsehung über seinem Leben.ᵇ) Nach den Synoptikern berief Jesus erst später und am galiläischen See die 4 Fischer-Apostel. Wie Johannes eine Berufung zur Nachfolge und zu Schülern berichtet [cf. 1, 44. 2, 2. 12], zu der Jesus schon damals Recht und Macht hatte, so erzählen auch die Synoptiker eine apostolische Berufung.ᶜ) Aber thatsächlich war durch die geistige Nachfolge und beginnende Gemeinschaft die Rückkehr zum Gewerbe nach erfolgter Heimkehr nicht ausgeschlossen, so daß erst eine zweite Berufung den Jüngern gebieten mochte, alles zu verlassen, welche allein sich in der mündlichen Überlieferung erhielt und nach dem Vorbilde von 1 Reg. 19, 19-21 gestaltete. Von der einen Seite deutet Jo. 1, 40,ᵈ) von der andern Lc. 4, 38 s. auf diese mögliche Einigung. Lukas hat jene Berufung durch ein Ereigniß motivirt, das zwar an sich leicht natürlich zu erklären, aber im evangelischen Zusammenhange als ein Wunder der Macht oder des Wissens erscheint. Da die beiden ersten Evangelisten das Wunder an dieser Stelle offenbar nicht kennen, auch seine geschichtliche Nothwendigkeit und sittliche Zweckmäßigkeit zu bezweifeln ist, so hat Lukas eine Thatsache oder sinnbildliche Sage, deren andre Gestaltung mit einem ebenso charakteristischen Zuge des Petrus sich im Anhange des 4. Evangeliums findet [Jo. 21, 3 ss.], vielleicht pragmatisch hierher gezogen.ᵉ) Indem die allmälig berufenen 6 Jünger, zwar noch nicht begeistert für das Werk Jesu, aber in treuer Hingabe an seine Person, ihr Gut und Gewerbe verließen, obschon in der Hoffnung reichen Ersatzes, bewährten sie eine ihnen selbst noch unbekannte Kraft der Auf-

§. 47. Die ersten Jünger. §. 48. Wunder Jesu.

opferung alles Irdischen. Andre, welche diese erste Probe nicht entschlossen bestanden, wies Jesus zurück [cf. Mt. 8, 19-22. Lc. 9, 57-62], im Glauben, der jedem auf hochstrebender Bahn nahe liegt, daß sein Sieg große Opfer fordern werde, und nur im Entschlusse, die größten zu bringen, gesichert sei.

a) Tholuck, Glaub. d. ev. Gesch. S. 110.

b) J. Kindler, Nath. ad Jo. 1, 46. [Thes. diss. Amst. T. II. p. 370-74.] *J. Haartman*, [resp. *H. J. Haartman*] Examen verborum C. Jo. 1, 47. Abo. 735. 4. *Nic. Nahe*, [resp. *J. G. Bürger*] Nath. Apost. a Bartholomaeo non diversus, ad Jo. 1, 45-51. 21, 2. Lps. 740. 4. *J. G. Lange*, [resp. *J. Ch. Stemler*] Nath. de C. confessio, Jo. 1, 49. Lps. 755. 4. — *Bleek, Bemerk. z. Ev. Jo. [Stud. u. Krit. 833. H. 2. S. 440 ff.] Lücke, Jo. B. I. S. 434 f.

c) Als vollkommen harmonisch: Paulus, L. J. B. I. S. 213. Krabbe, S. 184. Neander, S. 264 ff. Ebrard, S. 267 ff. 306 ff. Dgg: Strauß, A. 3. B. I. S. 584 ff. Weiße, B. I. S. 390 f., jener mehr für die johanneische, dieser für die synoptische Darstellung; B. Bauer, Jo. S. 42. Synopt. B. I. S. 265 ff. Evv. B. I. S. 28 ff. 77 ff. u. Strauß, A. 4. B. I. S. 546 ff. gegen beide; Baur, S. 110 ff. die johanneische Darstellung als Tendenz-Dichtung aus synoptischem Stoffe. *d)* Doch f. Credner, Einl. in d. N. T. B. I. S. 212. Dgg: Frommann, Jo. Lehrbegr. S. 6 f.

e) Strauß, B. I. S. 558 ff. Weiße, B. II. S. 138 f. Vrg. De Wette, B. I. T. II. S. 46 f. Dgg: Schleiermacher, ü. Luk. S. 72 Sieffert, ü. d. Urspr. des 1. kan. Ev. S. 73. Neander, S. 265 f. Gegen die Betrachtung als Wunder: Drs. A. 3. S. 362 f. Ebrard, S. 308: Mt. u. Mk. erzählen den wunderbaren Fischzug nicht, weil ihnen die Berufung der Jünger wichtiger erschien.

§. 48. Die Wundergabe. Vrg. §. 15.

Die materielle [physische und psychische] wie die formelle [exegetische, allegorische und mythische] Wundererklärung,ᵃ) wiefern sie von der Voraussetzung ausging, die außerordentlichen Thaten Jesu auf gewöhnliche Ereignisse zurückführen zu müssen, verletzte vielfach die Wahrheit der evangelischen Geschichte, die Lauterkeit des Charakters Jesu oder der Evangelisten, den Ernst und die Treue der historischen Kritik. ᵇ) Eine wunderbare Wirksamkeit Jesu, d. h. eine Heilkraft, welche die Kenntniß und Kraft der Zeitgenossen weit überschritt, ist durch ihre Fortdauer in der apostolischen Kirche urkundlich dargethan [1 Cor. 12, 10. 28], und an sich so wenig zweifelhaft, daß vielmehr ohne sie ein Mittelglied zum Verständnisse seines Lebens fehlte. Doch liegt es schon in der Natur eines Wunderberichtes, sich in der Überlieferung, selbst in der Erinnerung, eher zu steigern, als zu mindern, und da die einzelnen Thaten nur als Beispiele einer unübersehbaren Thätigkeit angeführt sind, so konnte leicht geschehn, daß hie und da Züge aus verschiedenen Vorfällen ineinanderflossen. Diese Wunderthaten können zwar den Weltgesetzen, als dem constanten Ausdrucke des göttlichen Willens nicht widersprechen, daher bei allem scheinbaren Widersprüche nach dieser Gesetzmäßigkeit zu forschen ist, denn die Anerkennung der Wundermöglichkeit kann nur eine relative sein, und es giebt sonach Grade des Wunderbaren in diesem Sinne;[c] aber die Vorstellung von den Naturgesetzen ist elastisch, nur in den Denkgesetzen und im Zusammenhange mit dem bisher sicher Gewußten ihre Gränze. Die Weinverwandlung wird Jo. 2, 11 als Anfang der Wunderthaten Jesu bezeichnet. Hier aber scheint die Erwartung der Mutter schon eine gewisse Bekanntschaft mit seiner Kraft vorauszusetzen, und da sich Jesus der Wundergabe in rein menschlicher Entwicklung erst allmälig oder durch Zufall, schwerlich außerhalb der That bewußt werden konnte: so ist wahrscheinlich, daß vor seinem öffentlichen Auftreten geringere Erweisungen der Art vorausgingen, wie sie von den Synoptikern [Mc. 1, 21 ss. et parr.] erzählt werden. Sein Heilungsverfahren war nach Mc. 7, 33. 8, 23 ss. Jo. 9, 6 s. Mt. 8, 16. 17, 21, nach der tagelangen Beschäftigung und nach der oft wiederkehrenden Klage über Sabbatsentweihung, nicht immer ohne äußere Mittel, oder doch körperliche Einwirkung, insofern möglicher Weise zusammenhängend mit rabbinischen oder essenischen Heilungsarten, und einigermaßen mittheilbar: aber vorherrschend war die Macht des Wortes und des Geistes.[d] Von den Kranken wurde vertrauensvolle Hingebung [$\pi\iota\sigma\tau\iota\varsigma$] gefordert, die, obwohl in geringerem Maße, überall im Heilverfahren wirksam, und hier nicht als unerläßliche physisch wirkende Bedingung, doch auch mißglückte Versuche vertreten haben würde, über welche zu berichten nicht Sache der Evangelien gewesen wäre.[e] Nicht überall wirkten Jesu Heilkräfte Mc. 6, 5, nicht alle hülfesuchende Kranke fanden Heilung Mc. 1, 32. cf. 34, aus einer großen Heilanstalt wurde nur Einer herausgenommen Jo. 5, 3 ss., das Aufsehn, welches eine einzelne Heilung machte, und die Möglichkeit eines Zweifels am Thatbestande Jo. 9, bes. 18, sowie das Vorhandensein chronischer Kranken, denen nicht einmal die subjective Bedingung der Heilung fehlte, selbst noch in Jerusalem nach Jesu Tode, stimmt mit andern Schilderungen einer allgemeinen Wirksamkeit [z. B. Mc. 6, 56] nicht genau zusammen. Die Todtenerweckungen, zwar denkbar als durch alttestamentliches Vorbild [1 Reg. 17, 17 ss. 2 Reg. 4, 18 ss.] und messianisches Mißverständniß [Mt. 11, 5. Jo. 5, 28] erst im Glauben der Gemeinde entstanden,[f] erscheinen doch im Angesichte des Greuels der jüdischen Todteneilbestattung, bei der geheimnißvollen Nähe von Tod und Leben, so lange ein Lebensorgan nicht absolut zerstört und der Leib nicht verwest ist, nur als die Spitzen der Heilungswunder. Vielleicht alle Heilungen beschränkten sich auf das Gebiet, wo die Macht des Willens über den Körper auch sonst einzeln und im geringern Grade bemerkt wird. Sie sind daher zu allen Zeiten und zu jener Zeit insbesondre nicht ohne Analogien gewesen, cf. Mt. 7,

§. 48. Wunder Jesu.

22. 24, 24. Mc. 13, 22. 2 Thess. 2, 9. Apoc. 13, 12 s. Der animalische Magnetismus bietet nur insofern eine solche Gleichung,[g] als er eine aus dem großen Naturleben geheimnißvoll auftauchende Kraft über die erkrankte Natur enthält, und vielleicht auch die Mittel, deren sich Jesus bediente, in einiger Beziehung zu magnetischen Erscheinungen standen. Aber die Wundergabe Jesu erscheint vielmehr als eine klare Herrschaft des Geistes über die Natur, die wohl ursprünglich der Menschheit mit der Herrschaft über die Erde verliehn, gegen die Unnatur der Krankheit und des Todes sich in Jesu heiliger Unschuld zu ihren alten Gränzen wiederherstellte, so daß hier nicht eine Ausnahme vom Naturgesetze, vielmehr die ursprüngliche Harmonie und Wahrheit in die gestörte Weltordnung hereintritt.[h] Auch die Machthandlungen über die Natur lassen sich unter diesen Begriff stellen und theilweise nach der Analogie von beschleunigten Naturprocessen denken.[i] Aber wie sie etwas Zauberhaftes haben, das Jesus anderwärts ablehnte Mt. 16, 1 ss. cf. 4, 3 ss. et parr., wie sie keine zusammenhängende Entwicklungsreihe bilden und in der Wirksamkeit Jesu nichts Wesentliches bedingen: so kann der Verdacht einer sagenhaften Umgestaltung nur durch die zwingende Macht der Erfahrung, also durch die volle Bürgschaft des historischen Zeugnisses im Einzelnen zurückgewiesen werden. Denn der Mensch ist zwar gesetzt die Natur zu beherrschen, aber nur indem er mit unverdroßner Forschung eingeht in ihre Gesetze.[k] Sämmtliche Wunder enthalten keinen allgemeingültigen Beweis für die Wahrheit der Lehre Jesu, allein da solche Thaten als Zeichen seiner Sendung von dem Messias erwartet wurden,[l] und fast überall zuerst die Herzen ihm öffneten: so war dieses Talent, zumal als Ersatz dessen, worin er die Volkserwartung nicht erfüllte, die geschichtliche Bedingung seiner Anerkennung, mußte also dem von Gott bestimmten Messias irgendwie verliehn sein. Jesus konnte daher die Wundersucht tadeln, die das Mittel statt des Zweckes wollte Mt. 12, 38 ss. et parr. Jo. 4, 48, und doch auf seine Wunder als auf nationale Beweise seiner Messiaswürde sich berufen Mt. 11, 4 ss. 12, 27 ss. Jo. 10, 25.[m] Das wiederholte Verbot, diese Wunder bekannt zu machen Mt. 9, 30. Mc. 7, 36. 8, 26. Lc. 8, 56, mag gegen die Wundersucht und gegen verstörende Zumuthungen gemeint sein, ist aber, da die Bekanntwerdung dem messianischen Zwecke förderlich, das Verbot jedenfalls vergeblich war Mc. 7, 36, nicht hinreichend erklärt, ist als vermeintes Messiasmerkzeichen, diese stille, sich verbergende Wirksamkeit Mt. 12, 16-21, leicht über die Gebühr hervorgehoben, und fand wohl nur in besondern Fällen statt wie Mc. 1, 44, daher auch das Gegentheil vorkommt Mc. 5, 19. Lc. 8, 38.[n] Mit wenigen und zweifelhaften Ausnahmen [Mt. 8, 32. 14, 25. 21, 19] hat sich Jesus seiner Macht nur zu wohlthätigen Zwecken be-

dient,°) und ihre Ausübung zwar als Bestandtheil seines Berufs Mt. 21, 5. Lc. 13, 32, aber nie als Zweck angesehn.

a) Vieles in den Schrr. der engl. u. französischen Naturalisten, namentlich: *C. Blount,* the oracles of reason. Lond. 693. 12. *Bern. Connor,* Evang. medici, s. medicina mystica de suspensis naturae legibus. Lond. 697. Amst. 699. Jen. 706. 724. *Th. Woolston,* a discourse on the miracles of our Saviour. Lond. 727-29. 6 P. mit Defence of his disc. Lond. 729 s. 2 P. — Vom physf. Mechanismus der Wunder. Aus d. Lat. d. H. R. Michaeler. 787. *J. C. F. Eck, Vers. die Wundergesch. des N. T. aus natürlichen Ursachen zu erklären, o. d. Beweis v. d. Wundern in fr. wahren Gestalt. Brl. 795. Das Übernatürliche b. N. T. natürl. erklärt. Frkf. u. Lpz. 797. Die Wunder des A. u. N. T. in ihrer wahren Gestalt. f. ächte Christusverehrer. Rom 799. *Paulus Commentar, Leben Jesu u. exeg. Handb. G. L. Bauer, hebr. Mythologie des A. u. N. T. mit Parallelen a. d. Myth. anderer Völker. Lpz. 802. 2 B. Kritik u. Erklär. der im hebr. Staate sich ereign. Wunderbegeb. v. Josua bis Jesus. Altenb. 802. Hartmann, aus welchem Gesichtspunkte hat man d. Wunderthaten C. u. d. Apostel zu betrachten? [Blicke in d. Geist d. Urchristenth. Düsseld. 802. S. 138 ff.] Ph. F. Pöschel, in Augustis theol. Monatsschr. 802. St. I. S. 1 ff. St. VII. S. 1 ff. *Gabler, ist es erlaubt in d. Bibel u. sogar im N. T. Mythen anzunehmen? [Journ. f. außerl. theol. Lit. B. II. H. 1.] u. ü. d. versch. myth. Behandlungsart d. chr. Urgesch. [Nst. theol. Journ. B. VII. St. 4.] O. Thieß, neuer krit. Komment. ü. d. N. T. Hal. 804-6. 2 B. *Krug, Vers. ü. d. genet. u. formelle Erklärungsart b. Wunder. [Henkes Mus. B. I. S. 395 ff.] *F. A. Krummacher, Geist u. Form b. ev. Gesch. Lpz. 805. *Strauß, A. 1. B. II. S. 1 ff. bes. 67. Lasinsky, die Offenb. d. Lichts ein Freudenwort der 4 Evv. Stuttg. 836. 2 B. [Noch allegorischer als Woolston.]

b) J. Bradley, an impartial view of the thruth of christianity [gegen Blount]. Lond. 699. Gegen Woolston: *Edm. Gibson,* a pastoral letter occasion'd by some late writings in favour of infidelity. Lond. 728. Hame. 729. 4. **Rich. Smalbroke,* Vindication of the miracles of our blessed Saviour. Lond. 728. 729. 731. *C. Münden,* de miracc. C. Salv. adv. Th. Woolst. Helmst. 730. 4. *H. T. Nazze,* de miracc. C. typicis, v. b. vorbildl. W. uns. Heilands. Jen. 747. — **J. A. Noesselt,* de judicio miraculorum caute ab interprete instituendo. Hal. 762. 4. J. F. Flatt, Beitr. z. phil. Unters. d. WunderJ. u. d. App. [Vermischte Versuche. Lpz. 785.] S. B. Lüberwald, ü. Allegorie u. Mythol. in der Bibel. Helmst. 787. *G. F. Seiler,* C. an in operibus suis mirabilibus efficiendis arcanis usus sit remediis? Erl. 795. 4. *Id.* J. an miracula suis ipsius viribus ediderit, et si hoc, quid inde sequatur? Erl. 799. 4. G. S. Fischer, ü. d. bibl. Wunder, Gegenstück zu Ecks Vers. Sorau u. Lpz. 796. 2 Abth. Zurückweisung d. Vers. die Wunder b. N. T. a. natürl. x. Lpz. 796. **J. F. Bahnmeier,* [praes. *Storr.*] de miracc. N. T. meletemata. Tub. 797. 4. [M. A. C. Stauß] krit. Vers. ü. d. neutest. Wunder. Meiß. 797. **Th. G. Thienemann,* Bestimmung d. Standorts, von welchem alle Vers. f. die Wundergesch. b. N. T. aus natürl. Ursachen zu erklären, zu betrachten sind. Lpz. 798. W. T. Lang, einige Bemerkf. ü. d. psychol. hist. Erklär. d. neutest. Wunderbegebenh. [Süskinds Mag. St. IX. S. 130 ff.] **H. L. Heubner,* Miraculorum ab Evv. narratorum interpretatio graumm. historica, asserta contra eos, qui e naturae causis illa deducere conantur, et ab ipsis scriptoribus sacris deducta esse affirmant. Vit. 807. 4. K. J. Besenbeck, Lazarus, o. ü. d. Unstatthafte d. natürl. Erklär. d. Wundergesch. im N. T. Erl. 810. Gräffe, phil. Vertheid. d. WunderJ. u. fr. App. Hann. 812. Ph. L. Muzel, ü. d. Glauben an d.

§. 48. Wunder Jesu.

in b. N. T. erzählten Wunder. Elberf. 815. Pöschel, Bemerk. ü. d. Wunder J. [Tschirners Memorr. 816. B. VI. St. 1.] *N. Fogtmann*, de mirace. inpr. C. Hafn. 821. G. Ch. Matthäi, Synopse d. Evv. nebst Kritik ihrer Wundererzähl. Gött. 826. *Th. Fritz, ob sich im Ev. Mark. e. Hinneigung z. natürl. Ansicht b. Wunder finde? [Annal. b. ges. Theol. 834. B. III. H. 2.] E. F. Wagner, Apol. b. wund. Thaten u. Schicks. J. C. Lpz. 834. *Neander, S. 207 ff. Krabbe, S. 189 ff. *Daub, Vorless. ü. d. Proleg. z. Dogm. Brl. 839. S. 94-131. *Jul. Mueller, de mirace. J. C. natura et necessit. Marb. Hal. 839-41. 2 Pgg. *E. Kuntze, b. Wundergebiet. [Stub. u. Krit. 844. H. 3.]

c) Dgg. Ebrards absolute Wundermöglichkeit [S. 460 u. o.] kraft der schöpferischen Allmacht Gottes in Christo, als die dogmatische Voraussetzung seiner Kritik, eine Abstraction ist, ebensosehr von jedem andern göttlichen Attribute, wie von der biblischen Darstellung der Wunder.

d) Pathologie des N. Testamentes: *Guil. Ader*, Evarr. de aegrotis et morbis in N. T. Tolet. 621. *Hier. Bardi* Medicus politico catholicus, s. medicinae sac. cum cognoscendae tum faciundae idea. Gen. 644. *Hier. Jordani* de eo, quod divinum aut supern. est in morbis. Frcf. 651. 4. *J. A. Schmidt,* [resp. *C. G. Tieftrunk*] de curatione morborum per oleum ad Mc. 6, 13. et Jac. 5, 14 s. Jen. 695. 4. *Thom. Bartholinus*, de morbis bibl. Frcf. [697.] 705. *Ch. Warliz*, de morbis bibl. Vit. 714. *Pfaun*, de C. medico primario. Erl. 743. 4. *Rich. Mead*, Medic. sacra. Gott. 749. Lpz. 777. *G. G. Richter*, Dss. quat. medd. Gott. 775. 4. *Ch. E. Eschenbach*, Scripta medico-biblica. Rost. 779. Medic. hermeneut. Unters. berer in d. Bibel vorkommenden Krankengesch. Lpz. 794. *G. F. Seiler*, C. an io opp. mirab. arcanis usus sit remediis? Erl. 795. 4. *Id.* J. an mirace. suis ipsius virib. ediderit. Ib. 799. 4. Schultheß in d. Nst. theol. Nachr. 829. S. 360 ff.

e) Weiße, B. I. S. 363 : Jesus durch den Instinct des Genius von jedem erfolglosen Versuche abgehalten. *f*) Strauß, B. II. S. 159 ff.

g) *H. C. Gutsmuths*, Ds. medica de C. medico. Jen. 812. [Dgg: Ammons theol. Journ. B. I. S. 177 ff.] J. A. L. Richter, Betrachtungen ü. d. animal. Magnet., insbes. in Rücks. auf einige damit zusammenhängende Erscheinungen b. Mits- u. Vorwelt. Lpz. 817. *Kieser, System des Tellurismus. Lpz. 822. B. II. S. 366 ff. *J. A. G. Meyer, Natur-Analogien, o. b. Erscheinungen d. anim. Magnet., m. bes. Hinsicht a. d. Standp. u. Bedürfn. heutiger Theol. Hamb. u. Goth. 839. Cf. J. F. v. Meyer, Blätter f. höhere Wahrh. Frkf. 818 ff.

h) Brg. Fr. Krummacher, ü. d. Krankenheilungen J. Aus s. Nachlasse hrsg. v. s. Söhnen. Elbrf. 845. — J. P. Lange, B. II. Th. I. S. 258 ff: der Gottmensch mit der Natur eines höhern Aeon durchbricht die Schranken der getrübten irdischen Natur, indem er eine befreiende wiederherstellende, daher überall naturgemäß vermittelte Macht übt. Dgg. der modern orthodoxe Gegensatz [J. C. K. Hofmann in Harleß Zeitschr. 846. B. XII. H. 2]: besondre Ausrüstung Jesu zur Bethätigung seines Prophetenberufs, oder [F. W. Krummacher] Christus die wandelnde Allmacht.

i) *Augustin.* in Jo. Tract. 8. *Chrysost.* Homil. 22. ad Jo. 2, 7. Parallelen bei *Lampe*, in Jo T. I. p. 516. Dgg: Strauß, B. II. S. 192 f.

k) *Köster*, Immanuel o. Charakteristik d. neutest. Wunderez. Gött. 826. *De Wette in d. Stub. u. Krit. 828. H. 4. u. im er. Handb. bes. B. I. T. 3. S. 230. [Gegen ihn u. Köster: Rußwurm in b. Stub. u. Krit. 830. H. 4.] Strauß, A. 3. B. II. S. 1-268. [Brg. Tholuck, Glaubw. Vorr. S. XVI f.] Weiße, B. I. S. 335-375. *Ullmann, Historisch o. Mythisch. S. 135-168. 240. Winer, bibl. Realw. B. I. S. 571 f.

l) Jo. 7, 31. cf. Mt 8, 17. 1 Cor. 1, 22. — 4 Esra 13, 50. Schoettgen,

Horae hebr. et talm. II. p. 251 s, *Bertholdt*, Christ. Judaeor. p. 168. Dgg: K. W. Stein, ü. d. Wunder J. [Annal. d. gef. Theol. 834. B. II. H. 3.] *m*) Gegen den Wunderbeweis: *Eckermann, wollte J. Wunder als Zeichen fr. göttl. Sendung betrachtet wissen? [Th. Beitrr. 796. B. V. St. 2.] *[*Paulus*] Auch etwas ü. d. Absichten der Wunderthaten J. [N. theol. Journ. 797. B. IX. St. 4. S. 342 ff. 413 ff.] Ch. Heischkeil, f. Aeußerungen ü. Zeichen u. Wunder nach Mt. 7, 22 s. [Augustis theol. Blätt. H. 2. S. 156-9.] **C. L. G. Stark*, de notione, quam J. in iis locis, ubi ad ἔργα sua provocat, huic vocabulo tribuerit? [Paraph. et Com. in Ev. Jo. Jeo. 814.] *Johannfen, J. u. f. Wunder. [Oppositionsschr. B. V. S. 571 ff. VI. 31 ff.] — Für: K. G. Flatt, philof. u. exeget. hist. Bemerkf. ü. d. Wunder C. [Flatts Mag. St. 3. S. 1 ff.] *Storr, hat C. f. Wunder für einen Beweis fr. göttl. Sendung erklärt? [Eh. St. 4. S. 178 ff.] *Mich. Weber*, de consilio, quod J. se in miraculis spectasse ipse professus est. Vit. 802. 4. Stein, f. oben. [Annal. 284 ff.] — Vermittelnd: J. F. Plefsing, ü. d. Worte J. Jo. 4, 48. Werniger. 785. 4. *[*C. L. Nitzsch*] Quantum C. tribuerit miraculis? Vit. 796. 4. [De discr. revelationis imper. et didact. Vit. 830. Fasc. I. N. 2.] G. F. Seiler, ü. d. Beschaffenheit, Zwecke u. Wirkungen d. merkw. Thaten J. u. fr. App. Mit Vorr. u. Anmm. v. J. G. Rosenmüller. Lpz. 810. u. in Tzschirners Memorabb. B. I. St. 1. **H. A. Schott*, de consilio, quo J. miracula ediderit. Ds. I. Lps. 809. II. Vit. 810. [Opp. exeg. P. I. p. 111 s.] *Id.* Non posse ex ipsis C. sermonibus probari, noluisse Servatorem miracula sua legationi div. comprobandae inservire. Jen. 817. 4. *Id.* Quo sensu C. ap. Jo. 5, 36 ss. ad testim. pro legatione sua coelesti divinitus exhibitum provocaverit. Jen. 826. 4. *Lehnerdt, de nonnullis C. effatis, unde ipse quid quantumque tribuerit miraculis cognosci liceat. Regiom. 833. Pg. I. 4. J. G. Rätze, d. Heiligkeit u. d. Wunderthaten J. als b. höchsten u. gnügenden Beglaubigungsgründe der Gotth. des Welterlöf. Zitt. 834.

n) *M. Pilger*, de praecepto C. interdictorio post edita miracc. dato. Lemg. 735. 4. **C. A. Heumann*, Illustrantur loca, quibus C. legitur vetuisse publicari suum aliquod mirac. Gott. 747. 4. [N. Syll. Dss. P. II. p. 50 ss.] *Ch. M. Pfaff*, de non publicandis, prohibente C., ipsius miraculis. Tub. 752. 4. Dietelmaier, Warum C. verboten, f. M. auszubreiten. In f. theol. Beitrr. B. I. 4. Pauli, Warum verbot J. fo oft u. m. fo vielem Ernste, f. W. kund zu machen? N. 2. fr. Beantw. einiger Fr. a. d. Lebensgesch. E. In f. Abhandll. Riga 773. *o*) *Arnold*, An C. nulla, nisi salutaria miracc. patraverit? Regiom. 757. 4.

§. 49. Die Dämonischen.

Die Dämonenaustreibungen Jesu, welche die Besitznahme und Einwohnung durch Geister der Hölle zur Voraussetzung haben,[a] mußten als solche von allen behauptet werden, die sich durch die Vorstellungsweise der H. Schrift gebunden achteten.[b] Die modern gläubige Auffassung von ethisch bedingten, geistigen Einflüssen satanischer Gewalten auf Nervenleidende hat etwas anderes daraus gemacht.[c] Gegen den Einwand, daß dämonische Besitzung kraft der Freiheit und Vorsehung unmöglich sei, führt der Wahnsinn selbst einen furchtbaren Beweis. Allein da diejenigen Krankheiten, welche im jüdischen und hellenischen Volksglauben als Dämonenbesitzungen angesehn und von gemeinen Exorcisten als solche behandelt wurden, schon damals

§. 49. Dämonische.

von den gebildeten griechischen Ärzten als Seelenstörungen betrachtet und geheilt worden sind, auch als solche nach ihren wesentlichen Symptomen noch jetzt vorkommen: so sind sie theils für Erscheinungen des Wahnsinnes zu halten, der durch die Macht des Volksglaubens sich im Wahne dämonischer Besitzung äußerte, wie noch jetzt überall, wo Teufelsbesitzungen geglaubt werden und Beschwörer auftreten; [d] theils mochten es hochgespannte magnetische Zustände sein, theils schwere Leibeskrankheiten, die das Volk von Dämonen ableitete. [e] So gewiß die Seelenstörung durch die Sünde im allgemeinen bedingt ist und das böse Wesen zuweilen durch die Hingabe an das Böse entsteht: so widerspricht doch die allgemeine Ableitung des Wahnsinns aus der Schuld [f] sichern Erfahrungen. Jesus mußte, um volksverständlich zu sprechen, und insbesondre um durch Eingehn in ihre Vorstellungen auf geistig Kranke einzuwirken, auf den Sprachgebrauch eingehn: doch findet sich in den synoptischen Evangelien keine Spur, daß er die Volksvorstellung überschritten hätte. Seine Dämonenaustreibungen, obwohl von den damals gewöhnlichen Beschwörungen dieser Art [g] nur dadurch verschieden, daß er bloß durch die Macht des Geistes auf den Geist wirkte, und durch die nationale Vorstellung, daß der Dämon dem Messias weichen müsse, begünstigt: gehören doch in ihrer sichern und augenblicklichen Wirkung, [nach deren Unbedingtheit zu forschen freilich nicht im Sinne der evangelischen Überlieferung lag, und auf gefährliche Rückfälle deutet Lc. 11, 24-26,] ohne die gewöhnliche Zurücklassung eines unheilbaren Trübsinnes oder Blödsinnes, seiner Wunderkraft. Daher sie als Machthandlungen des Messias angesehn wurden. Johannes, der über diese Wundergattung schweigt, scheint in der Schule des Herrn oder seiner spätern griechischen Bildung eine Ansicht gewonnen zu haben, welche ihn Rücksicht nehmen ließ auf die Meinung des gebildeten Griechenland; nur die Voraussetzung einer gänzlichen Bildungsunfähigkeit des Apostels oder einer unbegreiflichen Unkunde des 4. Evangelisten hat in diesem Schweigen einen Grund gegen die johanneische Ächtheit. [h]

Geschichte der Ansichten: *J. F. Ditmar*, [praes. *Ch. Breithaupt*] de daemm. eorumq. existentia, natura atque operatt. Hlmst. 719. 4. *J. G. Mayer*, Hist. diaboli s. Com. de diab. malorumq. spirituum existentia, statibus, judiciis, consiliis, potestate. Tub. ed. 2. 780. *Jahn, bibl. Archäologie. Wien 799. B. II. S. 400 ff.

a) *Josephi* Bell. jud. VII, 6, 3. ist Mischung des Hebräischen mit dem Griechisch-Römischen.
b) *Mich. Psellus*, [gest. um 1105] περὶ ἐνεργείας Δαιμόνων, cum notis *Gaulmini*. Par. 615. Kilon. 688. 12. Auszug in d. Beitrr. zu Beförbr. e. vernünft. Denk. H. 1. 4. 17. 18. *Hundeshagen*, de daemonum potestate. Jen. 666. 2 Dss. 4. Mich. Berns, dreyfache Welt, als der Christen, Phantasten u. Bezauberten. Hamb. 697. 4. Letzter Abschn. auch als Widerlegung d. bez. Welt Bekkers. Hmb. 718. 4. *J. C. Westphal*, Pathologia daemoniaca.

Lps. 707. 4. *J. C. Dorschaeus*, de horrenda et miserabili Satanae obsessione ejusdemq. ex obsessis expulsione. Jen. ed. 2. 720. 4. *F. Hofmann*, de diaboli potentia in corpora. Hal. 729. 4. Drf. vernunft= u. schrift= mäßige Betracht. v. d. Wirkung, Macht u. Gewalt d. Teufels in d. Luft u. menschl. Körpern. Sorau 749. *C. M. Pfaff*, de operatt. diabolicis in hoc mundo. Tub. 733. 4. *Sal. Deyling*, de δαιμονιζομένοις a C. sanatis. [Obss. sacr. P. II. p. 283ss.] *N. Nonne*, Obss. de daemoniac. in N. T. Brem. 743. 4. F. G. Kurella, Gedanken v. Beseff. u. Bezauberten. Hal. 749. Récherches sur ce qu'il faut entendre par les Démoniaques, dont il est parlé dans le N. T. Par T. P. A. P. etc. trad. de l'angl. Arnheim 753. *Rich. Mead, Abh. v. d. merkw. Krankh. in d. H. Schr. bes. v. d. däm. Kranken. A. d. Lat. 777. *F. G. Dresde*, de daemonib. morbisq. daem. medica arte tollendis. Lps. 763. 4. *J. S. Lindinger*, de Ebrr. vet. arte med. de daemone et daemoniac. Servest. et Leucor. 774. H. A. Zeibich, Bew. daß b. Besessnen zur Zeit C. nicht natürlich Kranke gewesen. Schleiz 775. *C. G. Gruner*, de daemoniacis a C. percuratis. Jen. 775. 4. *Eschenbach*, Scripta medico-bibl. Rost. 779 p. 41 ss. *Storr, Ds. I. in l. N. T. hist. p. 20 ss. [Opp. T. I. p. 53 ss.] Cf. Doctr. christ. ed. 2. §. 51 not. d. Tübinger gelehrte Anzeigen. 801. S. 279. K. A. v. Eschenmayer, Religions= phil. B. II: Mysticismus. Tüb. 823. Krabbe, S. 216 ff. C. F. Nanz, die Besessenen d. N. T. Reutl. 840.

c) Olshausen, B. I. S. 274 ff. Hoffmann, b. L. J. v. Str. S. 356 ff. Th. Meyer, ü.'b. Dämonischen im N. T. [Stud. u. Krit. 834. H. 4.] Ebrard, S. 329 ff. J. P. Lange, B. II. Th. 1. S. 285 ff. — Neander, S. 237 ff.

d) Walch, neust. Rel. Gesch. 777. B. VI. S. 371. 541 ff. Kiefers Archiv. B. VI. St. 3. B. VIII. St. 1. Just. Kerner, Gesch. Besesner neuerer Zeit. Carlsr. 834.

e) **Balth. Bekker*, de betoouerde weereld. Leou. Amst. 691-93. 4 V. 4 u. 8 u. o. Übrf. v. Schwager, vermehrt v. Semler. Lpz. 783. 3 B. [Gegenschriften b. *Walch*, Bibl. sel. T. II. p. 1053 ss.] **J. S. Semler*, Comm. de daemoniacis, quorum in N. T. fit mentio. Hal. [760. 4. 769. 4.] 779. 4. Drf. Umständliche Unters. d. däm. Leute o. sogenannten Besessenen, nebst Beantw. einiger Angriffe. Hal. 762. *Hugo Farmer*, Essay on the demoniacs of the N. T. Lond. 775. übrf. v. C. F. A. v. Cölln, nebst Vorr. v. Semler. Brem. 776. u. v. J. P. Bamberger. Brl. 776. Drf. Briefe an D. Warthington ü. die Dämonischen in d. Evv. Mit Vorr. v. Semler. Hal. 783. Link, ü. die Beseff. in d. ev. Gesch. Gotha 778. Der Unterricht J. ü. d. jüd. Meinung v. b. Gewalt b. Teufels. o. O. 785. **Th. G. Timmermann*, Diatr. antiquario-medica de daemouiacis Evv. Rint. 786. 4. J. E. C. Schmidt, Fragm. ü. d. neutest. Dämonol. [Bibl. f. Krit. u. Ereg. B. I. St. 4.] **J. F. Winzer*, de daemonologia in s. N. T. libris proposita. Vit. 812 s. Comm. I. II. Lps. 821 s. III-V. 4. — Kieser, Tellurismus. B. II. S. 67 ff. Strauß, B. II. S. 5 ff. Weiße, B. I. S. 352 ff.

f) Besonders Heinroth, s. Friedrich, hist. frit. Darst. der Theorien ü. b. Wesen u. b. Sitz der psych. Krankheiten. Lpz. 836.

g) Mt. 12, 27 et parr. Mc. 9, 38. *Josephi* Antiqq. VIII, 2, 5. *Justin.* c. Tryph. c. 85. *Luciani* Philopseud. c. 16. *h*) Strauß, B. II. S. 45 ff. Weiße, B. I. S. 352. Aber Olshausen, B. I. S. 292. Neander, S. 249. [A. 3. S. 311 f.] Krabbe, S. 231 f. Ausflüchte.

§. 50. Die Hochzeit. Jo. 2, 1-12.

Die zurückweisende Antwort Jesu auf die Mahnung der Mutter, in der eine bestimmte, durch den Erfolg gerechtfertigte Erwartung

§. 50. Hochzeit zu Kana.

lag, ist auch in der Sprache jener Zeit nicht ohne Härte.ª) So leicht die Verwandlung des Wassers in Wein, einzeln hingestellt, [Venturini] als Täuschung, oder [Langsdorf] als künstliche Weinbereitung durch Kräuteressenz, oder [Paulus] als heitre Überraschung und Hochzeitgabe erklärt werden könnte: [b] so ist doch unleugbar im Evangelium [bes. v. 9, 11. 4, 46] eine wunderbare Verwandlung erzählt, in der nicht nur Jesu Freundlichkeit, sondern vielmehr seine Herrlichkeit sich offenbarte.[c] Zu einem mythischen Ursprunge haben die alttestamentlichen Vorbilder [Exod. 17, 1 ss. 7, 17 ss. 14, 23 ss. Judd. 15, 18 s. 2 Reg. 2, 19 ss.] wenig Veranlassendes. Die Erklärung aus einer Parabel kann sich nur an Nebenzüge [v. 4. 10] halten.[d] Als Dichtung, um den Gegensatz zwischen dem Wasserbereiche des Täufers und dem Feuergeiste Christi darzustellen,[e] tritt die Beziehung auf den Ersteren nirgends hervor. Man könnte mit gleichem Rechte das weinspendende Wunder auf vorbildliche Dionysos=Mysterien beziehn.[f] Eine Hindeutung auf die Todesstunde Christi und den Abendmahlswein wäre nur durch eine Gedankenlosigkeit des Evangelien=Poeten mit einer sofortigen Weinverwandlung verbunden.[g] Die hierbei vorausgesetzte Unächtheit des 4. Evangeliums, oder doch dieses Abschnittes[h] ist wenigstens aus dem wunderbaren Inhalte des Ereignisses nicht zu erhärten, denn, zwar die unvermittelte Verwandlung der Substanzen würde dem Denkgesetze widersprechen, aber, wenn auch keine der vorgebrachten Analogien ausreicht,[i] am wenigsten eine bloß festlich erhöhte Stimmung, in der man Wasser für Wein trinkt, [k] noch ein schöpferischer Act Gottes mitten in der geschaffnen Welt zu postuliren ist,[l] so bleibt doch eine Steigerung des Wassers zum scheinbaren Weine denkbar. Allerdings aber erregt Bedenken theils der Gegenstand der That als ein selbst über das Bedürfniß edler Geselligkeit hinausgehendes Luxus=Wunder,[m] dessen sinnbildliche Bedeutung für das Recht einer Erhebung über das Wüstenleben des Täufers [n] nicht ausgesprochen, vielmehr [durch v. 11] ausgeschlossen ist, theils das Schweigen der Synoptiker, während solch eine Wunderthat nach ihrem Inhalte wie nach ihrer Örtlichkeit der galiläischen Überlieferung schwerlich verloren gehn konnte. Auch ist der Schlußbericht des Johannes ohne alle Anschaulichkeit. Daher sich die Vermuthung aufdrängt, daß ein ursprünglich nicht als Wunder angesehenes Ereigniß, da Jesus damals den Jüngern noch nicht als Wunderthäter bekannt war Jo. 2, 11, auch die damalige Gegenwart des Johannes unter den Jüngern nicht bezeugt ist, [o] erst unter dem Einflusse späterer Gefühle und Ansichten sich zur Weinverwandlung gestaltete,[p] obwohl die schwierige Vereinigung mit dem apostolischen Zeugnisse hier immer ein Räthsel übrig läßt, dessen Lösung auch von der weitern Entwicklung des christlichen Denkens schwer zu hoffen ist.[q]

a) *G. Vechner,* Austeritas C. erga matrem in nuptiis Cananaeis per verae justaeque causae ostensionem congruenter declarata. Holm. et Ups. 640. *C. L. Huheisel,* Cm. sistens Mariam in nuptiis Can. repulsam ferentem. Frcf. et Lps. 734. 4. *Ch. Sigm. Georgi,* de intercessione Mariae in nuptiis Can. a Domino $\vartheta\alpha\nu\mu\alpha\tau o\nu\varrho\gamma\omega$ rejecta. Vit. 744. 4. *G. Sommelius,* [resp. *S. Adelin*] de vero sensu verborum $o\check{v}\pi\omega\ \check{\omega}\varrho\alpha\ \mu o\nu$. Lund. 773. 4. *Volbeding,* Utrum C. matrem genusque suum dissimulaverit et despexerit? Vit. 784. 4. *G. C. Brendel,* de loco Ev. Jo. 2, 4 conjectura. Iseub. 785. 4. K. G. L. Schmidt, ereg. Beytrr. 792. B. I. N. 5. K. G. Schuster, Beitr. z. Erläut. b. N. T. [Eichhorns allg. Bibl. B. X. S. 765 ff.] Herder, v. Gottes Sohn, nach Jo. [Werke B. XVII. S. 78 f.] *C. J. Klemm,* de necessitudine J. C. cum consanguineis intercedente. Lps. 846.

b) Brg. Ammon, B. I. S. 309 ff: Mischung mit Liqueurwein, mustum decoctum. *c)* Überphilol. Unters. b. Wundergesch. bes. in Rücks. auf Jo. 2, 11. [N. theol. J. 797. B. IX. S. 3.] Ch. F. Fritzsche, ü. b. Wunder C. auf b. Hochz. z. C. [Rehkopfs Pred. J. 806. S. 740 ff.] — *J. E. J. Walch,* [resp. *J. Mt. Unold*] de architriclino, Jo. 2, 8. Jen. 753. 4.

d) Kaiser, bibl. Theol. B. I S. 200 mit Hinzunahme des humanen Scherzes Jesu. Strauß, B. II. S. 220 ff: [Dgg: De Wette, B. I. T. 3. S. 39 f.] Weiße, B. II. S. 199 ff. [Dgg: Krabbe, S. 209.]

e) Baur, S. 114 ff. Ähnlich als geistliche Anwendung Luther: [Walch, B. XI. S. 648 f.] Wasserverstand des A. T., Freude der Christen. *f)* [Schelling] Phil. b. Offenb. hrsg. v. Paulus. S. 688. vrg. 586 f. 596. 602.

g) B. Bauer, Jo. S. 61 ff. Evv. B. I. S. 41 f. [Dgg: Baur, S. 117 f.] — W. J. Besser, ü. Jo. 2, 4: [Stud. u. Krit. 845. H. 2.] die erst noch nicht gekommene und dann doch sogleich gekommene Stunde als motivirt durch den ausharrenden Glauben der gedemüthigten Mutter wie Mt. 15, 21 ss. Ammon, B. I. S. 305: Maria möge sich gedulden, weil der Augenblick [$\omega\varrho\alpha$] zu handeln noch nicht erschienen. *h)* A. Schweizer, Jo. S. 68 ff.

i) §. 48 nt. i. — Kiefer, System b. Tellur. B. II. S. 368. — Neander, S. 272 f. Zu den von ihm angeführten Stellen aus Athenäus und Theopompus cf. *Epiphan.* Haer. LI. §. 30.

k) Lange, B. II. Th. 1. S. 307 f. Die frivole Auffassung dieser Stimmung berichtet schon Chrysostomus [Hom. 23 in Jo.] als eine Zeitmeinung; erneut für Johannes von Benturini. *l)* Ebrard, S. 285.

m) Vrg. *Jc. van Baghuysen,* de hydriis Canae positis. Servest. 725. 4. *Wurm,* de ponderum, — mensurarum rationib. apud Rom. et Gr. p. 123. 126. Strauß, B. II. S. 213 f. Kunze in Stud. u. Krit. 844. H. 3. S. 699 f. Dgg: Krabbe, S. 205 f. Hoffmann, b. L. J. v. Str. S. 372.

n) Herder, a. a. O. S. 78 f. *K. C. Flatt,* ü. das Wunder der Verw. des Wassers in W. [Süskinds Mag. St. 14. S. 73 ff.] Olshausen, B. II. S. 75. *o)* Nach Ebrard, S. 149 nur Philippus und Nathanael.

p) Gfrörer, Gesch. b. Urchr. III. S. 304 ff. *q)* Lücke, Jo. B. I. S. 478.

§. 51. Anfang des Lehramts und Vertreibung aus Nazaret.

Lc. 4, 16-30. — Mt. 13, 54-58. Mc. 6, 1-6. — Jo. 4, 44.

Da Jesus während seines Sommeraufenthaltes in Judäa bestimmte Jünger um sich hatte Jo. 3, 22. 4, 2, ihre Berufung in Galiläa aber voraussetzt, daß er dort bereits als Lehrer aufgetreten war Lc. 5, 1, so ist anzunehmen, wie sein naturgemäßes Verhältniß zu Galiläa dieß mit sich brachte und die hierauf bezogene Weißagung Mt. 4, 14 ss. nur ein Wiederschein des Factums ist, cf. Lc. 23, 5, [a] daß

§. 51. Anfang des Lehramts. Vertreibung aus Nazaret.

er zuerst in Galiläa öffentlich lehrte, also noch vor dem Passah, und auch Johannes [4, 44 s.] deutet auf diesen ersten minder glücklichen Versuch [§. 53, nt. c], wennschon seine Zählung der galiläischen Wunder [4, 54] mindestens eine Dämonenaustreibung in Kapernaum unbeachtet läßt. Jesu Lehre war nach ihrem allgemeinsten Inhalte Aufforderung zur sittlichen Umkehr, weil das Gottesreich nahe, und unterschied sich vom Thema des Täufers nur durch die bestimmtere Ankündigung, daß die Zeit erfüllet sei Mt. 4, 17. Mc. 1, 15. Lc. 4, 43. Johannes [2, 12] nennt aus jener Zeit nur einen kurzen Aufenthalt in Kapernaum. Auch Markus [1, 21 ss.] setzt hier den Anfang seiner Lehre und Thaten, im Einklange mit Lukas, dessen Erzählung 4, 31 ss. nach v. 23 vor die Vertreibung aus Nazaret gehört. Die beiden ersten Evangelien lassen ihn später in Nazaret auftreten mit gleich vergeblichem, doch milderem Ausgange. Es ist möglich, daß sich dasselbe Ereigniß in zwei verschiedenen Gestalten ausgeprägt hat,[b] unter denen die größere Anschaulichkeit und Handgreiflichkeit des Lukas nicht die größere Wahrscheinlichkeit für sich hätte.[c] Es ist ebensowohl möglich, daß Jesus später in der Glorie seines Ruhms noch einmal seiner Vaterstadt nachging,[d] wobei die Kunde dieses zweiten Ereignisses, da wo sie allein stand, leicht einen Zug in sich aufnahm, der dem ersten Ereigniß angehört. Jedenfalls eignet sich die Darstellung des Lukas nur für den Anfang der Laufbahn Jesu, und motivirt die spätere Übersiedelung nach Kapernaum Mt. 4, 13. Jesu Verstoßung aus der Vaterstadt ist von Lukas wohl als Vorbild seines Schicksals, nicht aber nach ihren Beweggründen klar überliefert, denn, obwohl seine erste Rede [4, 23] offenbar nur Erwiederung auf lautgewordne Vorwürfe war, so ersieht man doch nicht die Nothwendigkeit, daß Jesus, der so leicht Herzen gewinnen konnte, die Abderiten von Galiläa erbitterte. Seine Rettung mußte auf dem Standpunkte des Evangelisten als wunderbar erscheinen, obwohl der Herrscherblick des Propheten ausreichen mochte, um mitten durch die empörte Menge zu schreiten.[e]

Rechenberg, de prophetarum contemtu in patria. [Exercitt. in N. T.] *J. M. Lange*, de C. propheta contemto in patria ex Mc. 6, 1 ss. Altd. 699. 4. Schuster, Beitr. z. Erläut. d. N. T. [Eichhorns allg. Bibl. B. X. S. 785 ff.]

[a] Gfrörer, Gesch. d. Urchr. I. Abth. 2. S. 230 f. III. S. 308 f.
[b] Krabbe, S. 233 f. als gleich und vor dem Passah. Neander, S. 309 ff. als gleich und nach dem Passah. Wieseler, S. 271 f. sogar erst nach dem Purim, nach Jo. 6, 1 im dritten galiläischen Aufenthalte. Aber nach der Jo. 4, 43-45 angegebenen, an sich höchst wahrscheinlichen Situation ist die Lukas-Scene in Nazaret kaum noch denkbar.
[c] Strauß, B. I. S. 476 ff. De Wette, B. I. T. 2. S. 41 f. Weiße, B. II. S. 136 f. gegen Schleiermacher, ü. Luc. S. 63 f.
[d] Paulus, er. Handb. B. I. S. 403. Wieseler, S. 284 f.
[e] Strauß, B. I. S. 478. Krabbe, S. 235. Jener für das Wunderbare, dieser für das Natürliche.

Erste Periode bis zum 2. Passah.

§. 52. Das erste Passah des Messias.
Jo. 2, 23-25. 4, 45. — 2, 13-22. — 3, 1-21.

Jesus gewann in Jerusalem die Aufmerksamkeit und Gunst des Volks. Er kannte den Wankelmuth der Menge und durchschaute die Herzen. Unter den Zeichen, durch die er Glauben fand, mochten Wunderheilungen sein, aber die Thaten seines Charakters und die Worte seiner Weisheit sind eingeschlossen;[a]) nur solche hat Johannes aus den Begebenheiten des Festes erwählt. 1. Die Vertreibung der Händler aus dem Tempelhofe,[b]) geschildert als ein Bild von der Liebe Kraft und Zorn, konnte geschehn nach einem in Volks=Erinnerungen und Gefühlen begründeten Rechte eines jeden Israeliten, zu eifern für das väterliche Gesetz,[c]) oder aus messianischer Macht als Anfang einer Cultusreform Mal. 3, 1 ss.[d]) Im erstern Falle konnte nur gefragt werden, wo die kühne That hinauswolle? im andern, den Johannes voraussetzt, wurde ein Wunder als Zeichen seiner Vollmacht gefordert. Die Antwort Jesu paßt auf beides. Wenn sie von den Juden recht verstanden wurde, so war's nur eine Ausrede;[e]) wenn die allegorische Auslegung der Apostel richtig ist,[f]) so war die bedenkliche Aufforderung in ihr nur durch ihre unbedingte Unverständlichkeit entschuldigt. Als erst vom Schriftsteller aus seinem Bewußtsein heraus in Jesu Mund gelegt,[g]) steht sein Bekenntniß vormaligen Nichtverständnisses entgegen. Aber das Großsprecherische in der jüdischen Auffassung[h]) schwindet, wenn zum vollen Sinne fortgegangen wird,[i]) indem sich der Tempel als das gegebene reale Bild des Nationalcultus darstellt,[k]) und Jesu eine die Tempelreinigung selbst deutende wie ergänzende Weißagung über seine ganze Macht und Wirksamkeit ausspricht.[l]) Eine Wiederholung des Ereignisses am Todespassah [Mt. 21, 12 s. Mc. 11, 15ss. Lc. 19, 45 s.] ist möglich, aber durch die Verschiedenheit der Nebenumstände bei den Synoptikern noch nicht einmal wahrscheinlich.[m]) Da diese nur eines Passah gedenken, mußten sie auf dasselbe alles an irgendeinem Passah Geschehene verlegen. So wenig zur Sicherung des Erfolgs ein Wunder, oder ein Aufgebot der Gleichgesinnten nöthig war, so wenig eine jahrelange öffentliche Wirksamkeit, um Jesu das nöthige Ansehn zu einer heroischen That zu erwerben,[n]) die seiner letzten Stimmung und Stellung weniger angemessen war.[o]) 2. Das Gespräch mit Nikodemus[p]) ist angeführt wegen des Gegenstandes und wegen der Person. Das immer unbequeme Lob in's Angesicht abwendend und auf die darin enthaltne Frage in ihrem tiefsten Grunde eingehend, wandte Jesus die Rede auf die Bedingung des Eintrittes in's Gottesreich. Das Bild der Wiedergeburt war im Morgenlande hergebracht, es konnte von einem Gelehrten weder unwillkürlich, noch verstellter Weise, in guter oder böser Absicht, mißverstanden werden.[q]) Eine Entgegnung vom Standpunkte israelitischen Selbst=

§. 52. Tempelreinigung. Nikodemus.

gefühls aus macht sich nicht bemerkbar,ʳ) und würde die Nothwendigkeit, nicht die Möglichkeit der Wiedergeburt in Abrede stellen. Der Sinn der bildlichen Antwort kann sein, daß von dem jungen Galiläer eine überspannte Forderung an einen alten Mann gestellt werde, der nach einem würdigen Leben ein Recht habe zu sein, wie er ist. Aber dieses Subjective tritt vor einem Größeren und Allgemeinen zurück. Es ist nicht zu verwundern, wenn im einsamen Gespräche zwei Lehrer in Israel tiefer eingehn auf das Geheimniß des Geistes, als der Volksunterricht mit sich bringt. Sie sprachen von der Nothwendigkeit einer gänzlichen Umwandlung und von der schöpferischen Macht der sittlichen Freiheit in der Bilderrede morgenländischer Philosophie. Der Schriftgelehrte leugnete diese Wundermacht der Freiheit auf dem Standpunkte des Verstandes und der sinnlichen Erfahrung: Jesus behauptete sie als Bedingung des Gottesreichs auf dem Standpunkte der Vernunft und der eignen geistigen Erfahrung. Seine Schlußrede erhebt sich noch über den sittlichen Standpunkt zur höchsten Anschauung des religiösen Bewußtseins. So gewiß die heilbringende Erhöhung des Menschensohns dem Apostel zunächst die Erhöhung an's Kreuz bedeutet [Jo. 12, 32 s.], so gewiß mußte dieser Sinn dem Nikodemus verschlossen sein und konnte schwerlich als heilsamer Stachel in seinem Gemüthe fortwirken.ˢ) Das Gespräch dieser Nacht ist nur in einigen Schlagworten mitgetheilt, von denen ungewiß ist, in welcher Unmittelbarkeit sie dem Johannes zukamen, dessen eigner Ton stark hindurchklingt und in den Schlußworten vorherrscht.ᵗ) Solch ein Gespräch war kein Gegenstand für die mündliche Überlieferung, und in der apostolischen Kirche findet sich kein Anknüpfungspunkt für den Trieb, Verhältnisse mit den Großen der Welt bewußt oder unbewußt zu erdichten.ᵘ) Cf. 1 Cor. 1, 26 s. Allerdings repräsentirt Nikodemus eine ganze Classe des jüdischen Volks in ihrer Beziehung zu Christus, wenn auch nicht bloß diejenige, welche im Glauben selber ungläubig, furchtsam in der Stille verharrte [Jo. 12, 42];ᵛ) aber das Repräsentative ist für eine geistvolle Geschichtschreibung nicht das Ungeschichtliche. Daß er damals oder später überzeugt wegging, und die Macht der Freiheit sich selbst bewies durch ihren allein möglichen Beweis, die That, hat Johannes 7, 50-52. 19, 39 erzählt.

**J. G. Gurlitt*, Lectt. in N. T. spec. quintum. Explicatur Ev. Jo. 2, 13-3, 12. Hamb. 805. 4.

a) **J. D. L. Voretzsch*, Quaeritur, τὰ ἔργα quaenam sint, ad quae J. in Jo. Ev. provocavit. Alteb. 834. 4. ***Luthardt**, ἔργον τ. θεοῦ u. πίστις im gegens. Verh. nach Joh. [Stud. u. Krit. 852. H. 2.]

b) Schelhorn, Bibl. Brem. Clas. VII. Fasc. 1. p. 73 ss. cf. Symbb. litt. Brem. T. III. P. 2. p. 316 ss. *C. F. Bauer*, de Messiae zelo pro domo Dei. Ps. 69, 10. Jo. 2, 17. Vit. 744. J. Grulich, Bemerkk. ü. e. zweident. Handl. J. Gera 798. Ziegler in Gablers Nst. th. Journ. B. IX. S. 50 ff. — *J.*

P. Grau, [resp. *J. H. Majo*] de visitat. et reformatione Ecc. Lc. 19, 41 ss. Giss. 718. 4. *J. Hermansson* [resp. *E. Kinuander*] de mensis foenerat. Upsal. 738. 4. c) Num. 25, 6-13. — *Seldenus*, de jure nat. et gentium. IV, 6. *H. Grotius*, de jure B. et Pac. II, 10. *Maimonides*, Hilchot Issure Bia. c. 12. — *G. F. Wille*, [pr. *Buddeo*] de jure zelotar. in gente hebr. Jen. 694. 4. *Saldenus*, de jure zelotar. [Otia th. l. IV. exerc. 1. p. 609 ss.]

d) Gfrörer, Gesch. d. Urchr. III. S. 148 f. bes. mit Anführung des Targum Jonathan zu Zach. 14, 21. *e*) *F. C. Forberg*, Animadvv. in loca selecta N. T. Spec. I. Jen. 797. 4. [Auch in Schmidts Bibl. f. Krit. u. Gr. B. II. St. 2.] *E. V. Kohlschütter*, Com. exeg. de loco Ev. Jo. 2, 19. Dresd. 839.

f) *Sellius*, Meditatio de templi personalis J. C. solutione et excitatione. Argent. 686. *Boerner*, Oraculi C. Jo. 2, 19. expositio. Lps. 722. 4. [Dss. sacrae. Lps. 752. p. 212 ss.] *M. T. Eckhard*, de J. resurgente Judaeis in signum dato. Quedlinb. 726. 4. *J. H. Becker*, ad Jo. 2, 19. Rost. 753. 4. — *H. M. A. Cramer*, Spec. animadvv. in Jo. 2, 19. Henkio [nt. k] dicatum. [*Potti* Syll. Comm. T. I. p. 22 ss.] *Storr u. *Süsfind in Flatts Mag. St. 4. S. 198 ff. St. 7. S. 212 ff. *Flatt*, Symbolae ad ill. graviora quaedam J. dicta in Ev. Jo. Tub. 807. 4. Heubner zu Reinhards Plan Jesu. S. 105. 402. *Kling, ü. Stellen d. Ev. Jo. [Stud. u. Krit. 836. H. 1. S. 127 ff.] *Hauff, Ev. 849. H. 1. S. 106 ff. Kühnöl, Tholuck, Klee in den Commentaren.

g) Baur, S. 137 f. *h*) Strauß, B. II. S. 314. *i*) Also ein oberflächlicher und ein tieferer Sinn, nur nicht ein zwiefacher wie Olshausen, B. II. S. 80 f. Neander, S. 279 ff. zwischen f und k schwankend.

k) Herber, v. Gottes S. nach Jo. [B. XVII. S. 80.] *Henke, Jo. nonnullorum J. apophthegmatum in Ev. suo et ipse interpres. Hlmst. 798. 4. [*Potti* Syll. Comm. T. I. p. 8 ss.] *Bleek, Bemerk. z. Ev. Jo. [Stud. u. Krit. 833. H. 2. S. 442 ff.] Ammon, B. I. S. 322 f.] Paulus, Lücke, De Wette in den Commentaren. *l*) Cf. Jo. 4, 21. Mc. 14, 58. Acta 6, 14.

m) *Lücke, Jo. B. I. S. 503 ff. hier auch die Literatur, die seit dem 18. Jahrh. allmälig wagt, die Identität zu behaupten, wie schon die älteren Kirchenväter, s. *Orig.* in Jo. tom. 10, 15. — Neander, S. 276. Krabbe, S. 248. Dgg: Ebrard, S. 488 f. Wieseler, S. 393. Tholuck, S. 105 f.

n) Als höchstes Wunder [doch einer allegorischen Deutung geneigt] *Orig.* in Jo. tom. 10. *Hieron.* ad Mt. 21, 13. Strauß, A. 1. B. I. S. 707. Dgg: A. 3. B. I. S. 773. — Paulus, Com. B. IV. S. 164. — Weiße, B. I. S. 574. *o*) Für Johannes Lücke B. I. S. 506 f. Sieffert, ü. d. Urspr. d. ersten kan. Ev. Königsb. 832. S. 109 f. Für die Synoptiker: Strauß, B. I. S. 729 f. [Doch unsicher A. 3. S. 773.] B. Bauer, Evv. B. I. S. 48 ff. Baur, S. 136.

p) *Ch. Matthiae*, de verbis C. Jo. 3, 5 s. Norimb. 620. 4. *Sixt. Aspach*, de Nic., discipulo C. Hafn. 696. 4. J. F. Enger, ü. Jo. 3, 1-15. Bresl. 759. 4. De eo, quod est praecipuum in tuendae religionis studio justo ex Jo. 3, 1-6. et 7, 13-27. Lps. 773. 4. *J. G. Knapp*, in loc. Jo. 3, 6. Hal. 771. 4. *J. R. Köppe*, Interpret. orat. C. cum Nic. Gott. 778. 4. [*Potti* Syll. Comm. T. IV. p. 31-59.] *J. L. Blessig*, [resp. *Ehrmann*] Cap. III. Ev. Jo. interpretatio c. adnotatis. Argent. 786. 4. *G. Ch. Knapp*, Com. in colloquium C. cum Nic. de natura atque usu disciplinae suae. Hal. 794. 4. [Scriptt. var. arg. Hal. ed. 2. 823. p. 181. 230 ss.] [J. N. Milow] Abh. ü. Jo. 3, 1-19. [Henkes Mag. B. I. H. 3.] Schmidt, ü. Jo. 3, 3. [Bibl. f. Krit. u. Ereg. B. II. S. 144. 415 ff.] Lindemann, ü. Jo. 3, 1-21. [Gablers Journ. f. auserl. th. Lit. B. VI. H. 1.] Gurlitt, s. S. 105. *E. H. C. Gl. Hufnagel*, Animadvv. in colloq. J. cum Nic. Frcf. 817. 4. J. Schultheß, die Geburt a. Wasser u. Geist. Eregetische Er-

§. 52. Nikodemus. §. 53. Taufen in Judäa.

ört. zu Jo. 3, 5. [Winers exeg. Studien. B. I. S. 103-33. Brg. S. 137 ff.]
C. A. Fabricius, C. c. Nic. colloquium. Gott. 825. 4. *J. H. Holwerda*,
de colloq. J. c. Nic. Hag. C. 830. Schröder, ü. Jo. 3, 1-15. In seinen
Beitrr. z. Auffind. d. reinen Lehre J. Lüneb. 841. *G. H. F. Scholl, exeg.
Stud. ü. Jo. 3, 1-21. [Stud. b. Geistlichk. Würtemb. B. V. St. 1.]

q) *J. D. Goldhorn*, de sensu phraseos γεννηθῆναι ἄνωθεν, apud Jo.
3, 3-8. Lps. 799. 4. Paulus, Com. B. IV. S. 183. L. J. B. I. S. 176.

r) *Knapp* l. c. p. 183 ss. Brg. Lücke, Jo. B. I. S. 519. Neander,
S. 289. Auch nicht bloß als Frage, Lücke, Tholuck b. z. 5. Aufl. A.
Schweizer [Jo. S. 31 ff.] hat erkannt, daß sich's hier nicht um's Verstehn,
sondern um's Glauben handelt.

s) *Menken, ü. d. eherne Schlange. [Frankf. 812.] Brem. 829 *Kern,
ü. d. eherne Schl. [Bengels Arch. 822. B. V. St. 1-3.] *B. Jacobi, ü. d.
Erh. d. Menschensohnes [Stud. u. Krit. 835. H. 1.] Neander, S. 293 f.

t) Lücke, Jo. B. I. S. 543 ff. Strauß, B. I. S. 666 ff. Krabbe,
S. 263. Neander, S. 294.

u) Strauß, A. 1. B. I. S. 631 ff. [Dgg: A. 3. B. I. S. 700 f.] A. 4.
S. 659 ff. B. Bauer, Evv. B. I. S. 71 ff: Schlinggewächs um Mc. 10,
17-27. Vrg. *Bretschneider*, Probabb. p. 44 ss. Weiße, B. II. S. 205 ff.
Gfrörer, II. Abth. 2. S. 325 f. III. S. 168 ff. *v*) Baur, S. 142 ff.

§. 53. Das Taufen in Judäa. Jo. 3, 22 s. 4, 1-3.

Von der Zeit nach dem Passah bis zum Aufbruch nach Galiläa
[S. 79] hat auch Johannes nur berichtet, daß Jesus in der Landschaft
Judäa mehr Anhang fand als der Täufer, und durch seine Jünger
taufte, nicht er selbst; dieses wohl aus demselben Grunde wie nach=
mals Paulus und wie bei diesem nicht unbedingt zu nehmen 1 Cor.
1, 14-17. Da sich bei den Synoptikern nirgends eine Spur dieser
Beschäftigung findet, vielmehr in der Erwartung des Täufers Mt. 3,
11 et parr. Jo. 1, 26, wie in Jesu Verheißung Act. 1, 5. 11, 16,
ein Gegensatz wider die Wassertaufe gegeben scheint, da Paulus den
Tod Jesu als Moment im Begriffe der Taufe voraussetzt Rom. 6, 3 s.
Col. 2, 12, endlich nach Mt. 28, 19. cf. Mc. 16, 16 Jesus erst schei=
dend eine Taufverordnung erläßt, die zur Zeit der Apostel nicht genau
befolgt worden ist: so könnte die Taufe erst von den Aposteln einge=
führt sein, eine Wiederaufnahme der Sitte des Täufers mit der neuen,
durch die sich abschließende Genossenschaft entstehenden Bedeutung des
Einweiheritus.[a]) Aber um dafür eine Bestätigung im 4. Evange=
lium selbst zu finden, müßte der Redaction desselben eine unerhörte
schriftstellerische Leichtfertigkeit zugetraut werden.[b]) Die Sicherheit,
mit welcher gleich nach Jesu Scheiden die Aufnahme durch die Taufe ge=
schieht Act. 2, 38. 41, weist mindestens auch bei Lukas auf etwas be=
reits Entschiedenes zurück. Als mögliche Vermittelung ergiebt sich,
daß Jesus anfangs gleich Johannes zur Taufe ermahnte, nachher diese
Wirksamkeit zurückstellte, und erst am Ausgange seiner Bahn, als es
galt die Gemeinde zu gründen, die Taufe als allgemeines Wahrzei=
chen anordnete. Nach der Andeutung Jo. 3, 5 [cf. 1 Jo. 5, 6] und

nach der Unterscheidung von der Geistestaufe wurde die Wassertaufe als Sinnbild oder Act der Reinigung angesehn, vielleicht nur mit bestimmterer Beziehung als bei dem Täufer auf das Messiasreich. — Wenn Jesus den Pharisäern damals aus dem Wege ging, so mochte ihm zugleich klar sein, was auch Johannes [4, 44 s.] bei der Einseitigkeit seines Standpunktes nur unklar ausspricht, c) daß die Zeit gekommen sei, mit dem erworbenen Ruhme Galiläa zu erobern.

Reiche, de Bapt. origine et necess. necnon de form. bapt. Gott. 817. Dreßler, d. Lehre v. d. T. nach d. N. T. Lpz. 830. *Matthies*, Bapt. expositio bibl. hist. dogmatica. Ber. 831.

a) Weiße, B. I. S. 406 ff. b) Ebend. S. 408.
c) Die πατρις nicht Judäa, wegen Bethlehem [Lücke, A. 2. B. I. S. 543 ff.] oder als das prophetische Vaterland seines Berufs [nach *Orig.* in Jo. tom. 13, 54. Baur, S. 130], denn hier war er grad in Ehren gehalten Jo. 4, 1-3, sondern Galiläa. Die grammatisch ungenau eingefügte Rede Jesu, wenn sie nicht als ein bekanntes Wort der Überlieferung an unpassender Stelle untergebracht erscheinen soll [Strauß, B. I. S. 684 f.], enthält nicht eine Rüge der günstigen Aufnahme in Galiläa nur wegen der in Jerusalem vollbrachten Zeichen [Lücke, A. 6. B. I. S. 617], sondern daß er jetzt mit auswärtigem Ruhme in das Vaterland zurückkehrend dadurch trotz des entgegenstehenden Sprüchworts, dessen er gedachte, günstig aufgenommen ward. Vrg. Neander, A. 3. S. 390. Hauff in d. Stud. u. Krit. 849. H. 1. S. 117 ff. Die Ansichten und ihr Wechsel: Tholuck, Jo. A. 6. S. 138 ff.

§. 54. Der Messias in Samarien. Jo. 4, 4-43.

Auf dem Rückwege nach Galiläa begann Jesus das losgerißne Samarien wieder mit dem alten Brudervolke im messianischen Reiche zu vereinigen, indem er in einer Gegend voll Erinnerungen an die gemeinsamen Stammväter des Volks, eine, wie es scheint, berüchtigte Samariterin mit sinnbildlicher Rede erst anzog, dann mit prophetischem Ernst erschütterte. Zuerst vor ihr, als sie mit feiner Frage über den religiösen Volkszwiespalt sein Eindringen in ihre verwickelten Verhältnisse abzulenken suchte, sprach er, tief bewegt von der Hoffnung und Freude dieses Tages, den Grundgedanken seiner Religion aus: geistige Verehrung Gottes durch ein frommes Leben, mit Aufhebung eines jeden Cärimoniendienstes; und bekannte sich offen als den Gründer einer solchen Gottesverehrung, den Messias. Als solchen erkannte ihn das Weib und ihre Stadt, das alte am Fuße des Berges Garizim[a]) gelegene Sichem [im Spotte der Juden nach Jes. 28, 1. 7 Sychar], ohne äußere Erweise, ergriffen von der Macht seiner Rede. Denn die Samariter, schon damals einer geistigeren Gottesverehrung zugethan, erwarteten einen menschlichen Messias aus dem Stamme Josephs [Hathaf, Tahef, el-Muhdy] zunächst als Lehrer und sittlichen Wiederhersteller. b) Diese Ansicht von der samarischen Glaubensweise ruht auf den alten ächten Denkmalen, und wird durch die neuern Kunden aus Nâbulus bekräftigt, als die Erklärung und Bestätigung des

§. 54. Der Messias in Samarien.

johanneischen Berichts.ᶜ) Diesem steht entgegen: das Verbot Mt. 10, 5, die nach Jo. 3, 16 ss. anzunehmende Alleswisserei Jesu, das Unangemeßne der großen Antwort und Aussicht für das sittenlose Weib. Daher diese Erzählung für ein nach patriarchalischen Sagen [Gen. 24, 15 ss. 29, 9 ss.] gebildetes sagenhaftes Vorspiel der nach Jesu Tode erfolgten Ausbreitung des Christenthums in Samarien geachtet worden ist, wozu auch die sinnbildliche Auffassung der 5 Ehemänner als der 5 Landesgötzen paßte; ᵈ) oder als eine religionsgeschichtliche Reflexion über die Stellung des Juden- und Samariterthums zum Evangelium; ᵉ) oder als historische Dichtung, um im Gegensatze des Nikodemus das für den ächten Glauben empfängliche Heidenthum zu repräsentiren.ᶠ) Aber eine gewisse Gunst für die Samariter ist auch durch Lc. 10, 30 ss. 17, 15 ss. cf. Jo. 8, 48 bezeugt, daher das Verbot nur vorübergehenden Rücksichten gelten mochte, cf. Lc. 9, 52-56. Jene Kunde konnte natürlich erworben sein, so wenig sich dieses in bestimmter Weise nachweisen läßt, ᵍ) und als wunderbar, wie sie von Johannes gedacht wird, hat sie vielleicht eine Analogie im magnetischen Hellsehn.ʰ) Es steht Jesu wohl an, größer und ernster zu antworten, als er gefragt ist, und das Jüdische in seiner Entscheidung trieb fort zu der allein versöhnenden Höhe der Anschauung. Im 4. Evangelium selbst ist die gemeinsame Abstammung von Jakob hervorgehoben. Die unbedenkliche Aufnahme der Samariter in die judenchristliche Gemeinde Act. 8, 5 ss. setzt Thatsachen voraus wie Jo. 4 und Aussprüche wie Act. 1, 8.ⁱ) Doch ist die Form der Erzählung poetisch und das Gespräch so vorsichgegangen, daß wörtliche Treue der Überlieferung nicht zu erwarten steht.

P. Antonii Observv. de conversione Samaritanorum ad Christianism. ex Hist. colloquii Samar. Jo. 4, 1-43 petitae. Hal. 696. ed. 4. 713. 4. *G. Schaub*, de muliere Sam. sexto viro copulata. [Bibl. Brem. Class. V. Fasc. 6. p. 1005-32.] *Fr. Th. Withof*, de mul. Sam. sexto viro desponsata. Teutob. ad Rh. 766. [Opp. philol. hist. theol. Lingae 778. p. 3 ss.] *M. C. B. Kenzelmann*, μνημοσυνον φιλαδελφιας. Interpretatio loci Jo. 4, 19-25. Dresd. 789. 4. C. W. Benzenfutter, ü. Jo. 4, 24 nach Rantischer Erklärungsmethode. [Henfes Mag. B. III. H. 2.] *G. J. Lud. Reuss*, Animadvv. in loca S. Cod. difficiliora. Jo. 4, 22. Giss. 817. 4. Möller, neue Ansichten schwier. Stellen. S. 293 ff.

K. A. Niedhofer, die ev. Gesch. J. u. d. Samaritanerinn in homilet. Vorträgen. Augsb. 821. — Fragmentum theoticum quo Christi cum Samaritana muliere colloquium rhythmo vetustissimo exhibetur. [*Schilteri* Thesaur. T. II.] Italienisches Volkslied in Göthes Werken. 830. B. XXXVIII. S. 201 f.

a) *Jos.* Antiqq. IV, 8, 45. Robinson, Palästina. B. III. 1. S. 315 ff.

b) B. Bauer, Jo. S. 415 ff: Verleugnung der samar. Messiashoffnung. Dgg: Baumgarten-Crusius, Jo. S. 161 f.

c) *C. Cellarius*, Collectanea Hist. Samarit. Cizae 683. *Reland*, de monte Garisim. Dss. III. De Samaritanis. Dss. VII. [Dss. mixt. Traj. ad

Rb. 706.] *A. C. Werner*, de Samaritt. eorumque templo in monte Gar. Jen. 723. 4. *Millius*, [resp. *J. D. Fretzken*] de causis odii Judaeos inter et Samarit. Traj. ad Rh. 725. 4. [Dss. sel. L. B. 743.] *F. J. Schwarz*, de Samaria et Samaritt. Vit. 753. 4. Bruns, ü. d. Samarit. [Stäublins Beitrr. B. I. S. 92 ff.] *Silv. de Sacy*, Mémoire sur l'état actuel des Samaritains. Par. 812. verm. A: Correspondance des Samaritains de Naplouse. Par. 830. [Allg. K. Z. 829. No. 151. *Gesenius in d. Jahrb. f. wiss. Krit. 830. S. 651 f.] Schnurrer, Übersetz. des Samarit. Briefwechsels. [Eichhorns Repertor. f. bibl. Lit. B. IX. S. 27 ff. Brg. B. XIII. S. 264 ff.] *G. B. Winer*, de vers. Pentat. Sam. indole. Lps. 817. *J. C. Friedrich*, de Christologia Samaritt. c. append. de columba Dea Samarit. Lps. 821. — *Gesenius*: de Pentateuchi Samar. origine, indole et auctoritate. Hal. 815. 4. De Samar. Theologiae fontibus ineditis. Hal. 823. 4. Anecdota Orient. Fasc. I. Carmina Samaritana e Codd. Lond. et Goth. ed. et interpret. Lps. 824. 4.

d) Bretschneider, Probb. p. 47 ss. 97 s. Strauß, A. 1. B. I. S. 507 ff. A. 4. B. I. S. 535 ff. — Hengstenberg, Beitrr. z. Einl. in d. A. T. B. II. S. 21 f. nach 2 Reg. 17, 24. Gegen seine Allegorie durch Gottes besondere Fügung neben der Historie: Lücke, Jo. B. I. S. 659 ff.

e) B. Bauer, Jo. S. 127 ff. Evv. B. I. S. 88 ff. *f)* Baur, S. 145 ff. *g)* Paulus, L. Jesu. B. I. S. 187. Schweizer, Jo. S. 139 f.

h) Wirth, Theorie d. Somnambul. Strauß, A. 3. B. I. S. 579 f. J. P. Lange, B. II. Th. 2. S. 531: psychisch materielle Eindrücke der 6 Männer.

i) Strauß, A. 3. B. I. S. 573 ff. De Wette, B. I. Th. 3. S. 65. Weiße, B. II. S. 214 f. — Krabbe, S. 268 ff. Neander, S. 299 ff. Ebrard, S. 296 f.

§. 55. Heilung aus der Ferne.
Jo. 4, 46 - 53. — Mt. 8, 5 - 13. Lc. 7, 1 - 10.

Johannes bezeichnet den Eintritt Jesu in Galiläa durch die Genesung eines zum Tode Fieberkranken in Kapernaum, welche dessen Vater, ein Hofbeamter, noch zu Kana erbat. Zwar ist sie denkbar, wenn nicht durch ärztliche, [a] doch durch prophetische Prognose: [b] aber daß die Krisis genau der Stunde entspricht, in welcher die Bitte gewährt wurde, soll eine Wirkung in die Ferne anzeigen. Das ist kein Widerspruch Jesu, sondern seine große Art, nach der Rüge im allgemeinen, dem Bittenden mehr zu gewähren, als er gebeten. [c] Nach Matthäus und Lukas wurde unmittelbar nach der Bergpredigt der kranke Knabe eines Centurio zu Kapernaum auf die Fürbitte desselben gleichfalls abwesend geheilt. [d] Die Verschiedenheit der Nebenumstände, indem doch Johannes bald mehr mit Matthäus, bald mehr mit Lukas zusammenstimmt, würde eine Verschiedenheit der Thatsache nicht begründen. Aber das Charakteristische der synoptischen Erzählung, die demüthige Glaubenskraft des Fremdlings in Israel und ihr tiefer Eindruck auf Christus, dieses Anti-Jüdische und Zukunftvolle, wenn es einmal in der Gemeinde-Überlieferung vorhanden war, konnte von dem 4. Evangelisten nach seinem eigenen Charakter unmöglich so verwischt und fast in das Gegentheil [Jo. 4, 48] verkehrt werden, denn

§. 55. Hauptm. v. Kapernaum. §. 56. Wohnsitz Jesu.

sein Hülfesuchender, wenn auch die Rüge Jesu weniger ihn selbst trifft als alle Galiläer, und obwohl er dem wunderverkündigenden Worte Jesu glaubt, kann nach jener Rüge doch nicht als ein Vorbild der Glaubenswilligkeit, die der Wunder nicht bedarf, gemeint sein.^e) Noch ist wahrscheinlich, daß sich das grade bei Matthäus so unerwartete Durchbrechen aller jüdischen Verschränkung erst in der mündlichen Überlieferung und dem 4. Evangelisten unbewußt an eine gewöhnliche Wundergeschichte angesetzt hätte.^f) Dagegen der 1. und 3. Evangelist schon durch die Gleichheit von Zeit und Ort darthun, daß sie das gleiche Ereigniß erzählen;^g) ihre Verschiedenheit zeigt nur, wie frei die Überlieferung mit den Ereignissen schaltete. Eine Heilung in die Ferne, wie sie auch der synoptischen Erzählung insbesondre nach Lukas nicht abzuleugnen ist,^h) hat grade als geistige Wirksamkeit nichts Undenkbares,ⁱ) und die Vermittelung durch den Glauben eines Dritten findet schon bei Scheintodten nicht einmal statt. Daher, bei der vollen Ähnlichkeit mit andern Wundergeschichten und bei einer vorzugsweise bestimmten Zeit und Örtlichkeit, in dem wunderbaren Inhalte keine Nöthigung liegt, hier eine Sage zu finden nach dem unähnlichen Vorbilde von 2 Reg. 5, 9 ss.,^k) oder die Grundlage beider Erzählungen für eine Parabel zu halten,^l) deren verlockender großartiger Sinn doch auch dem geschichtlichen Inhalte der synoptischen Darstellung verbleibt.

a) Paulus, Comm. B. IV. S. 253 f. *b*) Lücke, Jo. A. 2. B. I. S. 550 f. [Zurückgenommen.] Ammon, B. I. S. 367: eine allgemeine, doch zuversichtlich ausgesprochene Verheißung Jesu von der Vorsehung erfüllt.
c) Gegen B. Bauer, Jo. S. 159 ff. Evv. B. I. S. 108 ff.
d) H. Beissmann, ad Mt. 8, 5-13. Fref. 738. 4. *J. G. Rau*, Praeterita quaedam ad narrat. Mt. 8, 5 ss. et Lc. 7, 2 ss. illustrandas. Erl. 792. 4. G. Th. Dahne, ü. Mt. 8, 9. [Henkes N. M. B. VI. St. 2.]
e) Dgg: Baur, S. 148 ff. *f*) Über und gegen die doch schon bei *Iren.* II, 22, 3 vorausgesetzte Identität s. Lücke, Jo. B. I. S. 625 f. Für die höhere Ursprünglichkeit des synopt. Berichts: Strauß, B. II. S. 103 ff. Weiße, B. II. S. 218; des johanneischen: Gfrörer, Gesch. d. Urchr. III. S. 291.
g) Dgg: Storr, ü. d. Zweck d. ev. Gesch. Jo. S. 351.
h) Dgg: Paulus, ex. Handb. B. I. S. 710 f. Gegen ihn Strauß, B. II. S. 108 ff. *i*) Passavant, Unters. ü. d. Lebensmagn. u. b. Hellsehn. Frkf. A. 2. 837. S. 58 ff. *k*) Strauß, B. II. S. 111 f.
l) Weiße, B. II. S. 53 ff. Dgg: Krabbe, S. 285 ff.

§. 56. Kapernaum.

Zurückgekehrt nach Galiläa [Jo. 4, 43], einem wohlbebauten und reich bevölkerten Gebirgslande mit einem betriebsamen, kriegerischen Volksstamme, und nicht nur politisch, sondern auch in der Gesinnung minder abhängig von der Hierarchie in Jerusalem,^a) nahm Jesus seinen Wohnsitz am freundlichen, bergumgebenen See Gennesaret im Städtchen Kapernaum [Mt. 4, 13 s. 9, 1. Mc. 1, 21. 2, 1. cf. Jo. 6,

59], ᵇ) wo seine ersten Jünger zu Hause oder befreundet waren, und wo das allgemeine Wohlwollen schon früher gesucht hatte ihn festzuhalten Lc. 4, 42 s. Mc. 1, 38. cf. Jo. 2, 12. Hier, am westlichen Ufer des Sees nahe dem Jordan=Einflusse an der großen Handelsstraße von Damaskus, oder auf kleinen Wanderungen und Fahrten von hier aus, geschahn die meisten der von den Synoptikern ohne zusammenhängende Zeitordnung überlieferten Begebenheiten. Hier, wahrscheinlich unter der Herrschaft des Philippus, ᶜ) lebte Jesus sicher und geehrt unter dem Volke; auch die Gesetzlehrer, die sich allmälig um ihn sammelten, beobachteten noch unentschieden, doch mehr und mehr durch einzelne Thatsachen verletzt.

a) J. F. Buddeus, de Galilaea rebus gestis et miracc. C. clara. Jen. 718. 4. [Miscell. sacr. P. III. p. 1156 ss.] *G. Less*, de Gal. opportuno Servat. miracc. theatro. Gott. 775. 4. [Opp. 781. T. II. p. 369 ss.] Die betreff. Artikel in Winers bibl. Realw. B. I. S. 210. 386 f. 407 f.

b) Robinson, Palästina. B. III. S. 499 ff.

c) Josephi B. Jud. II, 6, 3. Dgg: Weiße, B. I. S. 289.

§. 57. Der Sohn Gottes als Landrabbi.

Die Erscheinung Jesu war durchaus volksthümlich und von den Verhältnissen eines umherziehenden Landrabbinen nicht wesentlich verschieden.ᵃ) Überall, wo es die Gelegenheit gab, entwickelt sich die religiöse Rede, bald als zusammenhängender Vortrag, bald als Gespräch mit Freunden oder Gegnern. Seine Wanderungen hatten theils den Zweck, das Evangelium zu verkünden, theils waren sie zugleich Festreisen nach Jerusalem, später auch Versuche, für die Bildung der Apostel Muße und Sicherheit vor Nachstellungen zu gewinnen. Auf größern Zügen finden sich im Gefolge einige Frauen, welche für die Bedürfnisse der Gesellschaft sorgten Lc. 8, 1-3. Man kehrte bei Gastfreunden ein Jo. 12, 1 ss., bat gelegentlich sich selbst zu Gaste Lc. 19, 1 ss., und nahm Einladungen auch von Fremden oder Gegnern an Lc. 11, 37 ss. Für Wanderungen durch die Wüste, durch Samarien, oder entfernte Gränzorte wurden Lebensmittel gekauft Mt. 14, 17. Jo. 4, 8. Darauf deutet nichts, daß Jesus seinem Gewerbe obgelegen habe. Maria galt nicht als wohlhabend Lc. 2, 24. cf. Jo. 19, 26. Ein Erbgut hat Jesus nicht besessen oder seinen Brüdern überlassen Mt. 8, 20. cf. 19, 21, aber die Aussprüche von seiner Armuth [2 Cor. 8, 9. Phil. 2, 7 s.] beziehn sich nur auf ein glanzloses, mühevolles Leben im Gegensatze des messianischen Königsrechtes. Er lebte mit den Aposteln von morgenländischer Gastfreundschaft und durch die Beiträge seiner Freunde zu einer gemeinschaftlichen Kasse Jo. 12, 6. 13, 29, in einer Lage, welche die Austheilung von Almosen Jo. 13, 29, auch die Anschaffung kostspieliger Bedürfnisse zuließ Jo. 19, 23, ᵇ) und selbst der Habsucht nicht gestattete, die Mehrung des Besitzes mit

§. 57. Armuth Jesu. §. 58. Ehelosigkeit Jesu.

der Sorge vor künftigem Mangel zu beschönigen Jo. 12, 5, also hinausgestellt über die Sorgen der Armuth wie des Reichthums.^c)

a) *A. Gesenius*, C. decoro gentis suae se accommodasse. Hlmst.734.4. *G. F. Gude*, de C. et discipulis ejus decori studiosis. [Nov. Misc. Lips. T. III. p. 563 ss.] *F. A. Jetze*, de J. C. conviva sapienter urbano. Lign. 792. 4. — L. A. Kähler, Betracht. ü. d. doppelte Ansicht, ob J. blos ein jüd. Landrab. o. Gottes Sohn gewesen sey? Königsb. 821.

b) Cf. *Josephi* Antiqq. III, 7. *Barhebr.* Chron. p. 251. *C. H. Zeibich*, de vestibus C. Vit. 754. 4. Brg. KGesch. S. 222.

c) Die Franciscaner waren durch Ordensverhältnisse [KGesch. S. 297], die lutherischen Dogmatiker durch die Consequenz ihres Lehrbegriffs vom Status exinanitionis veranlaßt, eine gänzliche Armuth Jesu zu behaupten. — *J. G. Walch*, de paupertate C. Hal. 756. 4. [Misc. sacr. p. 866 ss.] Pg. de paupert. C. Helmst. 756. 4. *J. D. Heilmann*, de humili C. infantia. [Opp. T. I. p. 501 ss.] *J. G. Lunze*, de C. divitiis et paupertate. Lps. 784. 4. *G. A. Meermann*, C. nascens humanae calamitatis exemplum. Vit. 785. 3 Pgg. 4. Corrodi, muthmaßl. Zug im Charakter unsers Herrn, bei Anlaß v. 2 Kor. 8, 9. [Beitr. z. Bef. e. vernünft. Denk. B. IV. S. 160 ff.]: er habe ein reiches Besitzthum aufgegeben. *J. G. Rau*, Cur J. C. paupertati se subjecerit? Erf. 787. 4. *Id*. Unde C. alimenta vitae ceperit? ib. 794. 4. Ob u. wiefern C. reich o. arm war? Versf. ü. 2 Kor. 8, 9. [Henkes Muf. V. II. St. 3.] Th. F. Stange, ü. C. Armuth. In f. theol. Symmift. Hal. 805. B. III. N. 4. *F. O. Siebenhaar*, de egestate C. [Käuffers bibl. Stud. 843. S. 168 ff.]: pauper, non egenus.

§. 58. Der Cölibat.

Da die Ehe nach jüdischer Sitte eine früh eintretende allgemeine Pflicht war, zumal für den Erstgeborenen eines Hauses, und nach ihrer christlichen Bedeutung die Ergänzung des einzelnen Menschen ist, daher zum Begriff eines vollkommnen Mannes gehört, verehlicht zu sein,^a) wofern nicht eine besondre göttliche Fügung ihn abgehalten hat: so ist die Frage, wodurch Christus abgehalten wurde, den ehelichen Bund zu schließen,^b) über den er nachgedacht und seine Heiligkeit ausgesprochen hat [Mt. 19, 4 ss.], von Alters her gehört worden.^c) Die Antwort: Mühseligkeit seines Lehramtes und Ahnung seines frühen Todes, paßt nicht auf das friedliche Jahrzehent vor seinem öffentlichen Leben, und ruht auf kleinlicher Angst vor eignen und fremden Schmerzen. Die Meinung, daß die Sehnsucht nach seiner Zukunft in der Liebe zu Gott und zur Menschheit den Gedanken eines persönlich beglückten Liebesbundes gar nicht aufkommen ließ, hält Gefühle für einander ausschließend, die wenigstens in einem reichen Herzen vollen Raum neben einander haben. Die Behauptung, daß Christus nach seiner Würde nur eine geistige Nachkommenschaft haben konnte, hervorgegangen aus der Gewohnheit ihn nicht wahrhaft menschlich zu denken, hat folgerecht zur katholischen Erhebung des Cölibats geführt. Es könnte zwar scheinen, daß Jesus wie der Täufer

Leben Jesu. 4. Aufl.

aus asketisch essenischen Gründen den jungfräulichen Stand vorzog [Mt. 19, 12]: ᵈ) aber eine solche Einseitigkeit stimmt nicht zur rein menschlichen Herrlichkeit seines Lebens. Sollte daher die wahre Ursache nicht in besondern Verhältnissen seiner Jugend verborgen liegen: so mag als Vermuthung gelten, daß demjenigen, aus dessen Religion die dem Alterthume fremde, ideale Ansicht der Ehe hervorgegangen ist, in seiner Zeit kein Herz begegnete, das ihm ebenbürtig, solchem Bunde gewachsen, den Wunsch desselben in ihm erweckte. ᵉ). Dagegen die allein Mt. 19, 11 s. aufbewahrte Rede, welche das freiwillige Eunuchenthum für's Gottesreich als etwas Besondres aufstellt, scheint auch in ihrer Form ein Nachklang essenisch=ebionitischer, wenn auch von Paulus [1 Cor. 7, 32 ss.] empfohlner Gesinnung zu sein. ᶠ)

T. S. Niedner, Warum hat unser hochgelobter Herr und Heiland nicht geheirathet? Schneeb. 815. Schleiermacher, d. christl. Gl. A. 1. B. II. S. 226. Valentiner, d. Leben J. C. in uns. Gemüthe. Kiel 838. S. 120 f. Weiße, B. I. S. 249 f. Rheinwalds Rep. 836. B. XIV. H. 3. S. 222. — Hase, theol. Streitschr. H. 1. S. 105 ff.

a) Luther, Briefe, ges. v. De Wette. B. II. S. 675 f. Fichte, System d. Sittenl. Jena 798. S. 449.

b) Daß er ihn geschlossen: Schultheß, ü. d. Aergerniß, das Girschner a. d. N. theol. Annalen, 1826. Nachrr. S. 9-21 eingenommen u. im Euphron 1827 geäußert hat. Beitr. z. Urgesch. d. chr. Gl. u. Sittenl. den Ehestand u. Cölibat betr. [N. theol. Annal. 828. Nachrr. S. 122 f.]

c) *Clement*. Stromm. III. p. 533: Οὐκ ἴσασι τὴν αἰτίαν τοῦ μὴ γῆμαι τὸν κύριον. Πρῶτον μὲν γὰρ, τὴν ἰδίαν νύμφην εἶχεν τὴν ἐκκλησίαν· ἔπειτα δὲ, οὐδὲ ἄνθρωπος ἦν κοινὸς, ἵνα καὶ βοηθοῦ τινος κατὰ σάρκα δεηθῇ· οὐδὲ τεκνοποιήσασθαι ἠν αὐτῷ ἀναγκαῖον ἀϊδίως μένοντι καὶ μόνῳ υἱῷ Θεοῦ γεγονότι. d) W. J. v. Schmafowsky, Nonges Beruf z. Reformator. Bresl. 845. S. 19. e) Romanhafte Ausführung des Verhältnisses zu Maria von Bethanien in Opitz Leben Jesu.

f) Die gewöhnliche Ausflucht: in Bezug auf damalige Zeitumstände: Paulus, er. Handb. B. II. S. 599. Dgg: Strauß, B. I. S. 645 f. Doch s. Baumg.=Crusius. S. 317 f.

§. 59. Fleisch und Geist.

Die unermeßliche Energie der Erhebung in das Ewige und der Kampf gegen eine feindselige, ihren Lüsten dahingegebene Welt mußte zwar rasch einen unbedingten Gegensatz zwischen dem, was man Fleisch und Geist nannte, hervorrufen, ᵃ) aber Jesus selbst achtete das Fleisch nur für das Schwache, Vergängliche Mt. 26, 41. Jo. 3, 6, und dessen Nichtsnutzigkeit Jo. 6, 63 ist bloß die Correctur eines scheinbar fleischlichen heilbringenden Genusses Jo. 6, 56, es ist unnütz, wenn nicht durchdrungen vom belebenden Geiste, der als das Wort Christi nach dem Opfer seines Fleisches nicht aufhört Geist und Leben zu schaffen. ᵇ) Jesus hat das naturgemäße Bedürfniß über die altväterliche Satzung gestellt Mc. 2, 23-27 et parr. Seine Verwerfung des Reichthums ist wenigstens in seinem Sinne ermäßigt auf die, welche

§. 59. Fleisch und Geist. §. 60. Die 12 Apostel.

sich auf Reichthümer verlassen Mc. 10, 24, c) und er kennt noch einen edleren Gebrauch derselben als selbst die Ernährung der Armen Mt. 26, 8-11 et parr. Er vertheidigte bei der Berufung des Zöllners zum Apostel [Mc. 2, 13-22 et parr.] gegen das Vornehmthun der Pharisäer seine Sendung an den ganzen niedergebeugten Theil der Menschheit, gegen die strenge Äußerlichkeit der Johannisjünger den freien und freudigen Geist seiner Lehre, welcher, ohne an sich selbst eine Beschränkung durch willkürliche und ängstliche Menschensatzungen zu dulden, von dem Irrthume derselben an andern auf's mildeste urtheilt. Obwohl die Volkssitte es mit sich brachte, ließ der Herr seine Jünger nicht fasten Mt. 9, 14, nicht daß er fromme Übungen unbedingt verwarf, sondern sie sollten nur stattfinden als heilende Zucht Mt. 17, 21, oder wo sie der Zeit und Stimmung wahrhaftes Bedürfniß sind Mt. 9, 15, und dann in das Geheimniß eines frohen Angesichts verhüllt Mt. 6, 16 ss. Er machte die berauschende Blüthe des Naturlebens zum Träger seiner höchsten Gemeinschaft Mt. 26, 27 s. Nie hat ein religiöser Heros weniger als Jesus die Freuden der Welt gescheut. Er trug kein Bedenken, Gelage zu besuchen, deren Sitten uns seltsam dünken Jo. 2, 10, und frommen Eiferern ein Ärgerniß zu geben, dessen er mit heiterer Miene gedenkt Mt. 11, 19. Aber auch in seiner heitersten Miene ist ein ernster, ja wehmüthiger Zug, z. B. Mt. 9, 15. Eine begeisterte Naturanschauung, wie die Psalmen sie enthalten, oder das liebevolle Versenken indischer Poesie in's Naturleben lag ihm fern. Aber sein Lehrstuhl in anmuthiger Landschaft, sein Übernachten auf Bergen und seine Lilienpredigt deutet an, daß er gern mit der Natur verkehrte, deren er immer nur in ethischer Beziehung gedenkt als Sinnbild der sittlichen Natur und des überirdischen Reichs Mt. 5, 45. 6, 26. 13, 24 ss. An Kinder scheint er seine Lehre nie gerichtet, auch den Aposteln nichts deßhalb geboten zu haben: aber die Unschuld der Kindheit war ihm heilig, d) ihr gehörte sein Reich, er hat die Kleinen geliebt und gesegnet. Mt. 18, 1 ss. 19, 13-15 et parr.

a) *E. Zeller, ü. griech. u. christl. Ethik. In f. Jahrb. 850. B. IX. H. 3.
b) Lücke, Jo. B. II. S. 171 f. Dgg: Baur, S. 230 f.
c) A. Hilgenfeld, d. Mark. Ev. Lpz. 850. S. 129 f.
d) Die andre Seite: *J. D. Goldhorn, de puerorum innocentia in sermm. sacris non sine cautione laudanda. Lps. 828. p. 13-28.

§. 60. Die Zwölf.
Mt. 3, 13-19. Lc. 6, 12-16. — Mt. 10, 1-4.
Mt. 10, 5-43. Mc. 6, 7-13. Lc. 9, 1-6. 10.

Nach Markus und Lukas hat Jesus aus den Jüngern, die sich allmälig um ihn gesammelt hatten, 12 Apostel erwählt, damit sie als vertraute Genossen seiner Lehre und seines Lebens die besonders betrauten Boten zur Verkündigung des Gottesreichs würden. Diese

Erste Periode bis zum 2. Passah.

Wahl und Einsetzung, als das besonnene, nur der Zeit nach auch von Lukas nicht hinreichend bestimmte, Resultat des bisherigen Zusammenlebens ist bezweifelt worden, weil Johannes von einem so wichtigen Entwicklungspunkte nicht wohl schweigen konnte, weil auch die Wahl des Verräthers hiernach von Jesu ausgegangen wäre, und weil nach Jesu Tode die Apostel in ihr Eigenthum und Gewerbe zurückkehrten, auch der apostolische Name ihnen nicht ausschließlich zukam.[a]) Aber Johannes berichtet den Anfangspunkt der apostolischen Nachfolge [1, 37 ss.] und setzt später wie Matthäus den Kreis der 12 um den Herrn immer voraus [Jo. 6, 67]; Jesus selbst bezeugt Jo. 15, 16, daß er die Apostel erwählt habe, nicht sie ihn; wenn er auch wußte, was in dem Menschen war Jo. 2, 25, so ist das keine Allwissenheit, am wenigsten dessen, was im Selbstbewußtsein des Andern selbst noch unbekannt ist; wenn als Bedingung der vollkommenen Nachfolge die Forderung gestellt wurde, alles zu verlassen Mt. 19, 21, so ist sie jedenfalls auch an die Apostel gestellt worden Mt. 19, 27, wodurch sie doch nicht verhindert waren, in müssiger Zeit das Geschäft ihrer Angehörigen zu fördern und im ehelichen Stande zu leben.[b]) Die Ersatzwahl Act. 1, 15ss., auch wenn sie aus einem Mißverständnisse hervorging, beweist, daß die Apostel selbst sich als Glieder eines festgeschloßnen Bundes ansahn, sonach die Wahl der 11 und des Judas nicht erst eine That der Gemeinden war.[c]) Ihre Zwölfzahl, die auch Paulus bezeugt 1 Cor. 15, 5, cf. Apoc. 21, 14, hat eine absichtliche, nationale Beziehung. Sie gehörten alle den niedern Ständen an, und Leute aus dem Volke waren nicht ungeeignet [Mt. 11, 25] als die Träger einer göttlichen Offenbarung eine geistige Revolution hervorzurufen, die vom Volke ausgehn sollte. Männer von begründetem Ansehn mochten sich schwerlich für ein apostolisches Amt finden [Jo. 12, 42], und die damalige Gelehrsamkeit war für die einfache Verkündigung des Evangeliums kein gefahrloses Werkzeug. Erwägt man jedoch, wie entscheidend Paulus für den Sieg des Christenthums gewesen ist, und wie Jesus unter den Mißverständnissen seiner Apostel sich gedrückt und einsam fühlte, so ist einzuräumen, daß er aus einem sehr beschränkten Kreise die Besten wählte, die sich ihm darboten, cf. Mt. 9, 37 s. Aber aus diesen meist unbedeutenden, doch treuen und unverdorbenen Menschen wurden durch des Lehrers Weisheit, des Schicksals Ernst und Gottes Segen die selbständigen Gründer eines ewigen, allgemeinen Geisterbundes, und während sie sich noch mit Hoffnungen auf die Ehrenstellen des irdischen Messiasreichs schmeichelten Mt. 19, 28. 20, 20 s. 24. Mc. 10, 29 s., weckte Jesus in ihnen sittliche Kräfte, die jede irdische Hoffnung entbehren konnten. Die Apostel hielten den Herrn während seines irdischen Lebens für einen gottgesandten, mit großen wunderbaren Kräften ausgerüsteten Lc. 9, 54,

§. 60. Apostel. Petrus. Joh. Thomas.

doch keineswegs über Irrthum und Gefahren erhabenen Menschen Lc. 8, 45. Jo. 11, 8. cf. Lc. 24, 21. Durch die nationale Ehrfurcht vor seiner Würde und durch das Gefühl seiner geistigen Erhabenheit war in ihrem Verhältnisse zu ihm etwas Fernes und Schüchternes [cf. Mt. 16, 7. Jo. 13, 22 ss. 16, 18 s.], das Jesus gewähren ließ, bis der Schmerz und die Zärtlichkeit des Abschieds ihn drängte, sie als Freunde an seine Brust zu ziehn Jo. 14, 15. Kluge und kühne Rathschläge, die der Herr ihnen mitgab, sind vornehmlich bei beiden ersten Synoptikern nur eine Zusammenfassung des apostolischen Ideals, sie sollen durch Erhebung über alle Sorge und Angst zeitlicher Dinge jedem Kampfe gewachsen sein. Die ihnen aufgelegten Entbehrungen sind nach der spätern Sitte und Erinnerung verschieden berichtet Mt. 10, 10 cf. Mc. 6, 8 s. Jesus gab ihnen Macht Dämonen auszutreiben und Krankheiten mit Öl zu heilen; doch fehlte ihnen anfangs die geistige Kraft zur sichern Ausübung Mt. 17, 16 ss., auch später erscheint nur Petrus ihrer vollkommen mächtig Act. 3, 6 ss. 5, 15. 9, 32 ss. Was in der synoptischen Überlieferung sich als eine bestimmte allgemeine Aussendung darstellt, war vielleicht nur ein Absenden einzelner Paare in verschiedener Zeit, und konnte bei ihrer damaligen Befangenheit nur als Vorbereitung für sie selbst wie für das Volk gemeint sein.[d]) Über einige Namen der 12 schwanken die Evangelien. Nach den Synoptikern stehen Petrus und beide Zebedaiden dem Herrn am nächsten, nach dem 4. Evangelium nur Johannes und Petrus, cf. Gal. 2, 9.[e]) Als bedeutende Charaktere treten hervor: Simon, zum Merkzeichen dessen, was er werden sollte, genannt Kephas, d. i. Petrus, voll großartiger Widersprüche zwischen Geist und Sinnlichkeit, in deren Sturme ihm der Untergang drohte, wär' er nicht durch Jesu Wort der Felsen geworden, auf dem die Kirche in Judäa gegründet und ihr Übergang zu den Heiden vorbereitet wurde.[f]) Johannes, als Jüngling unduldsam, zornig, stolz, tiefsinnig, dichterisch, ein Adler und Donnersohn, doch vielleicht unbehülflich zum Sprechen und ungewandt nach Außen hin. In der Liebe zum Herrn, der ihn geliebt hat, weil er ihn geliebt hat und vielleicht einen Abglanz seiner eignen Jugend in ihm, verklärte sich sein ganzes Wesen zu einer unendlichen Liebe, in der die höchste Weisheit ihm offenbar wurde.[g]) Thomas nach flüchtiger Andeutung ein männlicher Charakter voll schwermüthiger Zärtlichkeit.[h]) Jesus begründete die Bruderliebe der Apostel, als Bedingung und Vorbild der Christenheit, in seiner Liebe Jo. 15, 12. Der Störung des Ehrgeizes stellt er die Anspruchslosigkeit eines Kindes entgegen Mt. 18, 1 ss. Mc. 9, 33 ss. Lc. 9, 46 ss., die christliche Größe in Dienstleistungen, Schmerz und Märtyrerthum Mt. 20, 20 ss., endlich seinen eignen Knechts- und Liebesdienst Jo. 13, 4 ss. In solcher Bruderliebe, die nur bestehn kann, wo der Mensch, was er von Gott unendlich bedarf, dem Menschen unendlich gewährt, verhieß er, seinem wahrhaften Wesen, d. i. seinem Geiste nach, unter den Seinen immerdar fortzuleben Mt. 18, 20. 28, 20, und an ihr sollten sie erkannt werden Jo. 13, 35. In diesem Sinne berichtigt er die Frage des Petrus, welcher mit einer Empfindlichkeit, die sich ihrer Gutmüthigkeit bewußt zu sein meinte, gewisse Gränzen der Geneigtheit zum Verzeihen willkürlich feststellen wollte Mt. 18, 21 ss. Als hierdurch eine Frage des Johannes veranlaßt wurde, die fast schon ein Geständniß war, gebot Jesus, so klug als gütig, den Fremden, der in seinem Namen Dämonen austrieb, gewähren zu lassen Mc. 9, 38-40. Lc. 9, 49 s.[i]) Aber er, der kein geknicktes Rohr zerbrach, forderte von dem edlen hochstrebenden Jünglinge das Höchste, weil er ihn liebte. Mt. 19, 16 - 22 et parr. So kommt an jeden, den Christus lieb gewinnt, die Forderung des Christenthums, das Vergängliche dem Unvergänglichen aufzuopfern. Die damalige Form dieser Forderung gehörte persönlichen und zeitlichen Verhältnissen.[k])

Fr. Spanhemii Dss. III. de apostolicis rebus. L. B. 679. [Opp. T. II. p. 286ss.] *Fr. Burmanni* Dspp. X. de App. [Exerce. acad. P. II. p. 104ss.] *Jo. Schmid*, de habitu et insignibus App. sacerdotalib. Lps. 702. *J. P. Grunenberg*, de App. s. biblicis App. actis. Rost. [704.] 705. *Jo. Lamii* de eruditione App. liber singular. Flor. 738. *J. C. Rhodomann*, de sapientia C. in elect. App. Jen. 752. 4. *E. N. Bagge*, de sap. C. in electione, institut. et missione App. Jen. 754. 4. *G. F. Walch*, de illumin. App. successiva. Gott. 758. 4. *G. G. Rullmann*, de App. primariis rel. chr. doctorib. Rintel. 789. 4. [*J. C. Vollborth*] De discipp. C. per gradus ad dignitatem et potent. apost. evectis. Gott. 790. 4. *Haenlein*, de temporis, quo J. C. cum App. versatus est, duratione. Erl. 796. 4. J. C. G. Liebe, ü. d. Vorbereit. d. Jünger J. [Augustis N. th. Blätt. B. II. S. 42-46.] *E. A. P. Mahn*, Distinguantur tempora et notantur viae, quibus App. J. doctrinam div. sensim sensimque melius perspexerint. Gott. 809. 4. Ch. G. Ruhmer, Wodurch zog J. s. Jünger an sich? [Schuderoffs Jahrb. B. LIII. S. 257 ff.] *Clemen in Winers Zeitsch. f. wiff. Theol. H. III. S. 336ff. *H. F. T. L. Ernesti*, de praeclara C. in App. instituendis sap. atque prudentia. Gott. 834. 4. *F. Jaggi*, de la vocation des Apôtres. Strasb. 835. 4.

a) Schleiermacher, ü. Luf. S. 88ff. Strauß, B. I. S. 576ff. Weiße, B. I. S. 392f.

b) Mt. 8, 14. 1 Cor. 9, 5. *Euseb.* H. ecc. III, 30. — *J. A. Schmid*, de App. uxoratis. [Hlmst. 704.] Vit. 734. 4. *C. M. Pfaff*, de circumductione soror. mulier. app. Tub. 751. 4. Schultheß, N. theol. Nachrr. 828. H. 1. S. 130ff. c) Dgg: B. Baur, Synopt. B. II. S. 178 ff. Evv. B. II. S. 288ff.

d) E. A. Schulze, de ablegatione App. atque LXX. discipulorum, rebusque illis prohibitis. Frcf. ad V. 758. 4. — Weiße, B. I. S. 404.

e) Strauß, B. I. S. 581ff. Weiße, B. I. S. 397ff.

f) Jo. 1, 43. Mt. 14, 23-26. Jo. 21, 7. Mt. 16. 16-19. 22s. Jo. 18, 10s. 25s. Mt. 26, 58. 69-75. Jo. 21, 15-21. Act. 1, 15ss. 4, 8ss. 5, 3ss. 29ss. 15, 7-11. Gal. 2, 11-14. — *Th. Bibliandri* L. de vita, doctrina, fide, opp. et ecc. Petri. Bas. 550. *C. Stengel*, Cmtr. rerum gest. App. Principis Petri. Aug. V. 621. 4. *Hier. Xaverii* Hist. S. Petri, persice

§. 61. Bergpredigt.

conscr. simulque multis modis contaminata, lat. redd. a. *Lud. de Dieu.*
L. B. 639. 4. J. Fabricius, Hist. d. h. Ap. Petri. Nürnb. 658. *Aeg. Strauch*, Vita P. Vit. 659. *Jo. Fecht*, de P. gladio accincto. Rost. 706.
4. *Ch. Kortholt*, de Simone P. primo App. et ultimo. Gott. 748. Butschany, Unters. d. Vorzüge d. Ap. H. Hmb. 788. — *J. G. Rau*, Praeterita quaedam ad narrationes de summa Petri temeritate ill. Erl. 791. 4. *W. Meyer, Etwas z. Charakteristik d. P. [Pelts th. Mitarbeiten. 838. H. 1.] — *Niemeyer, Charakteristik d. Bibel. Hal.[775ff.] 6.A. 830. B.I. S.353-91.
g) Mc. 9, 38s. Lc. 9, 54. Mc. 3, 17. Mt. 20, 20-22. Jo. 13, 23. 19, 26s. *Iren.* III, 3. *Clemens*, Quis dives. c. 42. [*Euseb.* H. ecc. III, 23.] *Hieron.* ad Gal. 6. [Opp. ed. Martian. T. III. p. 314.] — *Obbarius*, de temperamento Jo. cholerico. Gott. 738. 4. *J. C. Wernsdorf*, Melett. de elogio filior. tonitr. Hlmst. 754. 4. [Carpzovs Dank- und Freudenopfer. Lüb. 754. S. 155 ff.] *G. Sommelius*, de discipulo, quem dilexit J. Lund. 795. 4. *J. G. Schmid*, de Jo. a J. dilecto. Jen. 795. *J. F. K. Gurlitt, ü. d. Bedeutung des Beinamens Βοανεργές. [Stub. u. Krit. 829. H. 4.] — Niemeyer, B. I. S. 305-49. *Lücke, Jo. B. I. S. 8ff. Tholuck, Jo. S. 1ff. Frommann, Jo. Lehrbegr. S. 1ff.

h) Thom. *Stapletoni* L. de tribus *Thomis.* Col. 612. *C. H. Rost*, de Th. philosopho Apostolo. Budiss. 785. 4. Göbel, ü. d. Charakt. d. Thom. [Velthusens theol. Mag. B. II. N. 4.] *Averdiek, Einiges ü. d. Char. d. Thom. [Pelts th. Mitarbeiten. 838. H. 2.] — Niemeyer, B. I. S. 70-74.

i) Elwert in d. Stud. d. Würt. Geistlich. B. IX. H. 1. Ullmann in d. Deutsch. Zeitsch. f. chr. Wiss. 851. N. 3 f. Neander, S. 503 f.

k) Parallele im Ev. d. Hebr. bei *Orig.* in Mt. tom. 15. [T. III. p. 671.] — *C. Tischendorf*, de loco Mt. 19, 16 ss. Lps. 840. Wimmer, ü. Mt. 19, 16 ss. [Stub. u. Krit. 845. H. 1.]

§. 61. Die Bergpredigt. Mt. 5-7. Lc. 6, 17-49.

Im 1. und 3. Evangelium ist nach der Ähnlichkeit der Situation *) und des Einganges, wie nach der Gleichheit des Grundgedankens, des Schlusses und der nächstfolgenden Begebenheit [Mt. 8, 5 ss. Lc. 7, 1 ss.] derselbe Lehrvortrag Jesu gemeint. Die kürzere Mittheilung des Lukas trägt nicht durchaus den Charakter des Ursprünglicheren. Einzelne Sprüche aus der Rede bei Matthäus finden sich in den andern Evangelien, ja bei ihm selbst verstreut, als bei anderer Gelegenheit gesprochen. Vornehmlich das Gebet des Herrn, das, angeschlossen an jüdische Gebetformeln, als Lehre und Vorbild das ganze Bereich allgemein religiöser Wünsche umfaßt, b) steht Lc. 11, 1 ss. kürzer, doch unter genauer individualisirten Verhältnissen; zwar ist auch bei Matthäus ein angemeßner Zusammenhang, doch hat ein Gebet, das nicht als solches zu Gott gesprochen, sondern als Vorschrift unerbeten gegeben wird, in öffentlicher Rede eine seltsame Stellung.°) Daß Jesus einzelne Sprüche zu verschiedenen Zeiten wiederholt habe, widersteht zwar auf den ersten Anblick der Vorstellung von seiner Geistesfülle, ist aber doch hinsichtlich sprüchwörtlicher Reden urkundlich, und liegt in der Stellung eines Lehrers, der nicht sich, sondern andern predigt. Die Bergpredigt ist ein wohlgegliedertes, durch einen Gedanken zusammengehaltnes Ganze: aber dieser Gedanke ist nach so entgegengesetzten, unausgeführten Richtungen hin ausgesprochen, die Fülle in der Mannichfaltigkeit besonders bei Matthäus so groß, so zusammengetragen und schriftmäßig, daß eine solche Rede, wie viel vorbedachte Bestandtheile auch einfließen mochten, doch nicht frei aus dem Herzen gesprochen sein kann.[d]) Auch würde der Herr, wenn er gegen die psychologischen Gesetze der Gedankenentwickelung so sprechen konnte, schwerlich so gesprochen haben, da solche Rede einen Gesammteindruck und Entschluß kaum hinterlassen mochte; denn jeder, der von dem Einen ergriffen diesem nachging, konnte in dieser Sammlung und Bewegung durch alles andre nur gestört werden. Dennoch wollten beide Evangelisten eine einzelne unter bestimmten Verhältnissen in der Nähe von Kapernaum gehaltene Rede mittheilen. Wenn in der Tradition sich die Aussprüche Jesu zunächst nur an den Begebenheiten festhalten konnten, so war doch natürlich, daß die evangelische Überlieferung auch ein allgemeines Bild seiner Lehrweisheit geben wollte, und dieses stellte sich am natürlichsten in der Wirklichkeit eines besonders eindringlichen Falles dar. Daher um den Mittelpunkt dieser bestimmten Rede sich manches anschloß, was aus vereinzelten Sprüchen Jesu einem solchen Gesammtbilde angemessen schien. Beide Evangelisten haben wissend oder unbewußt diesen Zweck verfolgt und nach einer allgemeinen Erwähnung der Wirksamkeit Jesu [Mt. 4, 23ss. Lc. 6, 17 ss.] ein Bild des Volks- und Weltlehrers aufgestellt.[e]) Beide Reden sind daher hinsichtlich des concreten Falles und der historischen Absicht identisch, beide schriftstellerisch componirt, aber aus Werkstücken, die den scharfen Stempel ihres Ursprunges tragen. Matthäus hat diesen Zweck weit großartiger aufgefaßt, oder eine reichere Krystallisation der Überlieferung vorgefunden. Eine Beziehung auf die Weihe der Apostel, wie nach Lukas scheinen könnte, tritt nirgends hervor, die Rede ist zunächst an die Jünger, weiter an das Volk und an die ganze Christenheit gerichtet als eine Constitution des Gottesreichs durch die sittlich religiöse Gesinnung, bei Matthäus in der Gestalt einer Gesetzesreform. Im Eingange [Mt. 5, 1-16] werden die sich arm Fühlenden, daher Verlangenden nach solchem Reiche der Liebe, selig gepriesen und ihre Bedeutung für die Weltgeschichte gewürdigt, während Lukas nur die andere äußerliche Seite gefaßt und mit einem Wehe gegen die irdisch Glücklichen vermehrt hat.[f]) Im 1. Theile [b. 5, 48] ist das Verhältniß des Gottesreichs zur jüdischen Theokratie allgemein und nach einzelnen Beispielen als das der innern Sittlichkeit zur äußern Gerechtigkeit dargethan. Im 2. Theile [b. 6, 18] der Gegensatz dieser geistigen Erfüllung des Gesetzes zur pharisäischen Auffassung desselben als Werkheiligkeit in Almosen, Fasten und Gebet. Im 3. Theile [b. 6, 34] die Scheidung des Vergänglichen und des Ewigen, der alleinige Werth von diesem, aber

§. 61. Bergpredigt.

nach der vollen Hingabe an dasselbe die heitre Bewegung in jenem. Im 4. Theile [v. 7, 12] vereinzelte Sentenzen des Sittengesetzes und der Lebensweisheit. Im Schlusse [v. 7, 27] mit erschütternder Mahnung die Zurückführung aller Theorie auf That und Gesinnung. Unter den Geboten sind einige nach der Sitte jener Zeit und nach der volksthümlichen Art des Sprüchwortes in der parabolischen Form eines einzelnen Falles aufgestellt, und von Schwärmern, Spöttern, oder theilnahmlosen Grammatikern wörtlich genommen worden: aber bei der sittlichen Kraft und Klarheit Jesu kann eine Handlungsweise, welche, statt muthig zu kämpfen, gegen eine edle Gottesgabe wüthend, verzweifelte Mt. 5, 29 s., und die Welt nur den Missethätern preisgeben würde 5, 39 ss., schwerlich gemeint sein, sondern nur die Maxime dieser Handlungsweise, der Geist der Bruderliebe, des Gemeinsinnes und aufopfernden Heldenmuthes.[g] Indem Jesus das mosaische Ehegesetz[h] als ein Nachlassen vom ursprünglichen Rechte nur für der Menschen Härtigkeit, nicht für ihren möglichen Irrthum, betrachtete, wurde ihm die aufgestellte Idee der Ehe auch in ihrer gesetzlichen Unlösbarkeit sogleich durch die Unleugbarkeit des wirklichen Lebens durchbrochen, doch in der Beschränkung auf das äußerlich gegen die Ehe vollzogene Verbrechen.[i] Das Verbot des Schwörens hat er für sein Reich der Wahrheit unbedingt ausgesprochen.[k] Die Bergpredigt ist nicht die Vollendung, aber die eine Seite des Christenthums.

*Augustini l. II. de sermone Dom. in monte. [ed. Bened. T. III.] *Luther, Ausleg. des 5. 6. 7. Cap. Mt. [Walch. B. VII. S. 534 ff.] — Ch. A. Crusius, Probatio, quod scopus homiliae mont. Mt. 5-7 sit evangelicus, neutiquam legalis. Lps. 759. 4. Deutsch: Vom Entzwecke der Bergpr. Lpz. 763. 4. C. G. L. Frotscher, [pr. C. G. Jehnichen] de consilio, quod J. in oratione montana secutus est. Vit. 788. 4. *D. J. Pott, de natura atque indole orat. mont. et de nonnullis hujus orat. explicandae praeceptis. Hlmst. 788. 4. [Dgg: Storr, Ds. exeg. in l. N. T. hist. aliquot loca. Tub. P. II. 790. s. 4. Vrg. Eichhorns allg. Bibl. B. II. S. 351 ff. III. 293 ff. 1050 ff.] K. C. L. Schmidt, exeg. Beitrr. 791. B. I. Abh. 3. II. Abh. 7. Beiträge z. Beförbr. e. vern. Denk. H. IX. N. 4. Bonif. a S. Wunibaldo, Commentr. bibl. in serm. C. in monte. Heidelb. 794. J. J. Wagner, Orationis J. mont. pars insignior illustr. Bamb. 795. 4. H. Niebuhr Ferf, Fides et auctoritas Mt. in referenda J. orat. c. 5-7 vindicatur, inpr. contra Evansonium. Traj. ad Rh. 799. K. G. Schuster, Beitrr. z. Erl. d. N. T. [Eichhorns allg. Bibl. B. IX. S. 971 ff.] Schmidts Bibl. f. Krit. u. Exeg. B. I. S. 570 ff. J. G. Oertel, de orat. J. mont. ejusque consilio. Vit. 802. 4. J. G. Rau, Inquiritur in quaestionem, aa orat. mont. App. initiandorum caussa dicta sit. Erl. 802. s. 2 Pgg. 4. *Drs. Unters. die wahre Ansicht der Bergpr. betr. Erl. 805. [Knapp in d. Hall. Lit. Z. 806. N. 202.] *J. F. Flatt in s. Mag. St. 5. J. J. Heß, ü. d. Verhältn. d. Bergpr. zu d. ev. Erlös. o. Begnadigungslehre. [Eb. St. 5 f.] E. T. C. Grosse, de consilio, quod C. in orat. mont. secutus est. Gott. 818. F. G. Jentzen, de indole ac ratione orat. mont. Lubec. 819. C. H. van Herwerden, J. C. in de Bergrede beschouwd als een vorbeeld voor den Kanzelrednaar. Gron. 829.

*Tholuck, philol. theol. Auslegung d. Bergpr. nach Mt. Hmb. [833.] 835. — Beurtheilende Liter. aus den Commentaren ü. Matth. b. Tholuck S. 40ff. G. N. Stolterfoht, die Bergrede nach Mt. übers. u. erläutert. Hamm 786. *J. J. Stolz, Geist d. Sittenl. J. in Betr. ü. d. Bergpr. Lemg. 792 f. 3 B. F. A. Schrödter, C. Bergpr. frei übers. mit erklär. Anmerkk. Alton. 796. W. C. Thurn, reine Übersicht b. Bergpr. J. nach den Grundsz. d. prakt. Vernunft. Lemg. 799 f. 2 B. J. J. Schweizer, Samml. d. vorz. Sittenspr. J. nach Mt. 5-7 übers. u. erläut. Zür. 804. [Göß] Reden ü. d. Bergpr. nach neuen Ansichten, Übersicht u. ereg. Rechtfertigung. Ulm 823. *J. H. K. v. Wessenberg, d. Bergpr. Neujahrsgesch. f. Freunde. Const. 4. A. 825. K. Buchner, Christblumen, o. d. Bergpr. u. b. letzten Reden G. im Jo. rhyth= misch behandelt. Mit Vorr. v. Zimmermann. Lpz. 827. *K. Zimmermann, d. Bergpr. in rel. Vorträgen. Neust. 836. J. A. Mau, d. Bergpr. nach Mt. homil. bearb. in 24 Pred. Hamb. 836.

a) Doch Mt. 5, 1 s: — ἀνέβη εἰς τὸ ὄρος, καὶ καθίσαντος αὐτοῦ. Lc. 6, 17: — καταβὰς ἔστη ἐπὶ τόπου πεδινοῦ. Nach Ebrard S. 349 f. ist's gleich. *b)* Das allein specifische Christliche im Texte Marcions, erste Bitte: ἐλθέτω τὸ ἅγιον πνεῦμά σου ἐφ' ἡμᾶς, auch von solchen noch für die ursprüngliche Lesart gehalten, in denen sich die retractatio der neuern Tü= binger Schule angekündigt, würde an dieser Stelle die harmonische Glieder= ung des Gebets stören.

c) *Origen. περὶ εὐχῆς c. 18. *Chrysost. in Mt. Homil. XIX. [Opp. ed. *Montfaucon.* T. VII. p. 149 ss.] *Gregor. Nyss.* εἰς τὴν προςευχήν. Opp. Par. T. I. p. 723 ss. *Tertull.* l. de Oratione. *Cyprian.* de Orat. do- min. *Hieron.* c. Pelagg. III, 15. Die Auslegung der griech. Väter gesam= melt in *Suiceri* Obss. sacr. Tig. 665. p. 162 s. —**Herm. Witsii* Exercit. sacrae in Symb. ap. et O. dom. ed. 3. Amst. 697. 4. *G. Wernsdorf,* Vin- diciae O. dom. Vit. 708. 4. *M. H. Rothe,* Vindiciae O. dom. Vit. 709. 4. *G. Olearius,* Obss. sacrae. Lps. 713. p. 176 ss. *Nic. Brunner,* de prae- stantia et perfectione O. dom. [Tempe Helvet. Tig. 736. T. II. p. 181 ss.] *J. Engeström,* de harmonia Decalogi et O. dom. Lund. 743. 4. *Brui- nings,* Obss. gener. ad O. dom. circa auctorem, scopum, formam et usum. Hdlb. 752. *G. Sommelius,* [resp. *M. Livino*] de repetita O. dom. Lc. 11. Lund. 775. 4. *H. F. Pfannkuche, ü. d. Gebetsformel d. Messiasschüler. [Eichhorns allg. Bibl. B. X. S. 846-78.] *J. A. Noesselt,* Obss. ad O. dom. Hal. 801. 4. [Exercitt. Hal. 803.] S. H. Möller, ü. b. Vaterunf. [Au= gustis theol. Monatsschr. 801. S. 23 ff.] u. Neue Ansichten. S. 39 ff. *J. G. Rau,* de O. dom. an praecipue App. fuerit destinata. Erl. 804. *J. G. Stei- nert,* de peculiari indole precum Domini. Ossit. 817. 4. *M. Weber,* Eclo- gae exeg. crit. in nonnullos N. T. locos. Pg. II. et III. Hal. 828. 4. **A. R. Gebser,* de O. dom. Com. I. Regiom. 830. *Tholuck, Bergpr. S. 372 ff. 450. Bei beiden Letztern auch literar. Übersicht. — Gegen Ableitung aus d. Zendavesta und über Verwandtschaft mit rabbinischen Gebeten: *Gebser,* p. 19 ss. Tholuck, S. 383 ff. *d)* Dgg. De Wette, B. I. S. 57 für die Einfachheit und Klarheit des Gedankenganges wenigstens bis Mt. 6, 8.

e) Dieß seit Pott die vorherrschende Ansicht, zu der selbst Olshausen [B. I. S. 201] sich bekannte; nur über den Umfang der bestimmten Rede, die den Grundstoff bildet, schwanken die Meinungen. Brg. Strauß, B. I. S. 600 ff. Baur, S. 584 ff. De Wette, B. I. S. 56 ff. Neander, S. 380. Ebrard, S. 353 ff. Lange, B. II. S. 567 ff. er „die Kulm= und die Staffel= predigt" unterscheidend als nach einander gehalten, nur die zweite bei Lukas, als Volkspredigt.

f) *J. L. Mosheim,* de paupertate mentis. [Cogitt. in N. T. locos se-

§. 61. Bergpredigt. §. 62. Geist der Lehre Jesu.

lectos. Hann. 726. l. I. 52-77.] *N. R. Suhr*, de pauperib. spiritu. Hafn. 768. *G. Sommelius*, de fame sitique justitiae. Lund. 788. 4. K. G. Schuster, Beitr. zu Mt. 5, 3 ff. [Eichhorns allg. Bibl. B. IX. S. 971 ff.] *G. C. Knapp*, Explanatio loci Mt. 5, 3 ss. Hal. 801. 4. [Scripta var. arg. ed. 2. T. II. p. 349 ss.] *De Wette*: in Daubs Studien. B. III. St. 2. Com. de morte Jesu p. 86 s. u. Gr. Handb. B. I. Th. 1. S. 59 f. Tholuck in d. Stud. u. Krit. 832. H. 2. S. 335 ff. u. Bergpr. S. 61 ff. — *Kienlen*, ü. b. Makarismen. [Stud. u. Krit. 848. H. 3.]

g) *P. Munck*, [resp. *Nils C. Lindbeck*] de praecepto C. Mt. 5, 39 juri naturae non adverso. Lund. 774. 4. *C. L. Nitzsch*, de judicandis morum praeceptis in N. T. a communi omnium hominum ac temporum usu alienis. Vit. 791-3. 3 Comm. 4. *C. F. Fritzsche*, Obss. ad Mt. 5, 29 s. 39. Hal. 828. 4. Tholuck, Bergpr. S. 221 ff. 306 ff. Weiße, B. II. S. 40 ff.

h) Deut. 24, 1. — *Selden*, Uxor hebraica. Lond. 646.

i) Mt. 5, 31 s. 19, 3-10 mit Mc. 10, 2-12. Nur die allgemeine versprengte Sentenz Lc. 16, 18. Strauß, B. I. S. 645 f. Neander, S. 398: Jesus hat nicht bloß die damalige, gesetzliche Form der Scheidung verworfen, aber sein freies Gesetz ist weder in ein Staats- noch Kirchenrecht aufzunehmen. — Ammon, B. II. S. 48 ff. 335 ff. — Schleyer, ü. b. neutest. L. v. b. Unauflöslichk. b. Ehe. [Freyb. Zeitsch. 844. H. 1. vrg. Kraußhold in b. Zeitsch. f. luth. Th. 844. H. 1.] k) Mt. 5, 33-37. Die Ausflüchte: K. G. Anton, phil. Prüfung b. Meinungen ü. b. Eid. Lpz. 803. K. F. Göschel, b. Eid. Brl. 837. S. 118 f. Dgg: Neander, S. 399.

§. 62. Geist der Lehre Jesu.

Der Zweck Jesu war nicht zunächst die Verkündigung einer Lehre, sondern die Gründung eines Reichs, als der allgemeinmenschlichen Gemeinschaft religiöser Bildung. Weil aber diese Gemeinschaft bedingt war durch die Erkenntniß der religiösen Wahrheit und durch die Widerlegung des entgegenstehenden Irrthums: so war es ein nothwendiges Amt Jesu zu lehren. Seine Lehre ist die mitgetheilte Anschauung eines in sich vollendeten frommen Gemüths in Bezug auf eine zu gründende fromme Gemeinschaft. Da das fromme Gemüth so alt ist wie die Menschheit, so finden die einzelnen Aussprüche Jesu mannichfache Parallelen unter den Alten: aber nirgends die Gesammtanschauung und Vollendung, aus der sie hervorgingen. Die eigene Religion Jesu ist von der christlichen Religion nur verschieden wie Grund und Wirkung, und das Christenthum ist zwar einestheils eine historische und positive Religion, anderntheils aber die ewige, allgemeinmenschliche Religion selbst; nehmlich jenes, wiefern es objectiv eine bestimmte, von Jesu ausgehende Gemeinschaft religiöser Bildung ist, dieses, wiefern es subjectiv nur das religiöse Gemüth selbst ist, das durch diese Gesammtbildung zur vollen Lebensentwickelung kommt. Daher im Christenthum bestimmte Cäremonien nur die Bedeutung haben konnten, jene Gemeinschaft auszusprechen und das fromme Gefühl anzuregen, nicht als ein an sich nothwendiger Gottesdienst Jo. 4, 21. 24; bestimmte Dogmen, nur wiefern sie die natürlichen Äußerungen des frommen Gemüthes sind, nicht abgesehn hiervon ein bestimmtes Glaubensbekenntniß Mt. 7, 21-23. Jo. 13, 34 s.

Was hat J. in f. Reden eigentlich gelehrt? Rost. u. L. 774. 2 B. [Ockel] Über Geist u. Wahrh. d. Rel. Jesu. Brl. u. Stett. 785. *Garve, das Christenth. als Lehrgebäude u. als Institut. [Vermischte Auff. B. II. S. 289 ff.] *Storr, ü. d. Geist d. Christenth. [Flatts Mag. St. 1.] T. Lang [Ebend. St. 7.] A. T. Hartmann, Blicke in d. Geist d. Urchristenth. Düsseld. 802. H. H. Cludius, Uransichten d. Christenth. Alton. 808. J. Muth, d. Verhältn. d. Christenth. u. d. Kirchen zur Vernunftrel. Hadam. 818. C. F. Böhme, d. Rel. Jesu aus ihren Urkunden dargestellt. Hal. [825.] 827. *Baumgarten-Crusius, bibl. Theol. §. 7. *E. Reuss, Hist. de la Theol. chrétienne au siècle apostolique. Strasb. 852. T. I. p. 171 ss.

§. 63. Judenthum und Christenthum.

Wie das Judenthum ist das Christenthum eine Anstalt, aber nicht äußerlich beschränkt durch ein positives theokratisches Gesetz und in einem bestimmten Volke beschlossen, sondern als religiöser Geist alle Völker, alle Zeitalter, Zeit und Ewigkeit umfassend. Daher zwar fremd der Beschränkung und Äußerlichkeit des Judenthums, aber angedeutet in dem ahnungsvollen Geiste des Mosaismus und Prophetismus, verhält es sich zu demselben wie zur Weißagung ihre Erfüllung, eine neue Schöpfung, und doch angeschlossen den volksthümlichen Grundlagen und Erwartungen. In dem räthselhaften persönlichen Verhältnisse Jesu zum jüdischen Gesetze steht als Thatsache fest: einerseits, erst Paulus hat die Losreißung vom Gesetze durchgekämpft, in dieser selbständigen Entwickelung der apostolischen Kirche hat man sich von keiner Seite her auf Aussprüche Jesu berufen, und obwohl der Messias nach der Volksmeinung berechtigt war, gewisse Theile des Gesetzes abzuschaffen, a) so hat doch Jesus dessen Geltung bis zu der großen erwarteten Katastrophe auf eine Weise behauptet Mt. 5, 17-19, die von den damaligen Zuhörern und vom Evangelisten selbst nicht anders als wörtlich und unbedingt genommen werden konnte, auch setzt die Zurückführung alles Werths auf die Gesinnung [Mt. 15, 11. Mc. 12, 33 u. o.] den bereits vollzogenen Schluß gegen das jüdische Gesetz nicht nothwendig voraus; b) andererseits, der Geist des Christenthums mußte das jüdische Gesetz in seiner nationalen Beschränkung und in seinem Cäremoniendienste auflösen, Jesus hat die nahende Stunde dieser Auflösung in Jerusalem angedeutet Jo. 2, 19, als schon angebrochen in Samarien verkündet Jo. 4, 21-24, er hat auf den Untergang des Tempels gerechnet Mt. 24, 2, das Bedürfniß einer neuen Form erkannt Mt. 9, 17, sich als Herrn des Gesetzes bezeichnet Mt. 12, 6-8, und in der Bergpredigt selbst, genau betrachtet, nicht bloß pharisäische Zusätze, sondern mehr als ein Jota an den Forderungen des Gesetzes verändert, als das nur um alter Herzenshärtigkeit willen auf Zeit zugelaßnen Mt. 19, 8. c) Als

§. 63. Judenthum. §. 64. Verkündigung als Messias.

Einheit dieses Gegensatzes ergiebt sich: Jesus hat aus Schonung der Anhänglichkeit des Volks an das väterliche Gesetz und aus Scheu vor der Zuchtlosigkeit bei der unvorbereiteten, in der Gesinnung nicht hinreichend begründeten Abschaffung,[d] das Gesetz, nur mit Ablehnung der pharisäischen Zusätze, und in liberaler Anwendung gelten lassen; aber er hat seine Auflösung vorausgesehen, vorbereitet und der nothwendigen Entwickelung des von ihm ausgehenden Geistes vertraut Jo. 16, 12 s. Weil aber die höchste Bedeutung des Gesetzes darin bestand, das Evangelium einzuführen, in dieser Vollendung zu enden und im äußern Untergange erst wahrhaft ewig zu leben: konnte Jesus die geistige Vollendung des Gesetzes, die er brachte, dessen Erfüllung nennen.[e]

C. F. Stössner, de J. novo legislatore. Lps. 783. 4. *C. H. F. Bialloblotzky*, de legis Mos. abrogatione. Gott. 824. 4. *M. Baumgarten*, Doctrina J.C. de lege mos. ex or. montana hausta et exposita. Ber. 838. *J. O. Wüst*, Essai sur la doctrine de J. C. concernant le Mosaïsme. Strasb. 839.

a) Schöttgen, Horae hebr. T. I. p. 611ss. Bertholdt, Christ. Jud. §.31. b) Neander, S. 140 f. c) Drf. S. 394 f.
d) Cf. *Codex Cantabrig.* ad Lc. 6, 4.
e) Cf. Röm. 3, 31. 8, 4. Die Parallelstelle Lc. 16, 16 s. zu Mt 5, 17 ss. stellt die Geltung des Gesetzes und der Propheten nur bis auf den Täufer, daher der Text des Marcion ἢ τῶν λόγων μου statt ἢ τοῦ νόμου, wenn auch nicht die ursprünglichen Worte Jesu, doch ihren Sinn folgerecht enthält. Vrg. Hilgenfeld, krit. Unters. ü. d. Evv. Justins S. 470. — *J. H. Majus*, de dicto Salv. Mt. 5, 21 s. Marp. 697. [Exercc. phil. exeg. T. II. p. 851-72.] *Cp. F. Sartorius*, ad dictum C. Mt. 5, 17 ss. de immota auctoritate legis. Tub. 777. 4. *F. Morus*, Opp. T. I. p. 80 ss. F. W. Meinel, exeg. Bers. ü. Mt. 5, 17. [Bertholdts krit. Journ. 822. B. XIV. St. 1.] Fleck, de regno div. p. 262 ss. Tholuck, Bergpr. S. 130 ff. Strauß, B. I. S. 525 ff. [Dgg. A. 3. B. I. S. 560 ff.] Gfrörer, Gesch. d. Urchr. II. Abth. 2. S. 81 ff. *Planck, Judenth. u. Urchr. [Zellers Jahrbb. 847. S. 255 ff.] Baur, S. 609 ff. — Harnack, J. b. Ch. o. d. Erfüllung d. Ges. u. der Proph. Elberf. 842. vrg. Bleek in d. Stud. u. Krit. 853. H. 2. S. 302 ff: das Sittengesetz durch vollkommene Gerechtigkeit, das Ritualgesetz typisch.

§. 64. Verkündigung als Messias.

Nur das Gottesreich verkündete Jesus [§. 51] und ließ es verkünden [Mt. 10, 7] schweigsam über sich selbst, bis zum Verbote an die Dämonen [Mc. 3, 11 s.] und an die Apostel [Mt. 16, 20. et parr. cf. 12, 16 ss.], ihn als Messias zu offenbaren. Die Dämonen galten als Wissende, und in besondern Fällen mochte wirklich ein krankhaftes Hellsehn den Messias aus seinem eignen Innern heraus erkennen.[a] Die Apostel waren ihm zwar als dem Messias gefolgt Jo. 1, 41. 45. 49. cf. Lc. 5, 8, aber nach Mt. 14, 33. 16, 15 ss. et parr. cf. Jo. 6, 67 ss. scheint doch seine volle Anerkennung als solcher mehr einzelnen Momenten der Bewunderung, als einer festgegründeten stetigen Überzeugung anzugehören. Daher auch unter den Wohlwollenden das Urtheil über ihn schwankte Mt. 12, 23. 16, 14. Jo. 7, 26. 31, und die Aufforderung, sich offen zu erklären, noch spät gehört wurde Jo. 7, 24. Dieses Schwanken und Verhehlen in einer Sache, welche der höchsten Öffentlichkeit fähig und bedürftig schien, beweist nicht, daß Jesus nur widerstrebend sich den messianischen Namen gefallen ließ,[b]) oder daß ein früherer Zeitabschnitt seines vollen absichtlichen Verschweigens von den Synoptikern verworren überliefert, von Johannes verleugnet sei,[c]) oder daß Jesus selbst geschwankt und erst allmälig zum Gedanken, selbst der Messias zu sein, sich erhoben habe;[d]) vielmehr erscheint das Messiasthum als der feste Mittelpunkt seines Lebens. Auch nach den Synoptikern hat er sich vom Anfange an als Messias bezeichnet Lc. 4, 18 ss., und am Ausgange selbst da, wo es sein Leben galt Mt. 26, 64. Durch das 4. Evangelium geht zwar gleichmäßiger die offne Geltendmachung der Messiaswürde, doch ganz abgewandt von der volksmäßigen Vorstellung als religiöse Behauptung seines Einsseins mit Gott. Aber die wahre und dringende Ursache war, weil Jesus in ganz anderm Sinne Messias sein wollte, als das Volk den Messias erwartete, so daß seine unvorbereitete Verkündigung nur Hoffnungen aufgeregt hätte, die zu erfüllen er nicht gekommen war, und die Staatsgewalt, die den Messias anerkennen oder vernichten mußte, zu einem Kampfe gezwungen hätte, den er noch vermeiden wollte. Daher Jesus sich gewöhnlich den **Menschensohn** nannte, welcher Ausdruck nach seiner Beziehung auf Dan. 7, 13 s. [כְּבַר אֱנָשׁ] eine messianische Bezeichnung enthält Mt. 26, 64. Jo. 3, 13, auch dem Volke verständlich [Jo. 12, 34] in jüdischen Schriften vorkommt,[e]) doch nach jenem Verbote und nach Mt. 16, 13 ss. nicht durchaus gleich ist mit Messias, und ebendeßhalb von Jesu vorgezogen wurde, weil er das Messiasthum nur verdeckt, von der politischen Erwartung nach dem Wortinhalte auf etwas allgemein Menschliches [cf. Mc. 2, 27 s. 1 Cor. 15, 47] hinleitend bezeichnete, welches in dem sinnvollen, von Jesu für **seinen** Messiasbegriff eigenthümlich erwählten und der apostolischen Kirche fremdgebliebenen [nur Act. 7, 56] Worte nur die Vollendung der reinen Menschheit und die Hingabe an die gesammte Menschheit sein kann.[f]) Die Begrüßung als Davidsohn ließ Jesus nur gewähren [cf. Mt. 22, 41 ss.]. Die Bezeichnung als **Gottessohn**, welche nach biblischem Sprachgebrauche die verschiedenartigsten Stufen irgend einer Verbindung mit Gott [z. B. Mt. 5, 9. 45. Lc. 6, 35], und im höchsten Sinne den Messias schlechthin bezeichnet [Mt. 16, 16. 26, 63. Jo. 1, 50], wird vornehmlich im 4. Evangelium nach ihrer rein religiösen Bedeutung von Jesu in Anspruch genommen.[g]) Aber auch die stärkste Geltendmachung seiner Würde in den johanneischen Festreden war nur der pflichtmäßige Anspruch auf ein von Gott verliehenes Königsrecht, durch welches er im nationalen Sinne über die bescheidene Sitte des Privat-

§. 64. Menschensohn. §. 65. Göttl. Existenz u. Sendung.

lebens erhoben, so wie durch seine menschliche Vollendung allen durch die Sünde erst entstandenen Schranken der Menschheit entnommen war.

C. F. Schmidt, Judaeorum, qui Christi tempore vixerunt, de eo variae opiniones. Vit. 775. 4. **P. Ch. Cramer*, de sapientissima J. in vero se Messia declarando οἰκονομίᾳ. Hafn. 792 4. *A. Ziez*, Quomodo notio de Messia in animis App. sensim sensimque clariorem acceperit lucem. Lubec. 793. 2 Dss. 4. *J. F. Flatt, Etwas ü. d. Bezieh. d. Lehre J. v. s. Person auf die Denkart d. Paläst. Juden. [Verm. Versuche S. 223 ff.] [*C. C. E. Schmidt*] Loca quaedam Evv. Mt. et Lc. doctrinam de Messia illustrantia. Jen. 801. 4.

a) Fritzsche, Mc. p. 35. Olshausen, Comm. B. I. S. 290 f. Strauß, A. 3. B. II. S. 29 ff. Neander, A. 3. S. 304.

b) Thieß, krit. Comm. B. I. S. 177. Vrg. C. F. v. Ammon, Fortbild. b. Christenth. A. 2. B. I. S. 336 f. Baumg.-Crusius, bibl. Theol. S. 373. *c) Fritzsche*, Mt. p. 213. 536.

d) Strauß, B. I. S. 503. [Dgg. A. 3. B. I. S. 548.] *e) L. Henoch*. 46, 1-3. 48, 2. 61, 10. 13. 17. 62, 15. 68, 38-41. 69, 1. cf. 61, 9. meist mit dem Pronomen demonstrativum, nach der Übersetzung v. A. G. Hoffmann, Jena 833-38. 2 B. cf. *Schöttgen*, Horae hebr. T. II. p. 263.

f) Gaillard, Spec. quaestionum de filio hominis. L. B. 684. 4. *Messerschmidt*, de sacra formula ὁ υἱὸς τοῦ ἀνθρώπου. Vit. 739. 4. **C. A. Heumann*, Cur filius Dei perfrequenter se appellarit filium hominis? Gott. 740. 4. [Syl. Dss. T. I. P. IV. p. 884 ss.] *G. Less*, de filio hom. Gott. 776. 4. [Opusc. T. I. Ds. 6.] *J. G. Rullmann*, de verbis ὁ υἱ. τ. ἀνθ. Rint. 785. [Selecta hist. philol. theol. Lps. 787. T. I. p. 271 ss.] Übers. u. Erkl. aller Stellen d. N. T. u. b. meisten b. Magist. A. T., welche sich auf d. Begr. Sohn G. Menschensohn, Messias beziehn. [Henkes Mag. B. I. St. 2.] *K. G. L. Schmidt, ü. d. Ausdruck ὁ υἱ. τ. ἀνθ. im N. T. [Henkes N. Mag. 798. B. II. St. 2. vrg. Schmidts Bibl. f. Krit. u. Exeg. B. I. S. 583 ff.] [Ch. F. Böhme] Wie konnte sich J. zugleich Menschens. u. auch Gottess. nennen? [Augustis Monatsch. 802. B. II. S. 393-411.] **Wess. Scholten*, [pr. J *Heringa*] de appellatione τ. υἱ. τ. ἀνθ., qua J. se Messiam professus est Traj. ad Rh. 809. Kling in d. Stud. u. Krit. 836. H. 1. S. 137. *Ch. F. Böhme, Versuch d. Geheimniß d. Menschens. zu enthüllen [nach Herder] Neust. a. d. O. 839. Vrg. *Fleck*, de regno div. p. 105 ss. Ammon Fortb. d. Christenth. B. I. S. 352 ff. Strauß, B. I. S. 489 ff. Weiße B. I. S. 319 ff. Neander, S. 151 ff. u. die Commentare zu Dan. 7, 13 Mt. 5, 9. 8, 20. Lc. 1, 35. Jo. 1, 52. bes. Hävernick, Olshausen, Lücke.

g) **J. A. Noesselt*, de vera vi nominis filiorum Dei. [Opp. ad interpr Sc. S. Hal. 787. Fasc. II. N. 13.] **C. D. Ilgen*, de notione tituli filii De Messiae tributi. [Paulus, Memor. Lpz. 795. St. 7.] *Horn, ü. d. verschieb nen Sinn, in welchem J. C. im N. T. Sohn G. genannt wird. [Röhrs Mag f. Pred. B. III. H. 2.]

§. 65. Göttliche Existenz und Sendung.

Die Aussprüche Jesu für sein Einssein mit Gott Jo. 10, 30 für die ihm übertragene Allmacht Mt. 28, 18 und für seine ausschließliche Vermittelung der Gotteserkenntniß Mt. 11, 27 et parr. Jo. 14, (werden durch die sittliche Übereinstimmung seines Willens mit den göttlichen Willen und durch die Berechtigung eines jeden Lehrers de Wahrheit nicht erschöpft. Da er jedoch sein Einssein als Abhängig keit von Gott Jo. 5, 19 s. 8, 28. Mt. 26, 39 und als allgemeinmenschliche Bestimmung Jo. 14, 23. 17, 21 s. Mt. 5, 48 bezeichnet, dem Vater allein die vollkommene Güte Mc. 10, 18. Lc. 18, 19, [a]) das vollkommene Wissen Mc. 13, 32 und die ausschließliche Ehre Jo. 7, 18 zuschreibt, auch gegen den Vorwurf der Anmaßung göttlichen Namens sich nur für den Namen des Gottessohnes höchst bescheiden auf alttestamentlichen Sprachgebrauch beruft Jo. 10, 33 - 36: so beziehn sich jene Aussprüche sowohl auf sein religiöses Einssein mit Gott, als auf seine messianische Bestimmung zur Gründung des Gottesreichs. Denn er hat durch den Gedanken und durch die That den volksthümlichen Begriff des Messias zur höchsten religiösen Idee erhoben, und wie die Einheit mit Gott durch ein göttliches Leben die Idee, so war die Erziehung der Menschheit zu derselben Einheit der Zweck seines Lebens. Können aber einige Aussprüche insbesondre von einer Präexistenz [Jo. 8, 56 ss. 17, 5] so gedeutet werden, daß dadurch das reinmenschliche Bewußtsein Jesu aufgehoben würde, [b]) so können andere auf ein politisches Messiasthum bezogen werden [S. 73], daher jene wie diese für Anklänge des Volksglaubens nach seinen beiden Gestaltungen [S. 68] zu achten sind, falls nicht die ersteren ihre Gestalt durch das Logos = Philosophem erhalten haben. Wenn Jesus seinen Ursprung vom Himmel ableitet Jo. 3, 13. cf. 31, würde dieß, wörtlich und örtlich verstanden, in der reinen Gotteserkenntniß, die er vermittelt hat, keinen Sinn haben. Der Himmel ist Gott und die Fülle des göttlichen Lebens. Indem sich Jesus als den Messias wußte, war seine Sendung göttlich im höchsten Sinne seines Volks; indem der Weltplan Gottes der seinige war, göttlich im höchsten Sinne der Religion. Die Versicherung, daß seine Lehre nicht von ihm selbst, sondern vom Vater sei, enthält einen Gegensatz gegen Erlerntes wie gegen Ersonnenes. Und so erweist sich die Sache durch sich selbst. Das Gottesbewußtsein Jesu ist ein ursprüngliches Sichselbstoffenbaren der Gottheit in der Frömmigkeit des Gottessohnes. Daher hat Christus als Urbild frommer Menschheit nicht nur die Offenbarung gebracht, sondern ist die Offenbarung selbst. Alle wahrhafte Religion ist Offenbarung, denn nur Gott selbst kann wahre Kunde über sich selbst in des Menschen Herz legen Jo. 6, 45, daher auch Jesus die Bewährung seines Worts, daß es von Gott oder die wahre Religion sei, der eignen Erfahrung anheimgab, und wußte, daß wer die Wahrheit liebe und aus Gott sei, zu ihm hingezogen werde Jo. 7, 16 s. [c]) 8, 42. 47.

*J. C. Döderlein, de vi et usu formulae, C. de coelo venisse [Opp. tb. Jen. 789. N. 2.] — G. F. Seiler, ü. d. göttl. Offenb. vornehmlich J. u. fr. Gesandten. Erl. 796. 2 B. *F. G. Süskind, in welchem Sinne hat J. d. Göttlich. fr. Religions= u. Sittenlehre behauptet? Tüb. 802. Vrg. §. 21. not. f.

[a]) Über Mt. 19, 17 nach Griesbach und Lachmann, s. J. Müller, chr. Lehre v. d. Sünde. Bresl. 844. B. I. S. 110 f.

§. 66. Lehrart Jesu.

b) C. A. Heumann, de Abrahami visione C. [Bibl. Brem. Clas. I. Fasc. 4. p. 473-85.] *F. A. Lampe*, de die C. ab Abr. visa. [Ib. p. 485-517.] *J. H. Pries*, Praeexistentia C. ante Abr. ex recentiss. Wetstenii detorsionibus vindicata. Rost. 775. *C. Runkranz*, [pr. *Th. Weidmann*] de gaudio Abr. ex visi C. die percepto. Lund. 780. 4. *W. K. L. Ziegler, Erl. d. schwier. Stelle Jo. 8, 12-59. [Henkes Mag. V. St. 2.] Brg. N. theol. Journ. 796. B. II. S. 164 ff. J. G. Wittig, ü. Jo. 8, 56 u. 10, 35. [Augustis N. theol. Bl. B. III. H. 3.] — J. D. Milow, ü. Jo. 17, 5. [Henkes Mag. B. I. St. 3.] *J. Ph. Gabler, ü. Jo. 17, 5. [N. theol. Journ. B. II. S. 179-85.] Dgg: *G. S. Ritter in Henkes Muf. B. III. St. 2.

c) J. A. Flessa, Consilium C., Jo. 7, 17 neque philosophorum neque atheorum censurae jure obnoxium. Alton. 741. 4. Über Jo. 7, 14-39. [Eichhorns allg. Bibl. B. VII. S. 1009 ff.] Ch. Heischfeil, ü. Jo. 7, 15-18, ob J. dadurch s. göttl. Sendung habe bestätigen wollen? [Augustis theol. Blätt. 796. B. I. S. 566 ff.] *Mich. Weber*, Interpretatio judicii, quod J. Jo. 7, 14-18 de sua ipsius doctrina tulisse legitur. Vit. 797. 4. Cf. Gablers theol. Journ. 798. B. X. S. 392-404. J. C. Liebe, ü. Jo. 7, 17. [Augustis theol. Blätt. 798. B. II. S. 635 ff.] *J. A. L. Hoffmann*, de C. doctrinae suae originem vere divinam vindicante, in loc. Jo. 7, 14-29. Misn. 815. 4. — Die eigenthümlichen Erklärungen bei *Schott*, Opp. exeg. crit. T. I. p. 58 ss. und *Lücke*, Jo. B. II. S. 198 ff. stellen nur eine andre Beziehung heraus.

§. 66. Lehrart.

Niemals systematisch, aber als innerlich zusammenhängende Äußerungen eines in sich vollendeten religiösen Geistes sprach Jesus einzelne Lehren und Lehrvorträge aus, je nachdem sie durch einzelne Gelegenheiten in bestimmter Individualität hervorgerufen wurden, so daß zuweilen das einseitig Wahre durch die andre Seite der Wahrheit, also im scheinbaren Gegensatze ergänzt,ª) überall aber das Äußere und Irdische zum Sinnbilde des Innern und Überirdischen erhoben wird. Die bald katechetische, bald polemische und rhetorische Form, zuweilen in Begriffen, aber auch diese mehr praktisch als theoretisch, oft in Bildern, selbst in bildlichen Handlungen Jo. 13, 4 ss., gelegentlich geistreich Mt. 4, 19. 5, 3-11. 8, 22. 12, 49. Lc. 8, 21. 11, 27 s. bis zur freundlichen und zur bittern Ironie Lc. 7, 47. Mc. 7, 9. Lc. 13, 33, ᵇ) ist der rabbinischen Lehrweise [Mt. 13, 42] verwandt. Aber während die Schriftgelehrten Angelerntes vortrugen und mit fleißigen Citaten belegten, ging die Lehre Jesu unmittelbar aus seinem Gemüthe hervor; und das war ihre Macht über die Herzen Mt. 7, 28 s. Mc. 1, 22. Jo. 7, 46. Nächst dieser höchsten und allgemeinmenschlichen Auctorität des Geistes [Jo. 7, 17] schloß sie sich bald nur im Ausdrucke, bald zum Beweise, an die höchste volksthümliche Auctorität der H. Schrift; beide Auctoritäten wechseln mit einander, so daß die letztere zuweilen da steht Lc. 24, 46 s., wo die erstere zu Grunde liegt, oder daß sie auch nur dialektisch benutzt wird Mt. 22, 32, oder das einst Wirkliche, indem es jetzt auf eine höhere Weise von neuem geschieht, als ein Erfülltwerden erscheint Lc. 4, 18. Jo. 13, 18. cf. Mt. 11, 14.ᶜ) Auch den gesunden Menschenverstand rief Jesus für sich an, meist in anschaulichen Exempeln aus dem gemeinen Leben z. B. Mt. 12, 10-12. Eine hohe Klarheit ist in den sittlichen Beziehungen auf's praktische Leben mit leichter Verständlichkeit vereint: aber in den unmittelbar religiösen Beziehungen gewährt sie oft nur den ahnungsvollen Blick in eine unendliche Tiefe, besonders nach der johanneischen Überlieferung. Dieser ist eigenthümlich, was man minder richtig Neigung zum Paradoxen genannt hat, die kühne Widerlegung eines Einwurfs dadurch, daß der Gedanke, gegen dessen geringere Potenz der Einwurf gemacht worden war, in seiner ganzen Fülle ausgesprochen wird, so daß der Gegensatz gegen das Geringere sich im Gegensatze gegen das Höhere aufhebt und dieses in seiner vollen Macht das Gemüth übermannt Jo. 3, 12 s. 5, 17 s. cf. 8, 58. Ferner, daß die Antworten Jesu über die Frage hinausgehn, und ebendadurch auf ewige Fragen des menschlichen Geistes antworten Jo. 6, 26. 11, 25. 12, 23 s.^d) Auch ist das Eingehn auf die verschiedene Fassungskraft seiner Zuhörer Mc. 4, 33, durch deren Empfänglichkeit er seine Wirkung bedingt wußte Lc. 8, 5 ss. Jo. 8, 43, und ein absichtliches Übergehn dessen, was sie zu tragen noch nicht vermochten Jo. 16, 12, zunächst in den synoptischen Evangelien bemerkbar;^e) doch dürfte manches, wo es Jesu so leicht gewesen wäre, Mißverständnisse durch ein einfaches Wort zu lösen [z. B. Jo. 8, 52 ss. 6, 52. 66. vrg. §. 51], oder wo seine hohen Worte ganz weggeworfen scheinen, als gegen seinen Grundsatz Mt. 7, 6 nur der abgeschloßnen Weise, in welcher sich das Verhältniß Jesu zu den Juden der Erinnerung des Johannes darstellte, und dem Eindrucke angehören, den seine Persönlichkeit gemacht hatte, als so hoch über seine Zeitgenossen erhaben, daß sie alle ihn nicht verstanden.^f) Gilt dennoch seine Lehrweise als das Vorbild aller religiösen Volksbelehrung: so ist diese Vollkommenheit zwar durch ein großes Talent begünstigt, aber ebensosehr seinem sittlichen Charakter und dem Bewußtsein seiner Bestimmung entsprungen. Die Belehrung der Apostel scheint nur durch die bestimmte Rücksichtnahme auf ihre intellectuelle Ausbildung verschieden.^g) Zwar, während Jesus dem Volke mit seltsamer Heimlichkeit, die doch vielleicht nur der synoptischen Erzählungsweise angehört Mc. 4, 10-13. Lc. 8, 9 s. Mt. 13, 10-18, Gleichnißreden als Räthsel stehn läßt, beglückwünscht er seine Vertrauten über eine privilegirte Einsicht in Geheimnisse, die jedem Einsichtigen nahe lag:^h) aber nach Jo. 16, 25. 29 s. sprach er noch in der Abschiedsstunde das in ihrem Bewußtsein anerkannte Bekenntniß aus, daß er früher in verhüllten Bildern zu ihnen gesprochen;ⁱ) und die Versicherung Jo. 15, 15, daß er die ganze ihm selbst gewordene Offenbarung ihnen kund gethan habe, ist durch Jo. 16, 12 s. zu ermäßigen.

Jo. Fecht, de admiranda in C. docendi virtute, ad Mt. 7, 29. Rost. 711. 4. **B. C. Olearius*, de methodo C. in docendo a methodo legisperi-

§. 66. Lehrart Jesu.

torum plane diversa. Jen. 747. 4. *A. L. Müller*, de C. theologiae doctore summo. Jen. 754. *Hegemeister*, C gestus pro concione usurpasse. Servest. 774. 4. *Breu*, de methodo concionandi C. Vit. 774. 4. *J. A. Döring*, de elegantia orationis institutionisq. C. Lps. 787. 4. [*J. A. Müller*] De C. aliis doctoribus longe praestante. Isleb. 791. 4. **C. G. Weise*, de more Domini, acceptos a magistris jud. loquendi et disserendi modos sapienter emendandi. Vit. 792. 4. [*Potti* Committ. theol. T. V. p. 117 ss.] *G. B. Ludwig*, [pr. *F. Oberthür*] Tent. exeg. homil. sistens popularem J. methodum. Wirc. 792. **C. D. A. Martini*, de orationum C. ad animos audientium vi et efficacia. Rost. 793. 4. *E. G. Winkler, Bers. ü. J. Lehrfähigkeiten u. Lehrart, insofern sich diese z. Fassungskraft d. Zuhörer herabläßt, u. f. Religionslehrer Muster ist. Lpz. 797. H. L. Ballauf, Betr. ü. d. Lehrart J. Zelle 801. [Umgearbeitet:] Die Lehre J. als vortrefflich u. nachahmungswürdig. Hann. 817. *F. P. W. Kroll*, Testimoniorum evv. de eloquentia J. C., inprimis loci ap. Mt. 7, 28 ss. illustratio. Hlmst. 806. 4. *C. C. Seltenreich*, Quatenus ratio ac methodus, qua J. ejusq. App. praecipua religionis nat. capita tradiderunt ac stabiliverunt, omnibus temporibus sit commendabilis atque imitabilis. P. I. Dresd. 823. 4. Otto, Abh. ü. d. Sokratif nach d. Beisp. C. [Ottos u. Döhners Sächs. Volksfreund. B. I. S. 23 ff.] *F. J. Grulich, ü. d. körperliche Beredtsamf. J. Beitr. zu sr. Charakteristik. Brl. 827. [Nach sr. Schrift: de eloquentia corporis in J. conspicua. Terg. 814.] **H. N. la Clé*, de J. C. instituendi methodo hominum ingenia excolente Groning. 835. — *E. T. Pazig*, de poetica vi quam spirant sermones C. et App. Jen. 815. *Snouck Hurgronje, de parallelismo membrorum in J. C. dictis observando. Traj. ad Rh. 836.

a) Jo. 5, 31 u. 8, 14. Lc. 9, 50 u. 11, 23. Mt. 9, 17 u. 13, 52. cf. *Cicero* pro Ligario c. 11.

b) J. H. Heinrichs, Beitr. z. Beförder. d. theol. Wissensch. B. I. St. 1. Krummacher, Geist u. Form b. ev. Gesch. S. 232 ff. *G. B. Winer, exeg. Bemerkf. ü. d. Ironien in d. Reden J. [Nachricht ü. d. exeg. Gesellsch. Lpz. 822.] Liebe, f. §. 40, nt. b. — Amtsbrüd. Mittheill. Braunsch. Geistlichen. 833. N. 11. 834. N. 17. *F. J. Grulich, ü. d. Ironien in d. Reden J. Lpz. 838.

c) *Bleek, ü. d. Benutzung alttest. Stellen im N. T. [Stud. u. Krit. 835. H. 2.] *Tholuck, d. A. T. im N. T. Hamb. 836.

d) Baco de Verulam, de augmentis scient. IX, 3. Dgg: Weiße, B. I. S. 124 f.

e) *G. G. Pappelbaum*, de C. sapienter ac licite simulante. Starg. 763. 4. H. F. Behn, ü. d. Lehrart J. u. sr. App. Lüb. 781. **P. van Hemert*, Or. de prudenti C., App. atque Evv. consilio sermones suos et scripta ad captum atque intellectum vulgi accommodantium. Amst. 791. überf. m. Borr. v. F. W. D[ethmar]. Dortm. u. Lpz. 797. *J. F. Kirsten*, de acc. J. et App. ad errores judd. Arnst. 816. 4. — *J. P. Schaefer*, de C. et App. in tradenda rel. ad hominum captum sese demittentib. Mog. 787. *[R. B. Hauff] Bemerkf. ü. d. Lehrart J. m. Rücks. a. jüd. Sprach- u. Denkart. Offenb. [788.] 798. *M. Weber*, de acc. C. didacticae natura. Vit. 789. 4. *J. Heringa, ü. d. Lehrart J. u. sr. App. m. Hins. a. d. rel. Begriffe ihrer Zeitg. A. d. Holl. Offenb. 792.

f) Weiße, B. II. S. 47 f. u. o. Dgg: Neander, A. 3. S. 239 ff.

g) Ermahnung an die Apostel zur Kritik: γίνεσθε τραπεζῖται δόκιμοι, wie die Geldwechsler gute und schlechte Münzen unterscheiden, als von der Tradition bewahrtes Wort Jesu: *Fabric.* Cod. apoc. N. T. T. I. p. 330. T. III. p. 524. Ähnlich wenn nicht anspielend, 1 Thess. 5, 21. Hänsel in d. Stud. u. Krit. 836. H. 1. S. 175 ff. A. Koch, Comm. ü. d. 1. Br. an d. Thess. S. 429 ff. Neander, S. 484 f.

9*

h) Liebe, ü. Mt. 13, 10-19. [Augustis theol. Monatsch. 801. S. 289ff.] *F. Klöpper, Erkl. u. Erläut. d. Stelle Mc. 4, 11 u. 12 in Verb. m. Mt. 3, 10-16. Lc. 8, 9. 10. [Pelts Mitarb. 838. H. 4.]

i) Neander, S. 162 f. 165 ohne den Gegensatz zu beachten.

§. 67. Parabeln.

Obwohl Mt. 13, 34 s. Mc. 4, 34 s. nicht allzuwörtlich genommen werden darf,*a*) brauchte Jesus nach den Synoptikern doch gern die Parabel, d. i. die Darstellung einer religiösen Wahrheit durch eine erdichtete oder doch als Dichtung behandelte, aber den Gesetzen der Natur oder des Menschenlebens angemessne, meist dem gemeinen Leben entlehnte Thatsache, nicht, um seine Lehre zu verbergen, geheimnißvolle Weisheit für künftige Jahrhunderte, *b*) sondern theils, wie aus der Sache selbst erhellt, und, abgesehn von einer seltsamen Berichterstattung [S. 130], Mc. 4, 33 anerkannt ist, weil der auf solche Weise belebte Begriff die Erwartung spannt, sich festhängt in's Gedächtniß und zur Ausübung Lust macht, theils weil die Verwickelungen der Theorie oft am glücklichsten durch die Evidenz der That gelöst werden. Jesus hat diese im Morgenlande herkömmliche, doch im A. Testamente seltene Lehrweise [2 Sam. 12, 1 - 4. Jes. 5, 1 ss. 28, 23 ss.] unter seinem Volke vorgefunden*c*) und veredelt; ohne daß doch diese Meisterstücke der Volksberedtsamkeit die für den Beruf eines Religionsgründers zweideutige Annahme eines besondern poetischen Talentes Jesu rechtfertigen. *d*) Matthäus [13] hat nach seiner Weise auch Parabeln zusammengestellt. Wie Jesus dieselbe Naturseite der Parabel nach verschiedenen Seiten hin wandte Mt. 13, 3 ss. cf. 24 ss. Jo. 10, 1 ss. cf. 7 ss., so mag er dieselbe Parabel auch auf verschiedene Weise ausgeführt haben Mt. 13, 24 ss. cf. Mc. 4, 26 ss., so daß der eine Bericht [Mt. 25, 14 ss. Lc. 14, 16 ss.] die einfachere, der andre [Lc. 19, 12 ss. Mt. 22, 2 ss.] die zusammengesetzte Form enthält, denn obwohl solche Umbildungen auch durch die Überlieferung geschehn sein können, so gehören doch die Parabeln, dem schon dem gänzlichen Abbrechen der apostolischen Kirche von dieser Lehrweise, zu den sichersten und eigensten Reden Jesu.*e*) Ihr Mittelpunkt ist das Himmelreich in seinen mannichfachen Beziehungen. Die Anschaulichkeit des Bildes hat oft Nebenzüge veranlaßt, die nicht besondre Träger des geistigen Sinnes sind. Wenn diejenigen Parabeln die vollendetste Form zeigen, in denen Sinn und Bild so zusammenfallen, daß sie oft in der Volksmeinung für wahre Geschichten genommen wurden, und doch ihren vollen Sinn behielten: so erscheint als die mindest glückliche Form die Parabel vom ungerechten Haushalter schon durch die Menge streitender Erklärungen, die sie hervorgerufen hat. Wenigstens einem Zuhörerkreise, dem das durchsichtige Gleichniß vom Sämann erst gedeutet werden mußte, konnte nur der altherkömmliche,

§. 67. Parabeln Jesu.

auf der Oberfläche liegende Sinn einleuchten: die Empfehlung der Weltklugheit zum Dienste des Gottesreichs. Allein die andre nicht vorbildliche Seite der Parabel [wie die einseitigen Gleichungen Lc. 11, 8 s. 18, 6 s.], nebst den von Lukas nur nach scheinbarer Zusammengehörigkeit aus anderem Zusammenhange hierher gestellten Aussprüchen Jesu [v. 10-13], mußte bei der Voraussetzung einer immer und allseitig vollkommenen Lehrform zu künstlichen Ausdeutungen auffordern.*)

Suiceri Thes. eccl. παραβολή. — *Hieron.* ad Mt. 13. Chrysost. Homil. ad Mt. 20, 1 ss. *Erasmus*, de ratione verae Theol. ed. Bas. p. 155. *Saldeni* Otia theol. Exerc. V. p. 691 ss. *Ernesti*, Interpres N. T. ed. *Ammon.* p. 127 ss. *Morus*, super Hermen. N. T. Acroases, ed. *Eichstaedt.* p. 316 ss. *Herder, Briefe das Stud. d. Theol. betr. B. 16. 41. 43. *Krummacher, Geist u. Form d. ev. Gesch. §. 197-223. Keil, Lehrb. d. Hermeneut. d. N. T. §. 78-81. *Lücke, Grundr. der neutest. Hermen. u. ihrer Gesch. §. 109. 112. Kaiser, Grundr. eines Syst. der neutest. Hermen. S. 112 ff. Schott, Theorie der Beredtsamk. B. II. S. 154. 170 ff. 304 ff. *Fleck*, de regno div. p. 134-61. — *C. M. Pfaff*, de recta Theol. parabolicae et allegoricae conformatione. Tub. 720. Breitinger, v. Natur, Absicht u. Gebrauch d. Gleichn. Zür. 740. Mack, v. d. Absichten d. Parab. J. Heilbr. 764. Lippold, ü. d. Schmuck d. bibl. Gleichnißreden. Witt. 765. *Schirach*, super parabb. ss. tentamen, aucupium delectationis fabularum expendens. Hal. 767. *Bonnet*, de parabb. ev. 776. Corrodi, v. d. Gleichn. C. [Schwäb. Mag. v. gel. Sachen. 780. S. 21 ff. 273 ff.] *Gray, Vorleff. ü. d. Gleichnißreden unf. Heilandes, nebst Abh. ü. Gleichnißreden u. alleg. Werke überh. A. d. Engl. v. Roos [o. Schulz]. Hann. 783. Harwood, ü. d. Lehrart E. durch Parab. [Brit. theol. Bibl. St. 1.] Pfenninger, ü. d. Parab. J. u. ihre Nachahmung in Predigten. Zür. 786. *Storr, de parabb. C. Tub. 779. 4. | Opuscc. acad. Tub. 795. T. I. p. 89 ss.] L. Bauer, Samml. u. Erklär. d. parab. Erzählungen unf. Herrn. Lpz. 782. J. L. Ewald, b. Blick J. auf Natur, Menschh. u. sich selbst, o. Betr. ü. d. Gleichn. unf. Herrn. Lpz. 786. A. 3. Hann. 812. Corrodi, d. Localität d. Parab. J. [Beitrr. z. Beförd. e. vern. Denk. 788. H. 11.] J. C. F. Eck, Ref. für Menschen, o. d. Werth der Lehre J. a. f. bibl. Vorträgen. Brl. 797. K. P. Conz, Morgenländische Apologen o. b. Lehrweish. J. in Parab. u. Sentenzen. Heilbr. 803. [Neuer Titel:] Lpz. 809. *R. Eylert, Vorrede ü. das Charakteristische b. Parab. J. Ver f. Homilien ü. d. Parab. J. Hal. [806.] 818. *A. C. Bartels, specielle Homiletik für d. hist. u. parabol. Homilie. Brnschw. 824. Wohlfarth, Warum bedient man sich in d. Predigt so selten d. Parabel? [Schuderoffs N. Jahrbb. B. IX. H. 2.] A. Wolf, Warum bediente sich J. so oft d. parab. Lehrart? u. was hat man b. d. Erkl. d. ev. Parab. zu beobachten? [Allg. KZeit. 826. N. 136 f.] Dgg: Bemerkk. v. G. F. Wesenbeck. (Ebend. 827. N. 173.] *G. A. van Limburg Brouwer*, de parabb. J. C. L. B. 825. *Wesselius Scholten*, de parabb. J. C. Delph. Bat. 827. *F. W. Rettberg*, de parabb. C. Gott. 827. 4. *A. F. Unger*, de parabolarum J. natura, interpretatione, usu scholae exegeticae rhetoricae. Lps. 828. Strauß, B. I. S. 621 ff. Neander, S. 164 ff. — K. P. Conz, Paraphrase in Hexametern. In f. Apologen u. oben. Gittermann, b. Gleichn. J. o. mor. Erzähll. a. d. Bibel. Brem. 802. 2 B. Weisheitslehren d. Stifters d. Christenth. metr. überf. Marb. 804. *L. Pflaum, d. Gleichnißreden J., leicht gereimt u. gemeinverständl. ausgelegt. Nürnb. 823. *J. J. Krome, sämmtl. Parab. J., übersetzt, erläutert u. bef. prakt. homil. bearb. f. d. Religionslehrer. Fulda 823. *F. G. Lisco, d. Parab. J., exegetisch, homiletisch bearbeitet. Brl. 832. 3. A. 841. C. J. de Valenti, die Parab. d. Herrn f. K., Schule u. Haus. Bas. 841. *F. Arndt, d. Gleichnißreden J. C. Magd. 842. — M...r, einige Parab. J. in Gesprächen für erwachsene Kinder. 801. 2 B. Hartman, erklär. Darst. der Natur= u. Sittengemählde, die J. z. besseren Fassung sr. Lehre darstellte. Witt. 802. 2 B. L. Schlosser, d. Gleichn. J. z. Gebr. f. Kinderlehrer. Jen. 810. A. H. Walter, d. Gleichn. d. Herrn in Reim u. Bild. Mit 30 Holzschn. Lpz. 851.

J. G. Wittig, neue Ansicht d. Par. Mt. 12, 43 ff. [Augustis theol. Monatsch. 802. H. 2. S. 121 ff.] — *Jer. Fr. Reuss*, Meletema de sensu septem parabolar. Mt. 13. prophetico. Hafn. 733. 4. — H. Seb. Möller, ü. Mt. 13, 1-23. [Augustis theol. Blätt. 798. B. II. S. 733 ff.] — Wächtler, Versf. e. Erkl. v. Mt. 13, 45 f. [Stud. u. Krit. 846. H. 4.] Dgg: Steffensen, Cb. 847. H. 3. Dgg: Wächtler, Cb. 849. H. 2. — *J. Wandal*, Scriba edoctus ad regnum coelor. s. Explic. parab. de scriba, Mt. 13, 52. Hafn. 663. 4. *A. Berg*, Scriba doctus. Rost. 720. 4. *J. G. Feuerlinus*, de scriba evangelico, proferente e thesauro suo nova et vetera. Altd. 730. 4. *M. Crusius*, de scriba edocto ad regnum coelor. Gott. 735. *Jo. Hoder*, [resp. *O. Brombeck*] Obss. philol. in Mt. 13, 52. Ups. 781. 4. — *J. G. Dorschaeus*, Denarius vespertinus s. scopus parab. de operariis in vinea. Rost. 657. 4. *Phil. Ouzeelii* Dss. II. de denario regni coelor. Frcf. ad V. [720.] 723. 4. *J. L. Mosheim*, Meditt. in parab. de operariis in vinea. [Cogitt. in T. I. l. Hann. 726 p. 1-36.] *F. S. Löffler*, in explan. parab. de patrefamilias et operariis in vinea. Lps. 726. 4. *Dan. Gerdes*, Dss. biga ad parab. de operariis in vinea. Duisb. 727. 4. *J. R. Kiesling*, de procuratore in vinea Domini. Lps. 740. 4. *C. F. A. Zulich*, Medit. ad parab. Mt. 20, 1-16. Jen. 741. 4. *A. Westring*, [resp. *P. L. Cronström*] de mercede operariis in vinea juste distributa. Lund. 743. *C. S. Georgi*, de gratuita operariorum in vinea C. vocatorum mercede. Vit. 746. 4. *J. H. Schramm*, de operariis in vinea. Jen. 775. 4. ü. d. Par. v. d. Arbeitern im Weinb. [Feders Mag. f. kath. Geistl. 799. B. I. St. 2.] M. Martens, ü. M. 20, 1-16 u. andre Stellen d. N. T. m. Hinsicht a. Kantische Sittenprincipien. [Henkes Mag. B. IV. St. 3.] *B. L. Muzel*, Beitr. z. prakt. Erklär. der Gleichnißr. Mt. 20, 1-16, veranlaßt durch Martens. [Cb. B. VI. St. 1.] *J. C. F. Löffler, ü. Mt. 20, 1-16. [Mag. f. Pred. 805. B. I. H. 1.] *C. F. Fritzsche, ü. d. Par. v. d. Arbeitern im Weinb. [Tzschirners Memorabb. 815. B. V. H. 1.] *C. G. Beyer, ü. d. Par. v. d. Arbeit. im Weinb. [Winers N. krit. Journ. 824. B. I. St. 2.] Wilke in Winers Zeitsch. f. wiss. Th. 829. H. 1. *Krehl in Käuffers bibl. Stud. 843. S. 1 ff. *J. M. Ruprecht in d. Stub. u. Kr. 847. H. 2. Steffensen. Cb. 848. H. 3. Besser in d. Zeitsch. f. luth. Th. 851. H. 1. [vrg. Rubel, eb. H. 3.] Dgg: Münchmeyer, Cb. H. 4. — A. Schweizer, Erkl. d. Ev. Mt. 21, 28-31. [Stud. u. Krit. 839. H. 4.] — G. C. Dahme, ü. Mt. 22, 1 ff. [Henkes Mag. B. VI. St. 2.] — *J. G. Rau*, Parabol. Mt. 22, 2-14 et Lc. 14, 16-24 diversas esse. Erl. 801. 4. — *T. Johnston*, Christs watchword being the parable of the virgius expounded. Lond. 630. 4. *J. G. Rau*, Quo consilio J. C. parab. de decem virginibus Mt. 25, 1-13. proposuerit, inquiritur. Erl. 799. 4.

Über d. Gleichn. v. barmh. Samariter. [Hall. Wochenbl. B. II. H. 4.] *J. C. F. Löffler, ü. d. Stelle v. b. barmh. Sam. Cb. 10, 25-37. In f. kleinen Schriften. B. II. S. 205 ff. — P. M. Wolf, ü. d. Par. v. verl. Sohne. [Henkes Mus. 805. B. II. S. 462 ff.] *Zeller in f. Jahrbb. 843. S. 81 ff. *A. L. Königsmann*, de divite epulone a C. immisericordiae non accusato.

§. 67. Parabeln Jesu.

Kilon. 708. 4. *J. L. Fröreisen*, de infelici divitis felicitate, ad Lc. 16, 19ss. Giss. 714. 4. *G. Sommelius*, [resp. *J. Lönnwall*] in narrationem de div. epulone et Laz. Lund. 768. 4. J. E. E. Nachtigal, ü. Lc. 16, 23-25. [Henkes N. Mag. B. III. S. 293 ff.] *C. G. Klinckhardt*, super parab. J. C. de hom. divite. Lps. 831. 4. *Flensburg*, de vero sensu parab. Lc. 19, 19 – 31. Lundae 849. — *Haßler, ü. d. Parab. Lc. 18, 1-8. [Tüb. Zeitschr. 832. H. 3. S. 117 ff.] — *J. G. Michaelis*, in parab. de pharisaeo et publicano, Lc. 19, 9-14. P. II. [Bibl. Brem. Class. VII. Fasc. 3. p. 412-67. Fasc. 5. p. 824-54.] E. Fink, Parab. E. ü. d. Zöll. u. Pharr. Lc. 15 u. 16. [Stud. u. Krit. 834. H. 2.] — Kauffmann, ü. Lc. 19, 11-28. vrg. mit Mt. 25, 14-30. [Augustis theol. Monatsch. 802. H. 2.] *F. L. Cremer*, de diverso exitu ac mercede servorum fidelium atque ignav. Lc. 19, 11-27. Harder. 751. 4. *C. A. Gabler*, de ministro eccles. πραγματευομένῳ, ad Lc. 19, 12 ss. Schleiz. 781. 4.

C. Francke, Inquis. in scopum et sensum parab. de malis pastoribus, Jo. 10, 1 ss. Kilon. 703. 4. *H. Muhlius*, [resp. *A. L. Königsmann*] de scopo et sensu parab. de malis pastoribus. Kilon. 703. 4. *C. Wolle*, [resp. *J. G. Richter*] de introitu in ovile per ostium. Lps. 748. 4. *G. L. Oeder*, Annott. quaedam ad partem priorem c. 10. Ev. Jo. In f. Miscell. sacr. p. 495-503. *C. G. Müller*, Animadvv. in Jo. 10, 1-22. Leucop. 788. 4. Über d. Par. v. guten Hirten. [Grimm u. Muzel, Stromm. St. 3.] *J. G. Rau*, de J. gentilium pastore, ad Jo. 10, 16. Erl. 806. 4. Explanation of St. John. 10, 1-5. [Classic. Journ. 810. T. II. P. I. p. 510 -14.] *C. F. Fritzsche*, III. locus de J. janua ovium eodemque pastore. Hal. 834. 4. [*Fritzschior*. Opusc. 838. N. 1.] Brg. Lücke Jo. B. II. S. 401 ff. Neander, S. 527 ff.

a) *G. Sommelius*, [resp. *Hoegmanno*] Dictum Mt. 13, 34s. Lund. 778. 4. *Fleck*, de regno div. p. 148 ss. Cf. §. 66, nt. h.

b) *Clem* Stromm. VI. p. 802 s. [Dgg : *Tertul.* de resurr. c. 33. *Hieron.* ad Mc. 4.] — Petersen, Gleichnisse d. Herrn, darin d. Heimlichkeit rc. durch E. ausgesprochen. Frkf. 722. — Gegen den von Theophanes, Ernesti, J. J. Heß u. a. behaupteten Zweck vorsichtiger Verhüllung s. *Unger*, p. 65s. 185 ss. Neander, S. 166 : „Die Parabeln hatten den zwiefachen Zweck, zu offenbaren und zu verhüllen." [Wozu das Letztere?] S. 167 : „Christus redet, um die Wahrheit zu offenbaren, nicht, um sie verborgen zu halten."

c) Nächst den von Wetstein, Lightfoot u. Schöttgen bemerkten Parallelen, Sammlung rabbinischer Parabeln : J. E. Otto, Gali Razia. Nürnb. 701. Sieben Parabeln a. e. alten Handschr. R. Hirsch Nathan Ben Schelemo aus dem Talmud. 790. Hurwitz, Sagen b. Hebräer in Parab. u. Sentenzen. Aus d. Schrr. d. alten hebr. Weisen. Nebst Anh. ü. d. Talmud. A. d. Engl. Lpz. 826. Cf. *Unger*, p. 156 ss.

d) Lavater, Vermächtn. für Freunde. S. 56. Krummacher, §. 224. Eylert, S. 44 ff. — *L. T. Kosegarten*, de auctorum sacr. ipsiusq. J. C. vi atque indole poetica. Rost. 793. 4. A. d. Lat. Greifsw. 794. D rs. ü. d. Poesie J. [Rhapsodien. B. II. S. 177 ff.] *A. H. A. Schultze*, de parabolarum J. C. indole poetica. Gott. 827. 4. Cf. *Herder*, Stud. d. Theol. Br. 16. 19. u. Provinzialbl. XI. S. 439 f. Journ. f. Pred. 827. S. 94 ff. *Unger*, p. 63 ss. A. KZ. Lit. Bl. 831. N. 87 ff. *e*) Schleiermacher, ü. Luk. S. 239 f. Neander, A. 3. S. 178 ff. Dgg : Strauß, B. I. S. 635 ff.

f) Ältere Literatur : **J. C. Schreiter*, hist. crit. explicationum parabolae de improbo oecon. descriptio, qua varias varr. interpretum super Lc. 16, 1-13 expositiones digestas, examinatas, suamque ex apocrr. V. T. potiss. haustam exhibuit. Lps. 803. Übersicht : *Syro, neuer Berf. ü.

b. Gleichn. v. klugen Verwalt. [Stub. u. Krit. 831. H. 4.] — *J. C. F. Löffler, ü. d. Gleichn. v. unger. Haush. [Mag. f. Pred. B. III. St. 1 u. Kleine Schriften. B. II. S. 196 ff.] *L. Bertholdt*, Nova parabolae de oeconomo improbo interpretatio. Erl. 803 ss. 5 Pgg. 4. [Opp. ed. *Winer*, p. 65-122.] Prüfung e. exeg. Ansicht v. Lc. 16, 8. [N. theol. Nachrr. Sept. Oct. 809.] Gegen die Prüfung ꝛc. [Eb. Nov. Dec. 810.] C. A. G. Keil, kurze Erläuter. d. Stelle Lc. 16, 1 ff. [Analekten. B. II. St. 2.] V. Henneberg, ü. Veranl., Zusammenhang u. Tendenz d. Parab. Lc. 16, 1-13 u. 19-31. [Tschirners Memorabb. B. III. St. 2.] Möller, ü. d. Par. v. unger. Haush. [Neue Ansichten schwieriger Stellen. S. 211-58.] Schleiermacher, Lc. S. 202 ff. *Dav. Schulz, ü. d. Par. v. Verwalter. Bresl. 821. C. A. Märtens, ü. d. Par. v. unger. Haush. [Zimmermanns Monatschr. 823. B. IV. H. 1.] *Ch. G. L. Grossmann*, de procuratore, parab. C. ex re provinciali Romanorum illustrata. Lps. 824. 4. E. F. Rauch, ü. d. Gleichnißrede J. v. unger. Haush. [Winers N. krit. Journ. 825. B. IV. S. 385-412.] *C. G. Niedner*, de Lc. 16, 1 ss. Lps. 826. [Syll. Comm. theol. ed. *Rosenmüller.* T. II. P. I. p. 1 ss] J. F. Bahumeyer, der unger. Haush. v. J. keineswegs als Beispiel irgend e. Art v. Klugheit aufgestellt. [Studien b. ev. Geistlichk. Würtemb. B. I. St. 1.] *F. C. Gelpke*, novum tentam. parab. J. de oecon. injusto interpretandi. Lps. 829. 4. *Jensen, ü. d. Gleichn. v. unger. Haush. [Stud. u. Krit. 829. H. 4.] Byro s. oben. *H. L. Hartmann*, de oec. improbo. Lps. 830. Dettinger, ü. d. 16. Cp. b. Lk. [Tüb. Zeitsch. 834. H. 4.] Steudel, auch e. Wort ü. Sinn u. Zusammenh. v. Lc. 16, 1-13. [Eb.] Dressel, ü. d. Par. v. ung. Haush. [Annal. d. Th. 835. Dec.] Olshausen, B. I. S. 664 ff. [Dgg: *Schneckenburger, Beitr. z. Einl. ins N. T. Stuttg. 832. N. 5.] Gaupp, d. P. v. unger. Haush. m. Rücks. a. Schulz u. Olshauf. [Tholucks lit. Anz. 839. N. 56 f. vrg. 840. N. 56 f. 841. N. 19 f. 32.] Steinwender, ü. d. Gleichn. v. ung. Haush. Stuttg. 840. *J. T. Bayer*, Examen exeg. et crit. de Lc. 16, 1-9. Strasb. 840. 4. Brauns, noch e. Auslegungsvers. v. Lc. 16, 1-14. [Stud. u. Krit. 842. H. 4.] *A. Francke, ü. Lk. 16, 1-9. [Käuffers bibl. Stud. 842. S. 45 ff.] Paret, ü. d. Par. Lk. 16, 1-13. [Stud. b. ev. Geistl. Würt. B. XII. H. 2.] *J. Hepp*, de oeconomo. Marb. 844. *H. Bauer, in Zellers Jahrbb. 845. H. 3. Huch, Ausl. d. Ev. v. ung. Haush. Hal. 845. *H. C. A. Eichstadius*, de oecon. improbo. Jen. 847. 4. Horn u. Wieseler in Lückes u. Wies. Monatsch. 849. Jan. Febr. *K. Rupp, Beitr. z. Ausl. d. Gleichn. v. unger. Haush. [Deutsche Zeitsch. f. chr. Wiss. 852. N. 47 f.]

§. 68. Reinigung vom Aussatze.
Mt. 8, 1-4. Mc. 1, 40-45. Lc. 5, 12-15.

Die Heilung eines Aussätzigen ist nicht bloß als Reinsprechung*a*) erzählt, denn als freier Willensact von Jesu erbeten, wird sie als solcher von ihm vollzogen und der alsbaldige Erfolg berichtet.*b*) Zwar an sich wäre möglich, daß Jesus bei der Berührung nur die andere, leicht zu verwechselnde Art des Aussatzes vorfand, die nicht unrein machte: allein wenn Lc. 17, 11-19 erzählt wird, daß er 10 Aussätzige zugleich heilte, so ist unglaublich, daß ihrer so viele aus einem Irrthum über die Beschaffenheit ihres Übels sich von der menschlichen Gesellschaft ausgeschlossen hätten; doch hat hier das Zusammensein eines Samariters mit 9 Juden und die alleinige, unklar motivirte und hochgestellte Dankbarkeit des Samariters etwas, das nach

§. 68. Aussatz. §. 69. Lähmung. Sündenvergebung.

der Verwechslung mit einer Parabel aussieht, cf. Lc. 10, 30 ss. c) Dennoch steht fest, daß in der Aufzählung der Thaten, welche Jesus vollbrachte und vollbringen ließ Mt. 11, 5. 10, 8, καθαρίζειν rein machen bedeutet. Die plötzliche Heilung jeder Art des Aussatzes möchte das bekannte Gebiet geistiger Einwirkung am weitesten überschreiten. Doch ist Lc. 17, 14 s. gerade dieses Plötzliche in Abrede gestellt. Auch zeigen sich Hautkrankheiten oft sehr beweglich. Jedenfalls wird durch eine Macht Jesu über den Aussatz kein unleugbares Weltgesetz verletzt. Daher die Behauptung, welche dieses Wunder für allzuwunderbar und deßhalb auch die von allen Synoptikern aufgenommene Erzählung für eine Nachbildung alttestamentlicher Sagen [Exod. 4, 6 s. Num. 12, 10 ss. 2 Reg. 5] hält, d) als ein Vorurtheil erscheint. Das Gebot der Geheimhaltung wäre sinnlos nach der von Matthäus [8, 1] aufgestellten Situation. e)

Murray, Hist. leprae [L. de vermib. in lepra obviis. Gott. 749.] *C. G. Schilling*, de lepra. L. B. 778. 4. P. G. Hensler, v. abendl. Ausf. im Mittelalter, nebst Beitr. z. Kenntn. u. Gesch. b. Ausf. Hamb. 790. *Norberg*, de lepra Arabum. Lund. 796. [Opusc. T. III. p. 421 ss.] Winer, bibl. Realw. B. I. S. 114 ff. — Michaelis, Mos. Recht. B. IV. S. 227 ff. — *J. J. Weidner*, Hypallage explosa ex Hist. leprosi Mt. 8, 3. Rost. 708. 4.

a) Paulus, er. Handb. B. I. S. 698 ff. Ammon, B. II. S. 114.
b) Strauß, B. II. S. 48 f. c) Strauß, B. II. S. 53 f. Weiße, B. II. S. 173 f. Dgg: Neander, S. 575, doch das Wunder das Untergeordnete.
d) Strauß, B. II. S. 51 f. Doch f. M. 3. S. 79.
e) Wunderliche Erklärung b. Lange, B. II. 639.

§. 69. Lähmung und Sündenvergebung.
Mt. 9, 1-8. Lc. 5, 17-26. Mc. 2, 1-12.

Die allgemeine Verbindung der Sünde mit dem Übel erschien der sinnlich frommen Weltansicht des Alterthums, das ohne die Versöhnung einer andern Welt Gerechtigkeit auf Erden forderte, als eine besondere Verbindung des einzelnen Übels mit der persönlichen Sünde. Als ein Gelähmter a) nach Lukas auf ungewöhnliche, insbesondre nach der Ausführung des Markus fast abentheuerlichem Wege b) zu Jesus gebracht wurde, mochte dieser sich veranlaßt und berechtigt sehn, durch den Trost der Sündenvergebung zuerst den Geist des Kranken aufzurichten, cf. Jo. 5, 14, während er anderwärts das Vorurtheil jener individuell abgemeßnen Verbindung verworfen [Jo. 9, 2 s. Lc. 13, 4 s.] und dasselbe, einer gleichfalls in der Volksgeschichte ausgebildeten Ansicht angeschlossen, bis in's Gegentheil umgekehrt hat, cf. Mt. 5, 4 ss. Lc. 6, 20 ss. Gegen das Mißverständniß der Gesetzlehrer, als ob Jesus willkürlich Sünden vergäbe, hat er den nach ihrer Voraussetzung gültigen Erweis der That eingesetzt. c) So gewiß bei der Heilung Geistiges und Leibliches zusammenfiel, und bei ähnlicher Krankheit auch nach neuerer Erfahrung ähnliche Wirkungen er-

138   Erste Periode bis zum 2. Passah.

folgt sind, [d]) so liegt doch in der evangelischen Darstellung nichts, was bloß auf eine melancholische Einbildung des Kranken hinwiese.[e])

a) *Bartholinus*, de paralyticis. ed. 2. Lps. 685. 4. *Richter*, Dss. medicae. Ds. III. de paralyticis N. T. Gott. 775. Joh. Schultheß, die dürre Hand, Mk. 3, 1. medic. philol. Erört. [Henkes Mus. B. III. H. 1.]

b) Strauß, B. II. S. 81 ff. Dgg: Neander, S. 432 f. Weiße, B. I. S. 480, mit unzureichender Berufung auf *Josephi* Antiqq. XIV, 15, 12.

c) J. T. G. Liebe, Abh. ü. Mt. 9, 1 ff. [Augustiß th. Blätt. 798. S. 632 ff.] Cludius, Etwas ü. Mt. 9, 8. [Henkes Mus. B. III. H. 2.] Antonius, d. Vorurtheil d. Juden, daß d. Krankh. Strafen der Sünden, nicht von J. bestätigt, sondern widerlegt. [Rehkopfs Predigerjourn. 808. S. 419 ff.] *K. Ch. Flatt, ü. Mt. 9, 6. [Süskinds Mag. St. 16. S. 158 ff.] Cf. *Th. Ittig*, de causa calamitatis in homine a nativitate caeco, ad Jo. 9, 1-3. Lps. 698. 4. [Exercitt. theol. Lps. 702. p. 103 ss.] — Strauß, B. II. S. 75 ff. Neander, S. 434.

d) J. B. *Bengel*, Gnomon N. T. ed. 2. T. I. p. 245.

e) Paulus, er. Handb. B. I. S. 501 f. mit Berufung auf *Liv.* II, 36.

§. 70. Der Sturm. Mt. 8, 23-27. Mc. 4, 36-41. Lc. 8, 22-25.

Man hat gestritten, ob Jesus durch Kenntniß der Natur das nahe Ende des Sturmes voraussagte, oder durch Kraft über die Natur herbeiführte. Das Erstere ist möglich auf einem Landsee, durch dessen Klüfte der Sturm eben so rasch hereinbricht, als nach bestimmten Anzeichen sich legt, und die Verkündigung dieses Trostes konnte für die bewirkende Ursache gehalten werden. Das Andre war die Ansicht der Augenzeugen, seekundiger Männer.[a]) Erscheint hierin Jesus den Gläubigen als Herr der Natur, der mit dem alten Schöpfungsworte ihre Krämpfe und Zuckungen stillt: [b]) so findet sich doch auch mannichfach in Volkssagen und Legenden solche wetterbeschwörende Macht. Nur ist die Nothwendigkeit einer mythischen Entstehung nicht darzuthun, denn Ps. 106, 9. Gen. 14, 26. 21 wäre ein fernliegendes Vorbild, das Bild des Kirchenschiffleins ist erst aus der evangelischen Erzählung mit Bezug auf die Arche entstanden, [c]) und das allgemeine dichterische Bild einer göttlichen Rettung aus dem Seesturme Ps. 107, 24-30 fordert wenigstens nicht dieses messianische Nachbild.[d]) Aber leicht konnte geschehn, daß der Messias, der im Sturme geschlummert hatte, in seiner sinnbildlichen Weise [Mt. 21, 21. Lc. 17, 6] dem innern Sturme der Apostel Frieden gebot, und sie nachher, als das Wetter sich legte, den Grund seiner Zuversicht mißverstanden.[e]) Im erstern Falle würde mehr seine physische, im andern mehr seine moralische Kraft offenbar. Gewiß aber hing das Vertrauen, das er aussprach und forderte, mit dem allgemeinen Gottvertrauen zusammen und ist ein Bild desselben, durch das jeder in der Weltgeschichte nothwendige Mann mitten unter Todesgefahren sein Leben gesichert weiß, bis seine Bahn vollendet ist.

a) *J. G. Michaelis*, de sensu spirituali tempestatis maris a C. miraculoso modo sedatae. Hal. 738. 4. *Ger. Outhovius*, in locum Mc. 4, 39.

coll. Mt. 8, 26 et Lc. 8, 24. [Bibl. Brem. Class. I. Fasc. 2. cf. Class. II. Fasc. 3.] — Paulus, er. Handb. B. I. S. 468 ff. Möller, Kritik des Com. v. Paulus, S. 47. Krummacher, ü. d. Geist d. ev. Gesch. S. 81. *b*) Olshausen, B. I. S. 282 ff. Lange, B. II. S. 312. *c*) Strauß, B. II. S. 166 f. *d*) B. Bauer, Evv. B. II. S. 281 mit Beiziehung der Geschichte des Jonas.

e) Ähnliches als poetisch schmeichelnder Ausdruck b. *Claudian.* de tertio consulatu Honorii v. 96 s. — Dgg: Neander, S. 319 f.

§. 71. Die Dämonen und die Schweine.
Mt. 8, 28-34. Mc. 5, 1-20. Lc. 8, 26-39.

Der Verdoppelung des Besessnen von Gadara [a] im 1. Evangelium ist die scharfe Individualität seiner Denk- und Sprachweise ungünstig.[b] In der Ausführung des Details ist der Nachtrag Mc. 5, 7. Lc. 8, 29 nur störend für eine deutliche Vorstellung des Ereignisses.[c] Der Standpunkt der evangelischen Geschichtschreibung[d] ist durch die nur dem Volksglauben denkbare [Lc. 8, 2] Mehrzahl der Dämonen in einem Individuum, durch ihre menschliche Vorstellungsweise und ihr tolles Zertrümmern des erbetenen Organs, endlich durch die, je unbedingter seine Macht gedacht wird, desto größere Verantwortlichkeit Jesu wegen Beschädigung fremden Eigenthums, hier auch den Geneigtesten bedenklich geworden.[e] Die Spaltung des Bewußtseins in ein menschliches und dämonisches, die doch bei ihrer bloßen Scheinbarkeit sich gegenseitig die Gedanken leihn, ist im Wahne der Besessenheit enthalten. Eine naturgesetzlich begründete Übertragung des dämonischen Zustandes auf Thiere[f] würde gegen die sonst überall erscheinende freie geistige Macht Jesu bloß den Einfall eines Dämonischen zur Veranlassung haben. Wenn aber Jesus auf den wahnwitzigen Einfall eines Tobsüchtigen einging, öffnete er sich dadurch nur die Gelegenheit zur geistigen Einwirkung auf denselben und heilte ihn durch die wunderbare Kraft seines Willens.[g] Der dadurch veranlaßte Untergang einer Heerde war ein ebenso unvorgesehener, als bei den scheuen und einmüthigen Bewegungen dieser Thiere leicht möglicher Unfall. Jeder Ansicht, welche den Tod der Schweine diesem ursächlichen Verhältnisse entzieht, [h] oder ihrem Geschick eine ideale Bedeutung verleiht,[i] steht die evangelische Erzählung entgegen. Diese Hekatombe als mythischer Zusatz[k] wäre eine Erdichtung in der abentheuerlichsten und ideenlosesten Art der Apokryphen.

a) Mt. χώρα τῶν Γεργεσηνῶν bei Origenes und wahrscheinlich durch seine Conjectur statt Γερασηνῶν. Mc. Lc. Γαδαρηνῶν. Gadara, Hauptstadt von Peräa, am Hieromiar, Tiberias gegenüber, mindestens eine Stunde vom See entfernt, ein Gerasa in der Nähe des Sees unbekannt. Bleek, S. 27 ff. Ebrard, S. 324 f. Winer, bibl. Realw. B. I. S. 383 f.

b) Neander, S. 321. Für Matthäus: Strauß, B. II. S. 23 f. Mt. als zwei verschiedene Ereignisse zusammenfassend: Ebrard, S. 324 nach B. Bauer, Synopt. B. II. S. 70. *c*) Schleiermacher, ü. Luk. S. 128. Strauß, B. II. S. 27 f. Neander, S. 322.

d) M. F. Stapell, [pr. *F. Klepperbein*] de Gadarenis ex Lc. 8, 26. Vit. 682. 4. *Laur. Ancher*, de daemoniacis in regione Gadar. Hafn. 766. 4. Zeibich, der Teufel e. Zeuge d. Gotth. E. [Verm. Betrachtt. a. d. Th. u. Phil. Lpz. 774. B. II. H. 5.] Paraphrase ü. Mt. 8, 28-34. [Brandes krit. Journ. f. b. kath. Deutschl. 824. B. V. H. 1.]

e) Olshausen, B. I. S. 299 ff. Steudel, Glaubenslehre. Tüb. 834. S. 175. Neander, S. 323 ff. Krabbe, S. 227 f. Zwar Ebrard S. 326 ff. überwindet alle Bedenken, und doch ist ihm Besessenheit nur der verderbliche Einfluß gefallener Engel auf das Nervenleben eines Individuums.

f) Kieser, System des Tellurismus. Lpz. 822. B. II. S. 72. Weiße, B. I. S. 499. Dgg: B. Bauer, Synopt. B. II. S. 73 f.

g) Ammon: Bibl. Theol. B. I. S. 155. Handb. d. chr. Sittenl. Lpz. 829. B. III. S. 138 f. L. Jesu. B. I. S. 403. H. A. Grimm, er. Aufsätze. Duisb. 793. B. I. Abh. 2. K. Ch. L. Schmidt, er. Beitrr. Frkf. 794. B. II. St. 1. Abh. 8. Die Narrh. des ras. Gadareners. [Eichhorns allg. Bibl. B. VI. S. 858 ff.] Heinrichs, Beitrr. z. Beförbr. d. theol. Wissensch. B. I. St. 2. *J. C. Petri*, de Hist. duorum Gadarenorum δαιμονιζ. Erf. 797. 4. Kästner im Alm. z. gesell. Vergnügen. 798. S. 146. [Dgg: Rußwurm, Bemerkk. ü. Etwas aus d. höhern Eregetik. In Augustis N. theol. Blätt. 799. B. II. H. 1. S. 50 ff.] [Kauffmann] Einige Bemerkk. ü. d. Gesch. d. Däm. zu Gergesa. [Augustis theol. Monatsch. 801. S. 337-57.] *W. T. Krug, v. d. Legion Teufel. [Henkes Mus. B. I. St. 3.] *Greiling, psych. Vers. ü. d. psychol. Kur des tobsücht. Gerges. [St. B. I. St. 4.] Möller, neue Ansichten schwier. Stellen. S. 55 ff. Ähnliche psychologische Erklärungen bei Rosenmüller, Paulus, Thieß u. a.

h) K. C. L. Schmidt, exeg. Beitrr. B. II. S. 109 ff. Krug in o. a. S.

i) Heß, B. I. S. 533. Lange, B. II. S. 662. Ebrard, S. 332.

k) Strauß, B. II. S. 34 ff.

§. 72. Die Blutflüssige und die Schlafende.
Mt. 9, 18-26. Mc. 5, 22-43. Lc. 8, 41-56.

Die Vorstellung, daß eine heilende Kraft unwillkürlich von Jesu ausgeströmt sei, findet sich nicht bei Matthäus, wird nach einer Volksmeinung [Mt. 14, 36 et parr. cf. Act. 5, 15. 19, 11] von Markus als Schlußfolge erwähnt und von Lukas in Jesu Mund gelegt. Die Blutflüssige wurde geheilt durch ihr Vertrauen und Jesu Willen. ⁾ Die Sicherheit der Heilung konnte nicht im Momente bemerkt werden. Aber die sagenhafte Entstehung des ganzen Ereignisses aus der Sinnlichkeit des Volksglaubens ist eine Behauptung von heute, die morgen zurückgenommen wird. ᵇ⁾ An dem Votivdenkmale zu Paneas würde die officinelle Pflanze nicht das Mittel, sondern das Symbol der Heilung sein. ᶜ⁾ Jesu Wort über Jairus Tochter kann bei der geheimnißvollen Nähe von Schlaf und Tod bedeuten, daß die Todte nur schlafe, weil er komme, sie zu wecken, cf. Jo. 11, 11. Mt. 11, 5. ᵈ⁾ Es kann aber auch die auf besonderes Wissen gegründete Rede eines Mannes sein, der jede Verherrlichung ablehnt, die nicht vollkommen in der Wahrheit besteht. ᵉ⁾ An sich ist Tod und Scheintod hier gleich möglich. Die einfachere Darstellung des ersten gegenüber der bestimmteren Ausführung der beiden anderen Evangelien bezeichnet ver-

§. 72. Die Blutflüssige. Jairus Tochter. §. 73. Bethesda.

schiedene Gestalten der Überlieferung, von denen jede nur aus subjectiven Gründen bevorzugt wird.ͬ) Das Gebot Mc. 5, 43. Lc. 8, 56 ist bei der Unmöglichkeit seiner Vollziehung [cf. Mt. 9, 26] anderswoher in diese Erzählung gerathen [S. 95], oder bezieht sich auf die Art der Wiederbelebung, wofür auch die Absonderung der 3 Apostel spräche.

a) *J. G. Schulze,* [pr. *Th. Ittig*] de iterata absolutione peccatricis, ad Lc. 8, 47 s. Lps. 703. 4. [Opp. varr. ed. *Ludovici.* p. 316-70.] S. H. Möller, Beitrr. z. Erkl. d. Ev. Lc. 8, 45. [Augustis N. theol. Bl. B. I. S. 61 ff.] Olshausen, B. I. S. 318 f: als bewußte That Jesu. Neander, S. 326 ff. läßt unentschieden, ob als solche oder von ihm unabhängig als göttliche Wirkung. Dgg: Weiße, B. I. S. 501 f. Strauß, A. 3. B. II. S. 104 ff. Dennoch hält Strauß die Darstellung des Mt., Neander die des Lk. für ursprünglicher, Storr [Zweck d. ev. Gesch. Jo. S. 351 f.] rettet beide Darstellungen durch die Verdoppelung der Ereignisse, Olshausen durch eine Verstellung Jesu.

b) Strauß, A. 1. B. II. S. 102 f. A. 4. B. II. S. 94. — B. Bauer, Evv. B. II. S. 288: Christus durch die Kraft seines innern Gehalts auch über die Sphäre seiner augenblicklichen Berechnung hinauswirkend, der absolute Herr über die Natur, als Bürge für die weltgeschichtlichen Siege der Seinen.

c) §. 34, nt. c. *Fr. Petraei* [pr. *J. F. Hebenstreit*] Ds. hist. de mulieris αἱμοῤῥοούσης statua. Jen. 710. 4. — Dgg: Paulus, er. Handb. B. I. S. 530 f.

d) Sauerbrey, de Jairo ad Mt. 19, 18 etc. Cob. 695. 4. [*Ternii* Syll. Pgg. exeg. p. 397-409.] *M. Pilger,* de miraculo C. in filia J. patrato. Lemg. 734. 4. **J. L. Pacht,* daß Jairi Tochter nicht a. d. Ohnmacht, sondern dem Tode erwecket worden [gegen Rautenberg]. Gött. u. Lpz. 762. M. Göze, Berth. d. Wahrh., daß J. d. Tochter Jairi nicht a. e. Ohnmacht, sondern v. Tode erweckt habe. Magdeb. 763. *J. C. M. Schelhorn,* mors somnus, mori dormire, Mt. 9, 24. 27, 53. Jo. 11, 11. Act. 7, 59. [Bibl. Brem. Class. V. Fasc. 5. p. 872-6.] — *Fritzsche,* Mt. p. 351. Strauß, B. II. S. 127 ff.

e) *Rautenberg, ü. Mt. 9, 18 - 26. [Hannöv. Beitrr. z. Nutzen u. Vergn. 761. St. 88.] Kritische Unters. d. Gesch. d. A. u. N. T. v. d. Erweckung einiger Verstorb. Lpz. 793. Auflösung e. Enantiophanie in Lc. Erzählung von Jairi Tochter. [Theol. Journ. 797. S. 728-32.] Paulus, er. Handb. B. I. S. 526 ff. Schleiermacher, ü. Lk. S. 132. Olshausen, ist die Erweck. d. Tochter d. Jair. als Todtenerw. zu betrachten? [Tholucks Lit. Anz. 837. N. 33 f.] u. Com. B. I. S. 321 f. Neander, S. 329. — Weiße, B. I. S. 503 f. *f)* Für Markus u. Lukas: Schleiermacher, Schulz, Sieffert, Weiße, Neander. Für Matthäus: Strauß, de Wette. — *G. Sommelius,* [resp. *J. C. Eberstein*] de una Jairi filiae historia. Lund. 776. 4. Dgg: Storr, ü. Zweck d. Ev. Jo. S. 351 ff.

§. 73. Die Entweihung. Jo. 5, 1-18.

Der oft wiederkehrende Streit über Sabbatsentheiligung, die leicht vermieden werden konnte, drückt nur auf mannichfache Weise [Mt. 12, 5. 11. Mt. 2, 27. Lc. 13, 15. 14, 5] den Gegensatz des freien Geistes wider eine das mosaische Gesetz noch überschreitende Werkheiligkeit aus.ᵃ) Die Heimsendung eines vieljährigen Krankenᵇ) am Heilquelle Bethesdaᶜ) kann für die polizeiliche Entlarvung eines verstellten Krankenᵈ) nach Jo. 5, 5 nicht gehalten werden, obwohl der Kranke weder besonders gläubig, noch der Geheilte besonders dankbar erscheint. Diese Heilung am Sabbat in der Festzeit [§. 43] wird zunächst deßhalb erzählt, weil sie als Sabbatsstörung gerügt wurde. Jesus vertheidigte seine That durch das Vorbild der auch am Sabbat nimmer rastenden Gottheit und mehrte durch diese Gleichstellung den Zorn seiner Gegner. Den Volksglauben v. 4 °) konnte ein Apostel theilen. Ein Evangeliendichter hätte nicht wohl auch die historische Umgebung ersonnen. ᶠ) Das scheinbare Allein-, Unbemerkt- und Unerbeten-Sein Jesu ist zwar ungewöhnlich, doch durch so mancherlei Zufall denkbar, daß es so wenig, als einige Ähnlichkeit mit synoptischen Erzählungen wie Mc. 2, 9 - 12 bei gänzlicher Verschiedenheit der Motive, gegen den historischen Inhalt benutzt werden kann; ᵍ) und so gewiß diese Wunder- und Sabbat-Geschichte, bedächtig ausgewählt, eine ganze Classe ähnlicher Begebenheiten vertritt, so wenig folgt hieraus die Ausschmückung einer Fiction mit den ausgerupften Federn derselben. ʰ)

Sam. Scheluig, [resp. *Weissio*] de Beth. et miraculo ibi edito. Ged. [681.] 701. 2 Dss. 4. **Dav. Ebersbach*, [pr. *God. Oleario*] de miraculo piscinae Beth. Lps. [706.] 714. 4. *Jo. Stengel*, de causa J. C. pro curatione paralytici sabbatica. [Bibl. Brem. Class. VI. Fasc. 5. p. 956 ss.] *J. C. Harenberg*, Miraculum duplex Jo. 5, 1-9 expensum. [Bibl. Brem. Class. VII. Fasc. 1. p. 82 ss.] Erklärung des 5. Kap. Jo. zur Probe aufgestellt. [Henkes N. Mag. B. V. St. 2.]

a) *S. Schmid*, Sabb. deuteroproton, ad Lc. 6, 1 ss. Lps. 688. 4. **J. A. Danz*, C. curatio sabbathica vindicata ex legib. c. judaicas calumnias judaicis. Jen. 699. 4.

b) Die 38 Jahre als Typus der Wanderschaft des jüdischen Volks durch die Wüste, eine Phantasie Hengstenbergs [Christolog. B. II. S. 568], benutzt von B. Bauer [Jo. S. 194], um den Kranken aus der fabelhaften Heilanstalt mit dem täglichen Krüppel-Tumult in die Phantasie der Gemeinde zu versetzen.

c) *Eusebii* Onomast. v. Βηζαθά: Καὶ νῦν δείκνυται ἐν ταῖς αὐτόθι λίμναις διδύμοις, ὧν ἑκατέρα μὲν ἐκ τῶν κατ' ἔτος ὑετῶν πληροῦται, θάτερα δὲ παραδόξως πεφοινιγμένον δείκνυσι τὸ ὕδωρ, ἴχνος, ὥς φασι, φέρουσα τῶν πάλαι καθαιρομένων ἐν αὐτῇ ἱερείων, παρ' ὃ καὶ προβατικὴ καλεῖται διὰ τὰ θύματα. Hieron. ed. Vallarsi. T. III. P. I. p. 181. *Theophil.* ad h. l: Εἶχον οἱ πολλοὶ ὑπόληψιν, ὅτι καὶ ἀπὸ μόνου τοῦ πλύνεσθαι τὰ ἐντόσθια τῶν ἱερείων δύναμίν τινα λαμβάνει θειοτέραν τὸ ὕδωρ. — *J. Tentzel*, de aquis salubribus miraculosis. Erf. 661. 4. *M. Arnold*, [pr. *J. Frischmuth*] de pisc. Beth. Jen. 663. 4. [Thes. Dss. Amst. T. II. p. 374-7.] *Dav. Wendeler*, de pisc. B. Vit. 676. 4. [Ib. T. II. p. 378-80.] *J. C. Hottinger*, [pr. *J. B. Otte*] de pisc. B. Tig. 705. 4. **J. d'Outrein*, de pisc. B. [Bibl. Brem. Clas. I. Fasc. 5. p. 597-661.] *G. Sommelius*, [resp. *F. Stenbeck*] de B. Lund. 767. 4. — *Richter*, de balneo animali. [Dss. IV. med. in usum Theologor. et Philolog. Gott. 775. 4.] Dgg: Ackermann in Weises Material. B. II. S. 139 ff. — **Th. Bartholinus*, de paralyticis N. T. Lps. 685. ed. 3. p. 78. Winer, bibl. Realw. B. I. S. 170 f. Dgg: *J. F. Stiebritz*, an pisc. B. calidis aquis adnumerari queat? Hal. ed. 2. 740. 4. *C. E. Eschenbach*, de pisc. B. Rost. 769. 4. [Scripta med. bibl. p. 60-73.] — Kaiser, ü. b. synopt. Zusammst. b. 4 Evv. S. 70 ff. — B. Bauer, Evv. B. I. S. 123: der Wunderquell vom Evan-

§. 74. Volks-Speisung.

gelisten erschaffen, um ihn der höhern Wunderkraft Jesu entgegenzustellen. — Robinson Paläst. B. II. S. 136 f. 156 ff. gegen die lokale Tradition, für den intermittirenden Quell der Jungfrau am südöstlichen Abhange des Tempelbergs.
d) Woolston, on the miracles Disc. 3. [Dgg: Lilienthal, gute Sache d. göttl. Offenb. B. X. S. 655.] Paulus, Com. B. IV. S. 263 ff. [Dgg: Strauß, B. II. S. 119 ff.] *e) Tertul.* de Bapt. c. 5. cf. Apocal. 16, 5. Gegen die Aechtheit: Lücke, Jo. B. II. S. 21 f. Dafür, nach Lachmann, Baumg.-Crusius, Jo. B. I. S. 185. vrg. DeWette, B. I. Th. 3. S. 69 f.
f) Reis, Josephi silentium ev. Historiae non noxium esse ostenditur. Altorf. 730. 4. p. 17 ss. *g) Bretschneider*, Probabb. p. 68 s. Strauß, B. II. S. 120 ff. Weiße, B. I. S. 128 ff. *h)* Dgg: Baur, S. 243 ff.

§. 74. Das große Gastmahl.

Mt. 14, 13-21. Mc. 6, 32-45. Lc. 9, 10-17. Jo. 6, 1-15.

Sämmtliche Evangelien erzählen eine wunderbare Volksspeisung, deren Unleugbarkeit nur in zufälligen Ausdrücken wie Mt. 14, 20 et parr. Mc. 6, 41. Jo. 6, 11 am schärfsten hervortritt. Eine wunderbare Mehrung der Speise ist zwar nicht ausdrücklich erwähnt, aber in dem Zahlenverhältnisse des Vorraths zur gesättigten Menge enthalten. Dagegen als Gegenstand der evangelischen Erzählung ein Gastmahl in allgemeiner, durch das gastfreundliche Beispiel Jesu veranlaßter Mittheilung[a] Vorräthe und Spendende aus eignen Mitteln hinzuthut. Mysteriöse Erklärungsversuche durch magnetische oder geistliche Sättigung[b] scheitern an dem ganz materiellen Inhalte der gesammelten Ueberreste.[c] Allerdings entzieht sich eine unvermittelte Mehrung der nährenden Substanz jedem ernsten Denken, und ist nur der Phantasie als ein Zauber vorstellbar. Nach morgenländischer Sitte ist nicht wahrscheinlich, daß Tausende, wenn zumal Wallfahrer auf's Fest [Jo. 6, 4], ohne Speisevorrath umherzogen und nur ein Knabe an ihr Bedürfniß dachte; lagen aber Ortschaften so nahe, wie es nach Lc. 9, 10. 12 scheint, so war das Bedürfniß der ungeheuern That um so geringer, und der Erfolg ohnedem nach Jo. 6, 15 unerwünscht. Die Nahrungssorgen der Jünger [Mt. 16, 5 ss. Mc. 8, 14 ss.], unmittelbar nachdem sie die wunderbare Sättigung von Tausenden erlebt hatten, sind gerade bei sinnlichen Menschen unerklärlich. Ebensowenig paßt das Liegenlassen des übriggebliebenen Wunderbrotes zur Gesammtanschauung des Wunders, das auch den Aposteln nicht gleich anfangs eingeleuchtet zu haben scheint Mc. 6, 52. Aber der Ursprung der Erzählung nur aus einer sagenhaft aufgefaßten Parabel Jesu nach Jo. 6, 35 ss.[d] findet in Mt. 16, 8 ss. et par. die gesuchte Bestätigung nicht, da Jesus hier die Apostel auf wirklich Erlebtes hinweist. Dem Ursprunge als Mythus aus alttestamentlichen Vorbildern [Exod. 16. 1 Reg. 27, 8-16. 2 Reg. 4, 42 ss.] und messianischen Erwartungen [Jo. 6, 30 s.] fehlt die Nothwendigkeit und der ideale Gehalt. Ein fortgesetztes Mißverständniß der bildlichen Ausdrücke Jo. 6, 27 ss. Mt. 16, 5 ss. würde auch nicht einen Mythus erzeugen.[e] Daß aber ein gastfreundliches Mahl, an welchem Jesus wirklich nur durch sein Vorbild und gutes Vertrauen Tausende satt machte, ein volksthümliches Liebesmahl, [das Gegentheil von 1 Cor. 11, 20] vielleicht auch in Bezug auf volksthümliche Erinnerungen und Erwartungen rasch zur Sage einer wunderbaren Speisung wuchs, dem steht nur das Augenzeugniß des Johannes entgegen, und das überschwänglich Wunderbare enthält ebensowenig eine Berechtigung, auch diesen galiläischen Abschnitt, den die folgende Rede doch mehr voraussetzt, als verleugnet, dem johanneischen Evangelium abzusprechen,[f]) als das Speisungswunder, nur um die Speisungsrede einzuführen, aus der synoptischen Überlieferung entlehnt sein müßte.[g]) Wohl aber ist im 4. Evangelium der Anfang der Begebenheit [Jo. 6, 5. cf. Mt. 14, 14 s. Mc. 6, 34 s.] ungenauer als bei den Synoptikern, und wie ein Augenzeuge nicht erzählen konnte.[h]) Die Forderung eines Wunders als Bedingung des Glaubens an den Messias [Jo. 6, 30 s.] von Seiten einer Volksmenge, die Tags zuvor den Gipfel des Wunderbaren bestiegen,[i]) und sich nur allzugeneigt zur Anerkennung des Messias erwiesen hatte, läßt sich nicht zu einer historischen Anschauung bringen. Da nach Mc. 6, 30. Lc. 9, 10 die Apostel unmittelbar vor dem Ereignisse von ihrer Aussendung zurückkehrten, so ist möglich, daß Johannes erst in Kapernaum oder später wieder mit Jesu zusammentraf, und die Sage von jener Speisung in einer Umgebung und Zeit an ihn gelangte, wo sie seiner Vorstellung von Christo zu genau entsprach, um Gegenstand zweifelnder Forschung zu werden. Die 12 Körbe entsprächen dann der von der Überlieferung vorausgesetzten Zahl. Eine zweite Speisung [Mt. 15, 32-39. Mc. 8, 1-10], von der ersten nicht verschiedener, als synoptische Berichte der Evangelien zu sein pflegen, und doch in der neuen Rathlosigkeit der Apostel ohne Erinnerung an die erste, kann in der Hauptsache stattgefunden haben, aber auch nur eine andere Gestaltung derselben Sage sein, die von 2 Evangelisten aus keinem andern Grunde als aus historischer Gewissenhaftigkeit aufgenommen wurde. Hiernach hätte die ohnedem nicht unbedenkliche Rede Mt. 16, 9 s. et par. sich nach der Voraussetzung jener Thatsachen gestaltet.[k])

a) *Paulus, er. Handb. B. I. S. 205 ff. Ammon, B. II. S. 217. 224 ff. Vrg. Gfrörer, I. Abth. 2. S. 364 f. III. S. 171 f. Dgg: Strauß, B. II. S. 195 ff. b) Kieser, System d. Tellurism. B. II. S. 139 f. Olshausen, B. I. S. 480 mit der hergebrachten Analogie des beschleunigten Naturprocesses. Dgg: Strauß, B. II. S. 192 f. Doch s. Tholuck, Jo. S. 164.
c) Daher Lange, B. II. S. 308 ff. nach der Zusicherung eines Stimmungswunders durch Jesu himmlische Kraftäußerung, für diese Brocken die Erklärung von Paulus zu Hülfe ruft als secundäres Wunder der in Fluß gesetzten Liebesmittheilung. Kuntze [Stud. u. Krit. 844. H. 3. S. 700]: auch das Erstere nur als Nichtachten des leiblichen Bedürfnisses im Hunger nach geistiger Speise. Dgg: Ebrard, S. 389 f.
d) Weiße, B. I. S. 510 ff. Dgg: Strauß, B. II. S. 200.

§. 75. Seewanderung.

e) Thieß, krit. Com. B. I. S. 152. Gramberg, krit. Gesch. d. Religionsideen d. A. T. Brl. 829 f. B. II. S. 466. Strauß, B. II. S. 193 ff. De Wette, B. I. S. 165. Dgg: Krabbe, S. 369 ff. Hoffmann, d. L. J. v. Str. S. 371 f. Tholuck, verm. Schriften. B. II. S. 451 f.
f) Schweizer, Ev. Jo. S. 81 ff. *g*) Baur, S. 249 ff. Dgg: Rauh in d. Deutsch. Zeitsch. f. chr. Wiss. 850. N. 36 ff.
h) Strauß, B. II. S. 199 f. Ausflüchte bei Hoffmann, S. 371 u. Lücke, B. II. S. 107. *i*) Neander, S. 452.
k) Thieß, krit. Com. B. I. S. 168 ff. Schleiermacher, ü. Lk. S. 137. D. Schulz, v. Abendm. S. 311. Strauß, B. II. S. 185 ff. — Sieffert, ü. d. Ursp. d. ersten can. Ev. S. 94 ff. *Fritzsche*, Mt. p. 523. Schneckenburger, ü. d. erste can. Ev. S. 58. Neander, S. 457. — Paulus, ex. Handb. B. II. S. 315 f. Olshausen, B. I. S. 502 f. Versuch, die angefochtene zweite Speisung E. aus b. ev. Texte selbst zu vertheidigen. Nach d. Verhandl. e. Predigervereins im Lauenburgischen, v. e. Mitgliede d. Vereins. [Pelts Mitarbeiten. 838. H. 4.]

§. 75. Die Seewanderung.
Mt. 14, 22-34. Mc. 6, 45-53. Jo. 6, 16-21.

Die Entlassung der Apostel und des Volks Mt. 14, 22 s. Mc. 6, 45 s. hat den Conflict mit dem Volke Jo. 6, 15 s. nicht zur Voraussetzung. Grammatisch ist möglich, daß Jesus am Meere wandelte wie Jo. 21, 1, [a]) aber nach Mt. 14, 28 s. 24. Mc. 6, 47 ist er auf dem Meere zu denken.[b]) Diese Nothwendigkeit liegt im 4. Evangelium nicht so offenbar, vielmehr da die Apostel den Herrn erwarteten Jo. 6, 17, ist zu vermuthen, daß sie auf der Überfahrt von der wüsten Stätte am östlichen Ufer nach dem westlichen Gestade Gennezaret[c]) am Ufer hinschifften, und nach Jo. 6, 21 landeten, um ihn aufzunehmen.[d]) Allein Johannes würde hiernach gar nichts der Rede Werthes erzählen, er hätte denn der hergebrachten Überlieferung widersprechen wollen, wozu aber Jo. 6, 19 viel zu zweideutig gestellt wäre. Daß er als Augenzeuge, optisch oder jüdisch getäuscht, Jesum auf dem See geglaubt, und doch den entgegengesetzten Thatbestand treu überliefert habe,[e]) läßt sich nicht zu einer Vorstellung bringen. Ein Schwimmen oder Waten in stürmischer Nacht innmitten des Sees[f]) wäre eine Abgeschmacktheit. Eine Erklärung durch magnetische Einflüsse, oder durch anhebende Verklärung des Leibes[g]) setzt im ersten Falle noch Unerwiesnes, im andern Ungedachtes, erklärt auch nicht das Unternehmen des Petrus. Aber ein Wandeln auf Sturmwellen, für das auch der siegreiche Gleichmuth des Geistes im rhythmischen Tacte[h]) nicht ausreicht, wäre nach Mt. 4, 6 s. zu beurtheilen, und eine ethische Bedeutung zur Stärkung des Glaubens der Jünger,[i]) gegen Mc. 6, 48, würde auch die abentheuerlichsten Mirakel rechtfertigen. War die verunglückte Nachfolge des Petrus bei Matthäus, die Stillung des Sturms auch bei Markus historisch, und Johannes Augenzeuge: so ist nicht einzusehn, warum er mitten in seiner Erzählung die leere Stelle ließ, zumal eine Sturmbeschwörung seinem

Evangelium gänzlich abgeht, und das Abentheuer des Petrus der allgemeinen Überlieferung fehlte. Aber das naturgemäße Vorbild dieser Episode, nur weit verständiger motivirt, ist Jo. 21, 7 gegeben. Was die Matthäuserzählung voraushat, würde nur als Bild den Wendepunkt im Leben des Petrus [Lc. 22, 31 ss. Jo. 21, 15 ss.] und die Geschichte des Glaubens überhaupt sinnvoll darstellen, daher wohl das spätere Ereigniß von der Gemeindesage ergriffen und auf Anlaß der Seewanderung Jesu idealisirt worden ist.[k]) Sonach könnte auch der Messias auf dem Meere das Nachbild des Auferstandenen am Ufer sein, so daß volksmäßige Vorstellungen einer magischen Gewalt über die Wasser [Exod. 14, 21 ss. 2 Reg. 2, 14. 6, 6] mitwirkten, oder eine allegorische Bedeutung vorwaltete.[l]) Aber wie hätte ein reines Erzeugniß der Phantasie in beiden unabhängigen Evangelienarten dieselbe genau bezeichnete historische Stelle erhalten? Daher ein Ereigniß jener Nacht als Grundlage vorauszusetzen ist, das sich zur ächten Sage als Träger der Idee [cf. Job. 9, 8. LXX] entwickelte. Johannes bliebe dann folgerecht in der Stellung wie §. 74, und seine Darstellung ist zwar nicht ohne Eigenthümlichkeit, aber ohne die Anschaulichkeit eines Augenzeugen und am Schlusse mit dem synoptischen Berichte nur künstlich vereinbar.

a) Job. 9, 8. 2 Reg. 2, 7. [unpassend Gen. 7, 18] Mt. 21, 19. *Polyb.* I, 44, 4. *Lucian.* vera Hist. II, 4. Vrg. Lücke, Jo. B. II. S. 118 f.

b) *H. E. G. Paulus, b. Gehen ü. d. Meere, o. ob es philologische Wunder gebe? [Memorab. 794. St. 6. S. 70-83.] Dgg: *Storr*, Ds. exeg. in l. hist. N. T. aliquot locos. Tub 794. 4. [Opusc. acad. T. III. p. 286 ss.] *Paulus, neue Erörterung d. Frage: ob I. Gehen ü. d. Meere ein Beispiel v. e. bloß philol. W. sey? [N. theol. Journ. 795. B. V. S. 167-95. Vrg. Jen. Lit. Zeit. 796. N. 58.] Einige Bemerkf. ü. Paulus Erklärung des Wandelns I. auf d. Meere. [Henkes N. Mag. B. IV. St. 2.] Cf. *Kaulfuss*, Judicium critic. de Pauli Commentar. Hal. 803. p. 53 ss. J. Schultheß, Beleuchtung e. neutestamentl. Stelle, für H. P. Benzenberg. [Vrg. theol. Nachrichten. 805. S. 393 ff. 806. S. 367 ff.] In den Marb. theol. Nachrichten. Febr. 807. S. 62 ff. H. Benzenberg, noch e. Wort an Schultheß ü. b. Wandeln I. auf d. Meere. [Eb. Mai 807. S. 254 ff. Vrg. S. 546 ff.] Schultheß, ü. e. Stelle d. Eichhornsch. Einleit. ins N. T. zu Mt. 14, 25. [Theol. Nachrichten. Oct. 807. S. 533 ff.] Benzenberg an Schultheß. [Eb. Juni 808. S. 338 ff.] Einwürfe, die dem Prof. Schultheß v. Pf. Keller wegen sr. Erklärung des περιπατεῖν ἐπὶ τῆς θαλάσσης gemacht worden sind, mit Beantw. [Theol. Nachrichten. März 811. S. 123 ff.] Paulus, ex. Handb. B. II. S. 238 ff. Dgg: Lücke, Jo. B. II. S. 118 f. Strauß, B. II. S. 170 f.

c) Nach Mt. 14, 34. Mc. 6, 53 das Allgemeine, die Ebene Gennezaret, in welcher Bethsaida Mc. 6, 45 und Kapernaum Jo. 6, 17 lagen, beide spurlos untergegangen. Robinson, Paläst. B. III. S. 535 ff. Lukas [9, 10] setzt die Speisung in die Gegend von Bethsaida Julias [am östlichen Ufer des Jordan vor seiner Mündung in den See], oder folgt einer andern Überlieferung. Vrg. Wieseler, Synopse. S. 273 f. Die von W. aufgestellte, der einen Seite der Überlieferung sehr entsprechende Conjectur, daß Jesus nach Mc. 6, 45 den Aposteln gebot nur bis Bethsaida vorauszufahren, um da ihn aufzu=

§. 76. Die harte Rede.

nehmen, also nach B. Julias, noch am östlichen Ufer, strandet an der Willkür, daß τὸ πέραν das Endziel [das westliche Ufer], Bethsaida nur die Mittelstation bezeichnen soll, und scheitert an dem Umstande, daß Julias gar nicht am See lag. *Josephi* B. Jud. III. 10, 7.

d) De Wette, B. I. T. 3. S. 82. Baumg.=Crusius, Jo. B. I. S. 237. Bleek, S. 27 f. Dgg: Strauß, B. II. S. 175 f. Lange, B. III. S. 601.

e) Gfrörer, Gesch. d. Urchristenth. III. S. 175 ff. vrg. I. 2. S. 352. — Bleek, S. 104: Selbsttäuschung der Jünger bei Nacht und Sturm.

f) Bolten, Bericht des Mt. 14, 25. Noch ein Versuch ü. d. Wandeln J. auf d. M. [Henkes N. Mag. B. VI. St. 2. S. 310-33.] vrg. Schmidts Bibl. f. Krit. u. Ex. B. I. S. 169 ff. B. II. S. 743 ff.

g) Kieser, Tellurism. B. II. S. 94. Seherin v. Prevorst. B. I. S. 94. Krabbe, S. 320. — Olshausen, B. I. S. 481 f. Dgg: Lücke, Jo. B. II. S. 119 ff. Strauß, B. II. S. 169 f. *h)* Lange, B. I. S. 288.

i) Krabbe, S. 320 f. Ebrard, S. 394. Daneben Tholuck, Jo. S. 168: Hülfleistung für die Jünger.

k) Eckermann, Gespr. m. Göthe. Lpz. 836. B. II. S. 262 f. Schneckenburger, ü. d. Urspr. d. ersten Ev. S. 68. Strauß, B. II. S. 173 f. Zweifelnd: Neander, A. 3. S. 371. In A. 5 das Ereigniß ausgefallen.

l) Strauß, B. II. S. 177 ff. Weiße, B. I. S. 520 ff. Dgg: Hoffmann, d. L. J. v. Str. S. 369 f. Krabbe, S. 318 f. Neander, S. 458 f.

§. 76. Die harte Rede. Jo. 6, 22-69.

Veranlaßt durch des Volkes Verlangen nach Manna[a] bezeichnete Jesus sich selbst als das Himmelsbrot, welches gegessen werden müsse zum ewigen Leben. In seinen Worten war eine Beziehung auf das Abendmahl nicht enthalten, sie wäre damals durchaus unverständlich gewesen; aber Johannes hat diese Rede in Beziehung auf das Abendmahl erwählt und entwickelt.[b] In dieser Bilderrede ist die Nothwendigkeit der innerlichsten geistigen Aneignung Jesu ausgesprochen. Von Jesu Lehrweisheit ist nicht zu erwarten, daß er bloß durch die Härte von Bildern, die den Hebräern sonst nicht fremd, obwohl in der Umgebung Jesu oft mißverstanden, Anhänger zurückgeschreckt habe. In einer durchklingenden Andeutung der Nothwendigkeit seiner Aufopferung würde ein hinreichender Grund liegen, der doch nur als dunkles Bewußtsein der Nichterfüllung irdischer Hoffnungen gewirkt haben kann. Der wesentliche Inhalt der Rede ist gerade durch ihren mißlichen Erfolg verbürgt.[c] Jesus fand in der Treue seiner Apostel, wie Petrus sie aussprach im freudigen Bekenntnisse, den Trost für sein tief verletztes Gefühl.[d]

Über Jo. 6, 26-63. [Eichhorns allg. Bibl. B. VII. S. 993-1009.] C. Heischkeil, ü. Jo. 6, 30 ff. [Augustis theol. Bl. B. II. S. 577-82.] Über Jo. 6, 26-63. [Schmidts Bibl. f. Krit. u. Ex. B. II. St. 3.] *J. C. L. Gieseler, ü. Jo. 6, 22. [Stud. u. Krit. 829. B. I. St. 1.] D. Schulz, chr. L. v. h. Abendm. A. 2. 831. S. 162 ff. Lücke, Jo. B. II. S. 123 ff. Tholuck, Jo. S. 168 ff. Baumg.=Crusius, S. 257 ff. — Strauß, B. I. S. 676 ff. Weiße, B. II. S. 226 ff. B. Bauer, Jo. S. 233 ff.

a) Nicht dieselben, welche das Wunderbrot gegessen, oder thörigt es schon vergessen, oder in der Unersättlichkeit der Wunderlust, oder ein Sichselbstver=

gessen des Evangelisten — sind Ausflüchte. Die phantastische Vorstellung des Manna konnte im Brote vom Himmel [cf. Mt. 16,1] allerdings etwas Höheres erwarten. Aber wer das Speisungswunder vollbracht hätte, daher immer wieder vollbringen könnte, wäre jedem Volke der liebste König. Hieraus folgt aber nicht die mehr oder minder wesentliche Abtrennung dieser Rede von der Volksspeisung [Weiße, Schweizer].

b) Lücke, Jo. A. 2. B. II. S. 727 ff: Gesch. d. Auslegung ü. d. Gebr. der Stelle 6, 51 ff. in d. L. v. Abendmahl. — Kling in d. Stud. u. Krit. 836. H. 1. **F. E. Müller*, Numne locus Ev. Jo. 6, 51-58 idoneis argumentis ad verum et proprium s. coenae usum trahi queat? Praef. est *C. F. de Ammon*. Lps. 839. **Delitzsch*, d. Rede d. Herrn v. geistl. Genießen f. Fleisches u. Blutes. [Zeitsch. f. luth. Th. 845. H. 2.] Käuffer in f. Bibl. Stud. 845. S. 69 ff. *Herrenschneider*, le pain de vie. Strasb. 848. **C. Tischendorf*, de C. panc vitae. Lps. 848.

c) Gegen die Geschichtlichkeit [Strauß, B. I. S. 676 ff. B. Bauer, S. 255 ff.] nächst der damals unmöglichen Hinweisung auf Abendmahl und Tod, Baur, S. 252: „Es ist klar, wenn die Synoptiker Jesum einen längeren Lehrvortrag vor der Speisung des Volks halten lassen, kann ein solcher nicht auch nachher wieder stattgefunden haben."

d) Cf. *A. Kunad*, de confessione Petri ex Mt. 16, 13-19. Vit. 710. 4.

§. 77. Der Tod Johannis, des Täufers.
Mt. 14, 3-12. Mc. 6, 17-29. Lc. 3, 19 s. 9, 9.

Die Enthauptung des Täufers, — wenn die evangelische Überlieferung genau und das Fest des Herodes die Feier seines Regierungsantrittes [a] wäre, unmittelbar vor dem Passah, — wird in der Hauptsache gleich, in den Nebenumständen verschieden von Josephus erzählt. [b] Für den evangelischen, zwischen Matthäus und Markus nur unbedeutend schwankenden Bericht [c] zeugt der individuelle Charakter desselben, während Josephus nur das Allgemeine, leicht Vorauszusetzende hat; doch konnte jenes charakteristische Bild des zürnenden Propheten, des buhlerischen Weibes [d] und des ertanzten heiligen Hauptes in eines Kindes Hand leichter in der Volkssage entstehn, als von der Geschichte vergessen werden. Die Vereinigung beider Berichte ist nicht unmöglich, [e] doch bleiben verschiedene Gesichtspunkte. [f] Wo sich auch damals Herodes befand, die evangelische Darstellung, als sei das Haupt alsbald gebracht worden, gehörte zum Abschluße des Bildes. [g] Über Johannes, der ohne die gefährliche Größe des Messias, selbst ohne die zweifelhafte Anmaßung eines Wunderthäters Jo. 10, 41, [h] groß war in allem, was durch altväterliche Erinnerungen hoch galt, blieb das Urtheil der Nation klar und einig Mt. 21, 26. Dieß die Bedeutung seines Zeugnisses für den Messias. [i]

a) Dgg: *Fritzsche*, Mt. p. 488.

b) Antiqq. XVIII, 5, 2: Τισὶ τῶν Ἰουδαίων ἐδόκει ὀλωλέναι τὸν Ἡρώδου στρατὸν ὑπὸ τοῦ θεοῦ, καὶ μάλα δικαίως τιννυμένου κατὰ ποινὴν Ἰωάννου τοῦ ἐπικαλουμένου Βαπτιστοῦ. Κτείνει γὰρ τοῦτον Ἡρώδης, ἀγαθὸν ἄνδρα, καὶ τοὺς Ἰουδαίους κελεύοντα ἀρετήν ἐπασκοῦντας, καὶ τῇ πρὸς ἀλλήλους δικαιοσύνῃ καὶ πρὸς τὸν θεὸν εὐσεβείᾳ

§. 77. Tod des Johannes.

χρωμένους, βαπτισμῷ συνιέναι· οὕτω γὰρ καὶ τὴν βάπτισιν ἀποδεκτὴν
αὐτῷ φανεῖσθαι, μὴ ἐπί τινων ἁμαρτάδων παραιτήσει χρωνένων, ἀλλ'
ἐφ' ἁγνείᾳ τοῦ σώματος, ἅτε δὴ καὶ τῆς ψυχῆς δικαιοσύνῃ προεκκεκα-
θαρμένης· καὶ τῶν ἄλλων συστρεφομένων, καὶ γὰρ ἤρθησαν ἐπὶ πλεῖ-
στον τῇ ἀκροάσει τῶν λόγων, δείσας Ἡρώδης τὸ ἐπὶ τοσόνδε πιθανὸν
αὐτοῦ τοῖς ἀνθρώποις μὴ ἐπὶ ἀποστάσει τινὶ φέροι, πάντα γὰρ ἐῴκεσαν
συμβουλῇ τῇ ἐκείνου πράξοντες, πολὺ κρεῖττον ἡγεῖται, πρίν τε νεώτερον
ἐξ αὐτοῦ γενέσθαι, προλαβὼν ἀναιρεῖν, ἢ μεταβολῆς γενομένης εἰς τὰ
πράγματα ἐμπεσὼν μετανοεῖν. Καὶ ὁ μὲν ὑποψίᾳ τῇ Ἡρώδου δέσμιος
εἰς τὸν Μαχαιροῦντα πεμφθεὶς - ταύτῃ κτίννυται. — *J. F. Eckhard*,
Flavius Josephus de Jo. B. testatus. Isen. 785. 4.

c) Dgg: Schneckenburger, ü. d. Urfp. d. ersten Ev. S. 86 f. —
Strauß, B. I. S. 396 f.

d) Herobias, Enkelin Herodes des Gr. vom Aristobulus, war vermählt
mit ihrem Oheim Herodes, dem durch das Testament seines Vaters von der
Regierung ausgeschlossenen Sohne der Mariamne. Da Josephus ihn nur als
Herodes bezeichnet, unter dem Herodianer Philippus aber stets den Tetrar-
chen von Trachonitis versteht [Antiqq. XVII, 1, 2 s. 11, 4. XVIII, 5, 1. Lc.
3, 1. cf. Mt. 16, 13], so scheint allerdings durch eine Verwechslung, statt jenes unbekannten Herodes, als der erste Gemahl der Herodias Philippus genannt [Mt. 14, 3. Mc. 6, 17], dem erst die Tochter der Herodias vermählt
worden ist. *G. Volkmar, ü. e. hist. Irrthum in d. Evv. [Zellers Jahrbb.
846. H. 3.] Doch s. Winer, Realw. B. II. S. 251.

e) *Fritzsche*, Mt. p. 487. Winer, bibl. Realw. B. I. S. 589. —
Schleiermacher, ü. Lf. S. 109. Strauß, B. I. S. 394 f. Neander, S. 297 f.

f) Machärus war zur Zeit, als Herodes Antipas mit Herodias einig
wurde, im Besitze des arabischen Königs Aretas. Dennoch läßt Josephus den
Täufer dort gefangen und hingerichtet sein. B. Bauer, [Synopt. B. II. S.
349 ff.] indem er den Ehebruch der Herodias erst kurz vor den Ausbruch des
Kriegs gegen Aretas verlegt, also 36 p. C., folgert hieraus, daß der Täufer
längst vermodert war, bevor Antipas an die Herodias dachte. Aber Josephus
kommt gleich nach Erwähnung der Geburt ihrer Tochter auf ihren Treubruch
[Antiqq. XVIII, 5, 4], und Salome wurde spätestens 34 p. C. vermählt. Wie
auch Bauer nachmals [Evv. B. III. S. 35 ff.] etwas kleinlauter zugestanden,
fand Agrippa bei seiner Rückkehr nach Palästina um's J. 32 seine Schwester
Herodias bereits mit Antipas verbunden. Dessen Reise nach Rom, auf der sie
sich verabredet hatten, fällt noch in die Zeit Sejans, mit welchem conspirirt
zu haben Antipas später beschuldigt wurde, also vor 31. Machärus kann nur
auf friedlichem Wege, d. h. durch römische Gunst in seine Hand gekommen
sein. Er hat die wichtige Gränzfestung wahrscheinlich damals in Rom erhalten, und Gränzstreitigkeiten waren mit die Ursache zum nachmaligen Kriege
des Aretas gegen ihn. Vrg. Wieseler, S. 223 ff. u. die Schrr. §. 44, nt. r.

g) Osiander, Apologie d. L. J. S. 140. Strauß, B. I. S. 397 f.

h) *J. D. Baier*, utrum J. B. fuerit thaumaturgus? Jen. 734. 4.

i) *C. S. Georgi*, [resp. *J. F. Steckelberg*] de testimonio Joannis B.
Jesum esse Christum publico. Vit. 743. 4. — *J. S. Mitternacht*, de Jo.
reliquiis. Gerae 658.

Zweite Periode.
Das Jahr des Kampfes.

§. 78. Übersicht.

Die Periode beginnt um die Zeit des 2. Passah und schließt unmittelbar vor dem Einzuge nach Jerusalem zum Todes=Passah. Während des Sommers zog Jesus in Galiläa umher Jo. 7, 1, und kehrte nach kurzer Verborgenheit an der phönicischen Gränze zur gewohnten Thätigkeit am See zurück Mt. 15, 19 s. Mc. 7, 31. In den Zeitraum zwischen Laubhüttenfest [Oct.] und Tempelweihe [Dec.], der durch Jo. 10, 21 s. durchaus unbestimmt gelassen ist, scheint der letzte Aufenthalt in Galiläa nach den Synoptikern zu setzen, denn unwahrscheinlich ist, daß Jesus schon vor dem Laubhüttenfeste so voll der Verkündigung seines nahen Todes gewesen, und daß er bei seiner damaligen noch günstigen Stellung zu Galiläa [Jo. 7, 1 - 4] nie wieder in die Heimath zurückgekehrt sei; auch würde die synoptische Schilderung des Zugs nach Jerusalem mit dem heimlichen Zuge zum Laubhüttenfeste [Jo. 7, 10], wenn dieses der letzte wäre, im unbedingten Widerspruche stehn.[a] Nach der Tempelweihe lehrte Jesus in Peräa Jo. 10, 40 s. Nach dem Ereignisse in Bethanien Jo. 11, 7 ss. schon nahe dem Passah barg er sich in Ephraim an der Wüste Juda Jo. 11, 54 ss. Dagegen die Synoptiker nach ihrer Gesammtvorstellung von Jesu Wirkungskreise nur **einen** Zug aus Galiläa kennen unmittelbar zum Tode Lc. 9, 51. Mt. 19, 1. 20, 17 s. Mc. 10, 1. 32 ss., Matthäus und Markus über Peräa, Lukas, der unbewußt verschiedene Reisefragmente mischt [9, 52 s. 10, 38. 13, 31. 17, 11], über Samarien.[b] Vor Jericho treffen die 3 Berichte zusammen Mt. 20, 29. Mc. 10, 46. Lc. 18, 35. Erst von hier aus kann und von Bethanien aus muß es nach Johannes [12, 1] der Zug zum Passah gewesen sein.[c] Der Charakter dieser Periode ist ein Kampf des beginnenden Gottesreichs mit einer mächtigen Reaction. Jesu Lebensfülle erscheint nur selten noch in der frühern hoffnungsreichen Heiterkeit, oft als Zorn über eine verkehrte Zeit, zuletzt immermehr als tiefe stille Wehmuth, aber in fester Zuversicht des Siegs.

a) Neander, S. 531 f. doch zweifelhaft. Dgg: Lücke, Jo. B. II. S. 428. Jacobi in b. Stud. u. Krit. 838. H. 4. S. 869 ff. Wieseler, S. 318.
b) *Fritzsche* in Mc. p. 415. Neander, S. 531.
c) Schleiermacher, ü. Luk. S. 116 f. Sieffert, ü. d. Urspr. d. ersten Ev. S. 104 ff. Dgg. die Extreme nach beiden Seiten: Paulus, ex. Handb. B. II. S. 293 ff. 554 ff. Strauß, B. II. S. 260 ff.

§. 79. Die Gegner Jesu.

§. 79. Der Gegensatz.

Nach dem Zuge seines Herzens und im demokratischen Sinne der Theokratie hatte sich Jesus zunächst an die Armen und Gedrückten gewandt Lc. 6, 20 ss. Mt. 9, 11 s. 19, 23 s. et parr. Die Feindschaft der höhern Stände wurde durch den nothwendigen Gegensatz des Sittenbesserers wider ihre Sittenlosigkeit, des Volksfreundes wider ihre Volks=Verachtung und Verführung, des Religionsgründers wider die entartete Orthodoxie der Pharisäer und wider die ungläubige Aufklärung der Sadducäer hervorgerufen. Nach sämmtlichen Evangelien war der Zwiespalt über Sabbatsheilungen ausgebrochen, von den Synoptikern ist vornehmlich dargestellt, wie Jesus die Sünden der Pharisäer und Schriftgelehrten öffentlich rügte, von Johannes, wie er durch Vertheidigung seiner religiösen Hoheit und Würde die Juden in Jerusalem verletzte. Aber der allmälig hervortretende Anspruch auf das Messiasthum selbst konnte durch eine Reihe unglückseliger Volksbewegungen auch wohlwollenden Staatsmännern verdächtig sein, denen das friedliche Leben des Volks in seiner Entwürdigung glücklicher schien, als ein verzweifelter Kampf wider römische Übermacht. Zwar diese Besorgniß durfte durch die gründliche Weise Jesu, das Volk von Innen heraus zu bessern, und durch sein Fernhalten von jedem politischen Einschreiten gehoben werden: allein abgesehn davon, daß dieses, so lange das Volk nur an einen politischen Messias glaubte, auch als Vorbereitung und Maske anzusehn war, mußte jede laute oder stille Verkündigung eines Messias politische Hoffnungen aufregen.*)
Die höhern Stände concentrirten sich im Hohenrathe, der als neuere Stiftung zwar nicht nach theokratischem Gesetze, aber nach seiner Stellung als höchstes Organ des Nationalwillens darauf Anspruch machte, über die Wahrheit eines Propheten und des Messias zu entscheiden. Er mußte nach der nationalen Voraussetzung den, der Messias sein wollte, als höchsten Herrn über sich anerkennen, oder als Usurpator verurtheilen. Aber die wahre Entscheidung lag im Volke. So lange der Streit geistig geführt wurde durch Einwirkung auf das Volk, neigt sich der Sieg für den Messias. Allein das Messiasthum, das ihm Bahn gebrochen hatte, war ihm auch verderblich: denn wohl alle, die an ihn glaubten, erwarteten, wie die Apostel selbst, die Aufrichtung eines irdisch glanzvollen Reichs. Dachte daher Jesus nicht daran, diese Hoffnung zu erfüllen, so war vorauszusehn, daß die Mehrzahl den im nationalen Sinne falschen Messias verlassen würde, sobald die Staatsgewalt, die zwar beschränkt und verhaßt, doch immer noch durch alles, was eine bestehende und priesterliche Gewalt vermag, mächtig und ehrwürdig war, sich zu blutigen Mitteln entschloß.

---

*) Dgg: Strauß, A. 3. B. II. S. 404 f. Weiße, B. I. S. 142 f.

§. 80. Feindliche Anschläge.
Mt. 12, 22-50. Mc. 3, 20-35. Lc. 11, 14-22. 8, 19-21.

Von Jerusalem ausgesandte Pharisäer, die Jesum von jetzt an umlauern, suchten ihn zu vernichten in der Volksmeinung, zuerst durch Ableitung seiner Dämonenaustreibungen aus einem Bündnisse mit dem Teufel, dann durch die Forderung eines Zeichens am Himmel. Die Art, wie Matthäus den Vorwurf und die Forderung zweimal erzählt 9, 32-34. cf. 12, 22 ss. 12, 38 ss. cf. 16, 1 ss., erscheint nach dem Verhältnisse zu Lc. 11, 14 ss. Mc. 8, 11 s. nur als die doppelte Überlieferung desselben Vorfalls.[a] Nachdem Jesus den innern Widerspruch des Vorwurfs gezeigt, diese absichtliche Verkennung des Guten in ihrer unverzeihlichen Bosheit aufgedeckt[b] und der allerdings in der Volksansicht begründeten Forderung sich entzogen hatte, gedachten sie ihn unter Familiengewahrsam zu bringen, indem seine Begeisterung für Wahnsinn ausgegeben wurde, cf. Jo. 10, 20. Act. 2, 13.[c] Dieses, obwohl im Zusammenhange mit dem Vorwurfe einer Gemeinschaft mit den Geistern der Hölle, liegt doch so weit ab von der spätern Verherrlichung Jesu, daß es weder der Sage, noch der Combination des Markus angehören kann.[d] Jesus vermied die Kränkung eines unmittelbaren Widerstandes im dichten Kreise seiner Getreuen, in denen er schmerzlich bewegt Ersatz für Mutter, Brüder und Schwestern fand,[e] und bot seinen Gegnern offne Fehde Lc. 11, 37-12, 12. cf. Mt. 23, 1-33, einen schweren und allgemeinen Kampf verkündend nach den Zeichen der Zeit, er selbst voll banger Sehnsucht nach Kampf und Gefahr Lc. 12, 49-56.[f]

a) Strauß, B. I. S. 711 f. Neander, S. 247 f.

b) C. S. Georgi, de crimine magiae Christo blaspheme objecto, ad Lc. 11, 14-28 et Jo. 8, 46-59. Vit. 746. 4. *J. G. Lehmann,* ad loc. Mt. 12, 27-32. Vit. 811.

c) Ebrard, S. 337. 359 ff: das Zusammengehörige Mc. 3, 21 von 3, 31-35 trennend und οἱ παρ' αὐτοῦ als Leute aus der Herberge. Dgg: Bleek, Beitrr. S. 25 f. Ammon, B. II. S. 155: als eine Ohnmacht Jesu.

d) Dgg: Schleiermacher, ü. Luf. S. 121. Strauß, B. I. S. 717 f. B. Bauer, Syn. B. II. S. 302 f. [doch Evv. B. I. S. 195 ff.] Baur, Evv. S. 559 f. Gegen sie Neander S. 421 mit willkürlicher Beschränkung. Olshausen, bibl. Comm. B. I. S. 419 f. mit sentimentaler Verdrehung.

e) Dav. Clericus, de loco Mc. 3, 20 s. [Quaestt. sacr. ed. *Jo. Clericus,* Amst. 685. p. 126 ss.] *H. Ch. Schuering,* [pr. *Jo. Fecht*] de C. a cognatis ob ecstasin retento. Rost. 709. 4. *G. Clem. Draut,* περὶ τῆς ἐκστάσεως τοῦ χριστοῦ. Giss. 731. 4. *J. Ph. Peynert,* de ecstasi C. Argent. 761. 4. *G. Sommelius,* [resp. *Laur. Helmon*] de C. a cognatis detento. Lund. 771. 4. *P. Tiliander,* [resp. *C. G. Hedin*] Notio τῶν τοῦ κυρίου ἀδελφῶν, Mt. 12, 46. Mc. 3, 31. Lc. 8, 19. Ups. 772. 4. **Jo. Floder,* [resp. *Bruhn*] τὸ ἐξέστη Mc. 3, 21 illustratum. Ups. 774. 4. **H. S. Ritter,* v. Verh. J. gegen s. Mutter u. Brüder bestimmt durch ihr Verhalten gegen ihn. [Henkes Mag. B. VI. St. 3. Brg. Augustis N. theol. Blätt. B. II. H. 2. S. 99 ff.] H. S. Möller, Erläutr. der Stelle Mc. 3, 21.

§. 81. Die Inconsequenz. §. 82. Laubhüttenfest.

[Augustis theol. Monatsch. 801. B. I. S. 25-30.] H. Beckhuis, b. Betragen J. gegen s. Mutter u. Brüder. [Bibl. van theol. Letterkunde. Amst. 806. S. 477-509.] Brg. §. 50, nt. a.

f) *H. Scharbau*, ad verba Christi: πῦρ ἦλθον β»λεῖν εἰς τὴν γῆν, Lc. 12, 49. [Observv. sacr. p. 127-46.] *Germ. A. Ellrod*, de igne veniente Messia in terram conjecto. Erl. 744. 4.

§. 81. Die Inconsequenz. Mt. 15, 21-28. Mc. 7, 24-30.

Jesus hatte sich nach den phönizischen Gränzorten zurückgezogen, nicht, um Meuchelmördern zu entgehn, die auch dort ihn finden konnten, sondern wahrscheinlich um für die Ausbildung der Apostel Zeit zu gewinnen, jedenfalls um verborgen zu sein. Aber gerührt von der Zärtlichkeit einer heidnischen Mutter, deren harte Behandlung nicht die Absicht hatte, Prüfung oder Belehrung, ᵃ) sondern ernstliche Zurückweisung zu sein, gab er durch eine Wunderthat seine Verborgenheit auf. ᵇ) Der Widerspruch gegen das frühere Verfahren Jesu [§. 55] ist durch die verschiedene Örtlichkeit ᶜ) nur insofern bedingt, als Jesus hier jede Öffentlichkeit vermeiden wollte Mc. 7, 24, aber auch die Ähnlichkeit nicht so groß, daß Lukas das kananäische Weib in den Hauptmann von Kapernaum verwandelt haben könnte. ᵈ) Weder eine Heilung in die Ferne ist so undenkbar, ᵉ) noch die durch einen würdigen Zweck bedingte Härte Jesu so engherzig, daß das Ereigniß in eine Parabel aufzulösen wäre. ᶠ)

a) C. Heischkeil, J. Verhalten gegen das kanan. Weib. [Augustis N. theol. Blätt. B. II. St. 3.] Böhme, d. Geheimniß d. Menschens. S. 129 f.

b) Hase, Streitschrr. H. 1. S. 121 f. H. 3. S. 110 f. Neander, S. 487 f.   *c*) Strauß, A. 3. B. I. S. 571.

d) B. Bauer, Evv. B. II. S. 385 ff. Auch nach Wilke als Nachahmung der Wittwe von Sarepta.

e) Ammon, B. II. S. 277: eine wunderbare und tröstliche Vorherverkündigung, die nichts Unmögliches in Aussicht stellte, denn keine Nachricht von jenseit der Gränze und fein Dank der wiederkehrenden Mutter.

f) Weiße, B. I. S. 526 f.

§. 82. Das Laubhüttenfest. Jo. 7, 2-10, 21.

Von seinen Verwandten gemahnt, zog Jesus endlich unter Vorsichtsmaßregeln ᵃ) zum Laubhüttenfeste. ᵇ) Jener Zeit mag eine Rede angehören, [Lc. 14, 25-35] in der eine ebenso besonnene Abwägung seiner Streitkräfte, als die Gewißheit des Siegs dadurch, daß er sein Alles dafür einsetzt, ausgesprochen ist. In den Begebenheiten des Festes erscheint das Schwanken der Volksmeinung über den messianischen Charakter Jesu, die Gefahr und die Nothwendigkeit seiner Gegenwart auf den Nationalfesten in der heiligen Stadt. Die Heilung eines Blindgebornen ist ebenso ausführlich, als anschaulich erzählt. Das Außerordentliche der That, eine ungrammatisch mystische Auslegung im Sinne der Zeit [9, 7] ᶜ) und das Schweigen der Synoptiker über ein Ereigniß, dessen Schauplatz ihnen noch fern liegt, enthalten nicht hinreichende Verdachtsgründe, um in dieser Erzählung ein künstliches Machwerk zu erkennen,ᵈ) während die großartige Betrachtung des Übels, ihr alsbaldiger Beweis durch die That und die geistreiche Reflexion über die Erfolge Jesu [9, 39 cf. 5] das Gepräge des Ursprünglichen trägt, wenn auch die gerichtlichen Verhandlungen nicht actenmäßig referirt sind. Es ist gleich unhistorisch, das an magische Heilmittel jener Zeit erinnernde Heilungsverfahrenᵉ) zu einer medicinischen Cur auszubeuten, als es für eine zur Heilung unnöthige Zuthat zu achten.ᶠ) Ein Beschluß und Versuch des Hohenraths, Jesum zu verhaften, 7, 45 ss., wäre nach dieser Stelle selbst und nach 11, 47ss. nicht hinreichend motivirt; was 9, 22 gelegentlich erwähnt ist, mag hiernach ein Privatübereinkommen oder der Beschluß eines Synagogengerichts sein.ᵍ) Nur Einzelne bedrohten in vorübergehender Aufregung Jesu Leben. Kühn und besonnen trat er seinen Feinden entgegen. Die erhabenen Aussprüche seines göttlichen Lebens und seiner messianischen Würde verfehlten durch übelwollende Mißdeutung ihren Eindruck auf das Volk. In seinen letzten Reden ist die Universalität seines Planes und der Entschluß seiner Aufopferung für denselben offenbar. Unentschieden ging die Festversammlung auseinander: aber Jesu Sache, weil sie nicht gesiegt hatte, war äußerlich verloren.

a) Jo. 7, 8: οὐκ ἀναβαίνω. Lücke, Jo. B. II. S. 191 f. Tholuck, Jo. S. 189. B.-Crusius, Jo. B. II. S. 285 f. Dgg: B. Bauer, Evv. B. I. S. 169 f. *b)* Beschreibung der Festgebräuche im Talmud, Tr. Sacca, mit den Bemerkk. von Lightfoot. Cf. Lev. 23, 34 ss. 2 Macc. 10, 6. *Josephi* Antiqq. XIII, 13. — *Noesselt*, Opp. T. I. p. 48 ss. *A. H. Niemeyer*, in Jo. 7, 37 s. Hal. 794. 4.

c) Lücke, Jo. B. II. S. 380 ff. aber die Ächtheit ist unleugbar. Über Quell und Teich Siloah: Robinson, Paläst. B. II. S. 142 ff.

d) Bretschneider, Probabb. p. 93s. Strauß, B. II. S. 71 ff. Weiße, B. II. S. 250 ff. Baur, Evv. S. 245 ff. Dgg: Neander, S. 522 ff. Krabbe, S. 296 f. Zum Theil: Gfrörer, Gesch. d. Urchr. III. S. 296 ff.

e) Dio Cass. 66, 8. *Plin.* H. N. 28, 7. *Suet.* Vesp. 7. *Tacit.* Hist. 4, 81. cf. Mc. 8, 22-26. Über die Heilkraft von Siloah: *De Salignac* v. J. 1522 f. Robinson, Paläst. B. II. S. 155. T. Tobler, d. Siloahquelle u. d. Ölberg. S.-Gall. 852.

f) Paulus, Com. B. IV. S. 472 ff. vrg. er. Handb. B. II. S. 312. 381 ff. — Olshausen, Com. B. I. S. 500 f. Neander, A. 3. S. 337 f. Krabbe, S. 295. — Ammon, B. II. S. 417: natürlich wunderbare Heilung.

g) Th. Crüger, Melett. περὶ τῆς ἀποσυναγωγίας τοῦ χριστοῦ ad Lc. 4, 29. Jo. 9, 22. Lps. 741. 4. — Vrg. Weiße, B. 1. S. 332. Ebrard, S. 412 f. Dgg: Lücke, Jo. B. II. S. 386 f. Neander, S. 521 f.

§. 83. Anhang von der Ehebrecherin. Jo. 8, 1-11.

Alle äußere Gründe entscheiden gegen die Ächtheit dieser seit dem 4. Jahrh. allmälig aufgenommenen Pericope, und werden durch die Vermuthung,ᵃ) daß die Scheu, eine leichtsinnige Beurtheilung des Ehebruchs zu befördern, die allgemeine Auslassung veranlaßt habe, nicht aufgewogen. Innere Gründe, auch abgesehn von den antiqua=

§. 83. Die Ehebrecherin. §. 84. Der sterbende Messias.

rischen Schwierigkeiten, sprechen nicht für die Wahrheit der Thatsache. War etwas Verfängliches in der Anfrage, so lag es Jesu so nahe, sie abzulehnen [cf. Lc. 12, 13 s.], daß die Schriftgelehrten dieß voraussehn konnten. Hätte aber Jesus durch den Wunsch, ein Menschenleben für ein höheres Leben gegen ein hartes Gesetz zu retten, oder in Folge seiner Anschauung von der Unlösbarkeit der Ehe, ᵇ) seine gewöhnliche Bahn überschritten: so ist doch die Zumuthung, daß nur sündenlose Menschen Recht sprechen sollten, überall unzulässig, und eben deßhalb undenkbar, daß die Schriftgelehrten, wie man auch ihr richterliches Verhältniß ermäßige, sich ihr so rathlos gefügt haben sollten. Die Erzählung trägt sonach den gewöhnlichen Charakter der bessern Apokryphen, welche eine Seite des Charakters Jesu richtig, ja glänzend darstellen, aber derjenigen allseitigen Wahrheit ermangeln, die das Geschehene meist von dem Ersonnenen unterscheidet. Es ist daher eben so unzulässig, diesen Abschnitt als johanneisch aufzugeben, und dennoch seinen geschichtlichen Inhalt, also ohne irgendeine Quellen-Bewähr, festzuhalten, ᶜ) als ihn dem Evangelium zuzusprechen, und daraus gegen die Ächtheit desselben zu streiten. ᵈ)

Literaturgeschichte in den Commentaren von Kuinoel und Lücke. Für die Ächtheit: *J. P. F. Dettmers*, Vindiciae αυθεντιας textus graeci pericopae Jo. 7, 53 - 8, 11. Frcf. ad V. 793. 2 Pgg. *Stäudlin*, Pericopae de adultera veritas et authentia defenditur. Gott. 806. 2 Pgg. 4. *Hug*, de conjugii christiani vinculo indissolubili. Frib. 816. p. 22 ss. Ebrard, S. 402 ff. [A. 1. S. 494 ff. Gegen ihn: Bleek, Beitrr. S. 28ff.] Ammon, B. II. S. 387 ff. — Für die Ächtheit eines durch freie Benutzung der Varianten vereinfachten Textes: *Jo. Schulthess*, ü. d. Perikope v. d. Ehebr. [Winers krit. Journ. 826. B. V. St. 3.] *E. T. Beck*, sur l'authenticité de Jo. 8. Strasb. 839. 4. Oesterlen in d. Würt. Stud. 839. H. 2. 840. H. 1.

a) August. de adulterinis conjugiis II, 7. Cf. *Eus.* H. ecc. III, 39. Constit. apost. II, 24. *b)* *C. F. Dieck*, b. Gesch. v. d. Ehebr. v. jurist. Standp. [Stud. u. Krit. 832. H. 4.] c) Tittmann, Lücke, Tholuck zu d. St. — Neander, S. 551 f. Krabbe, S. 413 f.

d) Bretschneider, Probabilia. p. 72 ss. B. Bauer, Jo. S. 302 ff. Evv. B. I. S. 193 ff. als entstellende Übertreibung der Sünderin des Lukas. Strauß, B. I. S. 746 ff. als zweifelhaft, Baur, Evv. S. 170 als aus einem den syn. Evv. verwandten Kreise in's 4. Ev. gekommen, die Pointe in 8, 7.

§. 84. Der sterbende Messias.

Einem großen Herzen und einem großen Entschlusse liegt die Frage nahe, ob es stark sei, nöthigenfalls auch das Leben dafür einzusetzen. Daher vielleicht schon um die frühe Jugend des Herrn Todesbilder schwebten, aber noch als unbestimmte Traumbilder seiner hohen Seele. Denn so gewiß sein Selbstbewußtsein, nachdem er in der Blüthe des männlichen Alters mit dem Bewußtsein der höchsten menschlichen Bestimmung aufgetreten war, sich nicht weiter umgestaltete, so wenig ist doch bei rein menschlicher Entwickelung zu denken, daß auch sein ganzes Verhältniß zur wechselnden Außenwelt gleich anfangs klar vor ihm gelegen, und er das Kreuz am Ausgange seiner Bahn schon aufgerichtet gesehn habe. Wollte man sagen, es war schon menschlicher Weisheit leicht vorauszusehn, daß sein Volk ihn verwerfen werde:[a] so wäre zu fürchten, da doch so viele und minder gebildete Völker im Laufe der Zeiten Christum aufgenommen haben, daß man die Anstalten Gottes zur Erziehung seines Volkes für sehr unzweckmäßig, oder das eigene Wort Christi für sehr ohnmächtig hielte. Ob sein Volk ihn aufnehmen oder verwerfen würde, konnte nur die Erfahrung entscheiden. In der prophetischen Weißagung war der Gedanke eines leidenden Messias höchstens durch ein vieldeutsames Vorbild angedeutet, durch jenen Repräsentanten des gesammten Volkes in seiner ganzen Geschichte, Schuld, Buße und endlichen Verherrlichung Jes. 52, 13-54, 12.[b] Aber im ältesten jüdischen Denkmale seiner Beziehung auf den Messias ist alles Leiden von ihm abgewandt.[c] Auch höher blickenden Zeitgenossen mochte die Vorstellung eines Messias, der durch Kampf und Trübsal hindurchgehe, nicht fremd sein Lc. 2, 34s. Jo. 1, 29. In der menschlichen Natur selbst liegt dieser Glaube: durch Kampf zum Sieg. In den Schicksalen der Propheten und in der ganzen Volksgeschichte war dieser Leidensweg vorgebildet, der als eine schmerzensvolle, dem Messiasreich vorausgehende Zeit, seine Geburtswehen, auch dem Volksglauben nicht fremd war.[d] Aber überall stand hinter dem Kampfe der Sieg; und der messianische Grundgedanke, wie alle Propheten ihn verkündet hatten, war ein beglückter, gefeierter König, cf. Lc. 24, 21. Jo. 12, 34. 1 Cor. 1, 23.[e] Mit solchen Hoffnungen, wennschon rein geistiger Art, hatte Jesus begonnen [S. 73 f. 76]. Selbst wenn er vom Anfange an gewußt hätte, daß das Volk, welches er mit Seligpreisungen begrüßte, ihn ermorden werde, wär' es doch schwer zu erweisen. Zwar durch das ganze 4. Evangelium gehn Todesmahnungen, doch in dunkeln Bildern.[f] Aber die Synoptiker bestimmen genau den Zeitpunkt [Mt. 16, 21-26. Mc. 8, 31 - 37. Lc. 9, 22 - 25], wo Jesus anhob, die Gewißheit seines gewaltsamen Todes offen auszusprechen. Es ist viel wahrscheinlicher, daß allgemeine Ahnungen und Heldenworte sich dem Johannes nach dem Ausgange individualisirten, als daß die mündliche Überlieferung, der sich sonst Zeit-Unterscheidungen so schwer einprägen, diese Epoche ohne geschichtlichen Grund herausgestellt hätte. Und seitdem ist diese Todeskunde nicht bloß belehrend um der Apostel willen, sondern der Mund geht Jesu über von dem, dessen sein Herz voll ist. Mit dem bisherigen Gedankenkreise der Apostel war dieses Ende so durchaus unvereinbar, daß sie zwar traurig wurden Mt. 17, 23, auch in der Nähe des Passah der Gefahr nicht unkundig Jo. 11, 8. 16, es doch nur für eine trübe Ahnung hielten,[g] von der sie ihn abzuwenden suchten, während er,

§. 84. Der sterbende Messias.

fast scheint es, noch mit der Heftigkeit eines kürzlich gefaßten Entschlusses die Nothwendigkeit seines Todes behauptete. Auch abgesehn von Mittheilungen der Freunde im Hohenrathe war die Feindschaft desselben und das Schwanken des Volks hinreichend offenbar geworden, um über den Abgrund keinen Zweifel zu lassen, dem ein solcher Messias entgegenging. Wiefern Jesus auch die nähern Umstände seines Todes verkündet haben soll, soweit sie jenseits aller menschlichen Berechnung lagen, könnte auf Gesichte des eignen Todes verwiesen werden, von denen manche Sage geht. Da jedoch diese Umstände als nothwendig begründet in Weißagungen betrachtet werden [z. B. Lc. 18, 31-33], während doch die etwa in Betracht kommenden Stellen diesen Sinn erweislich nicht haben: so ist vielmehr wahrscheinlich, daß erst im Glauben der apostolischen Kirche alttestamentliche Stellen nach scheinbarer Ähnlichkeit auf die Einzelnheiten des Leidens Christi bezogen wurden,[h]) wie dieß im 4. Evangelium noch unvermischt vorliegt Jo. 19, 24. 36 s. Jedenfalls konnte Jesus in den Propheten erst dann die Nothwendigkeit seines Todes finden [Lc. 24, 26 s. 44 ss. Mc. 9, 12], als er in der geschichtlichen Nothwendigkeit desselben den göttlichen Rathschluß erkannt hatte.[i]) Da er sein Reich als das Gottesreich ewig, sich aber zu dessen Gründer seit Jahrtausenden bestimmt wußte: so lag in diesem Bewußtsein der Glaube, als die Vorsehung durch eine geschichtliche Nothwendigkeit seinen Tod forderte, daß auch sein Untergang zum Siege seines Reichs gehöre.

a) Dgg: H. L. Heubner zu Reinhards Plan ꝛc. S. 399 ff. Neander, S. 131 f. Vrg. Hase, Streitschr. H. 1. S. 70 f. *b*) Für das Ältere abschließend: Gesenius, Com. ü. Jes. B. II. S. 155 ff. — *Umbreit, ü. d. Knecht Gottes. [Stud. u. Krit. 828. H. 2.] *Steudel*, de עֶבֶד יְהוָה num et quo sensu ejus idea a Jesaia mente concipi potuisse videatur? Tub. 829. 4. *Vatke, Rel. d. A. T. Th. 1. S. 528 ff. De Wette, Hengstenberg s. nt. e.

c) *Jonathan:* Jes. 52, 13 ss. Bei *De Wette*, Opp. p. 102 ss.

d) Schmidt, christol. Fragmm. In s. Bibl. B. I. S. 24 ff. *Berthold*l, Christol. Judd. §. 13. cf. Mt. 24, 8.

e) Literatur b. *De Wette*, Opp. p. 6 ss. Für die Vorstellung eines gewaltsam sterbenden Messias zur Zeit Jesu: *K. F. Stäudlin, ü. Zweck u. Wirk. d. Todes J. [Gött. Bibl. B. I. St. 4.] *Hengstenberg, Christol. d. A. T. B. 1. 1. S. 252 ff. 2. S. 290 ff. Dgg: *De Wette*, de morte J. C. expiatoria. Ber. 813. P. I. [Opp. Ber. 830.]

f) Jo. 12, 32 s. 7, 37 ss. — G. Menken, ü. d. eherne Schlange u. d. symb. Verh. drs. zu d. Pers. u. Gesch. J. C. [Frkf. 812.] Brem. 829. *G. C. Kern, ü. d. ehernen Schl. [Bengels Arch. 822. B. V. St. 1-3.] *B. Jacobi, ü. d. Erhöhung d. Menschens. [Stud. u. Krit. 835. H. 1.] Bleek, Beitr. S. 230 f. — Hase, Streitschr. H. 1. S. 69 f.

g) Dgg: Strauß, B. II. S. 296 ff. *h*) Eb. S. 287 ff.

i) Dgg: *Rom. Teller*, C. erga suos in praedicandis calamitatibus moderatio. [Dss. sacr. p. 77-89.] *A. L. C. Heydenreich, durch welche Gründe kann dargethan werden, ob J. sein letztes Schicksal wirklich bestimmt vorhergesehn u. vorhergesagt habe? [Zimmermanns Menatsch. 823. B. IV.

H. 3 f.] Drf. ob das Vorherwiſſen J. v. f. letzten Schickſale u. b. damit zu=
ſammenh. Erfolgen natürlich u. rational erklärt werden könne, o. aus ſupern.
Geſichtsp. zu betrachten ſey? [Eb.B. V. H. 1.] — Weiße, B.I. S. 431 f.

§. 85. Bedeutung des Todes Jeſu.

Jeſus konnte einem gewaltſamen Tode nur entgehn, entweder
durch die Erklärung, daß er in keiner Weiſe auf die meſſianiſche Würde
Anſpruch mache, oder durch die Flucht in's Ausland, als dieſelbe
Erklärung auf reale Weiſe. Beides war ſittlich unmöglich bei der
Überzeugung ſeiner meſſianiſchen Beſtimmung. Eine bewaffnete Er=
hebung gegen die Staatsgewalt wäre die Rückkehr zum weltlichen Meſ=
ſiasthum geweſen. Es war demnach einfach und ſtreng ſeine Pflicht,
dem Tod entgegenzugehn. Aber dieſe ſittliche Nothwendigkeit war nach
dem allgemeinen Begriffe ſittlicher Verhältniſſe zugleich freiwillig, weil
es phyſiſch möglich war, dem Tode zu entgehn Jo. 10, 17 s. Sonach
hat Jeſus ſeinem Werke ſich geopfert, und weil dieſes das Heil der
Menſchheit war, iſt er für die Menſchheit geſtorben Jo. 10, 15. 6,
21, wie Eleazar für ſein Volk,[a] ein Bundes= und Sühnopfer Mt.
26, 28. Mc. 13, 24. Lc. 22, 20. Mt. 20, 28. Mt. 10, 45, in der
höchſten Bewährung ſeiner Liebe Jo. 10, 11 s. 15, 13. Auch in der
nächſten geſchichtlichen Entwickelung ſah er als geſegnete Folgen [Jo.
12, 24] die Enttäuſchung der irdiſchen Hoffnungen, die Selbſtändig=
keit der Apoſtel und den begeiſternden Ruf ſeiner Nachfolge Jo. 16,
7. 12, 26. 15, 20;[b] aber deßhalb iſt er nicht geſtorben. Er hat
nichts zu ſeinem Tode gethan, vielmehr war das Leben ihm lieb, und
ſo lang es zu ſeinem Werke nöthig ſchien, ging er mehrmals der Er=
bitterung wie der Nachſtellung aus dem Wege.[c] Als aber jede Ret=
tung innerhalb ſeines Berufs abgeſchnitten war, iſt er klaren Geiſtes
die Bahn der Pflicht, die zum Tode führte, gegangen, ohne ſich zu
ſorgen, ob durch ſeine Schritte das Unvermeidliche einige Tage früher
oder ſpäter hereinbrechen werde.

C. A. Schwarze, ü. b. Tod J. Lpz. 795. [Gubalfe] Darſt. b. verſch.
Geſichtsp., aus welchen b. Tod J. betrachtet werden kann. Brieg 803. [n. T.
Hal. 822.] *J. Ph. Gabler, ü. b. Nothwendigk. b. Todes J. a. rationaliſt.
Geſichtspunkte. Drſ. v. b. Abſichten des Todes J. a. b. Grundidee e. Bun=
desopfers. [Aus f. Journ. f. theol. Lit. B. III. H. 3. u. aus Henkes Mag.
B. VI. St. 1. in f. kleinern theol. Schrr. B.I. S. 652 ff.] *C. L. Nitzsch,
de mortis a J. C. oppetitae necessitate mor. Vit. 810 s. 2 Proll. 4. Dgg:
K. Ch. Flatt, Läßt ſich die Überzeugung J. v. d. Gewißh. u. mor. Noth=
wendigk. f. Todes a. e. natürl. Geſichtsp. betrachten? [Süskinds Mag. 805.
St. 12.] *H. Huysers, Jesu de morte sua effata colliguntur atque expo-
nuntur. Groning. 839. — J. E. W. Gericke, die Wirkungen b. Todes J.
in Bezieh. a. f. eigene Perſon. [Stud. u. Krit. 843. H. 2.] Dgg: A. F. D.
Münchmeyer, hatte b. Tod J. wirklich b. Zweck, „die auf f. menſchl. Na=
tur übergegangene erbl. Verborbenh. vollends zu vernichten?" [Eb. 845. H. 2.]

[a] *Joseph.* de Maccab. c. 6. [b] Neander, S. 672 f.
[c] Dgg: *De Wette*, de morte J. C. [Opp. p. 126 ss.]

§. 86. Weißagung der Auferstehung.

Je mehr die Wiederaufhebung des Todes als naturgemäßes Ereigniß betrachtet wird, desto eher ist ein Vorherwissen oder Vorgefühl desselben denkbar. Aber gegen die Aussprüche, in denen Jesus zugleich mit seinem Tode seine Auferstehung am 3. Tage verkündigt [Mt. 16, 21. 17, 22 s. 20, 19. Mc. 8, 31. 9, 31. Lc. 18, 33. cf. Mt. 17, 9. Mc. 9, 9 s.], zeugt: vorerst die Hoffnungslosigkeit der Jünger nach der Kreuzigung, ihr Unglaube, als von allen Seiten die Kunde der Auferstehung kommt, und nicht einmal die Zeugen derselben erinnern zur Bestätigung ihrer Botschaft an Jesu Verheißung; sodann bei dem Abschiedsmahle unter so vielen Worten des Trostes ist nirgends diese Verheißung bestimmt ausgesprochen, wo es ihrer am meisten bedurfte; endlich Jesu eigne Stimmung bei diesem Mahle deutet in ihrer Wehmuth am wenigsten auf ein sicheres Wiedersehn nach wenig Tagen,[a]) und in ihrer Erhebung nur auf ein geistiges Vereintbleiben und Wiedersehn in einer andern Welt. Hat aber Jesus das Unsterbliche seines Werkes und das Siegreiche seines Todes ihm und den Seinen zum Troste ausgesprochen [cf. Hos. 6, 2. LXX], so mußte fast geschehn, daß dieses nachher von den Jüngern dahin gedeutet wurde, wohin die Gottheit selbst es zu deuten schien. In einigen Aussprüchen Jesu, wo durch den Zusammenhang das Mißverständniß unmöglich war, hat sich die Verheißung seines geistigen Fortlebens unter den Seinen unverletzt erhalten Mt. 18, 20. 28, 20. In andern Reden bei Johannes [10, 17 s. 14, 18-21. 16, 16-22] ist der Gedanke eines höhern, im Tode selbst gewonnenen Lebens [wie 12, 24] noch offenbar,[b]) doch liegt das Mißverständniß schon nahe. Das wirkliche Eintreten desselben ist durch die Treue des Johannes selbst in seinem Irrthume nachweisbar [S. 104]. Ebenso enthält Mt. 12, 40 eine von Lukas [11, 29 ss.] und bei der Wiederholung von Matthäus selbst [16, 4] nicht aufgenommene spätere Deutung.[c]) Sonach sind jene kurzen, einfachen und bestimmten Vorhersagungen, als gegründet in Weißagungen der Propheten [cf. Jo. 20, 9], die doch nach grammatischer Auslegung sich nirgends finden, für Zusätze zu achten, welche sich, nachdem alles erfüllt war, in der kirchlichen Verkündigung der Leidensgeschichte von selbst bildeten, daher sie auch ohne Verletzung des Zusammenhangs überall fehlen können, und die Jünger durch diese Reden Jesu nur zur Trauer Mt. 17, 23, nie zu einer Frage nach solchem wunderbaren Troste veranlaßt werden. Die wahre Größe Jesu wird durch dieses Nichtwissen einer Sache, die allein in Gottes Hand gestellt war, [cf. Act. 1, 7] nicht herabgezogen, vielmehr erscheint nur auf diesem Standpunkte die Todesfreudigkeit und das Gottvertrauen Jesu bei dem scheinbaren Untergange aller Hoffnungen in seiner höchsten sittlichen Größe.[d])

Für die Voraussagung: *J. G. Walch*. [resp. *C. H. Frölich*] de vaticiniis C. prophetae. Jen. 754. 4. *Jer. F. Reuss*, ex vaticiniis C. insigniter impletis probatur religionis christ. veritas. Tub. 768. 4. **F. V. Reinhard*, de C. suam, dum viveret, resurrectionem praedicente. Vit. 784. 4. [Opp. acad. Lps. 809. T. II. p. 30 ss.] *F. G. v. Süßkind, Bemerk. ü. d. Frage: ob I. s. Auferst. bestimmt vorhergesagt habe? [Flatts Mag. St. 7. S. 181 ff.] Heydenreich. [§. 84, nt. i.] **A. L. G. Krehl*, de momento resurrectionis J. C. in institutione apost. Misen. 830. 4. Ds. I. p. 5-25. — Dgg: Herder, v. Erlöser d. Menschen. [Chr. Schrr. 830. B. I.] S. 238 ff. Briefe ü. Jo. [Eichhorns allg. Bibl. B. VII. S. 1053 ff.] **H. E. G. Paulus*, Meletemata ad hist. dogmatis de resurrectione mortuorum. Jen. 796. Durchgeführt im Com. B. II. S. 564 ff. u. er. Handb. B. II. S. 415 ff. *Henke* [§. 52, nt. k.] F. A. Klein, ü. d. Vorhersag. J. v. s. Tode u. Auferst. [Oppositionsschr. B. IV. H. 2.] Hat. J. s. Auferst. vorhergewußt u. bestimmt vorhergesagt? [Schuderoffs Nst. Jahrb. 827. B. II. H. 3.] Strauß, B. II. S. 308 ff. Für eine minder klare Vorhersagung: *C. A. Hasert, ü. d. Vorhersag. J. v. s. Tod u. s. Auferst. Berl. 839. Neander, S. 758 f.

a) Ausflüchte b. Krabbe, S. 390. *b)* Lücke zu den St.

c) Jo. Wessel, de Jona typo C. prophetico ad Mt. 12, 39. [Disputt. sacr. p. 371-94.] A. Zell, C. drei Tage u. drei Nächte im Herzen der Erde. Bückeb. 741. 4. *J. Floder*, [resp. *J. Pontz*] de ratione computandi triduum commorationis C. in corde terrae, Mt. 12, 40. Ups. 774. 4. *Pg. de Jona C. sepultum adumbrante. Hal. 776. 4. *M. F. Stemler*, Effatum Servatoris de sua tres dies totidemque noctes ἐν τῇ καρδίᾳ τῆς γῆς commoratione. Neost. ad O. 784. 4. J. C. G. Liebe, ü. Mt. 12, 34-41. [Augustis theol. Blätt. B. II. S. 631 ff.] C. Heichfeil, ü. d. Zeichen d. Proph. Jonas. [Eb. S. 789 ff.] *Nachtigal, ü. Mt. 12, 39. [Henkes N. Mag. B. III. S. 279 ff.] Das Wahrzeichen des Proph. Jonas z. Prüfung des Paul. Com. ü. diese Stelle. [Henkes Mus. B. III. St. 2.] Strauß, B. II. S. 318 ff. Neander, S. 422 f. De Wette, B. I. Th. 1. S. 147.

d) Vrg. Gfrörer, III. S. 107 ff. Neander, S. 758.

§. 87. Die Verklärung.
Mt. 17, 1-13. Mc. 9, 2-13. Lc. 9, 28-36.

Eine wirkliche Gegenwart des Moses und Elias auf dem Berge [nach der Sage Thabor, nach Mt. 16, 13. cf. Lc. 9, 28 Paneas oder Hermon] nebst der Lichterscheinung Jesu, als Todesweihe, zur Glaubensstärkung der Jünger, zur Erlösungskunde für die alttestamentlichen Frommen, als Entwicklungspunkt der allmäligen Entleiblichung Jesu, oder nur als ein Hervorbrechen seiner innern Glorie, eine naturgemäße momentane Rückkehr in das Jenseits,[a] ist, abgesehn von dem Zweideutigen jeder Geistererscheinung und der Gefahr einer Entmenschlichung Jesu [Doketismus], unvereinbar mit der damaligen freien Deutung der Eliassage auf den Täufer, während doch die veranlassende Anfrage der Apostel genau zu ihrem Gemüthszustande stimmt, wie er nach der evangelischen Erzählung vorauszusetzen ist.[b] Die Betrachtung als wunderbare Vision kann einen tüchtigen Zweck derselben nicht darthun, und wiefern sie nur als Organ der Geisterwelt angesehn wird, verfällt sie auch dem Grunde gegen

§. 87. Die Verklärung.

(Elias.ᶜ) Die natürliche Erklärung durch elektrische oder magnetische Erscheinungen berücksichtigt nur die eine Seite des Ereignisses. Der Deutung als Traum widerstrebt die Mehrzahl der Träumer, die gegen die Evangelien auf Petrus reducirt werden müßte, und die Voraussetzung eines besondern Vorfalles auch in Jesu Rede.ᵈ) Für eine mythische Bildung nach dem Vorbilde des leuchtenden Mosesangesichtes [Exod. 34, 29 ss. cf. 24, 1 ss.] und nach der Erwartung wiederkehrender Propheten zur Zeit des Messias [Mal. 4, 5s. cf. Mt. 16, 14]ᵉ) spricht das bei einem vollkommen historischen Thatbestande noch unerklärte Schweigen des Johannes,ᶠ) der den höchsten Beruf hatte, eines selbsterlebten Ereignisses zu gedenken, das den Herrn im Lichte und Verkehre einer höhern Weltordnung darstellte. Die Andeutung 2 Ptr. 1, 16-18 beweist nichts, als die allmälige Verbreitung dessen, was die Synoptiker erzählen. Aber der Herausstellung des idealen Inhalts als durchgeführte Allegorie der den Aposteln damals aufgegangenen Einsicht in die wahre Bedeutung des Messiasthumsᵍ) widerspricht schon dieses, daß solches höhere Bewußtsein mit seiner Geistestrunkenheit sich bei den Aposteln jener Zeit gar nicht vorfindet. Jeder rein mythischen Auffassung erweist sich ungünstig: die genaue Zeitbestimmung in Bezug auf Vorhergegangenes und Nachfolgendes, die Nennung von Augenzeugen, die zur Entstehungszeit des Mythus zum Theil noch lebten, das innerhalb des Mythus unerklärliche Verbot Jesu, und eine so einfache Darstellungsweise, daß die Scheidung des Thatbestandes von seiner ersten Auffassung noch möglich ist. Nach dem evangelischen Berichte ist Thatsache, daß Jesus den Aposteln im ungewohnten Glanze erschien mit 2 Unbekannten. Ihre Bezeichnung als Moses und Elias ist ein durch den Zustand der Augenzeugen nicht hinreichend verbürgter Schluß derselben, und ganz ungeschichtlich wird die Gebundenheit ihres Geistes zu einer Erhebung in's Geisterreich umgestellt.ʰ) Das Gebot des Schweigens und das Abbrechen Jesu deutet auf irgend ein geheimnißvolles Verhältniß seiner Geschichte.ⁱ) Allein dieser geschichtlich erweisliche Thatbestand hat nichts historisch Merkwürdiges noch ideal Bedeutsames. Dieses ist erst eingetreten durch die Auffassung der Apostel, in der sich, ihnen unbewußt, die Idee des vergeistigten und doch auf nationalen Grundlagen ruhenden Messiasthums versinnlicht hat. Sonach zeigen die synoptischen Berichte auf historischen Grundlagen die schuldlose Geburtsstätte eines Mythus.ᵏ)

Eppel, Aperçu critique des differendes explications, qu'on a donné de l'hist. de la transfig. Strasb. 846.

a) *J. F. Mayer*, Comitia Thaboritica a C. Mose et Elia circa passionem celebr. Kil. 708. *God. Olearius*, de transfiguratione C. Lps. 709. *Herm. Witsius*, Meletem. Leidens. p. 297 ss. **C. A. Heumann*, de prae-

Leben Jesu. 4. Aufl.

cipua causa, ob quam discipulis C. se conspiciendos et audiendos praebuerunt Moses et Elias. Gott. 732. 4. [Dss. Syll. T. I. P. I. p. 94 ss] *C. S. Georgi*, [resp. *J. G. Nathusio*] de gloriosa C. exinaniti clarificatione. Vit. 744. 4. *J. C. Blasche*, de C. in monte mutatione ex coll. Evv. ill. Jen. 768. 4. *J. J. Amnell*, [resp. *A. J. Boberg*] ad Hist. C. μεταμορφωθέντος. Ups. 776. 4. An Essay on the transfiguration of Christ. Lond. 788. *J. G. Sommelius*, Momenta nonnulla Hist. transfig. C. Lund. 791. 797. 2 P. 4. *Haubold*, de causa praecipua metamorphoseos J. C. Gott. 791. 4. *Ch. G. Eger*, de metam. J. in monte, quam refert Mt. 17, 1-9. 794. *R. ü. d. Verklär. [Tellers Mag. f. Pred. B. IV. St. 1. S. 60ff.] C. Ler, b. Verkl. C. a. d. Berge. Dillenb. 843. Vrg. Lilienthal, die gute Sache b. Offenb. B. X. S. 945 ff. Olshausen, Com. B. I. S. 522 ff. Ebrard, S. 438 ff. b) 3. Th. dgg: Schleiermacher, ü. Luk. S. 149. Strauß, B. II. S. 252 f.

c) *Tertul.* adv. Marcion. IV, 22. Herber, v. Erlöser d. M. S. 231 ff. Gratz, Com. z. Mt. B. II. S. 163 f. 169. Krabbe, S. 397 ff. Hävernick, Bemerk. ü. d. Verkl. C. [KBlatt f. Mecklenb. 839. B. VI. 1.]

d) V. Becker, bezaub. Welt, übrs. v. Schwager. B. II. S. 41: natürl. Vision. Eck, Vers. d. Wundergesch. d. N. T. zu erklären. S. 337: optische Täuschung durch Nebensonnen. *Kuinoel*, Pericop. Ev. Lps. 796. p. 126: Traum. Neander, S. 490 f: Traumgesicht. — Hezel, ü. d. Verkl. C. [Schriftforsch. 792. B. I. N. 15. vrg. 793. B. II. No. 8.] Gewitter. *J. G. Rau*, Symbola ad illustr. Evv. de metamorphosi J. C. narrationem. Erl. 797. 4. *Hezel*, Or. de vis electricae flammarum luminumque mirae electricis vestigiis in Cod. sac. [Schriftforsch. 793. B. II. St. 3.] Ammon, B. II. S. 305. 309 ff: Blitz und Donner als Bath Kol. — *J. Ph. Gabler*, ü. d. Verklärungsgesch. J: Traum, Gewitter u. Vision. [Nst. theol. Journ. 798. B. I. St. 5. S. 517 ff. Kleinere th. Schrr. B. I. S. 53 ff.] Wer Moses u. Elias auf jenem Berge d. Verkl. gewesen sind? [Augustis theol. Blätt. B. II. S. 691-700.] Dgg: J. W. B. Rußwurm, einige Zweifel u. Einwürfe. [Augustis N. theol. Blätt. B. I. S. 75-84.] Tanner, Vermuthung ü. die Verkl. C. [Theol. Nachr. Nov. u. Dec. 810. S. 391 ff.] Aus Zimmermanns Taschenb. d. Reisen. 6. Jahrg. S. 15 ff.] Über d. Verkl. C. [Ch. Oct. 811. S. 386-403.] Ler [nt. a.].

e) De Wette, Kritik d. mos. Gesch. S. 250 u. er. Handb. B. I. T. 1. S. 185 f. *Bertholdt*, Christol. Judd. §. 15. nt. 17 u. a. Strauß, B. II. S. 249 ff. Gfrörer, I. 2. S. 368 f. II. 2. S. 279 ff. Dgg: Hoffmann, d. L. J. v. Str. S. 375 ff. Krabbe, S. 392 ff.

f) Schneckenburger, Beitrr. S. 62 ff: um nicht doketischer Deutung Raum zu geben. Dgg: Strauß, B. II. S. 250 f. Neander, S. 492.

g) Weiße, B. I. S. 534 ff. Dgg: Baur in d. Jahrbb. f. wiff. Krit. 839. S. 198. Krabbe, S. 396 f.

h) J. P. Lange, B. II. S. 904 ff. Dgg: Neander, S. 490.

i) Paulus, exeg. Handb. B. II. S. 436 ff. Venturini, natürl. Gesch. d. Proph. v. Naz. B. III. S. 256 ff. Schleierm. ü. Luk. S. 148 f. — Neander, S. 492: das Verbot Jesu als falscher Schluß b. Mt. u. Mk.

k) Vrg. Schulz, ü. d. Abendm. A. 2. S. 319.

§. 88. Die Abgabe. Mt. 17, 24-27.

Der Sinn des Ereignisses, die harmlose Weise darzustellen, mit der sich der Messias den Gemeindelasten unterzog, wird dadurch erschöpft, daß Jesus im kräftigen Bilde es aussprach, wie eine durch den Segen, den Gott in's Gewerbe gelegt hat, so leicht verdiente

§. 88. Die Abgabe. §. 89. Die Anhänger Jesu.

Summe ᵃ) nicht der Mühe verlohne, ein wenn auch gutes Recht zum Ärgerniß anderer geltend zu machen. ᵇ) Hierbei ist weniger angemessen, wie zwischen Paulus und Storr geschah, den für die eine oder andere Ansicht günstigen Sinn des Auffindens [εὑρίσκειν] mit Citaten zu belegen, als mit Ammon auf den bildlichen Sprachgebrauch des Volkes zu verweisen und die Angemessenheit desselben zur Absicht Jesu darzuthun. ᶜ) Allein das Öffnen des Fischmauls und die ganze Darstellung inmitten von Wundergeschichten wäre mehr als zweideutig, wenn der Evangelist nicht ein Wunder erzählen wollte. ᵈ) Dennoch giebt Jesus nur die Abwendung unnöthigen Ärgernisses als Grund seines Verfahrens an, und da, abgesehn von einem eingebildeten Dekorum,ᵉ) die wunderbare Beischaffung eines Geldstückes mitten in der befreundeten Stadt kein Bedürfniß war, würde ein solches Schauwunder, das hinsichtlich des Geldstücks im Maule des Fisches jedes Bedürfniß überschritte, der Maxime Jesu Mt. 4, 3 s. widerstreiten. Eine Naturalienabgabe wäre keine Lösung der vermeinten Collision. ᶠ) Der Grundsatz, daß der Gottmensch, was er als Mensch schuldete, durch seine göttliche Allmacht zu zahlen hatte, würde das Leben Jesu zum abentheuerlichsten Mährchen machen. ᵍ) Für einen eigentlichen Mythus fehlt die wahrscheinliche Veranlassung und der ideale Inhalt. ʰ) Sonach bleibt nichts übrig, als daß eine bildliche Redensart in der Volkssage zu einem apokryphischen Wunder geworden ist. ⁱ)

a) Seb. Schmidt, de didrachmis a C. solutis. Argent. 701. 4. [Dispp. ed.2. Argent. 720. 4. p.796ss.] Cf. Exod. 20,13. Michaelis, Mos. Recht. B.III. S.213ff. *b)* Neander, S. 508: als Act der freien Selbsterniedrigung.

c) J. Ph. Leisner, Locus illustrator Mt. 17, 27. Friedrichsst. 794. *H. E. G. Paulus, ü. d. Erwerbungsmittel d. Stater. [N. th. Journ. 795. S. 859-73. 797. S. 931-45.] vrg. ex. Handb. B. II. S. 502 ff. Über Mt. 17, 27. [Schmidts Bibl. f. Krit. u. Exeg. B. II. St. 2.] K. W. Justi, Abh. ü. Mt. 17, 27. [Erfurter Nachrichten. 798. St. 4.] Ammon: bibl. Theol. B. II. S. 375f. Gesch. Jesu. B. II. S. 319f. Chr. Augustis theol. Bl. B. I. S. 253 f. B. II. S. 159 ff. N. theol. Bl. S. 81 ff. — *Storr, ü. Mt. 17, 27. [Flatts Mag. 797. St. 2. S. 56-89.] [Möller] Kritik des Kom. v. Paulus. S. 112.

d) Fritzsche, Mt. p. 565 s. Strauß, B. II. S. 182 ff. Anti-Hasiana. Neust. 836. S. 129 f. — Neander, S. 508 f: Jesus verwies auf den Segen, den die Vorsehung auf das Gewerbe gelegt. Doch soll der zuerst gefangene Fisch auch einen Stater verschlungen haben.

e) Olshausen, Com. B.I. S. 541 f. *f)* Lange, B. II. S. 316 ff: das Wunder nur scheinbar festhaltend. *g)* Ebrard, S. 446 f.

h) Dgg: Strauß, B. II. S. 184.

i) Vrg. Kaiser, bibl. Theol. B. I. S. 200. De Wette, B. I. T. 1. S. 191. Dgg: Tholuck, verm. Schrr. Hamb. 839. B. II. S. 452 f.

§. 89. Die Anhänger Jesu.

Die Wirksamkeit Jesu mag sich nach den Tausenden, die auf seinen Wanderzügen um ihn waren, bei dem geringen Umfange Palä=

stinas auf den größten Theil des eingebornen jüdischen Volks erstreckt haben. Aber viele suchten nur Hülfe für leibliche Übel, oder flüchtige Rührung und Unterhaltung. Waren auch unter den höhern Ständen manche Freunde Jesu Jo. 12, 42, so beweist doch ihre Scheu, öffentlich für ihn aufzutreten, daß sie es damals nur bedingungsweise waren. Jesus forderte Reue und Beßrung als Bedingung des Gottesreichs, die doch in sehr verschiedenem Maße erfüllt werden mochte. Auch erscheint anderwärts schon ein edler Zug des Gemüths und Jesu Anerkennung als Messias hinreichend zur Aufnahme in sein Reich Jo. 9, 35-38. Lc. 23, 40-43. Zwar bei Johannes [3, 3ss.] stellt die Forderung sich höher; doch erweisen die Apostel selbst, daß dieses eine Forderung und ein Ideal, nicht Bedingung und Anfang war. In die Verheißungen Jesu für seine Anhänger mögen die Hoffnungen derselben sich eingemischt haben Lc. 22, 30. 18, 29 s., in der Nähe seines Ausganges hat er ihnen nur Noth und Tod in seiner Nachfolge versprochen Mt. 10, 16 s. 20, 22 ss. Jo. 16, 2 ss. Je mehr er ihre Hoffnungen zerstörte, desto mehr zogen sich selbst die näher Gestellten zurück [§. 76]. Weiß er aber noch am Todestage sich mächtig genug, um seine Anhänger der Staatsgewalt entgegenstellen zu können Jo. 18, 36, so ist dieses eben dahin gemeint, wenn er das Panier des irdischen Messiasreichs erheben wollte, daß sich alles wieder um ihn sammeln würde. Aber seiner Anhänger in seinem Sinne mochten zuletzt wenige sein, von diesen vielleicht kaum einer, der ihn verstand, doch einige, die ihn liebten um seiner selbst willen. Wie er seine Aufnahme als bedingt ansah durch den schon vorhandenen Zug nach Wahrheit und zu Gott Jo. 5, 38. 42 ss. 8, 42 s. 47, so hat er sich nach dem glänzenden Anfange Jo. 4, 1. Lc. 16, 16*) über den geringen sichtbaren Erfolg seiner Sendung getröstet, indem er auch diesen als göttlich geordnet betrachtete Jo. 6, 44. 12, 38 ss.

*) Die parallele und doch anders gewandte Stelle Mt. 11, 12 könnte nach den andern ungenügenden Deutungen [De Wette, B. I. Th. 1. S. 132 f.] wohl ihre Lösung finden als Seitenblick auf die Wirksamkeit des Paulus. Baur, Evv. S. 615 f. nach dem Sächs. Anonymus S. 57 f.

§. 90. Die 70 Jünger. Lc. 10, 1-21.

Jesus erwählte 70 Jünger, als einen vertrauten Kreis zweiter Ordnung, und sandte sie vor sich her. Ihre Weisheit war das unmittelbare Bewußtsein der Nähe Gottes und des Gottesreichs. Da bloß von der glücklichen Ausübung ihrer Wunderkraft, nicht von der Wirkung ihrer evangelischen Verkündigung die Rede ist, und dennoch Jesus von freudiger Rührung ergriffen wird: so scheint ihre Aussendung, die unklar gehalten sammt der Rückkehr innerhalb des Zugs nach Jerusalem vorgestellt wird, weniger eine große Unternehmung zur letzten entscheidenden Wirksamkeit auf das Volk gewesen zu sein,

§. 90. Die 70 Jünger. §. 91. Die Kirche.

als bloß ein Versuch zu ihrer eignen Bildung. Bei dem Schweigen aller andern apostolischen Denkmale lag es nahe, ihre Wahl und Zahl, die an die Ältesten des Moses [Num. 11, 16 ss.], an die Beisitzer der Sanhedrin oder an die 70 Völker der Erde erinnert,[a] als mythisch zu betrachten, ihre Instruction als die bei Lukas [9, 1-5] den Aposteln verkümmerte.[b] In ihrer Vollmacht sind die jüdischen Beschränkungen ausgelassen, welche die fast gleichlautende Rede bei Aussendung der Zwölf nach Matthäus enthält [§. 60], doch tritt die Beziehung in's Weite und Allgemeine nirgends hervor. Daher die 70 doch ein zu fern liegendes Vorbild des Paulus und paulinischen Christenthums wären, um als solches erfunden zu sein.[c] Noch ist ihre Aufstellung aus einem Grolle des Paulus gegen die 12 zu erklären.[d] Matthäus schweigt auch von der Wahl, Johannes auch von der Aussendung der 12. Daß Jesus noch zahlreiche ständige Jünger hatte, erhellt aus Act. 1, 15. 21. 1 Cor. 15, 6. cf. Jo. 6, 60. Daß sich die Sage der 70 in der apostolischen Kirche bildete, als ein Symbol der zahlreichen spätern Mission,[e] ohne daß man einzelne aus jenem Kreise kannte, erscheint demnach unwahrscheinlicher, als daß mit der spätern Unbedeutendheit der meisten ihr Andenken in der evangelischen Überlieferung zurücktrat.

*F. Burmann, de septuaginta discipulis. [Exercitt. acad. P. II. p. 95-104.] *C. A. Heumann, de 70 C. legatis. Gott. 743. 4. Schulze [§.60, nt.c.]
a) Clem. Recogn. II, 42. Epiph. haer. I, 5. Eisenmenger, entd. Judenth. B. II. S. 3 ff.
b) Strauß, B.I. S. 595 f. Gfrörer, I.2. S. 371 mit irriger Berufung auf Eus. H. ecc. I, 12. De Wette, B.I. T.1. S. 119f. T.2.S. 78f. Theile, z. Biogr. J. S. 51 f. Dgg: Schulz, ü. d. Abendm. S. 307. Neander, S. 534 ff. Krabbe, S. 305 f. c) Baur, Evv. S. 499 f.
d) Sächs. Anonym. S. 24 f. 82 f. e) B. Bauer, Syn. B. II. S. 192 ff.

§. 91. Das Gottesreich und die Kirche.

Jesus wollte etwas Gemeinsames, ein Reich, in welchem alle Völker [Mt. 28, 19] als Kinder desselben Vaters eins wären, vereint in Christo als dem Quell ihres höhern Lebens und Wirkens Jo. 15, 1-15. 17, 20 s. Da dieses Reich von der Macht des Bösen nimmer überwältigt wird Mt. 16, 18, da des Gründers Tod die Gemeinschaft nicht löst, vielmehr fördert Jo. 16, 7, auch jeder Bürger des Reichs den Tod bereits überwunden und ewiges Leben in sich gefunden hat Jo. 5, 24: so ist das Reich ein ewiges, das Diesseit und Jenseit umfassend. Daß es bald als vorhanden, bald als nahe und immer kommend verkündet wird, entspricht seiner Natur als einem Ideale.[a] Schwerer ist zu sagen, ob Jesus daran gedacht habe, dieses Reich der Herzen [Lc. 17, 20] in einer Kirche, als äußerer Institution, darzustellen.[b] Thatsächlich bildeten nur die Apostel und die andern Jünger [§. 90] eine Art Gemeinde, die doch allein durch Jesu persönliches Wirken zusammengehalten war, cf. Jo. 6, 67. Die Taufe erscheint bei Jesu Lebzeiten nirgends als Kennzeichen eines bestimmten Vereins [§. 53]. Das Abendmahl könnte als Bundesmahl gelten; doch war es möglich bei dem bloß geselligen Zusammensein einzelner. Wenn Jesus Streitigkeiten von Glaubensgenossen an die Gemeinde verwies [Mt. 18, 15 ss.]: so konnte dieß damals von der Synagoge verstanden werden. c) Aber die Kirche, welche auf Petrus gegründet werden soll Mt. 16, 18, erscheint als etwas Neues, eine Gesammtgemeinde, und nur die eigenthümliche Ausprägung des Namens mag der spätern hellenistischen Bildung angehören. d) Zwar die Wirksamkeit des Petrus ist auch denkbar als ein in seiner Individualität gegründetes rein geistiges Wirken zur Erbauung der Gläubigen: aber wenn ihm hier, wie nachher allen Aposteln, eine Vollmacht zur Verwaltung und Gesetzgebung des Reichs nach Jesu Hinwegnahme ertheilt wird Mt. 16, 19. 18, 18. cf. Jo. 20, 22 s., nicht nach seiner Willkür, sondern nach göttlichem Gesetze: so ist hierdurch angedeutet, daß das Gottesreich zur äußern Gestalt kommen soll, ohne daß diese Gestalt als eine auf Erden auch wieder schwindende bezeichnet würde, e) so wie die Verheißung Jesu für den Segen christlicher Gemeinschaft [Mt. 18, 19 s.] sich Zusammenthun der Gläubigen voraussetzt. Daß dieses nicht bestimmter ausgesprochen ist, lag in dem noch unentschiedenen Verhältnisse zum Judenthume. Mit der Losreißung von demselben ist die Gründung der Kirche der Kraft des sich selbst entwickelnden Gottesreichs [Mc. 4, 26-32] anvertraut. Alle Formen der Kirche waren daher der bildenden Macht des Geistes überlassen. Doch hat der Herr einige religiöse Beziehungen ausgesprochen, welche in der Kirche Anwendung finden mußten: der Geist ist die höchste Macht, Christus allein das Haupt, niemand Herr, und der Größte, wer die größten Dienste leistet Jo. 16, 13. cf. 6, 63. Mt. 20, 25 ss. et parr. Zwar offenbart der Geist fortwährend die Herzen und richtet das Böse Jo. 16, 8. cf. Lc. 2, 35, aber Gute und Böse werden auch in der Kirche bis an's Ende der Welt vermischt bleiben Mt. 13, 24-30. Weder weltliche noch hierarchische Gewalt vermag dem Evangelium ein Ziel zu setzen Mt. 10, 17 ss. 28. 32. Jo. 16, 2.

a) Baur, Evv. S. 496 als Gegensätze. *b)* Reinhard, Plan Jesu. S. 168 ff. Planck, Gesch. d. kirchl. Gesellschaftsverf. B. I. S. 13 ff. *Fleck*, de regno div. p. 297 ss. Neander, S. 198 ff. — Weiße, B. I. S. 386 ff.
c) Rothe, die Anfänge d. chr. Kirche. Witt. 837. B. I. S. 93. Dgg: De Wette, B. I. T. I. S. 197. vrg. Strauß, B. I. S. 644 f.
d) Dgg: Meyer, Kom. ü. d. N. T. Gött. 832. Mt. S. 118.
e) Dgg: Rothe, die Anfänge d. chr. Kirche. S. 88 ff.

§. 92. Der Abschied aus Galiläa.

Um die Zeit der Tempelweihe verließ Jesus Galiläa, ohne die Hoffnung der Heimkehr. Von seinen Landsleuten sah er sich verlas-

§. 92. Abschied aus Galiläa. §. 93. Bethanien.

sen, von Herodes, der im Freunde des Täufers dessen Bluträcher scheute Mt. 14, 1 s. Mc. 6, 14 ss., bedroht. In seiner Antwort an den Fürsten lag hoher männlicher Stolz und jene bittre Ironie, die einem ganzen Zeitalter gilt, und sich in tiefe Wehmuth auflöst Lc. 13, 31-35. Viele unbekannte schmerzliche Erfahrungen muß er gemacht haben. Sein letztes Wort über das Land, über das er einst die höchsten Segnungen ausgesprochen hatte, war nicht ein Fluch, sondern ein Wort des Schmerzes und dunkle Weißagung Mt. 11, 20-24. Lc. 10, 13-15.

Adam Scherzer, ad Salvatoris oraculum Mt. 11, 21 ss. Lps. 666. 4. *D. Hornbeck*, de loco Mt. 11, 20 s. [Miscell. sacr. Ultraj. 689. 4. l. III. p. 300-11.] *C. F. Schott*, Servatoris orac. Mt. 11, 21. Tub. 766. 4.

§. 93. Häusliches Leben zu Bethanien. Lc. 10, 38-42.

Ein fliegendes Blatt der Überlieferung, ohne Zeit- und Orts-Bestimmung, giebt nach dem unbefangensten Zusammentreffen mit johanneischen Ereignissen hinsichtlich der Namen und Charaktere beider Schwestern, die immer als die beiden Grundzüge ihres ganzen Geschlechts aufgefaßt worden sind,[a] aber als allegorische Gestalten für das Juden- und Heiden-Christenthum die unterscheidenden Merkzeichen beider sehr unzureichend ausdrücken würden,[b] ein Bild des Familienlebens in Bethanien; nicht nothwendig aus der ersten Zeit des Eintretens Jesu in dasselbe.[c] Der Vorwurf der Hausfrau wie Jesu Erwiederung ist im halben freundlichen Scherze zu nehmen, der doch nicht zu dieser Unbedeutendheit herabsinkt, daß Jesus mit dem Einen, was Noth thue, nur ein Gericht gemeint hätte, sondern das Eine ist allerdings das Ewige; wie dieses Verbinden des Erhabensten mit dem Urbanen und Scherzenden hochgebildeten oder hochdenkenden Menschen natürlich ist.[d]

a) A. H. Niemeyer, Charakteristik d. Bib. B. I. S. 45 ff. Überspannter Gegensatz gegen die zu große Herabsetzung der Martha: J. Schultheß, Martha u. Maria. [Theol. Nachrr. Nov. 828. S. 413 ff.]
b) Zeller, Studien z. neutest. Th. [Theol. Jahrbb. 843. H. 1. S. 85 ff.] Schwegler, d. nachapost. Zeita. B. II. S. 52 f. Baur, Evv. S. 445. — Sächs. Anonymus, S. 88: „Martha ist Petrus, Maria Paulus."
c) Nach Paulus: De Wette, B. I. T. 2. S. 84. Neander, S. 350.
d) Die Extreme: der feierlichen Strafpredigt, althergebracht, b. Olshausen, des Alltäglichen, b. Michaelis u. Paulus zu d. St. — J. E. Nachtigal, ü. Luk. 10, 41 f. [Henkes Mag. B. VI. St. 2. S. 335-58.] Dgg: J. St. Tychsen, noch etwas ü. Luk. 10, 41 f. [Henkes N. Mag. B. I. St. 2. S. 186-90.) Vrg. Augustis theol. Blätt. B. II. S. 605-8.

§. 94. Lazarus und der Jüngling zu Nain. Jo. 11, 1-44. Lc. 7, 11-17.

In Peräa erhielt Jesus die Botschaft von der Krankheit, vielleicht auch von dem Tode des Lazarus.[a] In der Botschaft lag die Bitte, in der Antwort eine Verheißung. Es scheint nicht im Sinne

Jesu gedacht, daß er säumte, dem Kranken zu helfen, um den Todten zu erwecken, und er freut sich [v. 15] eines Geschehenen, nicht eines Beabsichtigten.ᵇ) Todte zu erwecken, wozu die Gelegenheit nie gefehlt haben würde, gehörte nicht zu seiner regelmäßigen Beschäftigung, und eine unbedingte Macht Jesu über den Tod ist geschichtlich nicht zu erweisen. Hiernach ist die Behauptung, daß die Auswahl derjenigen, welche Jesus vom Tode erweckte, durch die Rücksicht auf ihr geistliches Heil entschieden wurde,ᶜ) zuviel beweisend und unerweislich. Aber bei dem Greuel der jüdischen Todtenbestattungᵈ) wäre zu verwundern, wenn Jesus bei so vielen Wunderheilungen niemals auf Scheintodte gestoßen wäre.ᵉ) Lazarus war todt nach der allgemeinen Ansicht, und wennschon die Äußerung Marthas [v. 39] auf einen unsichern Schluß gegründet war, so läßt doch sein Tod sich nur insofern in Frage stellen [v. 4], als bei der geheimnißvollen Nähe von Tod und Leben das Leben durch Jesu Vermittelung wieder den Tod überwunden hat.ᶠ) Obwohl dieses von Jesu durch einen Seherblick vorausgesehn sein könnte, so ist doch eine klare Voraussicht oder unfehlbare Macht mit seiner schmerzlichen Erschütterung [v. 33. 35 s.] nur durch künstliche Annahmen vereinbar,ᵍ) und sein Gebet wäre dann ein Schaugebet. Dagegen ein Wort des Trostes oder der Hoffnung, wie es v. 23-26 noch zu erkennen ist, nach dem Erfolge leicht unwillkürlich zur Verheißung gesteigert werden mochte,ʰ) ohne daß diese beliebig aus dem Texte gestrichen werden könnte.ⁱ) Demjenigen, vor dem Jairus Tochter erwacht war, mochte der Wunsch zur Ahnung, oder in seiner Bedrängniß zum kühnen Vertrauen werden,ᵏ) daß hier, wo seine individuelle Neigung mit der Verherrlichung des Gottesreichs zusammenfiel, Gott sein Gebet um das Leben dessen, den er liebte, erhören werde. So geschah's. Tief bewegt sprach er den Dank dafür aus, indem über den unmittelbaren Ausbruch des Gefühls sich sogleich seine messianische Reflexion erhob. Das Schweigen der Synoptiker über die glanzvollste und folgenreichste aller Wundergeschichten ist nicht durch die Rücksicht auf die zu ihrer Zeit noch lebende Familie des Lazarus, noch sonstwie hinreichend erklärt,ˡ) sondern in den gemeinsamen Verhältnissen verborgen, unter denen die Synoptiker von allen frühern Vorfällen in Judäa schweigen.ᵐ) Aber nur die vorausgesetzte Undenkbarkeit der Wiederbelebung eines für todt Geachteten berechtigt zur Annahme eines nach alttestamentlichen Todtenerweckungen [1 Reg. 17, 17ss. 2 Reg. 4, 18ss. 13, 21] und als Pfand der künftigen allgemeinen Auferstehung gebildeten Mythus;ⁿ) wobei doch unerklärt bleibt: die Entstehung einiger, namentlich der Züge, die einer sichern Voraussicht Jesu entgegenstehn, die ungesuchte Zusammenstimmung mit Lukas [§. 93], und das Verflechten des Ereignisses mit einer in Jerusalem und in der Kirche wohlbekannten

§. 94. Lazarus. Jüngling zu Nain.

Familie, auf deren wirkliches Verhältniß zu Christo auch die zerstreuten Züge der Synoptiker hinführen.°) Daher ist auch die Erklärung als Allegorie oder als Mißverständniß einer Rede Jesu über die Auferstehung der Todten ᵖ) bloß die willkürliche Annahme des Gegentheils dessen, was der Evangelist berichtet. Eine historische Einführung und Fortsetzung der Parabel vom armen Lazarus ᑫ) würde die Kluft überschreiten, die dort gesetzt ist Lc. 16, 26, und ihrem Schlußworte vom Unglauben Lc. 16, 31 widerspräche Jo. 11, 45. Eine Dichtung auf der geschichtlichen Grundlage von Lc. 10, 38 ss., um in der Überbietung der synoptischen Todtenerweckungen Christum nach Jo. 11, 25 als das absolute Lebensprincip darzustellen, ʳ) läßt den Autor einerseits auf's umsichtigste an den Fäden der synoptischen Überlieferung anknüpfen [nt. o], andererseits Züge erdichten, die dieser unbedingten Macht über den Tod widersprechen, so daß anderwärts auch die äußerste Ungeschicktheit in dieser übertreibenden Metamorphose des Jünglings von Nain zur Schau gestellt wird. ˢ) Daneben die Annahme einer bloß apologetischen Übertreibung der von der Tradition nach Nain verlegten Todtenerweckung ᵗ) fingirt sich einen sehr altersschwachen Johannes. Für dieß Ereigniß zu Nain ist bei der Eindringlichkeit desselben, das selbst in heidnischer Literatur nachgebildet wurde, ᵘ) das Schweigen der beiden ersten Synoptiker und das Nichtbeachten des Johannes [11, 24. 37] bedrohend.ᵛ) Die Überzeugung der apostolischen Kirche, daß Jesus Todte erweckt habe, ʷ) konnte namenlose, und doch so lebendig ausgeprägte Erzählungen ebenso leicht bekräftigen, als in beschränkten Kreisen erzeugen. Zu einem Urtheile über die Art der Einwirkung Jesu reicht die Kunde, oder doch die Darstellung des Lukas nicht aus. ˣ)

J. S. Weickhmann, Miraculum J. Lazari in vitam reditu nobilitatum non inane. Vit. 763. 4. — *H. Verduyn*, de testamento atque haeredit. Laz. bis mortui aliorumque bis mortuorum, auxit *T. Boel*. [705.] 756. 4. — W. Hülfemann, b. Gesch. b. Auferw. b. Laz., Leben u. Tod im Lichte b. göttl. Offenb. Lpz. 835. *L. Bonnet*, la famille de Bethanie. Méditations sur la maladie, la mort et la resurr. de Lazare. Laus. 852. ed. 5.

a) J. G. Feige, de morbo Lazari. Hal. 733. 4. — Paulus, Com. B. IV. S. 535 ff. Neander, S. 601. Dgg: Strauß, B. II. S. 132 f.
.*b)* Dgg: Tholuck, Jo. S. 264 f. Olshausen, Com. B. II. S. 260. Strauß, B. II. S. 170. Ebrard, S. 457. Dgg: De Wette, B. I. T. 3. S. 142. *c)* Krabbe, S. 332.
d) Jahn, bibl. Archäologie. T. I. B. 2. S. 529. De Wette, heb. jüd. Arch. S. 268. Vrg. *G. W. Loeffler*, de iis, qui inter gentes in vitam rediisse perhibentur. Lps. 694. 4. Köppen, ü. b. Lebendigbegrabenwerden. Hal. 799. *G. H. v. Schubert, die Gesch. b. Seele. A. 2. Stuttg. 838. S. 323 ff. *e)* Dgg: Krabbe, S. 331.
f) Für Auffindung eines Scheintodten: *J. Ph. Gabler, ü. b. Wiederbelebung des Laz. [Journ. f. auserles. theol. Lit. 807. B. III. S. 235 ff. u. Kleinere Schrr. B. I. S. 325 ff.] Vrg. Theol. Ann. Dec. 807. S. 871 ff.

Lindemann, ü. d. Auferw. Laz. [Gablers Journ. f. auserl. th. Lit. 811. B. VI. St. 1.] Ähnlich Eck, Paulus, Thieß u. a. — Dgg: J. W. B. Rußwurm, Laz. [Henkes Muf. B. II. St. 2.] *Heubner, Miraculorum interpretatio. Adj: sunt vindiciae Hist. Laz. in vitam a J. revocati. Vit. 807. 4. F. G. Saupe, Obss. super Hist. Laz. in vitam revocati. Dresd. 808. *K. C. Flatt, etwas zur Vertheidigung d. Wunders d. Wiederbel. d. Laz. [Süskinds Mag. St. 14. S. 91 ff.] C. J. Besenbeck, Laz. o. das Unstatthafte b. natürl. Erkl. d. Wundergesch. im N. T. Erl. 810. Schott, Opusc. T. I. p. 259 ss. Lücke, Jo. B. II. S. 467 ff. Tholuck, Jo. S. 262 f. Lange, B. II. S. 1130: „die Seele des Entseelten flog auf den Ruf [des Lebensfürsten] in das innerste Centrum des Leibes zurück," doch [S. 325] auf dem noch frischgebahnten Wege zwischen ihr und der Leiche.

g) Olshausen, Com. B. II. S. 267 f. Lange, B. II. S. 1125 f. — Vrg. Lücke, Jo. B. II. S. 456 ff. Strauß, B. II. S. 135 f. h) Gabler, Journ. f. auserl. th. Lit. B. III. S. 272 ff. Vrg. Neander, S. 600.

i) Dieffenbach in Bertholdts krit. Journ. B. V. S. 7 ff.

k) Schweizer, Jo. S. 156 ff.

l) Nach Grotius und Herder: J. Schultheß, d. Gewißh. d. Schrifterkl. erprobt and. Erzählung v. d. Wiederbelebung des Laz. Zür. 808. S. 127 ff. Dgg: Lücke, Jo. B. II. S. 473 f. — Gabler, kleinere Schr. B. I. S. 338. — Heydenreich, Unzul. d. myth. Auffaff. St. 2. S. 42. Dgg: Strauß, B. II. S. 154 u. über Schleiermacher S. 158. — Schweizer, Jo. S. 154 ff: durch Herabsetzung des Wunders. m) Vrg. Lücke, Jo. B. II. S. 475 ff. Tholuck, Jo. S. 274. Neander, S. 609 f.

n) Bertholdts krit. Journ. 816. B. V. S. 237 f. Kaiser, bibl. Theol. B. I. S. 202. *Strauß, B. II. S. 159 ff. Vrg. *Bretschneider*, Probabb. p. 59 ss. Dgg: Ebrard, S. 455 ff. o) Strauß, A. 3. B. I. S. 787.

p) *Woolston*, Disc. 5. Weiße, B. II. S. 259 ff.

q) Zeller in f. Theol. Jahrbb. 843. H. 1. S. 89. Schwegler, d. nachapoft. Zeita. B. II. S. 362. r) Baur, Evv. S. 247 ff. Dgg: *Merz, zur joh. Frage. [Stud. d. Geiftlichk. Würt. 844. H. 2. S. 54 ff.]

s) B. Bauer, Evv. B. III. S. 165 ff.

t) Gfrörer, Gesch. d. Urchr. III. S. 312 ff. u) Baur, Apollonius v. Tyana u. Christus. S. 145. Aber auch als historisches Ereigniß eines berühmten Arztes: *Celsus*, de medic. II, 7. cf. *Plin.* H. nat. XXVI, 8.

v) Schleiermacher, ü. Luk. S. 103 ff. Strauß, B. II. S. 151 f. w) Mt. 11, 5. Lc. 7, 22. *Eus.* H. ecc. IV, 3.

x) Dgg: Thieß, Anm. z. Überf. d. Luf. Gera 795. S. 410. Venturini, natürl. Gesch. B. II. S. 293. Paulus, er. Handb. B. I. S. 716 ff. Dgg: Strauß, B. II. S. 132 ff. Ebrard, S. 365.

§. 95. Der Blutrath. Jo. 11, 46-57.

Durch die Bewunderung, die der Auferweckung des Lazarus folgte, aufgeschreckt, beschloß der Hoherath Jesu Tod. Die ausgesprochene politische Besorgniß war nicht erheuchelt,[a] obwohl sich tödtlicher Haß unter derselben barg. Josephus, genannt Kaiaphas, Hoherpriester seit dem 11. Regierungsjahre des Tiberius, und vielleicht durch eine ungenaue Vorstellungsweise als Hoherpriester dieses Jahres [11, 49. 51. 18, 13] bezeichnet,[b] der Römer Günftling und Todfeind, sprach das auf dem Standpunkte einer selbstsüchtigen Politik kluge und kühne Wort aus, das die andern zu denken oder

§. 95. Der Blutrath. §. 96. Zachäus.

auszusprechen noch nicht gewagt hatten.^c) Wie oft geschieht, daß die Geschichte in das selbstsüchtige Vorhaben den allgemeinen Segen legt, und wie die Rede des Priesters sowohl den Grundsatz der Tyrannei, als der begeisterten Vaterlandsliebe ausspricht: so erkannte Johannes ihren welthistorischen Sinn, und verband die Bemerkung dieses Doppelsinnes [cf. 2, 21. 12, 32. 18, 9] mit dem Gedanken einer prophetischen Gabe des Hohenpriesters, der unwillkürlich die Wahrheit ausgesprochen habe.^d) Das Gebot, den Aufenthalt Jesu anzuzeigen, wurde nur erlaßen, um das Volk an den Gedanken einer Verhaftung seines Messias zu gewöhnen; und die Menge begann sich in die gemächliche Lage von Zuschauern zu setzen, welche neugierig den Ausgang des Streits erwarten.

Ch. G. Müller, Pg. ad Jo. 11, 43-45. Cizae 791. 4.

a) Dgg: Strauß, A. 3. B. II. S. 404 f. Weiße, B. I. S. 443 f.

b) Paulus, Com. B. IV. S. 579 f. Hug, Einl. in d. N. T. B. II. S. 221. Lücke, Jo. B. II. S. 484. Dgg: Strauß, B. II. S. 361. Gegen ihn: Krabbe, S. 425.

c) G. Sommelius, [resp. *G. S. Flodin*] de Anna et Caipha, Lc. 3, 2. Lund. 772. 4. — *H. E. Rumpel*, de anomalia processus criminalis synedrii magni adv. Salvat. occasione dicti Jo. 11, 53. Erfurt. 792. 4.

d) Scharbau, de Caipha ejusque vaticinio. Lubec. 715. 4. *Ch. A. Hausen*, de vaticinio Caiaphae. [*Hasaei* et *Iken*. Thesaur. T. II. p. 525-9.] *J. F. Floder*, [resp. *Widgren*] de prophetia Cai. Ups. 771. *Mich. Weber*, Interpretatio interpretationis Jo. verborum Cai. Vit. 807. 4. *De Wette, Bemerkf. zu einigen Stellen d. Ev. Jo. [Stud. u. Krit. 834. H. 4. S. 937 f.] *Lücke, Jo. B. II. S. 485. J. F. Ensfelder, die Weiß. d. Kaiph. [Zellers Jahrbb. 842. H. 4.] Dgg: *Bretschneider*, Probabb. p. 94. Weiße, B. I. S. 443. — Spuren des Glaubens an eine prophetische Gabe des Hohenpriesters: *Josephi* Antiqq. VI, 6, 3. *Philo*, de creat. princ. ed. Mangey, T. II. p. 367.

§. 96. Zachäus. Lc. 19, 1-10. Cf. Mt. 20, 29. Mc. 10, 46.

Auf dem Todesweg immer noch Freude um sich verbreitend, brachte Jesus zum Gastfreunde in Jericho, den seine Freundlichkeit wohl nur in der Gunst des Augenblicks erwählte, der Erde Freude und des Himmels Heil. So weit sich vermuthen läßt, war Zachäus weder ein schlechter, noch ein gerechter Mann,^a) sondern ein gewöhnlicher Mensch in der Lage seines verachteten Standes. Es bedurfte nicht einer längern ausgelaßnen Ermahnung,^b) sondern der Augenblick, als der eben noch aus der Ferne bewunderte Prophet ihn vorzieht aus Tausenden, und eintritt in sein verachtetes Haus, hat entschieden über sein Leben, in dessen Erhebung er alles Irdische gering achtet.

G. Mohr, Auslegung ober das Evangelion v. d. Kirchweyhung, Luce 19. Albenburgk 525. 4. *Staremberg*, Zachaeus illustratus. [Symbb. litt. Duisb. T. I.] *God. Kresse*, [pr. *G. A. Meyer*] de sycomoro, quam Zach., publicanorum magister, adscenderat. Lps. 694. 4. — Neander, S. 616 f. Weiße, B. II. S. 176.

a) Paulus, Com. zu d. St. *b) Kuinoel* ad h. l.

Zweite Periode bis zum Palmen-Einzug.

§. 97. Die Salbung.
Lc. 7, 36-50. — Jo. 12, 1-8. Mt. 26, 6-13. Mc. 14, 3-9.

Eine Salbung Jesu durch ein Weib, eine Rüge und ihre Zurückweisung wird von Lukas einerseits, von den 3 andern Evangelisten andererseits, so durchaus verschieden der Zeit, der Person und der dort ethischen, hier sentimentalen Grundbedeutung nach erzählt, während sich doch in jeder von beiden Erzählungen ein so abgeschloßnes, unverdächtiges und sinnvolles Bild darstellt, daß zwei verschiedene Ereignisse zu Grunde liegen müssen.[a] Dagegen die Abweichungen des 1. und 2. vom 4. Evangelium nicht größer sind, als die mündliche Überlieferung desselben Ereignisses vom Berichte des Augenzeugen sein kann, dessen größere Bestimmtheit sich in seinem eigenen Zusammenhange [§. 94] und an der Schilderung des Lukas [§. 93] als historisch bewährt.[b] Der Luxus dieser Salbung, nicht bloß bei Johannes [Mc. 14, 3. 5], gehört wesentlich zum Ereignisse.[c] Nur der Name Simon [Mt. 26, 6. Mc. 14, 3] scheint aus der andern Salbungsgeschichte herüberzuklingen,[d] wie auch Lukas in einigen Nebenzügen mit Johannes zusammentrifft; und selbst die häufige Verwechslung der kirchlichen Tradition und Kunst zwischen Maria Magdalena als der Sünderin nach Lc. 8, 2 und Maria von Bethanien in ihrer reinen Liebesgluth weist darauf hin, wie leicht beide Salbungen mit einander verwechselt werden konnten. Aber eine Ableitung beider Hauptberichte aus einem Stamme muß entweder, bei der Bevorzugung des Johannes, die Darstellung des Lukas aus dem willkürlichsten Mißverständniß erklären,[e] oder, wenn das Ursprüngliche im 1. und 2. Evangelium gesucht wird, die Bestimmtheit des Lukas aus der Vermischung mit einem unächten johanneischen Abschnitte [8, 1 ss.], die Bestimmtheit des 4. Evangelisten aus einem Abschnitte des Lukas [10, 38 ss.].[f] Eine zweifache unter so verschiedenen Verhältnissen dargebrachte Huldigung hat nach jüdischer Sitte nichts Unwahrscheinliches.[g] Als nach Lukas eine der Frauen, welche äußerlich untergegangen, doch die verborgene Sehnsucht nach einem höhern Leben nicht verloren haben, durch Jesu leibliche Heilung zum Leben erwacht, ihrem Retter mit morgenländischer Verehrungsgluth zu danken kam, vertheidigte Jesus ebenso geistreich als gutmüthig ihre Handlung, wie sein Verhältniß zu der Übelberüchtigten, mit heiterer Ironie gegen den ungastfreundlichen Hochmuth des Pharisäers.[h] Nach Johannes 6 Tage vor dem Passah, nach Matthäus und Markus noch später,[i] bei dem Gastmahle zu Bethanien, goß Maria in Liebe und Leid köstliches Öl[k] über Jesu Haupt und Füße. Er schützte sie gegen kleinliche Vorwürfe, nicht bloß, weil sie's freundlich gemeint hatte, sondern in dem Gefühle, das nicht alles auf den nützlichen, obschon löblichen Gebrauch bezieht, vielmehr gern noch einmal des Lebens irdische Herrlichkeit um

§. 97. Die Salbung.

sich versammelt, ohne nach dem Preise desjenigen zu fragen, was, wenn es im Dienste einer Idee aufgewandt wurde, seine höchste Bestimmung erfüllt hat.[1]) Doch umgeben von Todesbildern erschien ihr Liebeszeichen ihm nicht als die Salbung eines Messias, sondern eines Leichnams.[m]) Aber jenseit des Grabes erblickt er die Unsterblichkeit auch auf Erden, und verhieß ihrer That, die das nicht suchte, mit seinem Evangelium ein unsterbliches Gedächtniß in der Weltgeschichte.[n])

a) Dgg: Strauß, B. I. S. 733 ff. Weiße, B. II. S. 142 ff. 148. Dgg: Neander, S. 626 ff. Ebrard, S. 472 ff. Lange, B. II. S. 741 ff.

b) J. G. Baier, de una C. unctione in una domo Simonis leprosi et Marthae. Altd. 722. 4. *G. Sommelius*, [resp. *B. P. Santesson*] de una C. unctione. Lund. 775. 4. Lücke, Jo. B. II. S. 492 f. Ebenso Tholuck, Olshausen u. a. *c)* Dgg: Strauß, B. I. S. 739. 743.

d) Neander, S. 360. 627. Unsichere Ausgleichungen b. Paulus, Kuinöl u. a. f. Strauß, B. I. S. 738 ff. Aber nicht Joh. hat diesen Namen, wie nach Ebrard, S. 473 Strauß behaupten soll, Joh. hat ihn nur für den Vater des Judas, freilich nach B. Bauer, Evv. B. III. S. 184 nur als eine Verdrehung des synoptischen Hausbesitzers. — Nach B.-Crusius, Jo. B. II. S. 49 ist dieser Name aus dem Berichte der beiden ersten Evangelien in das dritte geflossen. *e)* Schleiermacher, ü. d. Luk. S. 110 ff. Ammon, B. III. S. 134. Dgg: Lücke, Jo. B. II. S. 492. Strauß, B. I. S. 741.

f) Strauß, B. I. S. 742 ff. [In A. 3. B. I. S. 786 f. war die johanneische Darstellung des Verhältnisses zu der Familie in Bethanien als geschichtlich anerkannt.] Ähulich Baur, Evv. S. 256 ff. B. Bauer, Evv. B. III. S. 182 ff. Jener das Besondere des 4. Ev. aus seinem Verherrlichungstriebe, dieser aus seinem dichtenden Ungeschick erklärend. *g) Stuckius*, Antiquitates convivales, III, 15. Lightfoot ad Mt. 26, 7 et Mc. 14, 3.

h) J. C. G. Liebe, Bemerkk. ü. Luk. 7, 36-50. [Augustis N. theol. Blätt. B. I. S. 52-55.] Über Hn. D. Paulus Erkl. d. Stelle Luc. 7, 37-50 in s. Comm. [Henkes N. Mag. B. VI. St. 2.] K. G. W. Theile in Winers exeg. Studien. B. I. S. 180-82. — Weiße, B. II. S. 143 ff: der Kern das Gleichniß von beiden Schuldnern, der Sinn wie Lc. 15, 3 ss., die Scenerie des pharisäischen Gastmahls freie Erfindung.

i) Strauß, B. I. S. 735. Neander, S. 626. Dgg: Ebrard, S. 473.

k) Balth. Otto, de nardo pistica ad Mc. 14, 3. Lps. 673. [Menthenii Thes. T. II. p. 262 ss.] *God. Eckard*, [resp. *B. U. Maier*] de nardo pistica. Vit. 681. 4. [Ib. p. 269 ss.] *J. Hermansson*, [resp. *J. Ihlström*] de πιστικη ναρδω. Ups. 734. *G. Sommelius*, [resp. *Nic. G. Fontin*] de notione vocis πιστικης, Mc. 14, 3. Lund. 776. 4. *Fritzsche*, ad Mc. 14, 3. Lücke, Jo. B. II. S. 494 ff. Cf. *Plinii* H. nat. XII, 26.

l) Tholuck, Jo. S. 279. B.-Crusius, Jo. B. II. S. 51 f. Weiße, B. I. S. 599. Lange, B. II. S. 1175 f. *m)* Dgg: Lange, B. II. S. 1172. 1177 als eigene prophetische Absicht der Maria eine Salbung zum Tode.

n) C. Faselt, de unctura C. sepulchrali, ad Mc. 14, 3. [Menthenii Thes. T. I. p. 273 ss.] *G. H. Götze* et *J. Nic. Graberg*, de unctura C. Bethanica. Lps. 687. [Ib. T. II. p. 200 ss.] *Abr. Jaeschke*, de muliere Bethaniae C. ungente. Lps. 700. *A. J. de Krakewitz*, Hist. passionis Dom. quoad segmentum de mul. C. Beth. ungente. Rost. 703. *F. U. Ries*, de unct. C. ad mortem. Marp. 727. *K. C. L. Schmidt*, exeg. Beytrr. 792. B. I. Verf. 3. N. 23 ü. Jo. 12, 7. *G. Sommelius*, in Hist. unctionis C. Lund. 794. 4.

Dritte Periode.
Leiden und Verklärung.

§. 98. Übersicht.

Die Periode beginnt mit dem Einzuge in die heilige Stadt und endet mit dem Abschiede Jesu von der Erde. Alle 4 Evangelien gehn hier nothwendig nebeneinander und zeigen in ihren Abweichungen nur die verschiedenen Seiten und Auffassungen derselben Begebenheit. Der erste Theil ist mit der Umständlichkeit überliefert, mit der man die letzten Stunden eines geliebten hohen Menschen aufzubewahren pflegt. Der zweite Theil enthält nur flüchtige Umrisse. Die Literatur ist theils gelehrte, besonders antiquarische oder harmonistische Erläuterung, [a]) theils erbauliche [b]) und poetische Darstellung. [c]) Jesu wunderbare Thatkraft tritt zurück gegen seine sittliche Kraft im Dulden und gegen das große Wunder der Vorsehung. Die höchsten Gegensätze treffen in dieser Periode zusammen, die furchtbarste Verwickelung des Schicksals und ihre überirdische Lösung, hereingezogen in's irdische Dasein. Daher der allgemeine Gegensatz, in welchem sich die Weltgeschichte und jedes einzelne Leben entwickelt, mit seiner harmonischen Lösung, die, nur ahnungsreich in den Herzen verkündet, sonst jenseit der Geschichte liegt, sich in dieser Geschichte vorbildlich darstellt.

a) *Bugenhagen* [*Pomeranus*], Hist. passionis et resurr. C. Mense Sept. Basil. Mense Oct. Nerobergae. 524. Ὁμοτεσσαρον της σταυρωσεως, Hist. pass. et resurr., cum quibusdam concionibus et miraculis ante passionem et prophetiis de iisdem, gr. et lat ex 4 Evv. diligenter collect. Lps. 557. Ed. nova. Acced. προλεγομενα scripta a *N. Selneccero*, et meditatt. Patrum, et precationes *Jordani*, coll. a *Herm. Hamelmanno.* Lps. 583. Enchiridion Hist. pass. ex coll. quatuor Evv. concinnatae et brevi explicat. illustratae, insertis etiam locis comm. in ea explicandis, contextum ex *Luc. Osiandri* commentariis bibl. opera *Mart. Aichmanni.* Tub. 591. *E. Merillii* Notae in pass. J. C. Par. 622. *J. M. Dilherr*, [resp. *J. H. Henning*] de quibusdam in Hist. pass., sepulturae et resurr. Dom. ex philologia eruendis. Jen. 637. [Dspp. T. I. p. 488-515.] *Ejusd.* Philologemata circa Hist. pass. Dom. Jen. 638. [Ib. T. II. p. 12-29.] **Gerh. J. Vossius*, Harmonia ev. de passione, morte, resurr. et ascens. J.C.I. III. Amst. 656. 4. **Henr. Mueller*, Hist. pass., crucif. et sepulturae J. C. Rost. 661. 4. ed. 2: J. patiens, centuria notarum hist. theol. illustratus. Ib. 669. 4. Übrf. v. A. H. Arnd, der leidende J. Merseb. 675. Lpz. 697. 5. A. Lpz. u. Stett. 744. Auch mit Schrr. verwandten Inhalts in: Passions-Schule. Frff. [688.] 700. *V. H. Vogler*, Physiologia Hist. pass. J.C. Hlmst. 673. 4. **Csp. Sagittarii* Harm. Hist. pass. J. C. l. III. Jen. 684. 4. *Steph. Clotz*, Considd. de pass. J. C. in horto et in cruce. Hmb. et Holm. 685. 4.

§. 98. Übersicht.

Ant. Bynaei de morte J. C. l. III. Amst. 691-98. 3 T. 4. Eine kürzere Vorarbeit in holländischer Sprache ist in 3 A. herausgekommen und nach der letzten übersetzt worden: Gekreuzigter Christus, aus d. jüd., röm. u. andern Antiquitäten durch **Ant. Bynaeus**, aus d. Niederteutsch. übers. m. vielen nöthigen Kupfern geziert. (Cass. [701.] 716. 4. *Fr. Burmanni* Tract. de pass. J. C. Herborn. 695. 4. *J. C. Polcke*, de Hist. pass. J. C. fabulis adspersa. Lps. 697. 4. *Herm. Versteeg*, in pass. C. Commentr. Amst. 710. 4. *S. F. Bucher*, Antiqq. passionales. Vit. 721. 4. A. B. v. **Walther**, jurist. hist. Betr. ü. d. Leiden u. Sterben J. C., darinnen d. merkwürdigsten Umstände dieser Gesch a. d. Röm. u. a. d. Jüd. Rechten u. Alterthümern erläutert werden, nebst Vorbericht v. d. polit. Zustande der Juden u. Anh. v. d. mit oder ohne Grund d. Pilato in diesem peinl. Processe vorgeworfnen Fehlern u. d. hierher gehörigen untergeschobnen Gerichtsacten. Brl. u. Lpz. [738.] 777. 4. *Conr. Iken*, Harm. Hist. perpessionum J. C. Brem. [743. 4.] ed. *Jo. H. Schacht*, Traj. ad Rh. 758. 4. *J. G. Englert*, Quaestt. sel. in Hist. pass. J. C. Giess. 754-67. 12 P. 4. *S. J. Baumgarten, Auslegung d. Leidens- Sterbens- u. Auferstehungsgesch. J. C. nach harm. Ordn. Nebst Paraphrasis [von Semler]. Mit Semlers Vorr. hrsgg. v. J. G. Kirchner. Hal. 757. 4. [*Jo. Fr. Rehkopf*] Hist. harm. accuratius descripta. Hlmst. 772. 4. *J. J. Heß, pragm. Erzähl. d. Leidensgesch. l. Abschn. [Bibl. der heil. Gesch. B. II. S. 255-356.] J. D. Nikolai, harm. Gesch. d. Leiden u. d. Todes J. [Velthuf. Brem. u. Verd. Synodalbeitr. H. 1. N. 1.] *J. D. Michaelis, Erkl. d. Begräbn. u. Auferstehungsgesch. C. Hal. 783. *[Glanz] Die Leidensgesch. exeg. u. archäolog. bearbeitet. Stuttg. 809. J. B. Henneberg, Vorlesſ. ü. d. Leidensgesch. nach Mt. Mc. u. Lc. Goth. 820. Drſ. philol. hist. u. krit. Komm. ü. d. Gesch. d. Leiden u. d. Todes J. C. nach Mt. Mc. u. Lc. Lpz. 823. Drſ. philol. hist. u. krit. Komm. ü. d. Gesch. d. Begräbn., d. Auferst. u. Himmelf. J. nach Mt. Mc. u. Lc. Lpz. 826. *J. H. Friedlieb, Archäologie der Leidensgesch. Bonn 843.

b) Passio Domini nostri J. C. ex Evv. textu quam accuratissime deprompta, additis sanctissimis exquisitissimisque figuris. o. O. [Straßb.] 508. f. J. Agricola, die Hist. d. Leidens u. Sterbens unsers lieben Herrn v. Heilandes J. C. Brl. 543. f. *Victor Strigelius*, Hist. passionis Domini concionibus XXI explicata. Vit. [572.] 581. *Hier. Weller*, brevis enarratio Hist. de pass. Dom. J. C. Lps. 573. Passional, darinnen d. Gnadenreiche Hist. d. bittern Leidens unsers Herrn paraphrastice kurz erkleret wird. So anfenglichs v. H. Polyc. Leisern in lat. Spr. geschr. Jetzo aber ins Deutsche gebracht durch J. Reisigern, Churf. Sächs. Secretarien. Dresd. 600. C. Wilcke, der leidende J., mit wenigen, doch nützl. Anmerkk. Cölln an d. Spree 687. *J. A. Schlegel, Leidensgesch. unseres Herrn J. C. in harm. Ordn. neu übrs. u. erl. Lpz. 775. Gabr. G. C. Mosche, Erkl. d. Leidensgesch. J. C. Lpz. 785. J. L. Ewald, Leiden, Tod u. Aufersteh. unsers Herrn. Lemgo 785. G. C. Silberschlag, d. wahre Beschaffenheit der Leidensgesch. J. C. Stend. 787. Leonh. Meister, ü. d. Leidensgesch. J. C. Zür. 793. J. W. Fischer, d. Gesch. d. Leiden u. d. Todes J., charakteristisch dargestellt. Lpz. 794. *C. Vict. Kindervater, pragm. Darst. d. Leidensgesch. J., mit moral. Betrachtt. für denkende Christen, insbes. f. Prediger. Lpz. 797. C. W. Mößler, Gesch. unſ. Herrn u. ſ. Leiden bis zu ſr. Himmelf. Eisenb. 816. *F. A. Krummacher, Leiden, Sterben u. Auferst. unsers Herrn J. C. 12 Bilder von Heinrich Goltzius gestochen a. 1598. Brl. 817. Kurze Leidensgesch. J. C. Augsb. 821.

c) Χριστὸς πάσχων u. a. S. 41. *Bn. Pulci*, [*A. Acquettini*] la passione di nostro Signor G. C. con la sua risurrezione e scesa al limbo: e a vendetta, che fece Tito Vesp. contro i Giudei. Bol. 489. 4. De passione Dom. nostri J. C. carmen heroicum luculentum, ad Donatum Episc., incerto auctore. [Die ersten 11 Seiten in dem Werke: Hoc opere continentur Lib. de passione Domini. Abdiae de historia certaminis app. l. X. etc. Quos omnes auctores a blattis et tineis eruit *Wolfg. Lazius*, Viennensis. Bas. o. J. (1553.) f.] *Pietro Aretino*, la passione di Giesu [poetische Prosa], con due canzoni. Ven. 544. 4. La passion de notre Seigneur en vers burlesques. Par. 649. Schauspiel o. alt. u. neues Test. in d. für uns eid. Gottmenschen z. Betracht. vorgestellt u. v. e. ehrsamen Gemeinde zu Oberammergau aufgeführt d. 15 u. 22 May. Augsb. 780. Brg. hist. pol. Bl. 840. B. I. H. 5.

§. 99. Chronologie der Leidenswoche.

Nach der synoptischen Darstellung [Mt. 20, 29. 21, 1 ss. et parr.] ist Jesus unmittelbar von Jericho aus in Jerusalem eingezogen, nach Johannes [12, 1. 12] erst nach einem Nachtlager in Bethanien.[a] Dennoch ist von beiden derselbe Festeinzug beschrieben.[b] Das Charakteristische, der Jubel des Volks und die Wehmuth Jesu, ist beiden Darstellungen gemein. Es ist nicht einzusehn, weßhalb Jesus ein Schauspiel wiederholte, das einmal bedeutsam, in seiner Wiederholung matt und zwecklos war. Der synoptische Einzug müßte als der Erste betrachtet werden: aber auch Jo. 12, 1. 9. 12. vrg. mit 11, 56 gestattet nicht anzunehmen, daß Jesus unmittelbar vor dem Nachtlager zu Bethanien in Jerusalem gewesen sei. Daher auch eine Assimilation zweier Einzüge nicht ausreicht.[c] Leicht aber mochte geschehn, daß die um Zeitbestimmungen wenig bekümmerte Tradition den Zug von Jericho aus als ein Ganzes auffaßte, wie denn der chronologische Widerspruch über das Mahl zu Bethanien [§. 97] schwer zu leugnen ist, und ähnliches auch zwischen den synoptischen Nachrichten vorkommt.[d] Jesus ist vor einem Sabbat, Freitag Nachmittags, gestorben Mc. 15, 42. Lc. 23, 54. Jo. 19, 31,[e] und hat Abends zuvor, an demselben jüdischen Tage, das Abendmahl eingesetzt. Johannes und die Synoptiker gedenken desselben Abschiedsmahls [cf. Mt. 26, 21-25. Jo. 13, 21-26], welchem unmittelbar die Verhaftung folgte. Aber nach den Synoptikern [Mt. 26, 17s. Mc. 14, 12. Lc. 22, 7] war es das gewöhnliche jüdische Passahmahl, mit dem Anbruche des 15. Nisan, so daß Jesus noch am 1. Tage des Festes gekreuzigt wurde: nach Johannes [13, 1. 29. 18, 28. 19, 14. 31] hat Jesus das Passahlamm nicht genossen, sondern ist am Rüsttage des Festes, dessen 1. Tag mit dem Sabbat anbrach, am 14. Nisan gestorben.[f] Ausgleichungsversuche: daß Johannes nicht durchaus das Abschiedsmahl schildere;[g] daß Jesus das Passahmahl vorausgehalten habe, ein Noth-Passah, oder nach seinem Messiasrechte;[h] daß gesetzlich mit dem Anbruche des 14. Nisan [Abends] das Passahlamm gegessen wurde, doch erst mit dem Anbruche des 15. das Passahfest anhob,[i] oder das Passahmahl an beiden Abenden gehalten werden

§. 99. Chronologie der Leidenswoche.

konnte;[k]) sie scheitern theils an den Evangelien selbst, theils an den gesetzlichen Bestimmungen der Passahfeier.[1]) Die synoptische Darstellung widerstrebt unbedingt einer Umdeutung zu Gunsten des Johannes.[m]) Für jede der johanneischen Stellen ist zwar eine künstliche Deutung beigebracht worden, durch die der Widerspruch gegen die synoptische Zeitangabe schwindet:[n]) aber es ist unwissenschaftlich, einen selbständigen Zeugen, der in mehrfachen unbefangen hervortretenden Äußerungen über ein Zeitverhältniß mit sich selbst vollkommen übereinstimmt, nur aus Accommodation zu andern Zeugen anders zu deuten, als er ohne dieselbe verstanden werden müßte. Ist sonach der Zwiespalt unleugbar, so ist nicht einzusehn, wodurch ein Evangelium veranlaßt sein konnte, von der allgemeinen, bedeutungsvollen Überlieferung, daß Jesu letztes Mahl das Passahmahl war, wissend oder unwillkürlich abzugehn; in der typischen Beziehung Jo. 19, 36 ist ein genaues Zeitinteresse gar nicht bedacht, und würde ebensosehr dem Passahmahle gelten.[o]) Dagegen, da das Abendmahl schon ursprünglich eine Tendenz hatte das Mahl des neuen Bundes zu werden Mt. 26, 28, und Jesu Todesfeier in der judenchristlichen Kirche mit der Passahfeier zusammenfiel: so mochte leicht geschehn, daß in der Überlieferung das Abschiedsmahl, das auch nach dem 4. Evangelium als feierliches Mahl in Jerusalem erscheint, als Passahmahl angesehn wurde; wozu kommt, daß selbst die Synoptiker den Todestag als Werkeltag behandeln und als Rüsttag bezeichnen, auch die talmudische Überlieferung und die dermalige Passahordnung der johanneischen Auffassung zufällt.[p]) Ist nun Jesus am 14. Nisan gestorben, und begann das Passah mit Sonnenuntergang dieses Freitags: so war er wahrscheinlich Sonntags am 9. Nisan [Jo. 12, 1. 12] nach Bethanien gekommen und am 10. in Jerusalem eingezogen.[q]) Das Grab wurde leer gefunden in der Morgendämmerung des nächsten Sonntags [Mc. 16, 1 s. Lc. 24, 1. Mt. 28, 1. Jo. 20, 1] am 16. Nisan; wie denn die rhetorische Verkündigung einer Auferstehung nach dreien Tagen [Jo. 2, 19 s. Mt. 26, 61. 27, 63] und Nächten [Mt. 12, 40] neben dem bestimmteren Ausdrucke einer Auferstehung am dritten Tage [Mc. 6, 31. Lc. 18, 33. 1 Cor. 15, 4] unbefangen hergeht.[r])

a) Strauß, B. II. S. 266 ff. *b)* Dgg: Paulus, er. Handb. B. III. S. 92 ff. 98 ff. Schleiermacher, ü. d. Luk. S. 243 ff. *c)* Nach Sieffert f. Neander, S. 631. *d)* Vrg. Mt. 21, 10-12 mit Mc. 11, 11. 15 u. Mt. 21, 19 mit Mc. 11, 14. 20. *e)* Dgg: Schneckenburger: [Chronol. d. Leidenswoche. N. 1 fr. Beitr. z. Einl. ins N. T. Stuttg. 832.] Mittwoch. Dgg: De Wette in d. Stud. u. Krit. 834. H. 4. S. 942 f. Wieseler, Syn. S. 338 f. Vrg. J. C. Schäffer, schriftmäß. Beweis, daß C. an keiner Mittwoch, son. an e. Freitag gestorben, nebst e. Schrift v. Bengel gleichen Inhalts. Mit Vorr. v. Schöttgen. Lpz. 746. *f)* Über die hierdurch gegebene Streitfrage: Literatur: *Bynaeus*, de morte J. C. I, 3. §. 19-32. *Carpzovii* Apparatus antiqq. sacr. p. 429 ss. *Ikenii* Dss. T. II. p. 337 ss. *Cotta* in *Gerhardi* Locis T. IX. p. 40 s. Gabler in f. Nst. theol. Journ. B. II. S. 472 ff. Lücke, Jo. B. II. S. 716 f. Wieseler, Syn. S. 334 ff. — *Aeg. Strauch*, de πάσχατος σταυρώσ. et, quod eidem immediate successit, mortis C. tempore. Vit. [653.] 661. *Jo. Saubert*, de festo paschatis a C. ante passionem celebrato. Hlmst. 662. 4. [Thes. dss. Amst. T. II. p. 189-94.] *Seb. Niemann*, Biga quaestt. de pasch. σταυρ. Jen. 663. 4. *Dion. Petavius*, de anno et die dominicae passionis. [Annott. ad *Epiph.* Col. 682. f. p. 142-212.] *Bern. Lamy*, Traité hist. de l'ancienne pâque des Juifs, où l'on examine à fond la question : si J.C. fit cette pâque la veille de sa mort. Par. 693. *Seb. le Nain Tillemont*, lettre au Lamy sur la dernière pâque de nt. Seigneur. [Mémoires pour servir à l'hist. ecc. T. II. P. 3. p. 150 ss.] Cf. Journal des Savans. 695. p. 62 ss. p. 207 ss. *Jo. Harduin*, Com. de supremo C. paschate. Par. 693. 4. [Opp. sel. Amst. 709. p. 371 ss.] *Imm. Weidler*, Animadvv. chron. in sentent. Hard. de ultimo pasch. Vit. 727. 4. *Herm. Witsii* Ds. an C. eodem quidem cum Judaeis die, sed non eadem diei parte pascha manducaverit? [Melett. Leidens. p. 421 ss.] *Fr. Burmann*, de tempore ult. C. paschatis. [Exercitt. acad. P. II. p. 267 - 85.] *J. Fr. Vanni* Opusc. de ultimo C. pasch. Rom. 705. 4. *A. J. de Krakewitz*, de ult. paschali J. C. convivio. Rost. 706. *C. Ad. Jantzen*, [resp. *Edelmanno*] de paschate C. una cum Judaeis comesto. Jen. 724. 2 Dss. 4. *Jo. Englert*, Pascha J. C. ult. Jen. 726. *H. Benzelii* Ds. de paschate C. σταυρ. Lund. 730. 4. [Synt. dss. T. I. p. 352-65.] *Sal. Deyling*, de die J. C. emortuali. Lps. 734. 4. [Miscell. Lps. T. II. p. 513 ss. u. Obss. sacr. p. 201 ss.] *B. G. Münch*, [pr. *S. J. Baumgarten*] de ultima coena J.C. Hal. [734.] 750. 4. *C. Sig. Georgi*, de paschate V. T. ultimo et N. T. primo, ad Mt. 26, 17-29. Vit. 746. 4. *J. Schode*, de die et anno ultimi paschatis C. Hal. 749. 4. *Wandelin*, de feria passionis et triduo mortis J. C. Lps. 751. Domin. de Linbrunn, Vrs. e. neuen chronol. Systems u. d. Sterbej. J. C. [Abhh. d. churbaiersch. Acab. b. Wiss. 769. B. IV. VI.] *Magn. Ch. Horn*, de paschate C. ultimo. Hafn. 779. Hierzu nt. g-p.

g) *Lightfoot*, Horae hebr. p. 463 ss. Heß, Gesch. J. B. II. S. 273 ff.

h) *Casauboni* de reb. sacris et ecc. ad Baron. Prolegg. p. 426 ss. *J. Cloppenburgii* Ep. de controv. inter Bar. et Casaub. de agno pasch. Amst. [634.] 643. *L. Capelli* ἐπίκρισις ad amicam se inter et Clopp. epistolicam collationem de ult. C. paschate et de sab. deuteroproto. Amst. 614. 12. [Vereint in *Cloppenburgii* Opp. theol. T. I. p. 99 ss.] *Grotius* ad Mt. 26, 18. — *Jo. Frischmuth*, utrum agnum pasch. Salvator eodem die cum Judaeis comederit, an vero festum ob instantem pass. suo paschate anteverterit? [Jen. 673. 4.] Lps. 712. 4. [Thes. dss. Amst. T. II. p. 194-99.] *A. Herold*, Utrum C. eodem die ult. pascha comederit, quo Judaei comederunt? Vit. 682. *J. G. Hofmann*, Ostenditur, Salvatorem anticipati pasch. a Graecis perperam argui. Altd. 694. 4. *G. F. Gude*, Demonstr. quod C. in coena σταυρ. agnum pasch. non comederit. Lps. 733. 4. ed. 2. ab objectionibus Ikenii vindicata. Lps. 742. 4. — *C. Ikenii* de temp. celebratae a Serv. ultimae coenae pasch. Brem. 735. Ds. II. qua difficultates contra sentent. ds. adstructam moveri solitae diluuntur. P. I. II. Brem. 739. [Dss. phil. theol. ed. *Schacht*. Traj. Bat. 749. 770. T. II. Ds. 9-11.] *Ej.* Ds. qua contra Gudium demonstratur, coenam C. σταυρ. vere paschalem fuisse. Brem. 742. [Dss. T. II. N. 12.] Dgg: *J. Cp. Harenberg*, Ostenditur C. eadem die naturali judaica, qua in crucem actus est, cum reliquis Judaeis comedisse agnum pasch. [*Hasaei et Ikenii*

§. 99. Chronologie der Leidenswoche.

Thesaur. T. II. p. 538-49.] *J. C. H.* [Ejusd.] Demonstr. qua comprobatur, J. inchoato die 15. Nisan agnum pasch. comedisse. [Miscell. Lps. nov. T. II. P. 3. p. 395 ss.] *Seidel*, Num C. pascha ult. una eademque die c. Judaeis, vel praecedente die anticipando comederit? Hlmst. 748. *F. C. Movers, ü. d. letzte Passahm. u. d. Todest. d. Herrn. [Zeitschr. f. Phil. u. kath. Th. 833. H. 7.] — *J. P. Gabler, ob J. wirklich d. Osterlamm gegessen habe? [Mst. theol. Journ. 799. B. II. S. 472 ff. u. Kl. Schrr. B. I. S. 125 ff.] — *J. H. Maius*, de temp. paschatis C. ultimi. Giss. 712. 4. K. L. Weitzel, b. Passahfeier d. ersten Jhh. Pforzh. 848. bes. S. 315.

i) *J. F. Frisch, Abh. v. Osterlamm u. d. letzten Osterlammstage C. als dessen Todestage. Lpz. 758. *J. H. Rauch, ü. d. letzte Paschamahl, d. Zeitbest. desselben, d. Leidens u. Todes J. [Stud. u. Krit. 832. H. 3.] Zustimmend Tholuck, Jo. U. A. 4. S. 213 f. Schneckenburger s. nt. e. Dgg: *J. P. Gabler, ü. d. Anfang d. Passahfestes bei d. ältern Juden [Nst. theol. Journ. B. III. S. 433 ff. u. Kleinere Schrr. B. I. S. 136 ff.] *De Wette, Bemerkk. zu St. d. Ev. Jo. [Stud. u. Krit. 834. H. 4. S. 939 ff.]

k) *Carpzov.* Appar. p. 430 s: Passah am 13. Nisan nach der astronomischen Berechnung des Neumonds, am 14. nach dem ersten Erscheinen der Mondsichel. Iken: [nt. b] Berechnung des Neumonds durch die Karäer im Gegensatze der Rabbaniten, als bereits von den Sabbucäern befolgt, von Jesu adoptirt. Dgg: Winer, Bibl. Realw. B. II. S. 203 f. Ebrard, A. 1. S. 630 ff: weil unmöglich 256500 Lämmer [nach Josephus] binnen 3 Stunden in den Tempelhöfen „von den Priestern geschlachtet" werden konnten. In A. 2 zurückgenommen. Dgg: Wieseler, Syn. S. 347. *l)* *Carpzov.* Appar. p. 394 ss. Bähr, Symbolik d. mos. Cultus. B. II. S. 613 ff. Winer, bibl. Realwört. B. II. S. 196 ff. Friedlieb, Archäol. S. 38 ff. — Lücke, Jo. B. II. S. 714 ff. Tholuck, Jo. S. 294 ff. Strauß, B. II. S. 388 ff.

m) Dgg: Fragm. ex Claudii Apollinarii libro de pasch. [Chron. pasch. rec. Dindorf. T. I. p. 13 s.] C. Glöckler, die Evv. d. Mt. Mk. u. Lk. erklärt. Frkf. 834. S. 764 ff. Durch Annahme des anticipirten Osterlammes Übergang zu nt. h. Dgg: Ebrard, S. 509 ff.

n) Guerike [nt. p]. Kern in d. Tüb. Zeitschr. 836. B. III. S. 7 ff. *Hengstenberg in d. Ev. K3. 838. N. 98-102. Ammon, B. III. S. 295. 411 f. *Wieseler, Syn. S. 334 bis 376 ff. Eberhard, d. Ev. Jo. u. d. neueste Hypoth. Zür. 845. S. 42 ff. Die Commentare v. Paulus, Lücke, A. 1, Olshausen, Tholuck, Baumg.-Crusius.

o) Dgg: *Bretschneider*, Probabb. p. 102 ss. [Gegen ihn: *L. Usteri*, Com. critica, in qua Ev. Jo. genuinum esse ex comparatis IV Evv. narrationibus de coena ult. et passione C. ostenditur. Subjunctum est Jo. Philoponi opusc. de pasch. Tur. 823. *F. A. Crome*, Probabb. haud probabilia o. Widerl. Leiden 824. S. 76 ff.] Weiße, B. I. S. 446 f.

p) *Usteri* [nt. o]. *K. G. Theile, ü. d. letzte Mahlz. J. [Winers krit. Journ. B. II. St. 2. S. 153 ff.] Dgg: H. E. F. Guerike, Vers. e. Verein. d. ev. Relationen ü. d. letzte Mahlz. J. [Eb. B. V. S. 129 ff. vrg. Franke, Eb. B. VII. S. 257.] Theile, Noch etwas ü. d. letzte Mahlz. J. [Eb. B. V. S. 129 ff.] *B. Jacobi in d. Stud. u. Krit. 838. H. 4. S. 886 ff. *F. A. Sieffert, de ult. Dom. J. C. coena. Regiom. 839-41. 2 Pgg. [gegen Hengstenberg.] *Bleek, Beitrr. S. 107 ff. [gegen Hengstenberg, Movers, Wieseler, Ebrard.] Lücke, Jo. B. II. S. 714 ff. De Wette, B. I. 3. S. 156 f. [nt. i.] Neander, S. 689 ff. Krabbe, S. 464 ff. *G. B. Winer, δεῖπνον, de quo Jo. 13 memoriae prodidit, num πάσχα fuerit? Lps. 847. 4. [gegen Ammon.] — Ideler, Handb. d. Chronol. B. I. S. 515 ff. B. II. S. 613. Lehrb. S. 215 ff. L. Hitzig, Ostern u. Pfingsten. Sendschr. an

Ideler. Heidelb. 837. u. Sendschr. an Schweizer. Eb. 838. — Auch Ebrard, A. 2, indem er endlich die Differenz und das Recht des Joh. anerkennt, doch zugleich versichernd S. 515: „alle Differenz zwischen den Syn. und Joh. ist verschwunden." — Dgg. Baur, Evv. S. 274 ff. achtet die Abweichung des 4. Ev. für ungeschichtlich, der typischen Anschauung wegen erdichtet, indem er das Verbot Exod. 12, 46 auf das Schlachten der Lämmer vor dem Feste bezieht. Aber beim Schlachten war keine Gefahr ein Bein zu zerbrechen, sondern beim Essen. Also hätte Joh. so gut wie Paulus [1 Cor. 5, 7] in Jesu das wahre [ideale] Osterlamm anschauen können, und ihn dennoch das reale Passahlamm essen lassen, als Typus auf jenes bald zu Opfernde, Ewige. Vrg. Bleek, Beitrr. S. 153. — Strauß, B. II. S. 398 ff. erkennt den unauflöslichen Widerstreit beider evangelischen Darstellungen, ohne bei der möglichen Veranlassung zum Irrthum für beide, zwischen ihnen zu entscheiden.

q) De Wette, B. I. T. 1. S. 219. Dgg: Jacobi in d. Stud. u. Krit. 838. H. 4. S. 894 ff. Neander, S. 630. Wieseler, Syn. S. 392 f.

r) *M. F. Semmler*, Effatum Servatoris de sua tres dies totidemque noctes ἐν τῇ καρδίᾳ τῆς γῆς commoratione. Neost. ad V. 783. 4. *Bilmark*, [resp. *Mellenio*] Spec. computandi triduanam [s. in sepulchro commoratione. Abo 788. 4. Dgg: Mittwoch bis Sonntag: J. H. Drümel, Meditation v. d. rechten Zeit d. Leidens u. d. Auferst. J. C. Frff. 774. 4. [J. A. Bengel, Bew. daß C. an keinem Mittw., sdn. Freit. gestorben sey. Tüb. 716. Vrg. Acta hist. ecc. 747. B. XI. S. 568.] Schneckenburger [nt. c]. Vom 13. bis 16. Nisan durch einen zweifachen Sabbat: Hitzig [nt. p].

§. 100. Der Triumphzug.
Mt. 21, 1-17. Mc. 11, 1-19. Lc. 19, 28-46. Jo. 12, 12-19.

Einziehend in die heilige Stadt unter dem Jubel des Volks und dem messianischen Königsgruße[a] weinte der Messias, in der Anschauung des eigenen Todes, über den Untergang des Vaterlandes.[b] Es geschah, wie oft, daß die Welt um den, den sie so eben zu verlassen sinnt, noch einmal ihre Herrlichkeit ausbreitet. Der Charakter dieses Einzugs war messianisch, seine bestimmte Beziehung aber auf eine von Rabbinen messianisch gedeutete Weißagung [Zach. 9, 9. cf. Jes. 62, 11] erst Resultat einer spätern Reflexion der Apostel [Mt. 21, 4 s. Jo. 12, 16],[c] das Ereigniß auch ohne dieselbe verständlich und geschichtlich.[d] Die Bestellung des Esels ist bei den Synoptikern als wunderbares Vorherwissen gedacht [dgg. Jo. 12, 14],[e] und wie die Verdoppelung der Thiere bei Matthäus seiner Auslegung der Weißagung angehört,[f] so das von den andern Synoptikern hervorgehobene Merkmal der Verwechslung des Reitthiers mit einem Opferthiere;[g] in beiderlei Berichten sind allgemeine Gedanken an die Stelle der bestimmten Anschauung getreten. Zum Volksjubel mochte beides zusammenkommen, die Stimme aus dem Grabe [Jo. 12, 17 s.] und der Glaube an das anbrechende weltliche Messiasreich.[h] Jesus hat den Anfang, der in seiner Lage ein offner Gegensatz wider die Staatsgewalt war, veranlaßt,[i] und den Fortgang zu hindern in hohem Selbstgefühle verweigert Lc. 19, 40. Nur war es nicht ein letzter verzweifelter Versuch offner Gewalt.[k] Denn unbegreiflich wäre,

§. 100. Palmen-Einzug Jesu.

warum er den Enthusiasmus der Menge so gar nicht benutzt hat. Daß die römische Besatzung auf der Burg Antonia keinen Anstoß an dieser Bewegung nahm, daß selbst die Priester in der Anklage des Hochverraths keinen Beweis darauf gründeten, ist entscheidend. Er nahm an, was nach göttlichem Rechte ihm gebührte, und zeigte der Welt, daß bei ihm stand zu herrschen, wenn er herrschen wollte durch Gewalt. Die politische Messiashoffnung hat dieser Einzug aufgeregt; sie war im Angesichte seines Todes nicht mehr zu scheuen. Irgend einmal mußte Jesus offen verkünden, daß er Messias sei, und das ist die Bedeutung dieses Einzugs.[1])

Sauerbrey, de locis parall. Mt. 21. Mc. 11. Lc. 19. Jo. 12. Cob. 697. 4. *J. C. Pfaff*, [resp. *J. Neuffer*] de adventu regis Sionaei Hierosolymis instituto, ex Mt. 21. Tub. 718. 4. *J. G. Walch*, de C. in urbem Hierosol. introitu, ad Mt. 21. Jen. 738. 4. **J. G. Rau*, nonnulla ad illustr. Evv. de solemni J. C. in urbem Hieros. ingressu narrationem. Erl. 798. 4. **J. M. H. Harras*, Bemerkf. ü. d. Einzug J. in Jerus. [Eichhorns allg. Bibl. B. X. S. 189-242.] **T. G. R. Huydecoper*, de solemni J. C. in urbem Hier. introitu. Traj. 829.

a) Dan. Winzer, de sensu acclamationis Hossanna ex Mt. 21, 9. Lps. [678.] 703. 4. *J. Nicolai*, de substratione vestium, ad Mt. 21. Giss. 701. **C. M. Pfaff*, de Hosianna. Tub. 749. 4. **Exegetische Bemerkf. ü. Mt. 21, 8. [Theol. Nachrichten. Jun. 808. S. 343 f.]

b) J. Hildebrand, de lachrymis C. Helmst. [661.] 696. *Jo. Ph. Cassel*, in Lc. 19, 41. Lps. 677. 2 Pgg. [*Ternii* Syll. p. 488-98.] *J. Olearius*, de lachr. C. sub ingressum Hieros. effusis. Lps. [683.] 726. 4. *J. C. Artzt*, de lachr. C. [Thes. dss. Amst. T. II. p. 330 ss.] E. Harwood, Geb. ü. J. Liebe z. Vaterl. [Brit. theol. Bibl. B. I. S. 66-72.]

*c) Rosenmüller zu Sachar. 9, 9 ss. Eckermann, theol. Beitrr. St. 1. S. 90 ff. Kuinoel, meff. Weiß. d. A. T. S. 107 ff. Paulus, er. Handb. B. III. S. 121 ff. Hengstenberg, Christol. d. A. T. B. II. S. 120 ff. Hitzig, Abfassungszeit d. Orakel Zach. 9-14. [Stud. u. Krit. 830. H. 1. S. 25 ff.]

*d) Dgg: Strauß, B. II. S. 282 ff: schwankend, ob der ganze Einzug ungeschichtlich, von Jesu veranstaltet als erste Parusie, aus einem zufälligen Einreiten ausgeschmückt, oder nach Weißagung und Voraussetzung frei componirt.

*e) Strauß, B. II. S. 277 f. Krabbe, S. 436. Dgg: Natürl. Gesch. d. Proph. B. III. S. 566 f. Neander, S. 633. — *J. Ben. Carpzov*, de asino Messiae vectore. Lps. 671. 4. Stäudlin, neue Beitrr. z. Erl. d. Proph. S. 123. *f)* Bolten, Bericht d. Mt. S. 317 f. Sieffert, ü. d. Urspr. d. ersten kan. Ev. S. 107 f. Strauß, B. II. S. 273 ff. Neander, S. 633. Dgg: Paulus, er. Handb. B. III. 1. S. 115. Fritzsche, Mt. p. 630. Olshausen, Com. B. I. S. 766. — *Glassius*, Phil. sacr. p. 172. — Winer, Gramm. d. neutest. Sprachid. A. 5. S. 201 f.

*g) Strauß, B. II. S. 276 f. Dgg: Paulus, er. Handb. B. III. 1. S. 116 ff. mit Berufung auf die allegorische Deutung Justin. Dial. c. Tryph. c. 53 als beabsichtigt. Hengstenberg, o. a. S. S. 135. Krabbe, S. 435. Ebrard, S. 481. *h)* Dgg: Strauß, B. II. S. 281 f. Weiße, B. I. S. 434 f. Baur, Evv. S. 196. B. Bauer, Evv. B. III. S. 116.

i) C. S. Georgi, de praeparatione C. ad ingressum Hieros. Vit. 738. 4.
k) Wolfenbütt. Fragm. v. Zwecke Jesu. S. 145 ff.
l) Neander, S. 632 f. Krabbe, S. 437.

§. 101. **Der Feigenbaum. Mc. 11, 12-14. 20-26. Mt. 21, 18-22.**

Die Annahme einer bloßen Voraussicht vom nahen Absterben des Baumes,[a]) oder auch eines durch Jesu Einwirkung nur beschleunigten Verdorrens[b]) widerspricht der evangelischen Darstellung und der Nutzanwendung Jesu. Obwohl die Verwünschung eines Baumes, zumal in der Art, wie Markus den Erfolg erzählt,[c]) schon durch natürliche Magie denkbar wäre: so stimmt doch ein Strafwunder weder zum Geiste Jesu [Lc. 9, 55. cf. Mt. 12, 20], noch hätte dasselbe am Naturleben einen Gegenstand gehabt. Ein bloßer Erweis der Wundermacht Jesu für die Apostel[d]) würde weder durch eine getäuschte Erwartung hinreichend motivirt, noch mitten unter so viel vorhandenen und benutzten Gelegenheiten segenspendender Wunder eine bloß zerstörende Kraft für die Wundermacht des Glaubens ein besonderes Vorbild sein.[e]) Daher man in der Handlung Jesu ein prophetisches Sinnbild sah, etwa vom Untergange Judäas.[f]) Aber die Evangelien weisen nicht nur auf diese Bedeutung nicht hin, sondern machen vielmehr eine ganz andre Anwendung auf die Macht des Glaubens. Auch hätte für ein bloßes Sinnbild eine Parabel ausgereicht. Zum Passah war gar nicht die Zeit der Feigen, wie Markus [11, 13], seine eigne Motivirung zerstörend, richtig bemerkt,[g]) am wenigsten berechtigte damals das Laub des Baumes zur Erwartung reifer Früchte.[h]) Da nun der Gedanke, der in der Handlung als einem Sinnbilde liegen würde, Mt. 3, 10. 7, 19 als Gnome, Lc. 13, 6 ss. als Parabel vorkommt, so ist alle Wahrscheinlichkeit, daß eine ähnliche Parabel in der Überlieferung zum Ereignisse geworden ist, und zwar durch die buchstäbliche Auffassung eines sinnbildlichen Ausdrucks, der hier in der Nutzanwendung Mt. 21, 21. Mc. 11, 23 und in noch näher veranlassender Form Lc. 17, 6 ausgesprochen ist.[i])

Gösgen, de ficu maledicta. Lps. 697. 4. *Seb. Schmidt*, de ficu a C. arefacta. Vit. 701. 4. *J. H. Maji* Ds. de loco Mc. 11, 13. [Obss. sacr. Fref. 713. p. 71 ss.] *D. Justerii* [resp. *H. Helsing*] Ds. de ficu aref. ad Mt. 21. Abo 724. *Jo. Mulerius*, de ficu aref. Hafn. 739. 4. J. J. Ebeling, Erkl. des Wunders an d. verdorrten Feigenb. [Hamb. gel. Briefwechsel. 750. S. 513 ff.] H. J. Pagendarm, v. d. verfl. Feigenb. Wolfenb. 755. *Ol. Flensborg*, de miraculo, quo C. ficui sterili maledixit. Hafn. 775. 4. — Kunze in d. Stud. u. Krit. 844. H. 3. S. 702.

a) Thieß, krit. Kom. B. I. S. 250. Paulus, er. Handb. B. III. 1. S. 157 ff. b) Neander, S. 638. Baumg.-Crusius, Com. ü. Mt. S. 343: der Baum schon im Absterben. Ammon, B. III. S. 191: nur, daß der Baum am nächsten Morgen seine frisch getriebenen Blätter hängen ließ.
c) Hilgenfeld, d. Mark. Ev. Lpz. 850. S. 72.
d) A. L. Heydenreich, ü. Mt. 21, 17-22. [Theol. Nachrr. Mai. 814. S. 121 ff.] Vrg. Bemerkk. zu Heydenr. Auff. [Eb. Sept. 814. S. 368 ff.]
e) Neander, S. 499.
f) Die Älteren s. *Wolf*, Cur. P. I. p. 505. J. C. G. Liebe, ü. Mt. 21, 19-23. [Augustis theol. Blätt. 798. S. 628-30.] Ullmann, Sündlosigk.

§. 102. Streitreden. Zinsgroschen.

S. 175. Sieffert, ü. d. Urſp. S. 115 ff. Olshauſen, Com. B. I. S. 773. T. Fritz in d. theol. Ann. 834. B. III. H. 2. S. 191. Hoffmann, d. L. J. v. Str. S. 374. Neander, S. 637 f. Krabbe, S. 442 f.

g) G. C. Dahme, ü. Mk. 11, 13. [Henkes N. Mag. B. VI. St. 2. S. 252 ff.] Paulus, ex. Handb. B. III. 1. S. 175. Stud. u. Krit. 843. H. 1. S. 131 ff: nicht günſtige Witterung. Über dieſe und andre Ausflüchte: Strauß, B. II. S. 227 ff. De Wette, B. I. T. 2. S. 227.

h) Dgg: Glöckler, d. Evv. d. Mt. Mk. Lk. S. 640. Olshauſen a. a. O. mit Berufung auf Winers bibl. Realw. S. 428. durch ein Mißverſtändniß von *Plinii* Hist. nat. XVI, 26 u. Shaws Reiſen. S. 296.

i) Strauß, B. II. S. 232 ff. De Wette, B. I. T. 1. S. 224. Weiße, B. I. S. 576 f.

§. 102. Disputationen.

Zwar kann Jo. 12, 36 nicht auf ein bloßes ſich Zurückziehn am Abende des Einzugs gedeutet werden, parallel mit Mt. 21, 17. Mc. 11, 11, denn Johannes beſchließt hier, wenn auch nicht mit dem angemeſſenſten Worte, die Wirkſamkeit Jeſu als Volkslehrer: doch iſt der Tag nicht ſo genau beſtimmt, daß nicht auch die Mittwoch vor dem Feſte gemeint ſein könnte, zumal unglaublich iſt, daß Jeſus nach ſo glänzendem Empfange die letzten Tage ſeines Lebens dem Volke gänzlich entzogen habe. Hiernach ergeben ſich einige Tage für die von den Synoptikern überlieferten Streitreden. Doch konnte leicht geſchehn, daß Streitigkeiten, die nur irgend einmal an einem Feſte vorgefallen waren, von den Synoptikern auf dieſes Geſammt-Paſſah verlegt wurden, wie denn Lc. 19, 47. 20, 1 wohl eine längere Reihe von Tagen vorausſetzt. Daher von dieſen Streitreden jede um ſo ſicherer hierher gehört, jemehr ſie Tod und Todfeindſchaft athmet. Es waren theils Unternehmungen, die vom Hohenrathe ausgingen, um eine Anklageacte vorzubereiten, oder doch Jeſum in der öffentlichen Meinung herabzuſetzen, theils Reibungen Einzelner auf eigne Luſt und Gefahr. 1) Mt. 21, 23 - 46. Mc. 11, 27 - 12. Lc. 20, 1 - 19. Die Anfrage nach der Vollmacht Jeſu bezog ſich nicht beſtimmt auf ſeine meſſianiſche Anmaßung, ſondern allgemein auf ſeine Stellung als Lehrer und Führer des Volks, wie Jo. 1, 19 ss. Wofern ſie nicht beſtimmt war, auszuforſchen, wie ſich Jeſus zu ſeinen Gegnern und Richtern ſtellen würde, hatte ſie den Zweck, dadurch, daß er ſich auf die Anfrage einließ, das Recht der Prüfung eines göttlichen Geſandten zu bewähren. Die Zwiſchenfrage Jeſu war auf jede mögliche Antwort berechnet. Als die Prieſter bekannten, nicht darüber entſcheiden zu können, ob Johannes von Gott geſandt wäre oder nicht, konnte Jeſus in Bezug auf ſich ſelbſt ihnen ein Recht abſprechen, welches auszuüben ſie ſo eben ihre Unfähigkeit bekannt hatten.[a]) Hieran ſchloſſen ſich Gleichniſſe, von denen das eine die Verwerfung Israels, das andre den Grund derſelben, den nahen öffentlichen Mord des Meſſias, mit erſchütternder Anſchaulichkeit ausſpricht. 2) Mt. 22,

15-22. Mc. 12, 13-17. Lc. 20, 20-26. Die Frage über den Zinsgroschen schien eine Antwort zu fordern, die vor den Römern gefährlich, oder vor dem Volke gehässig war. Jesus gab mit der siegenden Kraft sinnlicher Evidenz die Frage über die Rechtmäßigkeit der römischen Herrschaft denen zurück, die mit Anerkennung des fremden Münzfußes diese Herrschaft anerkannten,[b]) und that seinerseits nur den volksbeliebten, freimüthigen Ausspruch für das Recht der Theokratie hinzu. 3) Mt. 22, 23 - 32. Mc. 12, 18 - 27. Lc. 20, 27 - 38. Privatstreitigkeit einiger Sadducäer. Jesus hob negativ ihre sinnliche Einwendung gegen die Unsterblichkeit durch die Erhebung derselben über alle Sinnlichkeit, und vertheidigte positiv die Unsterblichkeit nur mit dialektischer Gewandtheit.[c]) 4) Mt. 22, 35-40. Mc. 12, 28-34. Der Frage nach dem größten Gebote, nicht sowohl theoretisch, als praktisch wegen der Entscheidung in Collisionsfällen, gab Jesus das schon im Judenthume gleichsam als Weißagung ausgesprochene, aber particularistisch aufgefaßte Gebot einer unendlichen Liebe als Princip der Religion und Moral. Eine verfängliche Absicht setzt Matthäus wegen der Zeit und Örtlichkeit voraus; Lukas [10, 25-37] hat das Wesentliche dieser Unterredung als in früherer Zeit.[d]) 5) Mt. 22, 41-46. Mc. 12, 35-37. Lc. 20, 40-44. Etwa um seinen Gegnern den Muth zur Fortsetzung dieser Worthändel zu nehmen, griff er selbst sie an und bewies ihnen seine dialektische Überlegenheit durch Vorlegung einer schulmäßigen Frage über die messianische Bedeutung des 110. Psalms, wobei allerdings zu verwundern wäre, wenn sie darauf nichts zu antworten wußten; doch dieses ist nur das christliche Urtheil [cf. Mc. 12, 34. Lc. 20, 40] für Jesu geistige Überlegenheit.[e]) 6) Mt. 23, 1-39. Endlich gegen Jünger und Volk gewandt, in einer Rede, von der Markus [12, 38-40] und Lukas [20, 45-47] nur ein Schlagwort hat, dieser jedoch [11, 37 ss. 14, 1 ss.] Fragmente bei anderer, zum Theil minder passender Gelegenheit, entblößte Jesus die Gebrechen und Verbrechen der ganzen hierarchischen Staatsgewalt mit so furchtbarer Beredtsamkeit, daß er schied mit dem Gefühle, nur als Messias oder nimmer wiederzukehren in den Tempel.[f])

a) C. M. Pfaff, de C. verbis et factis potente, ad Mt. 21, 18-46. Tub. 719. 4. Eckermann, theol. Beitr. B. V. St. 2. S. 37 ff. Heischteil in Augustis N. theol. Blätt. B. II. S. 787 ff. Schmidt in s. Bibl. f. Krit. u. Exeg. B. III. S. 172 ff. Cf. Deuter. 18, 18. *Mischna*, Tract. Sanhedrin, c. 10. §. 4 s. ed. Surenbus. p. 258 ss. *b) Maimonid.* Tract. Gezelah, c. 5. §. 18. *Seldenus*, de jure nat. sec. disc. Hebr. VI, 17. *J. L. Mosheim*, Obss. in hist. de numo census. Helmst. 725.

c) Ähnliche Rabbinenstellen b. *Wetsten.* ad h. l. — *Morus*, Annott. ad quaedam loca N. T. p. 311. Hineingelegter Beweis b. Olshausen, Comm. B. I. S. 817 f. Neander, S. 645 f. u. a. Dgg: Strauß, B. I. S. 646 ff.

d) [*G. T. Krug*] Principium, cui religionis christ. auctor doctrinam

§. 103. Gesichte der Zukunft. Wiederkunft Christi.

de moribus superstruxit ad tempora ejus atque consilia aptissime constitutam. Vit. 792. 4. — *Fritzsche*, Mt. p. 667. Strauß, B. I. S. 650 ff.
e) *P. J. Müller*, de Ps. 110. schemate poetico et proprio argumento ad mentem C. Mt. 22, 41-46. Argent. 784. 4. Cf. **G. C. Knapp*, de C. ad dextram Dei sedente. Hal. 787. 4. Hengstenberg, Christol. d. A. T. B. I. S. 140 ff. — Als Belehrung über den Messias: Weiße, B. I. S. 440. Neander, S. 650 ff. — Strauß, B. I. S. 648 f.
f) *S. Schmidt*, de cathedra Mosis. Mt. 23, 2-5. Jen. [670.] 712. 4. *M. Chladenius*, de pharisaeis et scribis in cath. Mosis sedentibus. Vit. 718. *J. Engeström*, [resp. *J. J. Wising*] Ds. verum sensum dicti Mt. 23, 2. exponens. Lund. 741. 4. *J. L. Rudorf*, de gravioribus in lege a secta pharisaica praeteritis, ad Mt. 23, 23. Lps. 784. 4. — **J. A. Danz*, de cura Judaeorum in proselytis faciendis. Jen. 688. 4. — *Greif*, Expenditur oraculum C. contra percolantes culicem et deglutientes camelum. Lps. 749. 4. *J. F. Eckhard*, [resp. *Bogenhagen*] de aedificatione et exornatione sepulchrorum a scribis et pharisaeis instituta. Jen. 746. 4. *C. M. Pfaff*, de mensura peccatorum ad Mt. 23, 32. Tub. 751. 4. — **Loesner*, de domo orba. Lps. 769. recognita et aucta in Commentt. theol. T. II. p. 49 ss. — *C. M. Pfaff*, de C. non amplius a Judaeis conspiciendo, donec ipsum Messiam salutaverint. Tub. 752. 4. — Für Compilation des Matthäus: Schulz, ü. d. Abendm. S. 313 f. Eichhorns allg. Bibl. B. V. S. 907. Paulus, Comm. B. III. S. 95. Schleiermacher, ü. d. Luk. S. 180 ff. Schneckenburger in d. Studien d. Geistl. Württ. B. VI. H. 1. S. 35. Dgg: Strauß, B. I. S. 652 ff. De Wette, B. I. T. 1. S. 239 f.

§. 103. Die Gesichte der Zukunft.
Mt. 24-25. Mc. 13, 1-37. Lc. 21, 5-36. cf. 17, 22-37.

In Betrachtung des hehren Bauwerks und seine Zertrümmerung verkündend war Jesus aus dem Tempel geschieden. Auf dem Ölberge sprach er den Aposteln seine Anschauung der Zukunft aus: ungeheuere Stürme im Natur- und Völkerleben, die Zerstörung Jerusalems, seine Wiederkunft als Weltrichter und Weltherrscher. Zwar Tag und Stunde Gott anheimstellend Act. 1, 6 s. Mt. 24, 36. Mc. 13, 32, hat er doch seine Wiederkunft in unmittelbare Verbindung mit jenen Stürmen gesetzt und noch auf das damalige Menschenalter Mt. 16, 28. 24, 29. 33 s. Lc. 9, 27; [a]) nur Markus [9,1] hatte Ursache, das Kommen des Menschensohnes in das Kommen seines Reichs umzuwandeln. Die apostolische Kirche hat der Wiederkunft Christi von Tag zu Tage gewartet. Fällt ein Raum von Jahrtausenden zwischen beide Ereignisse, so ist in der Weißagung oder in der Überlieferung ein Irrthum. [b]) Als genau unterschiedene Fragen: wann Jerusalem untergehen, wann Christus wiederkehren werde? sind sie von den Jüngern nicht gestellt, noch von Jesu beantwortet worden, so daß er jenes in bestimmte Nähe, dieses in unbestimmte Ferne gesetzt hätte. [c]) Haben aber schon die Apostel entfernte Zeiträume in einander gemengt, [d]) ist die Zerstörung Jerusalems nur ein Bild des Weltgerichts, [e]) oder ein unsichtbares Kommen Jesu bei der Zerstörung Jerusalems von seinem sichtbaren Kommen zum Weltgerichte zu unterscheiden, [f]) und kommt er immerdar in der Weltgeschichte: ᵍ) so schwindet jede Sicherheit eines hiervon unterschiedenen einstmaligen Kommens auf den Wolken des Himmels. Zwar wäre denkbar, daß Jesus durch diese Hoffnung seinen eignen messianischen Glauben aus der dunklen Gegenwart in die Zukunft rettete. Allein da solch eine Wiederkunft des Messias nicht einmal von den Propheten verkündet, noch im Volksglauben gegeben war, da Jesus den volksthümlichen Messiasbegriff gleich anfangs zur religiösen Idee verklärt hatte, der das Sterben nichts anhaben konnte: so war für ihn gar kein Bedürfniß, aus dem Gesichte eines vermeinten Propheten [Dan. 7, 13] sich die phantastische Hoffnung einer solchen baldigen Rückkehr zu deuten, während in den prophetischen Bildern Jesu eine tiefsinnige Anschauung der Zukunft durchleuchtet.ʰ) Die Bilder eines allgemeinen Gerichtstags sind zwar die hergebrachten, mit der Ankunft des Messias verbundenen, ⁱ) die Zerstörung Jerusalems ist dargestellt nach Dan. 9, 26 s. 12, 11. cf. *Josephi* Antiqq. XII, 5 und nach Erinnerungen der frühern Zerstörung 2 Reg. 25. 2 Chron. 36. Jer. 39, 8, die bereits bei ihrer Niederzeichnung an der neuen Erfüllung aufgefrischt sein konnten, während doch auch Nichterfülltes für die Ursprünglichkeit der Weißagung zeugt:ᵏ) aber daß Jesus diese Zerstörung und weiter hinaus die Umwälzungen im Geiste angeschaut hat, in welchem die alte Welt unterging und das Zeichen des Kreuzes siegte, das ist sein unleugbares Verständniß der Weltgeschichte. Wie das Emporkommen der Theokratie von den Propheten als Einzug Jehovahs unter sein Volk vorgestellt wird, so konnte Jesus die Weißagung vom Siege seines Reichs unter dem Bilde seiner eignen glänzenden Wiederkehr aussprechen.ˡ) Auch bei den Synoptikern finden sich Spuren solcher freien Wendung alttestamentlicher Weißagungen Mt. 17, 11 s., dieser Innerlichkeit seines Reichs Lc. 17, 20 s. und einer Gegenwart, die nicht erst der Wiederkunft bedarf Mt. 28, 20. cf. 18, 20; vorzugsweise im 4. Evangelium hat sich der Begriff dieses geistigen Fortlebens und Wiederkommens erhalten Jo. 14, 3. 18 s. 21. 23. ᵐ) Aber das Mißverständniß der apostolischen Kirche ist dadurch eingetreten, daß Jesus die theokratische Nationalhoffnung unerfüllt gelassen hatte, die daher nur weiter hinausgerückt wurde, so daß die Hoffnung auf die Ankunft des Messias sich umbildete zur Hoffnung auf seine Wiederkunft. Die Überlieferung der Reden Jesu konnte nicht unberührt bleiben von diesem Irrthum der Kirche, ⁿ) eine so bestimmte Verkündigung der nahen Zerstörung Jerusalems läßt unerklärt, wie die entgegengesetzte Anschauung der Apokalypse [c. 11] entstehen konnte; º) und wie angemessen auch Zeit und Ort, so beweist doch schon das Verhältniß des Matthäus zu den andern Evangelien [bes. Mt. 24, 29 zu Lc. 21, 24] und der innere Zusammenhang seiner Weißagung, daß besonders

§. 103. Gesichte der Zukunft. Wiederkunft Christi.

er Aussprüche von verschiedener Tendenz nur wegen ihrer gemeinsamen Beziehung auf die Zukunft an diesem Brennpunkte gesammelt hat. ᵖ)

M. *Geier,* de adventu Domini glorioso ad judicium. Lps. 660. 4. *J. N. Rhost,* [pr. *Bechmanno*] de signo filii hom. ex loco Mt. 24, 30. Jen. 681. 4. *Koenigsmann,* de jud. regis C. adv. rebellem eccl. Judd. Kilon. 712. 4. *G. Wernsdorf,* Textum Ev. Lc. 21, 25 ss. coll. Mt. 24, 29 ss. Mc. 13, 25 ss. de adventu C. ultimo accipiendum esse. Vit. 714. 4. [Dss. acad. T. I. p. 191-93.] *Fr. Weise,* de signis extr. judicii, uti remotis, ita proximis, ex Lc. 21, 25 s. Hlmst. 718. 4. *S. F. Dresigius,* de adventu C. ultimo et non gustaturis mortem, ad Mt. 16, 28. Lps. 730. 4. **C. S. Georgi,* [resp. *C. C. Schmidt*] de duplici C. adventu. Vit. 742. 4. *A. Westring,* de adventu C. Lund. 744. 2 P. **J. G. Jachmann,* Spicil. obss. in Mt. 24. Lps. 749. 4. **J. G. Walch,* de vaticiniis C. prophetae. Jen. 754. 4. *G. Sommelius,* [resp. *E. Selling*] de adventu C. Mt. 16, 28. Lund. 775. 4. *J. F. Lippold,* Interpretatio de C. venturo oraculorum, Mt. 10, 23 ss. Jo. 21, 22. Dresd. 775. 4. J. A. Schlegel, Weiß. J. v. d. Zerst. Jerus., erläutert u. m. d. Gesch. verglichen. Lpz. 775. *Deoc. Schmid,* [resp. *Baggio*] de locis Mt. 24, 29-31. Mc. 13, 24 ss. Lc. 21, 15 ss. Jen. 777. J. C. Eggert, ü. d. Ende d. Welt u. d. Zukunft J. zum Weltger. Hal. 777. Drs. Vrs. u. Vorschläge z. Vereinigung getrennter Meinungen in d. Auslegung des Ev. am 2. Advent. Erl. 781. J. M. Götze, Anzeige der Gründe, aus welchen er d. Ev. v. d. Zuk. J. zum Weltger. erklärt hat. Hmb. 782. J. H. D. Moldenhawer, Bew., daß die Worte C. Lk. 21, 25-27 sich auf d. Strafgericht b. Juden beziehn. Hmb. 784. 4. J. M. Götze, abermaliger Bew., daß die eigentl. u. natürl. Erklärung d. Rede J. Lk. 21, 25-27 v. d. Wiederk. zum Weltger. die wahre sey. Hmb. 784. 4. Moldenhawer, bestätigter Bew. ꝛc. Hmb. 784. **Th. Ch. Tychsen,* de παρουσίᾳ C. et notionibus de adventu C. in N. T. obviis. Gott. 785. 4. **Einige Ideen z. Erkl. d. Weiß. C. v. d. Zerst. Jerus.* Mt. 24, 3-25, 13. [Eichhorns allg. Bibl. B. III. S. 669-94.] **N. Nisbett,* an attempt to illustrate various important passages in the epistles of the N. T. from our Lords prophecies of the destruction of Jerusalem. ed. 2. Canterb. 789. Übrs. m. Vorr. u. Zugabe v. G. A. Dillinger. Nürnb. u. Altd. 790. *N. G. Brandes,* Vaticinium Salvatoris interitum reipubl. jud., ultimum suum adventum et consummat. rerum praedicantis, Mt. 24. Abo 792. 4. J. C. R. Eckermann, die Begrr. v. Reiche u. b. Wiederk. C. [Theol. Beitrr. 792. B. II. St. 1.] **[Ch. Fr. Ammon] Auch ein Verf. ü. das 24. u. 25. Kap. des Mt. [N. theol. Journ. 793. B. I. St. 5.] [Drs.] Über die Äußerungen J. v. s. Wiederk. z. Weltger. [Eb. 794. B. III. St. 3.] Brg. Bibl. Theol. B. II. S. 364 ff. Leben Jesu, B. II. S. 65 f. B. III. S. 242 ff. **Jo. G. Süskind, ü. d. jüd. Begrr. v. Messias als Weltrichter u. Todtenerwecker. Zur Beurth. d. Hypothese, daß die Rede ü. diesen Gegenst. Accomm. sey. [Mag. f. chr. Dogm. St. 10. S. 92 ff.] Drs. Bemerkk. ü. d. Aussprüche J., in welchen er sich die Auferw. d. Todten, d. Weltgericht u. ein Reich am Ende d. Welt zuschreibt. [Eb. S. 143 ff.] Sitne adspectabile quid et ab ipsa remuneratione diversum exspectandum die instantis reditus C. ad jud. extremum? Hal. 796. 4. Über d. Unterscheidung d. doppelten Wiederk. C. [Henkes Mag. B. IV. St. 1.] [J. N. Milow] Über Mt. 24. 25. [Eb. B. VI. St. 3.] *Nic. J. Kekon,* de orac. Mt. 24, 15. Abo 798. 4. *J. C. Koken,* de reditu Messiae ad jud. gentium. Gott. 800. 4. **Jo. Fr. Flatt,* Symbb. ad illustr. nonnulla ex iis N. T. locis, quae de παρουσίᾳ C. agunt. Tub. P. IV. 800-812. 4. [Opp. ed. *C. F. Süskind.* Tub. 826. N. IX-XII.] A. Th. Hartmann, ü. d. Wiederk. C. z. Weltger. u. d. aus dieser Lehre entstandnen Erscheinungen u. Träumereien. [Blicke in den Geist des Urchristenth. S. 86-137.] *E. G. Weber*, Conjecturae ad Mt. 24, 28s. Mc. 13, 23s. Vit. 810. *Ristemaker, Weiß. J. v. Gericht ü. Judäa u. d. Welt. Münst. 816. *Jahn, Erkl. d. Weiß. J. v. d. Zerst. Jerus. [Bengels Archiv. 816. B. II. St. 1.] Ch. Fr. Böhme, die apost. Lehre v. d. Wiederk. C. [Keils u. Tzschirners Analect. B. I. St. 2. Brg. St. 3.] *Ejusd. L. de spe mess. apostolica. Hal. 826. *H. A. Schott*, Quo sensu J. apud Mt. Mc. Lc. adventum suum in nubibus coeli futurum nuntiaverit, inquiritur. Jen. 815. 4. [Opuscc. T. II. p. 205-62.] *Scheibel, ü. Mt. 24, 29-36 u. Lc. 21. [Röthes Zeitschr. f. Christ. u. Gottesgel. 818. B. II. H. 2.] **H. A. Schott*, Comm. exegetico-dogmaticus in eos J. C. sermones, qui de reditu eius ad judicium futuro et judicandi provincia ipsi demandata agunt. Jen. 820. [Brg. D. Schulz in Wachlers theol. Ann. B. II. S. 533 ff.] K. F. Stäudlin, J. der göttl. Prophet. Gött. 824. *Rintsch, Dsq. exeg. dogm. vaticinii Mt. 24. Neap. ad Oril. 827. 4. Baumeister, die L. v. d. παρουσία C. [Stub. d. Geistlichk. Würt. B. II. H. 2.] *Weizel, die urchr. Unsterblichkeitslehre. [Stub. u. Krit. 836. H. 3 f.] Drs., die Zeit b. jüngsten Tags. [Stub. d. Geistlichk. Würt. B. IX. H. 2.] *Mau, de norma judicii extr. quam proposuit C. apud Mt. 25. Kil. 841. *Scherer, ü. J. Weiß. v. Ende, bes. Mt. 24. [Beitrr. zu b. th. Wiff. v. Reuß u. Cunitz. 851. B. II.]

a) Gegen die Ausflüchte f. Strauß, B. II. S. 334 ff. — *Dorner*, de Orat. C. eschatologica. Stuttg. 1844: γενεὰ jüb. Wolf, die Ereignisse nach der Zerstörung Jerusalems bildlich von der Verdunkelung und Zerstörung des Heidenthums.

b) Dgg: Hengstenberg, Christol. d. A. T. B. I. S. 305 ff.

c) Ebrard, adv. erroneam nonnull. opin., qua Christique App. judd. somniis decepti existumasse perhibentur fore, ut univ. jud. ipsorum aetate superveniret. Erl. 842. Krit. b. ev. Gesch. S. 496 ff.

d) Sieffert, ü. d. Urspr. d. ersten kan. Ev. S. 119 ff. Neander, S. 637 ff: in Christo selbst kein Irrthum, sondern ein seiner Schranken sich bewußtes Wissen.

e) Iren. V, 25. *Hilar*. in Mt. 24. cf. *Schotti* Cmtr. p. 73.

f) Schotti l. c., wo p. 410ss. das Resultat und p. 75 s. die Schriften der doch mit Aufstellung verschiedner Einschnittspunkte Zustimmenden. Dgg: Strauß, B. II. S. 332 ff. *g)* Olshausen, Com. B. I. S. 865. Kern, Hauptthatsachen d. ev. Gesch. [Tüb. Zeitsch. 836. H. 2.] S. 140 ff.

h) Weiße, B. I. S. 594 f. Dgg: Strauß, B. II. S. 351.

i) Jes. 13, 9 ss. Joel. 1, 15 s. 2, 1 ss. Zach. 14, 1 ss. — *Schöttgen*, Horae hebr. p. 509 ss. *Bertholdt*, Christ. Judd. §. 13. Gfrörer, Gesch. d. Urchr. I. 2. S. 195 ff. 219 ff. *k)* Vrg. Strauß, B. II. S. 347 f. Credner, Einl. in b. N. T. B. I. S. 207. *l)* Literatur b. *Schott*, p. 74 s. *Fleck*, de regno div. p. 458 ss. 481 ss. Baumgarten=Crusius, bibl. Theol. S. 438 ff. *Pell*, in Epp. Thessal. p. 32 ss.

m) Schott, p. 364 ss. Olshausen, Com. B. I. S. 860 f. Weizel in Stub. u. Krit. 836. H. 3. S. 626 ff. — *Fleck*, de regno div. p. 483. Strauß, B. II. S. 351 ff. *n)* Dgg: Vom Zwecke J. u. seiner Jünger. S. 184. 201 ff. als Betrug der Apostel.

o) Baur, Evv. S. 605. Aber nicht hat dem Evangelisten die Eroberung Jerusalems unter Barkochba vorgeschwebt, die der es keinen Tempel zu zerstören gab, und selbst ein Zeitgenosse des zweiten jüdischen Kriegs konnte darüber, wenn es galt eine Weißagung in Jesu Mund zu legen, nicht die große Zerstörung unter Titus vergessen. *p)* Vrg. Schleiermacher, ü. d. Luk. S. 215 ff. 265 ff. Neander, S. 560. 659 f. De Wette, B. I. T. 1. S. 259 f.

§. 104. Todespläne.

Der Enthusiasmus des Volks mußte sich in Gleichgültigkeit oder Haß verkehren, als es seine Hoffnung getäuscht sah.^a) Jesus konnte sich über das Aufflackern der Volksgunst nicht täuschen. Seine Gegner erkannten die Nothwendigkeit rascher Maßregeln Jo. 12, 19. Lc. 19, 47 s. Es frug sich, ob er durch Justizmord, ob durch Meuchelmord fallen solle. Jesus mußte den letztern scheuen, der sein Ende jeder Verläumbung preisgab; sein Übernachten zu Bethanien, vielleicht auch seine schwerlich genau überlieferte Frage nach Waffen [Lc. 22, 36-38]^b) deutet auf seine Vorsicht. Aber auch der Hoherath durfte meinen, durch eine öffentliche, schimpfliche Hinrichtung^c) seinen Todfeind und dessen ganzen Anhang am furchtbarsten zu treffen. Den Tieferblickenden konnte nicht verborgen bleiben, daß dieser kluge und kraftvolle Galiläer, nachdem er einen solchen Tag nicht genutzt hatte, überhaupt nicht Gewalt brauchen wollte, und daß sonach, wenn diese an ihm verübt würde, das Volk den nach der Volksmeinung falschen Messias verlassen werde, sobald es ihn hülflos fände in der Hand seiner Feinde. Doch aus Furcht vor einem Volksaufstande war der Hoherath nicht geneigt, während der Festzeit Entscheidendes zu unternehmen Mt. 26, 3-5. Mc. 14, 1 s. Lc. 22, 2; etwas Unsicheres und Ängstliches in seinen Maßregeln mochte auch der Scheu vor den Wunder-Kräften Jesu angehören. Jesus aber gedachte auf dem Nationalfeste zu sterben Mt. 26, 2.^d)

a) *C. L. Oeder*, de refrigescente amore multitudinis, ad Mt. 24, 12. [Miscell. sacr. p. 398 - 408.] G. Lange, Waren die, welche bei dem Einzuge J. Hosianna riefen, ebendieselben, welche bald nachher, kreuzige ihn, schrieen? [Tzschirners Memorabb. B. IV. St. 1.]

b) *F. S. Winterberg*, de gladiis jussu C. ab App. comparandis. [*Velthuseni* Comm. theol. 797. T. V. p. 104-16.] J. L. Nachtigal, zu Lk. 22, 35-38. [Henkes Mag. B. VI. St. 2.] Vrg. Henkes N. Mag. B. V. St. 3. S. 476-90. G. C. Horst, ü. Lk. 22, 35 - 38. [Augustis theol. Monatschr. 800. B. II. S. 111 - 21.] — Olshausen, Com. B. II. S. 409: Schwert des Geistes. Neander, S. 705 f: Bild für die Zukunft der Apostel in Mitten von Gefahren.

c) De infami, quo C. affectus est crucis supplicio. [*C. H. Lange*, Obss. sacr. Lub. 737. p. 151 ss.] **H. Ph. Cr. Henke*, de eo, quod inprimis ignominiosum fuit in supplicio crucis J. C. Hlmst. 785. [Opusc. acad. p. 137 ss.]

d) Vrg. Tr. *Rosch Hasschanah* c. 1. Michaelis Anmerkk. z. N. T. B. I. S. 258. *Baur, ü. d. urspr. Bedeutung d. Passahf. [Tüb. Zeitsch. f. Theol. 832. H. 1. S. 90 ff.]

§. 105. Der Verräther.

Judas von Kariot [אִישׁ קְרִיּוֹת]^a) beschleunigte die Entscheidung, indem er dem Hohenrathe die Gelegenheit zur Verhaftung Jesu ohne die Gefahr eines Volksaufstandes bot Mt. 26, 14-16. Mc. 14, 10 s. Lc. 22, 3-6. cf. Jo. 13, 2; doch berichtet und bedenkt Johannes [13, 27. 30] nur den letzten unwiderruflichen Schritt zur Ausführung. ᵇ) Daß Jesus ihn vom Anfange an als Verräther und Dieb gekannt Jo. 6, 64. 12, 6, dennoch ihn unter seinen Vertrauten geduldet und an die seinem Charakter gefährlichste Stelle gesetzt habe,ᶜ) ist minder wahrscheinlich, als daß sich Johannes nach seiner Vorstellung von Jesu [2, 24s.] und gegen etwanige Mißdeutung ᵈ) ein früheres Wort trüber Ahnung und Warnung [6, 70 cf. Mt. 16, 23] in diesem Sinne gedeutet hat, cf. Mt. 19, 28. Durch alle Evangelien [Mt. 16, 21-25. Mc. 14, 18-21. Lc. 22, 21-23. Jo. 13, 18s. 20-30] geht diese Erinnerung, daß Jesus beim Abschiedsmahle einen seiner Tischgenossen als Verräther bezeichnete. Für die Art der Bezeichnung läßt sich eine genaue Einstimmigkeit nur erkünsteln; an sich ist ebensowohl möglich, daß der 2. und 3., als daß der 4. Evangelist den Thatbestand am treusten darstelle. ᵉ) Die Berichte vom Tode des Judas ᶠ) einigen sich zwar durch die Vermuthung, daß Mt. 27, 3-10 der Anfang, Act. 1, 18-20 der Ausgang seiner Todesart erzählt sei;ᵍ) aber seltsam wäre, daß 2 Berichterstatter dasselbe Ereigniß so genau unter sich vertheilt hätten. ʰ) Auch die Erwerbung des Blutackers scheint von beiden verschieden gedacht. ⁱ) Daher wahrscheinlich in jenen Tagen, als die Apostel von weit größern Interessen bewegt waren, nur das Factum eines gewaltsamen Todes bekannt wurde, während niemand daran dachte, die Gerüchte über die Art desselben zu berichtigen. ᵏ) Daß aber dieser Tod eine christliche Erdichtung sei, nach alttestamentlichen, als Veranlassung fernliegenden Stellen, ist durch die verschiedene Überlieferung der Todesart nicht dargethan, noch ist wahrscheinlich, daß der Gegenstand des Abscheus einer weit verbreiteten Gesellschaft für diese während seines Lebens in unbekanntes Dunkel zurücktrat.ˡ) Als Beweggrund des Verraths ist verletzter Ehrgeiz ᵐ) durch Jo. 12, 7 s. so gut wie nicht erwiesen. Ein gewinnsüchtiges Spiel mit den Feinden Jesu im Vertrauen auf dessen Wundermachtⁿ) war im Glauben an dieselbe zu gefährlich. Wenn Judas bereits zweifelnd und verstimmt die Sache auf ein Gottesurtheil stellen, ᵒ) oder aus dem einmal vorausgesetzten Untergange Jesu nur sich und den kleinen Gewinn retten wollte, ᵖ) konnte der Ausgang ihn nicht zur Verzweiflung treiben. Einen Teufel, der vom Anfange nur Verrath sann, ᵍ) hätte Jesus nicht zum Apostel erwählt. Für bloße Habsuchtʳ) erscheint der Preis zu gering gegen die Vortheile seiner damaligen Stellung und wahrscheinlichen Hoffnung. Zwar hat das 1. Evangelium seine Preisangabe durch ihre alttestamentliche Bescheinigung nicht gerade sicherer gemacht,ˢ) aber da Jesu nächtlicher Aufenthalt auch durch Späher ermittelt werden konnte, ist ein großer Lohn nicht zu erwarten. ᵗ) Einige geschichtliche Spuren treffen in der Vermuthung zusammen, daß Judas, zwar kein redlicher, ᵘ) aber ein

§. 105. Judas Jschariot.

bloß verständiger, weltlicher und gewaltthätiger Charakter [Jo. 12, 5. Mt. 26, 48 s.], dessen Rettung für das Gottesreich im Gebiete des sittlich Möglichen lag,[v]) den zögernden Messias zur Gründung des Reichs auf Volksgewalt nöthigen wollte.[w]) Vergebens gewarnt [Mt. 26, 24] hat er vielleicht selbst das schmerzliche Aufgeben und Hinwegweisen aus dem Kreise der Geliebten Jo. 13, 27-30[x]) für ein Ergeben Jesu in seinen Plan gehalten.

Saldeni Exercit. de Juda Isc. [Otia theol. Amst. 684. 4. p. 367 ss.] *J. F. Hebenstreit*, de Juda Isch. Vit. 712. 4. *J. G. Lakemacher*, ex Hist. Judae Isch. momenta quaedam, ope antiquitatum Jud. illustrata. Hlmst. 729. 4. *Russmeyer*, de Hist. Judae Isch. Apost. et proditoris. Grypisw. 742-3. 4. 2 Dss. Philipp, Gedanken ü. d. Verr. Judas. Naumb. 754. Von Judas d. Verr. [Beitrr. z. Bef. e. vern. Denkens. B. V. S. 158 ff.] *Winer, bibl. Realw. B. I. S. 633 ff. *G. Schollmeyer, J. u. Judas. Lüneb. 836. — Fabelhafte, geistreiche Darstellung: Abraham a. S. Clara, Judas d. Erzschelm. Salzb. 686. 3 B. 4. dem Geiste u. d. Sprache unsers Zeitalters angepaßt von J. A. Müller. Luzern 822. 2 B. Nicht zu verwechseln mit dem Unbedeutenden: Judas Jskariot, d. Messias; ein Gemählde f. Herkunft u. f. Berufes, Sündenlebens u. Todes. Münch. 826.

a) C. A. Heumann, de vero sensu nominis Iscariotes. [Miscc. Groning. T. III. Fasc. 4. p. 598 ss.] Olshausen, Com. B. II. S. 458. Baumg.-Crusius, Mt. S. 191.

b) Neander, S. 679. Dgg: Strauß, B. II. S. 364 f.

c) Olshausen, Com. B. II. S. 438 ff. Dgg: Strauß, B. II. S. 367 ff. Neander, S. 680. Baumg.-Crusius, Jo. B. I. S. 275. — Rodatz in Zeitschr. f. luth. Th. 843. B. IV. S. 139 f: Judas nur reihum Cassenführer. *d)* Jo. 13, 19. *Orig.* c. Cels. II. T. I. p. 404.

e) Harmonistisch: *Kuinoel*, Mt. p. 707. Olshausen, Com. B. II. S. 398 ff. Dgg: Sieffert, Urspr. d. 1. can. Ev. S. 148 f. Strauß, B. II. S. 412 ff. Für Markus: Weiße, B. I. S. 601 ff. Für Johannes: Sieffert, a. a. O. Lücke, Jo. B. II. S. 569 ff. Gegen Matthäus selbst Neander, S. 696.

f) Perizonius, de morte Judae et verbo ἀπάγχεσθαι. Traj. ad Rh. [702.]766. Dgg: *J. Gronovii* Notitia et illustratio ds. nuperae de morte Judae. Lugd. B. 703. 4. Andre Versuche die Verschiedenheit zu leugnen b. *Suicer.* Thes. v. ἀπάγχω. Kritik brf. b. *Kuinoel*, Mt. p. 743 ss.

g) G. Goetze, de suspendio Judae. Jen. 661. 4. *M. Barbatii* Novissima Judae fata. Regiom. 665. 4. *J. Roeser*, de morte Judae. Vit. [668.] 703. 3 P. 4. *J. Gronovii* Exerc. de pernicie et casu Judae. Lugd. B. 683. 4. *T. Eckhard*, de funesto Judae exitu. Vit. 689. *Andr. Austen*, de genere mortis Judae ad Act. 1, 18. [Thes. dss. Amst. T. II. p. 410 - 17.] *J. F. Neuhöfer*, de Juda ruptis in gravi praecipitique lapsu ilibus extincto. Chemn. 740. 4. — *Casauboni* c. Baron. Exerc. 16. c. 69. Paulus, er. Handb. B. III. 2. S. 457. *Kuinoel*, Mt. p. 747 s. *Fritzsche*, Mt. p. 799.

h) Nach Salmasius: *Nachrichten v. b. letzten Schicksalen b. Judas. [Schmidts Bibl. f. Krit. u. Er. B. II. St. 3.] *Heinrichs*, ad Act. 1, 18 s. Strauß, B. II. S. 481 f. Theile, z. Biogr. J. S. 63.

i) Strauß, B. II. S. 483 f. Dgg: Paulus, er. Handb. B. III. S. 457. *Fritzsche*, Mt. p. 799.

k) Daher noch andre Gerüchte: *Oecumenius*, ad Act. 1, 18. *Theophylact.* in Mt. 27. Act. 1. cf. *Münter*, Fragmm. Patr. gr. Hafn. 788. Fasc. I. p. 17 ss. Schleiermacher, in d. Stud. u. Krit. 832. H. 4. S. 743 f. nt. b.

l) Dgg: Strauß, B. II. S. 490 ff.

m) Kaiser, bibl. Theol. B. I. S. 249. Greiling, L. J. S. 359 ff. Vrg. Krummacher, ü. Geist u Form d. ev. Gesch. S. 298 ff.

n) *Theophylact.* in Mt. 27, 4. *Lightfoot*, p. 886. Niemeyer, Charakterist. B. I. S. 125 ff. K. E. L. Schmidt, er. Beitrr. T. 1. Verf. 2. N. 5.

o) Vrg. Thieß, Kom. B. I. S. 346. Neander, S. 686 f. *p*) Henneberg, Com. ü. d. Leidensgesch. S. 32 f. Lange, B. II. S. 1173.

q) *Daub, Judas Isc. o. das Böse im Verh. z. Guten. Heidelb. 816. H. 1. Vrg. Olshausen, Com. B. II. S. 438 ff. — Ebrard, S. 524 f: mit der wachsenden Liebe zur Sünde die höchste Bosheit eines Grimmes gegen Jesus bei theoretisch richtiger Erkenntniß seiner Gottheit.

r) *Raynaudi* Metamorphosis latronis in Ap. Apostolique in latr., ubi splendent gratia victrix et libertas perire volens. L. B. 634. [Opp. ib. 665. T. IX.] Versuch ü. d. Char. u. d. Gesch. d. Jud. J. [Aus Priestleys theological repository. T. III. N. 1 im Brit. theol. Mag. B. IV. S. 767-93.] Judas J. unpartheiisch dargestellt. [Augustis theol. Blätt. B. II. S. 504-12.] Vrg. *Lechtlen*, de culpa Judae, s. de causis, quae Judam ad J. prodendum perduxerunt. Argent. 813.

s) *S. Schmidt*, de venditione C. ex Sach. 11, 12 s. et Mt. 27, 9. Argent. 688. 4. *B. E. Heinsius*, de J. triginta argenteis vendito. Lps. 729. 4. *J. C. Haynisch*, de pecunia, quam proditionis praemium accepit. Schleiz. 736. 4. *G. Schwartzen*, de pretio, quo Servator noster aestimatus est. [Thesaur. dss. Amst. T. II. p. 210-16.] Gegen den Sprachgebrauch verstehen einige unter ἀργύρια schwere Silberbarren, oder unter der Summe nur ein Handgeld. Vrg. Thieß, Kom. B. I. S. 353-55. — Strauß, B. II. S. 378 ff. Neander, S. 682 f.

t) Vrg. F. G. E. Ruß, worin hat eigentlich die Verrätherei d. Judas bestanden? Haag 781. *u*) Dgg: Schmidts Bibl. f. Krit. u. Er. B. I. S. 685 ff. B. III. S. 165 ff.

v) Ullmann, Sündlosigk. J. S. 179 ff. Lücke, Jo. B. II. S. 182 f. Dgg: Nach der einen Seite: Versuch z. Beantw. d. Frage: wie konnte der große Menschenkenner J. einen Judas z. Lehrer d. Menschh. wählen? [Augustis theol. Blätt. B. I. S. 497 ff.] Doch vrg. Schollmeyer, S. VII ff. Krabbe, S. 458. Nach der andern: Daub. [ut. q.]

w) Schmidt. [nt. u.] J. C. G. Liebe, ü. d. Verrätherei d. Judas. [Augustis N. theol. Blätt. B. I. S. 57-61.] Paulus, Kom. B. III. S. 491 ff. u. L. Jesu. Abth. 2. S. 144. S. 220 ff. *J. D. Goldhorn in Tzschirners Memorabb. B. I. St. 2. Schollmeyer, o. a. Sch. Vrg. Lavaters Urtheil in Niemeyers Charakteristik. B. I. S. 85 f. *Ferenczy*, de consilio et causis proditionis Jud. Traj. ad Rh. 829. Dgg: Strauß, B. II. S. 377 f. Neander, S. 684 f.

x) *M. Wieland*, Judas Isc. coenae Dom. conviva; adjecta decisione quaestionis, an christianus cum iis, quos indignos reputat, coenam Dom. celebrare fas sit? Tub. 710. 4. H. G. Reimen, ob Judas d. Einf. d. Abendm. beigewohnt? Jen. 712. *G. Meier*, Judas I. sacr. eucharistiae conviva. Vit. 716. *Gerling*, [pr. *S. J. Baumgarten*] de Juda s. coenae conviva. Hal. 744. 4. Karrer in Bertholdts theol. Journ. B. XV. S. 338 ff. Zeller in d. Stub. d. Geistl. Württ. B. II. H. 2. S. 142 ff. Vrg. Winer, Realw. B. I. S. 636. Strauß, B. II. S. 411 f. Weiße, B. I. S. 605. Neander, S. 697.

§. 106. Das Liebesmahl.

Jo. 13-17. Mt. 26, 17-29. Mc. 14, 12-25. Lc. 22, 7-38.

Die Bestellung des Mahls ist von Markus und Lukas mit einem

§. 106. Das Liebesmahl.

Wunderschein umgeben,ª) für den sich doch in der Sache selbst weder Anlaß noch ethische Berechtigung findet. Die Berichte der Synoptiker und des Johannes gehn so weit aus einander, als nach dem Inhalte des Letztern zu erwarten stand von der allgemeinen Überlieferung gegenüber den Erinnerungen eines Augenzeugen. Befremdend ist nur die genaue Vertheilung der beiden symbolischen Handlungen Jesu zwischen beiden Quellen. Die Fußwaschung, ᵇ) die nur abendländisch moderner Betrachtungsweise als theatralisch erscheint,ᶜ) konnte, als nicht aufgenommen in die kirchliche Sitte, auch der Überlieferung verloren gehn, ihr Anknüpfungspunkt ist durch Lc. 22, 24-27, ihr Sinn durch Mt. 20, 26 ss. gegeben, aber ihre Thatsächlichkeit, der sinnbildlichen Handlungsweise des Orient [cf. §. 97] wie Jesu insbesondre höchst angemessen, hierdurch so wenig erschüttert, als die Einsetzung des Abendmahls durch Jo. 6, 51ss. ᵈ) Das bloße Schweigen des Johannes über einen in der ganzen Kirche verbreiteten Gebrauch, dessen Sinn und Sinnbild er vorweg genommen hat [c. 6], kann wenigstens nicht als Verneinung, oder gar als Unkenntniß seines Ursprunges angesehn werden.ᵉ) Die Forderung wie die Nachweisung einer bestimmten Fuge in den johanneischen Reden Jesu ᶠ) verkennt ihre Beschaffenheit als ein lang im Herzen bewahrtes und denkend frei entwickeltes Ganze, dessen Charakter doch überall dem Gefühle der Einsetzungsworte entspricht. Wäre die Erzählung der Synoptiker nur ein Reflex des kirchlichen Gebrauchs, ᵍ) so würde der frühe und allgemeine Gebrauch mit dem durch Paulus [1 Cor. 11, 22-25] über allen Zweifel erhobenen Glauben an seinen Ursprung aus Jesu Einsetzung unerklärlich sein. Den beiden ersten Evangelien fehlt das Wort der Einsetzung zum Gedächtniß, das auf eine Entstehung aus der allmälig entstandenen Gedächtnißfeier der Kirche hindeuten könnte. Dennoch hat das heilige Mahl jener Nacht auch ohne den paulinischen Zusatz [1 Cor. 11, 24. Lc. 22, 19] erst dann seine volle Bedeutung, wenn Jesus, sei's nach vorbedachter Absicht, sei's im Gefühle des großen Augenblicks, es zum Gedächtnißmahle seines Todes und zum Bundesmahle weihte.ʰ) In den Sinnbildern desselben hat er den Segen seiner geistigen Aufnahme, wie Jo. 4, 14. 6, 32 ss., und die Verheißung unsterblichen Fortlebens unter den Seinen überall, wo sie sich in Liebe vereinigen würden, ausgesprochen, wie ohne Bild Mt. 18, 20. 28, 20. Jo. 14, 23. ⁱ) Der Zweifel, ob Jesus Brot und Wein mitgenossen habe, geht nur aus spätern Deutungen hervor.ᵏ) In der Einsetzung des Abendmahls bewährt sich Jesu Glaube, daß der durch ihn gegründete Bund bestehn werde, grade durch seinen Tod zusammengehalten; eine Bewährung für jene göttliche Heiterkeit, welche auf den johanneischen Reden ruht. Was die Frömmigkeit Erhabenes, der Schmerz Rührendes und die Liebe Herzliches hat, vereinigt sich in diesen Tischreden.¹) Schon im Begriffe aufzubrechen [Jo. 14, 31]ᵐ) nahm Jesus noch einmal das Wort einer unendlichen Liebe, wohl ebenso sehr im Grauen vor der verrätherischen Nacht, als festgehalten im Kreise seiner Lieben. ⁿ) Sein Gebet war eine Rechenschaft seines Lebens vor Gott, unleugbar wie sich's der späten Erinnerung des Apostels dargestellt hat, aber nach seinem wesentlichen Inhalte angemessen dem Gefühle dieser Stunde und dem Bewußtsein eines welthistorischen, religionsgründenden Lebens. °)

a) Für die natürliche Erklärung: *J. P. Gabler, ü. d. Anordn. d. letzten Paschamahls J. [Nst. theol. Journ. 799. B. II. S. 441 ff. u. Kleinere Schrr. B. I. S. 101 ff.] Paulus, ex. Handb. B. III. S. 481. Olshausen, Com. B. II. S. 385f. Neander, S. 392f. Krabbe, S. 466. Dgg: Strauß, B. II. S. 383 ff.

b) **Th. Ittig*, de pedilavio C. imitando. Lps. 699. 4. [Exercitt. theol. Lps. 702. p. 198-264.] *J. A. de Krakewitz*, de pedilavio C. Rost. 707. 4. *C. G. Hofmann*, [resp. *E. Ch. Schumann*] de vera et falsa pedilavii C. imitat. Vit. 740. 4. *J. G. Schultheß, ü. Jo. 13, 14. [Winers krit. Journ. B. I. St. 3.] *c)* Weiße, B. II. S. 272.

d) Dgg: *Bretschneider*, Probb. p. 70 s. — Strauß, B. II. S. 409 ff. Baur, Evv. S. 261. Jener: sagenhafte Ausführung einer synoptischen Demuthrede oder aus ihr vom Verf. herausgesponnen, dieser das Letztere.

e) Dgg: Strauß, B. II. S. 407 ff. — Gfrörer, B. III. S. 204 ff. Dgg: Lücke, Jo. B. II. S. 572 ff. Baur, Evv. S. 259 ff. — Ammon, B. III. S. 278: das Abendmahl übergangen als unter den griechischen Gemeinden, mit Ausnahme von Korinth, noch nicht kirchlicher Gebrauch.

f) Strauß, B. II. S. 404 ff. Baur, Evv. S. 259. — Paulus nach Jo. 13, 30, Neander nach 13, 32, Lücke nach 13, 33, Olshausen nach 13, 38, Kern nach 14, 31. *g)* Thieß, krit. Kom. B. I. S. 387. Strauß, A. 1. B. II. S. 439 ff. Drs. Glaubensl. B. II. S. 559.

h) Gegen die Einsetzung eines Gedächtnißmahles: Über die Einsetzungsworte. [Beitrr. z. Beförd. e. vernünft. Denk. H. 14. S. 1-10.] Paulus, Kom. B. III. S. 557 ff. u. er. Handb. B. III. S. 526 f. Kaiser, bibl. Theol. B. II. Absch. 1. S. 37 ff. Dafür: *G. F. Süßkind, hat J. das Abendm. als e. mnemonischen Ritus angeordnet? [Flatts Mag. 804. St. 11.] G. F. Eisenlohr, Hatte J. bei s. letzten Mahle die Absicht, e. relig. Ritus anzuordnen? [Stud. d. ev. Geistlichk. Württemb. 827. B. I. H. 1.] — Weiße, B. I. S. 607.

i) Die ältere Literatur enthält nur den Streit über die dogmatische Auffassung der Kirchen. — *B. G. Münch*, [pr. *Baumgarten*] de ult. coena C. paschali. Hal. 743. J. G. v. Erbstein, neue Gedanken v. d. h. Abendm. Brl. 779. Drs. Drei kleine Schrr. vom Abendm. Brl. 780. Thesen ü. d. L. v. h. Abendm. Brl. 781. J. B. Lüderwald, Anmerkk. ü. einige Thesen. Hlmst. 783. Von d. Abendm. d. Christen. Brl. 781. Erklär. der Abendmahlsformeln nach d. Sprachgebr. o. O. 781. S. T. v. E. Gedanken v. d. wahren Sinne der Einsetzungsworte. Brsl. 788. Altdorfer, Darst. d. L. v. Abendm. Schafh. 791. Über d. eigentl. Worte J. bei Austheilung d. Kelches. [N. theol. Journ. 796. S. 183-98.] J. G. Sterzing, nächste Absicht d. Todes J. bei d. Stiftung d. Abendm. [Augustis theol. Blätt. B. II. S. 727 ff.] G. E. Sonnenmayer, b. Worte b. Einsetzung d. Abendm. [Augustis theol. Monatsch. 801. B. II. H. 10.] [C. G. Opiß] Die L. v. Abendm. f. Christen, die sich bei d. L. ihrer Kirche nicht beruhigen können. Lpz. 803. *Das Abendm.

§. 107. Seelenkampf in Gethf. u. Verklärung im Tode.

des Herrn als bildl. Mittheilung f. innern Lebens an f. Jünger. [Schuderoffs N. Journ. 808. B. I. St. 3.] *[M. Claudius] Das h. Abendm. Hamb. 809. H. Stephani, das h. Abendm. Landsh. 811. [n. T. 825.] G. Köhler, hist. Abh. ü. d. Erkl. b. Worte d. Erlösers im letzten Abendm. Mainz 813. T. W. Hildebrand, ü. Sinn u. Verheiß. C. bei d. Stiftung d. h. Abendm. Freib. 816. J. Schultheß, verschiedne Ansichten des h. Nachtmahls in d. Urkunden d. Christenth. [Rosenmüllers Analekten. B. IV. St. 1.] Dgg: *C. J. Nitzsch, ü. d. Text u. Sinn d. h. Einsetzungsworte. [Eb. B. IV. St. 2.] Vrg. Rosenmüllers bibl. exeget. Repertor. B. I. S. 166-93. — *H. J. Tol*, Evv. et Pauli de instituto a J. C. epulo sacro comparatae inter se narrationes illustrantur. L. B. 819. *Wundemann*, Meletemm. de s. coena. Rost. 820. 4. — *G. A. Ruperti, des h. Abendm. urspr., bedeutsam. u. würdige Feier. Hann. 821. *E. Sartorius, ü. d. buchstäbl. Sinn d. Einsetzungsworte. [Zimmermanns Monatsch. f. Predigerwiff. B. I. H. 1.] E. Wickenhöfer, das h. Abendm., o. welches ist d. richtige Sinn, d. mysteriöse o. d. geistig symbolische? [Eb. B. I. H. 5.] A. Weinrich, noch e. Ansicht, die Einsetzungsw. betr. [Eb. B. II. H. 1.] J. J. Kromm, noch e. Ansicht ü. d. Einsetzungsw. [Eb. B. V. H. 1.] Karrer, Bemerkk. ü. d. Abendmahlsfeier. [Bertholdts krit. Journ. 822. B. XV. S. 337-43.] — *J. G. Scheibel, d. Abendm. d. Herrn. Brsl. 823. *Dav. Schulz, die christl. L. v. h. Abendm. nach d. Grundtexte d. N. T. [Lpz. 824.] 831. *C. F. Fritzsche, Bemerkk. ü. d. h. Abendm. nach d. Schrift [Winers krit. Journ. B. II. S. 129-52.] J. Schultheß, d. ev. L. v. h. Abendm. Lpz. 824. Vrg. die Gesammtrecension der neusten Literatur in Bengels N. Archiv. B. II. St. 3. T. Schwarz, ü. d. Wesen d. h. Abendm. Greifsw. 825. F. W. Lindner, die L. vom Abendm. n. d. Schr. Hamb. 831. *Die Gegenw. d. Leibes u. Blutes C. im Sakr. d. h. Abendm. Hamb. 834. J. H. Rodatz, ü. d. Einsetzungsw. d. h. Abendm. v. rein philol. u. log. Standp. [Zeitsch. f. luth. Th. 843. H. 1. 3f.] *k) Chrysost.* in Mt. Hom. 72: τὸ ἑαυτοῦ αἷμα καὶ αὐτὸς ἔπιε. Dgg: *Faesii* C. incoenatus. Brem. 693. Harenberg, Auflösung d. Frage: hat unser Herr selbst auch d. Abendm. mitgegessen? [Brem. u. Verd. Bibl. B. II. S. 246 ff.]

l) G. Less, de sublimitate sermonum C. Jo. 13-16. Gott. 774. 4. [Opucc. T. II. p. 349-68.] J. E. Schultheß, J. C. letzte Thaten u. Reden. Zür. 811. *C. L. G. Stark*, Paraphr. et Commnt. in Ev. Jo. c. 13-17. Jen. 817.

m) Strauß, B. I. S. 688ff. *Baur*, Evv. S. 265: Jo. 14, 31 : ἐγείρεσθε, ἄγωμεν ἐντεῦθεν als aus Mt. 26, 46 c. par. entlehnt. Dgg: Bleek, Beitrr. S. 236 ff. *n)* Dgg: Strauß, B. I. S. 687 ff. Gegen ihn Gfrörer, Gesch. d. Urchr. II. 2. S. 296 f. *o)* Lücke, Jo. B. II. S. 665 ff. Tholuck, Jo. S. 346ff. Dgg: *Bretschneider*, Probabb. p. 33s. Strauß, B. II. S. 450 ff. Weiße, B. II. S. 294 ff.

§. 107. Seelenkampf in Gethsemane und Verklärung im Tode.
Mt. 26, 36-46. Mc. 14, 32-42. Lc. 22, 39-46. Jo. 18, 1. — 12, 20-32.

Jesu Bangigkeit im Berggarten Gethsemane*a*) ist weder als krankhafter Zustand, *b*) noch zunächst als Sorge um fremdes Unheil, *c*) noch als stellvertretendes Leiden *d*) erzählt, sondern gilt seinem eignen Schicksal [cf. Mt. 20, 22. Lc. 22, 11], als ein Schaudern der sinnlichen Natur vor dem nahen marterwollen Tode, wie als Beängstigung des Geistes vor der Nacht, in der seine Bahn unterging. In seinem Gebete*e*) liegt ein Wunsch, also auch ein momentanes Hoffen der Rettung, ᶠ) nicht durch die Flucht, ᵍ) sondern dadurch, daß Gott, zufrieden mit dem bewiesnen Gehorsam, seinen Messias rette. Aber die Hoffnung schwand alsbald vor der Einsicht, der Wunsch vor der unbedingten Ergebung in den göttlichen Willen. Das wiederholte Ringen im Gebet bei Matthäus und Lukas ist solchen Zuständen wenigstens angemessen, ʰ) wenn auch das Gebet nur ein glücklicher Ausdruck dessen wäre, was als Inhalt desselben zu denken ist. ⁱ) Der Engel ᵏ) und der Blutschweiß ˡ) bei Lukas ist ein sagenhaft aufgefaßtes Bild. Aber die tiefe Erschütterung Jesu entspricht zu wenig der kirchlichen Vorstellung von ihm, am wenigsten dem Glauben an sein Bewußtsein der Auferstehung nach 3 Tagen, ᵐ) als daß der gemeinsame Inhalt der synoptischen Darstellung der Sage auch nur entsprungen sein könnte. ⁿ) Dieser rasche Wechsel von Traurigkeit und Siegesfreudigkeit, ja doch unleugbar in Jesu letzten Tagen [Lc. 12, 49 ss. Jo. 11, 35. 13, 21. cf. Hebr. 5, 7], ist bedingt, zwar nicht durch momentane Geist- oder Gott-Verlassenheit, in der Jesus weder menschlich noch kirchlich gedacht wird, ᵒ) aber ebenso wohl in der rein menschlichen Fülle seines Gefühls, ᵖ) als in dem Widerspruche seiner Bestimmung und seines Unterganges. Kein Märtyrer ist in seiner Lage gewesen, am wenigsten Sokrates. Daher das Widerstreben des natürlichen Menschen, weil es nicht in seine Gesinnung eindringen konnte, doch naturgemäß seine Stimmung berührte. In den letzten johanneischen Reden weht ein anderer Geist. Aber keiner, der noch im Fleische wandelt, hat so mit sich abgeschlossen, daß nicht neue Kämpfe in ihm aufsteigen könnten. ᑫ) Johannes hat ein Ereigniß, in welchem sich dieselbe Stimmung nach beiden Seiten darstellt, aus einer Zeit erzählt zwischen dem Einzug in die Stadt und dem Abschied aus dem Tempel. Der Hellenen ist nur gedacht, wiefern ihr Wunsch seine künftige allgemeine Anerkennung ihm vor die Seele führt. ʳ) Aber der Weg zu dieser Verklärung geht durch das Grab. Da ergreift ihn die Angst vor seinem dunkeln Ausgange. Doch sogleich faßt sich der freie Geist in dem Gedanken, daß dieser Tod seine freierwählte Bestimmung sei [cf. Jo. 10, 18], und erhebt sich zum Gebete, daß der Vater verherrlicht werde in diesem Tode für das Gottesreich. Eine zustimmende Stimme vom Himmel kann nach der zweideutigen Kürze ihrer Anführung als solche verstanden werden. Nach der treuen Darstellung ihres Eindrucks war es ein Donner, den einige als Antwort vom Himmel nahmen; so Jesus selbst. ˢ) Aber in der Sicherheit eines in sich klaren Gemüths sprach er's aus, daß er zu seinem Frieden des äußern Zeichens nicht bedurfte. Die Verschiedenheit alles Thatsächlichen läßt an keine Verwechslung mit Gethsemane denken. ᵗ) Daß der Evangelist jenes Ereigniß bloß erfunden habe, um ächte johanneische Überlieferungen in eine Anekdote zusammenzufassen, ᵘ) oder

§. 107. Seelenkampf in Gethf. u. Verklärung im Tode.

aus verwaschnen Gerüchten der Todesangst auf Gethsemane und der Verklärung auf dem Berge es zusammengemischt habe,*) hat einen schriftstellerischen Leichtsinn und eine Unbekanntschaft mit den wirklichen Vorgängen oder doch herrschenden Überlieferungen des Lebens Jesu zur Voraussetzung, gegen welche unleugbare Thatsachen des 4. Evangeliums sprechen. Wäre aber das Material von Gethsemane und vom Verklärungsberge nur entlehnt, um mit der Zuthat der Hellenen als der Repräsentanten des gläubigen Heidenthums die Verherrlichung im Tode darzustellen, **) so hätte der idealistische Autor durch seine weitere Zuthat, den vermeinten Donner, wie durch den Gebrauch des entlehnten Engels, seiner unklaren Allegorie nur Eintrag gethan. Aber Johannes hat das Ereigniß nach dem Abendmahle übergangen, weil er, dem es nie um das Ereigniß als solches zu thun ist, den in demselben erscheinenden Geist bereits dargestellt hatte; er mochte aber das frühere Ereigniß schon deßhalb für seine Darstellung vorziehn, weil allerdings n a c h dem Abschiedsgebete das Angstgebet auf Gethsemane wie der Angstruf am Kreuze der schriftstellerischen Einheit seines Werks nicht förderlich gewesen wäre. *)

Erasmus, de taedio, pavore, tristitia J. instante supplicio crucis deque verbis, quibus visus est mortem deprecari. Vrg. B u r i g n y, Leben d. Erasm. Hal. 782. B. I. S. 171. *Steph. Clotz*, de dolorib. animae J. C. Hmb. 670. 4. *A. J. de Krakewitz*, de dolorib. C. ad montem Oliveti. Rost. 708. 4. **Jo. Marckii* Exercit. ad Mt. 26, 39-44. [Syll. dss. philol. theol. p. 280-307.] *C. H. Zeibich*, Obss. criticae in Hist. Servatoris ἀγωνίζ. Lc. 22, 43 s. e edd. quibusdam antiq. Vit. 744. 4. *H a r w o o d, die Seelenangst unsers Herrn. [Vier Abhh. Brl. 774.] Über das Grauen J. in Gethf. [Ph. Breitensteins Untersuch. dunkler Schriftwahrh. Lpz. 789. B. I.] S. G. S c h u s t e r, ü. Mt. 26, 37-46. [Eichhorns allg. Bibl. B. IX. S. 1012-31.] **J. G. Gurlitt*, Explicatio loci Mt., qui de extremo vitae J. C. actu exponit. Magdeb. 800. P. I. 4. *C. Th. Buddensieg*, Comma ev. Mt. 26, 36-47 enarratur, explicatur et ab adversariorum dubitationibus defenditur. Lps. 818. 4. B. G u b a l k e, die Trauer J. auf Gethf. [N. theol. Annalen. Jun. 823. S. 151 ff.] *K. J. T i e b e, beurtheilende Übersicht neuer Erklärungsversuche ü. d. Kampf in Gethf. u. d. Ausruf am Kreuze: Mein Gott ꝛc. [Euphron. Halberst. 825. H. 1.] *J. A. L. Hoffmann*, Quomodo singularis J. anxietas et tristitia sit explicanda, necnon cum ipsius virtute et auctorit. div. concilianda. Lps 830. 4. Vrg. Annal. b. gef. Theol. 832. B. II. H. 1. S. 143 ff. B. IV. H. 3. S. 327 ff. *F. E. D e t t i n g e r, d. Seelenk. in Gethf. Mit bef. Rücks. auf d. Strauß'sche Kritik. [Tüb. Zeitsch. 837. H. 4. 838. H. 1.] De agone J. C. in Geths. et cruce illiusque narrat. mythica interpretatione. Erf. 839.

a) G. L. Nitzsche, de horto Geths. perpessione Serv. illustri. Vit. 750. 4. — R o b i n s o n, Pal. B. I. S. 389 f.

b) T h i e ß, krit. Kom. B. I. S. 418. 421. 425. [K r a u s e] Journ. f. Pred. 827. B. II. S. 62 ff. Vrg. P a u l u s, ex. Handb. B. III. S. 549 ff.

c) Hieron. in Mt. 26, 37 s. S c h u s t e r in Eichhorns Bibl. B. IX. S. 1012 ff. K e r n, Tüb. Zeitsch. 836. H. 3. S. 24.

d) Calvin in Mt. 26, 37. *Hollazii* Examen theol. Holm. et Lps. 750. 4. p. 770 s. 1204. Über den Verfall dieser Ansicht: G a b l e r, kleinere Schrr.

B. I. S. 42 f. Erneuerung: Olshausen, Com. B. II. S. 426 ff. 466 ff. u. in A. Knapps Christoterpe. 833. S. 182 ff. Dgg: Klaiber, neutest. L. v. d. Sünde u. Erlös. Stuttg. 836. S. 352 ff.

e) J. A. Quenstedt, de deprecatione calicis C. [Thes. dss. Amst. T. II. p. 204-10.] *J. Schmid*, de C. calicem passionis deprecante. Lps. 713. 4. *C. N. Nehring*, [pr. *S. J. Baumgarten*] de precat. C. pro avertendo calice. Hal. [735.] 744. *J. F. Neuhoffer*, de precib. C. Gethsemanens. cum ingenti clamore fletuque factis ad Hebr. 5, 7. Altenb. 760. *Kraft*, de C. calicem deprecato. Erl. 770. 4.

f) Dgg: Hocheisen in d. Tüb. Zeitschr. 833. H. 2. S. 117 ff.

g) Bretschneider in Tzschirners Mag. f. Pred. B. II. St. 2. S. 159 ff. Vrg. Viertelj.-Mitth. ü. d. Arbb. d. Neustädt. Pred.Vereins. B. I. St. 2. B. II. St. 2. Theile in Winers krit. Journ. B. II. St. 3. S. 358. Goldhorn [nt. t.].

h) Dgg. beide Extreme: Strauß, B. II. S. 436 f. Dettinger, H. 4. S. 139 ff. *i)* Weiße, B. I. S. 611. Vrg. Neander. S. 730.

k) Theod. Mopsuest. gegen Julian b. *Münter*, Fragmm. Patr. gr. Fasc. I. p. 121 ss. *J. Friderici*, [pr. *J. Fr. Mayer*] Confortatio angelica agonizantis J. Vit. [674. 4.] 707. 4. *F. L. Hilscher*, Conject. de angelo luctante cum C. Lps. 731. 4. *J. G. Rosa*, C. in horto Geths. afflictissimus, ab angelo confortatus. Rudolphop. 744. f. *C. G. Huhn*, de apparitione angeli C. confortantis, Spiritu S. neutiquam tribuenda, ex beati MS. publ. *J. L. Albanus*. Lps. 747. 4. *J. H. Pries*, modum confortationis angelicae illustrat. Rost. 754. 4. *J. B. Carpzov*, Spicileg. literar. ad verba Lc. 22, 43. Hlmst. 784. 4. — Auf welche Art ein Engel Christum bei s. größten Seelenleiden gestärkt habe. [Hamb. Bibl. B. I. St. 2. Vrg. B. II. St. 4.] *J. P. Gabler*, ü. d. Engel, der Jesum gestärkt haben soll. [M. theol. Journ. B. XII. St. 2. S. 109 ff. u. Kleinere Schrr. B. I. S. 1 ff.] Vrg. Vers. ü. die Engels-Erscheinungen in der AG. [Eichhorns Bibl. B. III. S. 381 ff.] Schleiermacher, ü. b. Luk. S. 288. Strauß, B. II. S. 432 ff. Dgg: Olshausen, Com. B. II. S. 413. Dettinger, H. 1. S. 43 ff.

l) A. Büttner, [pr. *Csp. Posner*] de sudore C. sanguineo, num naturalis fuerit? Jen. 665. 4. *Thom. Bartholinus*, de sudore sang. Ds. IV. in s. Hypomnemm. IV. de cruce C. [Amst. 670. 12.] L. B. 695. 12. *G. G. Wedel*, Pg. med. de sud. C. cruento. Jen. 686. 4. *E. Sl. Cyprianus*, de sud. C. sang. Ds. II. [Dss. eccl. pentas. Jen. 704. 4.] *Steph. Clotz*, de sud. C. sang. Hmb. [761.] 710. 4. *J. F. Mayer*, de sud. C. sang. Gryph. 706. *Loenartz*, de sud. sang. Bonn. 850. — *F. G. Freytag*, de arbore ex sang. J. Serv. sud. enata. Numb. 728. — Über d. Todesangst J. in Gethf. [Beitrr. z. Beförbr. e. vernft. Denk. 782. H. 3.] Vrg. Journ. f. Pred. 782. B. XIII. Strauß, B. II. S. 434 ff. Dgg: Dettinger, H. 1. S. 46 ff.

m) *[J. Dav. Goldhorn]* Homiletische Freude u. Verlegenheit. [Oppositionsschr. B. III. H. 2.] Dgg: W. Schröter, an d. Verf. b. Aufsatzes: Homilet. Freude 2c. [Eb. B. III. H. 4.] Freundliche Zuschrift an d. Verf. d. Aufsatzes: Homilet. Freude 2c. [Eb. B. IV. H. 2.] Klein, ü. d. Vorhersagungen J. von s. Tode u. fr. Auferst. [Eb. B. IV. H. 2. S. 258-83.] W. Schröter, wie sich d. Vorhersag. J. von fr. Auferst. mit d. Betragen fr. Jünger vor u. nach f. Tode vereinigen lassen. [Eb. B. IV. H. 3.] Vrg. Theol. Annalen, Oct. u. Nov. 822. Mai 823. C. H. W. Barth, der Kampf J. zu Gethf., oder d. Triumph d. Göttl. ü. d. Menschliche in J. [Tzschirners Mag. f. christl. Pred. B. IV. St. 2. S. 57 ff.] Dgg: Nachschr. von Goldhorn, [Eb. S. 78 ff.] *Krehl*, de momento resurr. etc. p. 16 s. L. G. E. Neumeister, ü. b. Seelenk. J. mit Nachschr. von Goldhorn. [Journ. f. Pred. 831. B. LXXVIII. St. 1.]

n) Dgg: Stäublin, Tugendlehre. S. 434. *Usteri in d. Stub. u.

§. 108. Die Verhaftung.

Krit. 829. H. 3. S. 465 f. Strauß, B. II. S. 437. [vrg. A. 3. B. II. S. 482. 494 f.] Gfrörer, Gesch. d. Urchr. II. 1. S. 337 f. II. 2. S. 281 f. III. S. 195. Dgg: Hasert in b. Stub. u. Krit. 830. H. 1. S. 72. Ullmann, Sündlosigk. S. 169 f. De Wette, B. I. T. 1. S. 282. Dettinger, H. 1. S. 65 ff. u. a.

o) Olshausen, Com. B. II. S. 429 ff. Dgg: Strauß, B. II. S. 441 f. De Wette, B. I. T. 1. S. 282. Dettinger, H. 1. S. 110 f.
p) Vrg. Weiße, B. I. S. 613. Dettinger, H. 1. S. 88 ff.
q) Lücke, Jo. B. II. S. 692 ff. Dgg: Strauß, B. II. S. 441 ff. Dgg: Osiander, Apol. d. L. J. [Tüb. Zeitschr. 837. H. 1.] S. 112 f.
r) J. G. Nathusius, ü. die Gesch. d. Griechen. Jo. 12, 20-50. Dresd. 775. 4. *J. A. Nössele*, Interpretatio loci Jo. 12, 20-33. [Opp. Hal. 787. Fasc. II.] *H. V. Becker*, Com. crit. exeg. Ev. Jo. 12, 20-23. Rost. 792. 4.
s) Vitringa, Obss. sacr. P. II. l. 6. c. 9. **J. A. Danz*, de קבר נבא u. de inauguratione C. [*Meuschenii* N. T. ex Talmude illustr.] *Lightfoot* ad Mt. 3, 17. Abh. ü. Jo. 12, 28 ff. [Hezels Orion. St. 1 f.] *Lücke*, Jo. B. II. S. 515 ff. De Wette in b. Stub. u. Krit. 834. H. 4. S. 938 f. Ammon, B. III. S. 183 f. Dgg: Tholuck u. Olshausen zu b. St. Kling in b. Stub. u. Krit. 836. H. 3. S. 676 f. Neander, S. 675 ff. Krabbe, S. 439.
t) Gegen Johannes: *Bretschneider*, Probabb. p. 33 ss. Theile in Winers Journ. B. II. S. 353 ff. vrg. Zur Biogr. J. S. 62. Gegen die Synoptiker: Goldhorn, ü. b. Schweigen d. Jo. Ev. ü. b. Seelenf. in Gethf. [Tzschirners Mag. f. chr. Pred. B. I. St. 2. S. 1 ff.] Dgg: Lücke, Jo. B. II. S. 695 f. Dettinger, H. 1. S. 58 ff. *u)* Weiße, B. II. S. 268.
v) Strauß, B. II. S. 450 ff. Dgg: Kern, Tüb. Zeitschr. 836. H. 3. S. 22 f. Neander, S. 675. *w)* Baur, Evv. S. 197 f. *x)* Vrg. Neander, S. 727. Anders: Schneckenburger, Beitr. S. 65 f. Dettinger, H. 1. S. 54 f.

§. 108. Die Verhaftung.
Mt. 26, 47 - 56. Mc. 14, 43 - 50. Lc. 22, 47 - 54. Jo. 18, 4 - 12.

Daß der Hoherath gegen die Gefahr eines Volkstumults seine Diener mit der römischen Cohorte verstärkt habe, ist minder wahrscheinlich, als daß Johannes [18, 3. 12] die Tempelwache mit römischem Namen nenne.[a] Der Judaskuß, nach den Synoptikern, wenn er nicht ein in der Sage gesteigerter Ausdruck der widernatürlichen That des Judas ist [cf. Jo. 18, 5], vereinigt sich mit dem Entgegenkommen und der Frage Jesu, nach Johannes, durch die Annahme, daß Judas dem Zuge voranschritt, und Jesus nach dem schmerzlichen Vorwurfe[b] auf die Häscher zuging, nicht um seine Jünger zu retten, sondern der unvermeidlichen Gefahr in männlichem Stolze, den seine ganze Rede athmet, entgegentretend.[c] Die Gewaltthat des Petrus und deren Mißbilligung hat ihren bestimmtesten und reinsten Ausdruck im 4. Evangelium; die Wunderheilung, da nur Lukas sie erzählt, mag geglaubt worden sein, weil sie schicklich erschien.[d] Das Zurückweichen und Niederstürzen der Häscher wird von Johannes wohl als etwas Wunderbares angesehn, aber zwecklos als solches und auch nicht deßhalb erzählt, ist es als Ehrfurcht und Schrecken vor dem gefeierten Propheten ebenso großartig, als wohlthuend vor den nahen Scenen grausamen Hohnes.[e]

Gurlitt, Lectt. in N. T. spec. IV. Explicatio cap. 18. Ev. Jo. Hamb. 805. 4.

a) Neander, S. 734. Gfrörer, Gesch. d. Urchr. III. S. 226. Dgg: Theile in Winers krit. Journ. B. V. S. 131 f. u. Zur Biogr. J. S. 64. Lücke, Jo. B. II. S. 698.

b) J. A. Martyni Laguna, sprach= u. sachgemäße Auslegung v. J. Anrede an s. Verräther, Mt. 26, 50. [Bertholdts Journ. B. X. St. 1.]

c) Tholuck, Jo. S. 362. Olshausen, Com. B. II. S. 435. Lücke, Jo. B. II. S. 701 f. Neander, S. 733 f. In umgekehrter Folge: Paulus, er. Handb. B. III. S. 567. Gegen beides: Strauß, B. II. S. 455 ff.

d) Strauß, B. II. S. 461. Neander, S. 734. Dgg: Olshausen, Com. B. II. S. 435 f. Krabbe, S. 483 f. Ebrard, S. 534 f. — Paulus, Com. B. III. S. 629.

e) *G. L. Oeder*, de latronibus sine miraculo humi procumbentibus. [Miscell. sacr. p. 503-20.] [*G. Sommelius*, Dictum Jo. 18, 6 contra Oederum expositum. Lund. 796. 4.] *K. G. L. Schmidt, ereg. Beitr. 3. Verf. N. 27. *H. C. M. Rettig, Einl. in den ev. Abschn. von d. Verrathe durch Judas. Jo. 18, 2 ff. Zugleich Versuch, das sogenannte Wunder bei dieser Begebenheit nach d. Gesetzen der Sprache u. Psychologie zu deuten. [Winers krit. Journ. B. VI. St. 4.] Lücke, B. II. S. 700. Olshausen, Com. B. II. S. 435. Tholuck, Jo. S. 362 f. Neander, S. 734 f. Krabbe, S. 484. Gfrörer, Gesch. d. Urchr. III. S. 227 ff. Vrg. *Valer. Max.* VIII, 9, 2. *Vellej. Paterc.* II, 19, 9. Dgg. als Wunder: die alten Cregeten bis Lampe. Meyer, Jo. S. 244. Strauß, B. II. S. 458 f. Ebrard, S. 534. Vrg. Osiander, Apol. in d. Tüb. Zeitsch. 837. H. 1. S. 115.

§. 109. Das Hochgericht.

Jo. 18, 13. 19-21. Mt. 26, 57. 59-66. Mc. 14, 53. 55-64. Lc. 22, 66-71.

Nach Johannes wurde Jesus vorerst zu Hannas geführt, der, seit dem 1. Jahre des Tiberius vom Hohenpriesterthum entfernt, durch seinen Schwiegersohn Kaiaphas Einfluß übte. Er scheint ein vorläufiges Verhör angestellt zu haben. Jesus berief sich auf die Öffentlichkeit seines ganzen Lebens [cf. Lc. 22, 53], jede andere Vertheidigung vor Todfeinden, die bereits ihn verurtheilt hatten, seiner unwerth achtend. Nach den unter sich wesentlich einstimmigen Synoptikern[a] wurde Jesus vor den im Palaste des Kaiaphas versammelten Hohenrath gestellt. Es war um die rechtliche Form einer Verurtheilung zu thun. Als demnach die Anklage auf Verletzung der väterlichen Religion d. i. auf Gotteslästerung wegen unzureichender Zeugnisse nicht unmittelbar zu erweisen war, wurde die Anklageacte auf Anmaßung der Messiaswürde gestellt, und auf diese, deren Thatbestand der Beklagte in feierlicher Versicherung seiner messianischen Herrlichkeit einräumte,[b] als indirect auf eine Gotteslästerung das Todesurtheil gesprochen. Wenn die galiläische Überlieferung das Verhör vor Hannas, das zur Entwickelung des Processes nichts beitrug, leicht fallen lassen konnte, so ist befremdend, daß Johannes die entscheidende Gerichtshandlung übergangen hätte, deren historische Stelle [18, 24. 28] und wesentlichen Inhalt [19, 7] er doch kannte. Daher

§. 109. Das Hochgericht. §. 110. Petri Verleugnung.

man durch die Annahme, daß Jo. 18, 24 mittels einer enallage temporum als nachträgliche Bemerkung anzusehn sei, das johanneische Verhör zur synoptischen Gerichtssitzung des Kaiaphas gemacht hat.[c] Daß nicht einzusehn ist, weßhalb dann überhaupt des Hannas gedacht sei, spricht dagegen: die eingeschobene Erinnerung an Kaiaphas [v. 14] dafür. Aber auch in diesem Falle hätte Johannes einen ergänzenden Nebenzug an die Stelle der Hauptsache gesetzt, was schwerlich anders als durch Rücksichtnahme auf die galiläische Evangelienüberlieferung zu erklären, doch für ein in sich abgeschloßnes Evangelium dadurch möglich ist, daß einestheils das Resultat des Hohenrathsbeschlusses in der Übergabe an Pilatus vorliegt, anderntheils der Beschluß selbst in seiner wahren Ursprünglichkeit von Johannes bereits dargestellt war [§. 95]. Dagegen ein Interesse, durch ein zweifaches priesterliches Verdammungsurtheil das Zeugniß für den Unglauben der Juden zu verstärken,[d] nicht stattfindet, denn es ist nicht die Weise des Johannes, denselben Gedanken durch Verdoppelung der ihn repräsentirenden Thatsache zu verstärken, und er berichtet nicht einmal ein durch Hannas gesprochenes Verdammungsurtheil.[e]

a) Die Differenzen: Strauß, B. II. S. 466 ff.
b) *G. F. Seiler*, de loco Mt. 26, 64. et Eph. 4, 9s. Erl. 797. 4. Neander, S. 739. Dgg: E. F. v. Ammon, Fortb. d. Christenth. A. 2. B. I. S. 339: „so sprichst du" als nur limitirende Bejahung. Vrg. Gesch. Jesu. B. III. S. 394.
c) Calvin, Lampe, Lücke, De Wette, Tholuck zu d. St., Letzterer noch mit der Neigung Jo. 18, 24 als Glossem anzusehn, etwas widerstrebend selbst Strauß. Vrg. Winer, Gramm. d. neutest. Sprachidioms. S. 318. Cyrill u. Erasmus. v. 24 vor v. 13 oder 14. Gegen beides B.-Crusius, Jo. V. II. S. 134. Neander, S. 737. d) Baur, Evv. S. 266 ff.
e) Weiße, B. I. S. 453: als Grund des erdichteten Verhörs vor Hannas die vom Evangelisten nach v. 15 vorausgesetzte Bekanntschaft des Johannes mit Hannas als Quell dieser Nachrichten.

§. 110. Die Verleugnung.
Jo. 13, 33-38. 18, 15-18. 25-27. Mt. 26, 31-35. 69-75. Mc. 14, 27-31. 54. 66-72. Lc. 22, 31-34. 54-62.

Das allgemeine Interesse, eine Schwäche des größten Apostels zu erzählen, ist nur in ihrer Voraussagung begründet.[a] Die Veranlassung derselben konnte sein, wie sie von beiden ersten, oder wie sie vom vierten Evangelisten dargestellt ist. Obwohl die genaue Voraussagung nicht ohne Beispiel wäre, so ist hier doch weniger ein tragisches Fatum, als eine sittliche Warnung zu erwarten, wie sie noch Lc. 22, 31 s. durchklingt.[b] Die allgemeine Kunde von 3 Verleugnungen hat sich in jedem Evangelium unvereinbar verschieden ausgeprägt.[c] Für die von Johannes wahrscheinlich bezeichnete Örtlichkeit sämmtlicher Verleugnungen im Palasthofe des Hannas spricht, daß nur er die Wahl hatte; auch Petrus noch bedenklicher sein mochte, in einen Palast einzutreten, dessen Diener er so eben verwundet hatte.[d]

Seine Befürchtung galt wohl zunächst seiner Gewaltthat, dann seinem Wunsche, Jesu nahe zu bleiben. Sein Fehltritt war leichter nicht zu thun, als nicht zu wiederholen. Aber das Unwürdige dieser Stellung, der Abstand seiner Meinung von seiner That mußte diesen edlen Geist mit dem Schmerze der Selbstverachtung anfallen.°)

E. Martin, de Petri denegatione. Monast. 835. — *Bern. v. Sanden,* super verba C. ad Petrum. Regiom. [697.] 703. 4. *Jo. Markii* Exercit. ad Mc. 14, 72. [Exercitt. exeg. p. 672-78.] H. S. Möller, ü. Lf. 22, 31 f. [Augustis N. theol. Blätt. B. I. S. 66 ff.] — *H. Reland,* Or. de galli cantu Hieros. audito. Roterod. 709. *G. E. Ewald,* de cantu gallorum symbolo praeconii App. [Bibl. Brem. Class. I. Fasc. 2.] *J. G. Altmann,* de gallicinio Hieros. in aedibus pontificis audito. [Ib. Class. V. Fasc. 3.] *J. C. Biel,* Animadv. ad Altmanni obss. de gallic. [Ib. Class. VI. Fasc. 6.] *Ejusd.* Ds. de buccinatore vel cornicine stationario Hieros. a Petro audito. [Tempe Helvet. T. IV. Sect. 1.] *G. Sommelius,* [resp. *C. Mjöberg*] de cantu galli Hieros. audito. Lund. 790. 4.

a) Weiße, B. I. S. 609. Strauß, A. 3. B. II. S. 462. Dgg: A. 1. B. II. S. 434 f. A. 4. B. II. S. 419 f. *b)* Paulus, er. Handb. B. III. S. 538. Als Strafe: Neander, S. 704.
c) Paulus, eb. S. 578 f. Strauß, B. II. S. 474 ff.
d) Schleiermacher, ü. d. Luk. S. 289. Schweizer, Ev. Jo. S. 179 ff. Neander, S. 738. Die mögliche Harmonie mit den Synoptikern: §. 109, nt. c. Die von Euthymius ad Mt. 26, 57 aufgebrachte Harmonie der Wohnung des Hannas und Kaiphas in einem Palaste wieder aufgenommen von Ebrard, S. 541 f. Dgg: Lücke, Jo. B. II. S. 708.
e) J. G. Neumann, Petrus a Petro alienus, ad Lc. 22, 31 s. Vit. [697. 4.] 711. 4. *J. C. Engelschall,* P. peccans et poenitens. Lps. 701. — *A. W. Rudolph, Wie läßt sich d. dreimal. Verleugnen mit d. sonstigen Charakter d. Petrus vereinigen? [Winers Zeitschr. f. wissensch. Theol. 826. H. 1.] Dgg: Olshausen, Com. B. II. S. 447.

§. 111. Der Messias und der Heide.

Jo. 18, 28-19, 26. Mt. 27, 2-26. Mc. 15, 1-15. Lc. 23, 1-25.

Der Hoherath, weil er den Blutbann nicht mehr besaß,ª) stellte den Verurtheilten vor das Tribunal des Procurators. Der Charakter der Verhandlung ist in allen Evangelien derselbe, aber ein von Verschiedenen nicht aus den Acten referirter Proceß wird sich selten ohne Verschiedenheiten darstellen, die sich hier zum Theil ergänzen, wie die Anfrage Jo. 18, 33 durch die Anklage Lc. 23, 2 bedingt ist, wiederum Lc. 23, 3 s. erst durch Jo. 18, 34-38 vollkommen klar wird. Wenn im johanneischen Berichte das Widerstreben des Pilatus stärker hervortritt, so hat er nach sämmtlichen Synoptikern doch auch keine Schuld an dem Beklagten gefunden, und das jüdische Volk recht eigentlich alle Blutschuld auf sich genommen Mt. 27, 25.^b) Auch das im Prätorium Gesprochene konnte aus der Umgebung des Procurators dem Johannes später in jenem dialogischen Lapidarstyle kund werden, zu dessen freier Erfindung ein außerordentliches Talent gehört hätte.°) Die Anklage der messianischen Usurpation mußte vor

§. 111. Pilatus.

einem römischen Gerichte auf Hochverrath lauten Lc. 23, 2. Jo. 19, 12. 19, ᵈ) und nur im Eifer der Begründung tritt auch die religiöse Seite hervor Jo. 19, 7. Pontius Pilatus, ein Skeptiker an Wahrheit und Gerechtigkeit, ᵉ) voll Hohn gegen den Hohenrath, dennoch durch das Bewußtsein einer tyrannischen und feilen Verwaltung ihm verbunden, unbekannt mit der jüdischen Messiashoffnung, doch schwerlich ganz unbekannt mit Jesu Lebensweise, achtete den Beklagten für einen schuldlosen, vom Sectenhasse verfolgten Schwärmer. Bald aber von der stillen Würde seiner Vertheidigung ergriffen, nach Mt. 17, 19 auch durch einen Traum seiner Gemahlin bewegt, ᶠ) hat er einige unkluge und inconsequente Versuche gemacht, ihn gegen die Anklage des Hohenraths und gegen den Haß des Volkes zu vertreten. Allein verfangen in seinen eignen Maßregeln und überall ohne die sittliche Grundfeste eines in sich gewissen Geistes, genehmigt er endlich die römische Strafe des Hochverrathes unter Provinzialen.

Josephi Antiqq. XVIII, 2, 2. 3, 1 s. 4, 1 s. *Philo*, de Legat. ad Caj. [ed. Mang.] T. II. p. 590. — *J. Hermansson*, de P. Pil. Upsal. 624. *Antonio Mirandola* de Bologna, ragione di stato del Presidente della giudea nella passione di Christo. Fior. [630.] 652. 4. [*A. Mirandula*, P. Pil. nomine Tib. ratio status in C. passione observata. Vrat. 654.] *G. Kirchmajer*, de P. Pil. Vit. 679. *Horn*, contra fabulam de Pil. christiano. Grypisw. 602. 4. *J. F. Buddeus*, de P. Pil. evangelicae veritatis teste. Jen. 717. 4. *Hofkuntz*, de ἀνθρωποθυσίᾳ Pil. Lps. 721. [*Iken*. Thes. T. II. p. 443 ss.] G. E. Müller, 3 Abhh. 1) Ob d. weiße Kleid d. Herodes ein Römisches Candidatenkleid bedeuten soll? 2) Ob Pil. Christum f. e. Philosophen gehalten? 3) Ob Pil. sich gefürchtet, in der Person des Erlösers einen Halbgott zu tödten? v. O. 744. *J. M. Müller*, de enixissimo Pil. Christum servandi studio ejusque vera caussa. Hmb. 751. 4. *F. A. Bürger*, de P. Pil. Misen. 782. 4. A. H. Niemeyer, Charakteristik der Bib. B. I. S. 86. *J. K. Lavater, Pontius P., o. d. Bibel im Kleinen u. d. Mensch im Großen. Zür. 782. 4 B. J. Tobler, Rhapsodien ü. Pil. [Pfenningers Sammll. z. christl. Mag. Zür. 782. B. III. H. 2.] K. G. Schuster, Pil. [Eichhorns allg. Bibl. B. X. S. 823 ff.] *J. C. S. Germar*, Docetur ad loca e Jos. et Phil. collecta, P. Pil. facinora in admin. terrae jud. commissa partim non esse qualia dicantur, partim alior. magis culpa et necessitate accidisse. Thorun. 785. 4. *P. J. J. Mounier*, de P. Pil. in causa Servatoris agendi ratione. L. B. 825. Olshausen, Com. B. II S. 467f. — *J. F. Polack*, [resp. *G. A. Schulze*] de praetorio Pil. Fref. 756. 4. — *J. C. Hottinger*, de ritu dimittendi reum in festo pasch. Tur. 718. [Tempe Helv. T. IV. p. 264 ss.] *Langhausen*, de ritu dimitt. captiv. in festo pasch. Regiom. 757. — *G. Arnold*, Recensetur lotio manuum ad factum Pil. Vit. 689.

a) Jo. 18, 31. *Josephi* Antiqq. XX, 9, 1. *Lightfoot*, ad Mt. 26, 3. — *J. Sibranda*, de statu Jud. provinciae sub Procuratoribus, veraque interpretatione Jo. 18, 31. [Obss. philol. 698 u. *Iken*. Thes. T. II. p. 329ss.] *Iken*, de jure vitae et necis tempore Servatoris apud Judd. [Dss. phil. theol. T. II. p. 517-72.] *J. Perizonii* Ep. de jure suppliciorum apud Judd. tempore C. [Mus. theol. Brem. T. II. P. I. p. 140-44.] Walther, [§. 98, nt. a.] S. 160 ff. Michaelis, Mos. Recht. B. I. S. 50 ff. Lücke,

Jo. B. II. S. 736 ff. Tholuck, Glaubw. S. 357 f. Dgg: *Selden*, de synedr. II, 15. *Bynaeus*, de morte C. III, 1.

b) Dgg: Baur, Evv. S. 208 ff. 279: das 4. Ev. als unhistorisch, um Pilatus zu entschuldigen und alle Schuld auf den Unglauben der Juden zu werfen. Dgg: Merz, z. joh. Frage [Stud. d. Geistl. Würt. 844. H. 2.] S. 75 f.

c) Vrg. Lücke, Jo. B. II. S. 743. *Baumgarten-Crusius*, Opp. 836. p. 155. Dgg: Strauß, B. II. S. 497. Weiße, B. I. S. 458 f. B. II. S. 298 ff.

d) *Herm. van de Wall*, de Lc. 23, 2. [Bibl. Brem. Class. III. Fasc. 1.]

e) *J. Walch*, de quaestione Pilati: quid est veritas? [Obss. in N. F. libros. T. I. p. 42-7.] Cf. *Ev. Nicodemi* c. 3. [*Thilo*, Codex apocr. N. T. p. 540 s.] — Bengel: ita quaerit, ut confiteatur, se non esse ex veritate. Olshausen: wehmüthige Trostlosigkeit. Baur: zur Entschuldigung Jesu.

f) *E. Helt*, de somnio uxoris Pil. Hafn. 701. 4. *F. G. Gotter*, de conjugis Pil. somnio. Jen. 704. 4. *J. D. Kluge*, de somnio ux. Pil. Hal. 720. *Herbart*, Examen somnii uxoris Pil. Oldenb. 735. 4. *P. G. Mosebach*, de Serv. nostri ex conjugis Pil. somnio evicta innocentia. Giss. 767. — *Thilo*, Codex apocr. N. T. p. 520 ss. — Paulus, ex. Handb. B. III. S. 640 f. Olshausen, Com. B. II. S. 471 f. Dgg: Strauß, B. II. S. 502 f.

§. 112. Des Urtheils Gerechtigkeit.

Daß hier nach objectivem und ewigem Rechte ein Justizmord geschehn sei, darüber kann ein Zweifel gar nicht stattfinden. Die Frage nach der Gerechtigkeit des Verfahrens bezieht sich nur auf das Dafürhalten der Richter, auf damals hergebrachte Rechtsansichten und positive Gesetze, ist daher ohne alle Gehässigkeit, auch wenn sie gegen Jesus entschieden würde; denn nach hergebrachten Rechten sind schon viele Wohlthäter der Menschheit hingerichtet worden, und das positive Gesetz, für das Bestehende und den gewöhnlichen Gang der Dinge berechnet, kann unter gewissen Verhältnissen gar nicht anders, als Thaten, wie außerordentliche Zeiten sie fordern und außerordentliche Charaktere sie wagen, in Kerkern und auf Schaffoten belohnen. Die Zeugen, welche im Hohenrathe abgehört wurden, waren nach demjenigen, was von ihrer Aussage und ihrem Erfolge kund geworden ist Mt. 26, 59-61. Mc. 14, 55-59. cf. Jo. 2, 19, nicht falsche, sondern bloß feindselige Zeugen. Jesus ist vor dem Hohenrathe verurtheilt worden, weil er sich für den Messias erklärte. In einem theokratischen Staate gilt als höchstes Verbrechen das fälschliche Vorgeben einer göttlichen Sendung, denn es enthält eine Erhebung über die ganze bestehende Gewalt. Das Urtheil über einen falschen Propheten gehörte ursprünglich jedem Einzelnen und dem ganzen Volke Gottes Deut. 13, 1-11, aber in der Entwicklung zu geordneten Behörden, dem Hohenrathe als höchstem Organe der Nation Jo. 1, 19 ss. Hinsichtlich des Messias konnte ein Rechtsherkommen nicht vorhanden sein, man mochte voraussetzen, daß seine glänzende Erscheinung gar nicht Raum lassen werde für irgend einen Zweifel. Wenn sich doch ein solcher ergab, so lag es zwar in der Stellung dessen, der sich als Messias wußte, daß er sich kraft seines göttlichen Rechts über

§. 112. Des Urtheils Gerechtigkeit.

alle Behörden gestellt sah: aber der Hoherath achtete sich nach der Rechtsanalogie befugt, über einen falschen Messias zu richten. Da Jesus nicht im Sinne der Volkserwartung Messias sein wollte, vielmehr die Staatsreligion untergrub, konnte jeder eifrige und bloße Jude ihn für einen falschen Messias halten. Doch gerade dasjenige, was falsch an ihm war, nehmlich die Ablehnung alles politisch Theokratischen, entzog ihn auch der Strenge des theokratischen Verfahrens, und insofern konnte sich im Hohenrathe eine Ansicht bilden, wie sie sich nachher gebildet hat Act. 5, 34 ss., daß diese Sache Gott und der Zeit anheimzustellen sei. Allein wiefern damals gewiß der Majorität des Hohenraths diese rein geistige Ansicht des Unternehmens Jesu so fremd war, als den Aposteln selbst, lag nur die Wahl vor, ob sie denjenigen, der sich für den Messias gab, anerkennen oder vernichten wollten, und so entschieden sie, zwar nicht ohne Verblendung gegen die sittliche Größe und wunderbare Verherrlichung Jesu, auch im offnen Zugeständnisse, daß sie nur einer politischen Nothwendigkeit nachgäben, und ohne genaue Beachtung der Rechtsformen, doch nach hergebrachten Rechtsansichten ihrer Zeit. Pilatus hat den Beklagten für schuldlos gehalten und nur der sittlichen Energie ermangelt ihn zu retten. Er würde, bekannt mit der jüdischen Messiashoffnung, nach römischem Rechte und im Interesse seiner Regierung auf Hochverrath gesprochen haben. Aber auch ohne diese Kenntniß hat er seine amtliche Vollmacht nicht überschritten. Zwar die Vollziehung jedes Todesurtheils war offenbar deßhalb in die Hände des Procurators gelegt, damit er diejenigen, die der Zorn ihres Volkes verfolgte, weil sie sich den Römern verkauft hatten, schützen konnte: allein nach römischer Politik war sicher ein Statthalter nicht angewiesen, dem religiösen Fanatismus eines unterjochten Volkes ein sonst gleichgültiges Opfer zu entreißen. Daher Pilatus, da hier in seinem Dafürhalten von einer Verurtheilung nach römischem Gesetze gar nicht die Rede sein konnte, alle römische Rechtsformen hintansetzte, und sich nur an die versammelte Menge wandte, um in ihrem Mitleiden gegen die religiöse Verfolgung des Sanhedrin einen Stützpunkt zu finden, aber auch hier ohne Anklang, offen darlegte, daß er nicht ein Urtheil gesprochen habe, sondern bloß nach den Grundsätzen römischer Toleranz dem Fanatismus eines abergläubischen Volkes seinen Lauf lasse.

Jo. Steller, Liberatoris Jesu subsidio! Defensum Pontium P. inter privatos, patrios parietes, amicorum erudit. examini exponit. Dresd. 674. 4. *Dan. Maphanaſi* [*Hartnak*] Confutatio ds. scandalosae Stelleri. Lps. 674. 4. **Ch. Thomasii* Dsp. jur. de injusto Pontii P. judicio. Lps. 675. 4. Zusammen: *Stelleri* Pilatus defensus una c. *D. Maphanaſi Mulchentinensis* confutatione et disp. *Thomasii*. Lps. 676. — **G. Goesii*, Senatoris Batavi, Pilatus judex, ad Const. Hugenium. Accedunt Theologi in Pil. jud. stricturae cum Goesii animadvv. Hagae Com. 677. 4. [Vielleicht schon 2. A., da die Unterschrift des Hauptwerkes von 1673, des Anhangs von 1675 ist.] Neuer Titel u. 36 Seiten: Addenda adjiciuntur. Hagae Com. 681. 4. *Jo. Jer. Hofmann*, Processus criminalis synedrii magni adv. Salv. ad Judaeorum leges exacti ἀνωμαλία. [Thesaur. dss. Amst. T. II. p. 216-22.] Walther [S. 175]. *Mounier* [S. 203]. — **J. Salvador*, Jugement et condamnation de Jésus. P. I. l. 4. c. 3. fr. Hist. des Institutions de Moïse et du peuple Hébreu. Par. 828. Brux. 829. 3 T. Dgg: *Dupin, l'ainé*, Jésus devant Caiphe et Pilate. Par. 829. [*Salvador*, Jésus Christ. T. I. p. 620 ss.] *Carové* in d. Allg. K3. 830. N. 109 ff. u. d. S. Simonismus u. d. neuere franz. Phil. Lpz. 831. S. 68 ff. C. F. v. Ammon, Fortbild. d. Christenth. A. 2. B. I. S. 341 ff. **Baumgarten-Crusius*, de causa J. C. coram Judaeis acta et coram Pil. [Opp. theol. p. 149 ss.] — Daumer, Andeut. e. Syst. d. spec. Phil. Nürnb. 831. S. 41 f. Dgg: *A. Reubig, ist J. C. mit vollem Rechte d. Tod e. Verbrechers gestorben? Erl. 636. **C. M. Genelli, J. C. vor s. Richtern. [Tüb. Quartalsch. 840. H. 1.]

§. 113. Mißhandlungen.

Die Mißhandlungen Jesu, die sich eben so leicht mannichfach wiederholt, als in den Evangelien mannichfach dargestellt haben können,[a]) wurden vor dem jüdischen Gerichte geübt und begünstigt, nicht minder aus Haß, als aus der Rücksicht, daß durch solche Herabwürdigung die Sache des Messias in der Volksmeinung am sichersten verloren ging Mt. 26, 67 s. Mc. 14, 65 s. Lc. 22, 63-65; [b]) von den Hofleuten des Herodes aus höfischem Witze, um durch die äußere Vernichtung des Königs der Wahrheit ihren Schattenkönig vor innerer Vernichtung zu schützen Lc. 23, 8-11; [c]) von Pilatus theils in der unklugen, nur aus Unkunde des Messiasbegriffs erklärlichen Meinung, das Volk zum Mitleide zu bewegen, theils nach dem gewöhnlichen, mit nachmachendem Soldatenwitze ausgeschmückten Verfahren des römischen Criminalrechts Jo. 19, 1-5. Mt. 27, 26-30. Mc. 15, 15-19.[d]) Nur einmal beklagte sich Jesus über die Unvernunft dieser Grausamkeiten Jo. 18, 22 s., [e]) dann trug er sie schweigend.[f])

a) Brg. Strauß, B. II. S. 469 ff.

b) G. E. Ewald, de sputo in faciem C. conjecto. Mt. 26; 67. [Emblematt. sacr. p. 104-11.] *J. J. Nessel*, [resp. *Magn. Nortman*] Quid τὸ ῥαπίζειν Mt. 26, 67 significet. Ups. 734. *Corn. Hasaei* Aphorismi illustrantes Hist. passionum C. in palatio Caiaphae, uti ea describitur a Jo. 18, 13-28. [*Iken.* Thes. T. II. p. 549-52.]

c) Justin. c. Tryph. c. 103. — *J. G. Drechsler*, Syncretismus Pilato-Herodianus. Lps. 672. — Schleiermacher, ü. d. Luf. S. 291. Gegen den historischen Inhalt: Strauß, B. II. S. 498 ff. Weiße, B. I. S. 457 f.

d) C. F. Francke, de veste J. patientis λαμπρᾷ. Lps. 672. *C. Sagittarius*, de rubra C. chlamyde. Jen. 672. *Id.* de candida J. C. veste. Ib. 673. — *Bartholinus*, de spinea corona. Hafn. 651. 4. *A. Schreck*, de J., regis patientis, corona spinea. Lps. 661. 4. *S. F. Frenzel*, de cor. C. Vit. [667.] 779. 4. *C. Sagittarius*, de cor. J. C. spinea. Jen. 672. 4. [Harmonia pass. p. 635 ss.] *J. F. Hekel*, de habitu regio C. a Judaeis in ignom. oblato. Chemn. 673. *J. E. Müller*, de spinis, cor. C. Lps. 688. 4. [Thes. Dss. Amst. T. II. p. 230-33.] *C. Götsch*, de spinea C. cor. Altd.

§. 113. Mißhandlungen Jesu. §. 114. Leidensstunden.

694. 4. *E. W. Wedel*, de cor. C. spinea. Jen. 696. 4. [Exercitt. medico-philol. Cent. I. Dec. 9.] *A. Gonsager*, de cor. C. spinea. Hafn. 713-16. *S. Battierii* Ds. de cor. C. spinea. [Bibl. Brem. Class. VIII. Fasc. 6.] *D. Hallmann*, de στεφάνῳ ἐξ ἀκανθῶν, cor. de spinis. Rost. 757. 4.— *J. G. Berger*, de supplicio C. flagris caesi. Vit. 714. 4. [Stromm. acad. p. 718-28.] *C. F. Krumbholz*, de Servat. fustibus caeso. [Bibl. Brem. Class. VIII. Fasc. 1.] Wenn Mt. 27, 26. Mc. 15, 15 nur die Thatsache der Geißelung erwähnen, Lc. 25, 16. 22 ihre Beabsichtigung, Jo. 19, 1 ihre Vollziehung, beide Letztere zur Rettung des Angeklagten, so ist nicht erweisbar, daß beide Erstere die zur Hinrichtung gehörige Geißelung bezeugen, die nur der Enthauptung regelmäßig vorausging; die Kreuzigung war ohnedem entsetzlich genug ut mori se sentirent, und Pilatus zu unnöthiger Schärfung nicht gestimmt. Dgg: Strauß, B. II. S. 505. Baur, Evv. S. 505.— Gegen die dreimalige Vermummung: Strauß, B. II. S. 507.

e) F. A. Aepinus, de alapa injuriosa C. patienti inflicta, Jo. 18, 22. Rost. 704. 4. *J. G. Berger*, de alapa C. inflicta. Vit. 713. 4. [Stromm. acad. p. 720-36.] Dgg: Weiße, B. II. S. 297. *f) J. G. Berger*, de silentio C. patientis. Vit. 711. 4. [Stromm. acad. p. 246-56.]

§. 114. Die Leidensstunden.

Nach Mt. 26, 57 erscheint der Hoherath schon vor der Ankunft Jesu bei Kaiaphas versammelt, nach Lc. 22, 52 sind seine Mitglieder sogar bei der Verhaftung gegenwärtig. Nach 3 Evangelien wird das Gericht noch in der Nacht gehalten, nach Lc. 22, 66 versammelt sich der Hoherath erst mit Tagesanbruch; doch deutet auch Mt. 27, 1. Mc. 15, 1 darauf hin, daß jetzt erst der entscheidende Beschluß gefaßt und sogleich die Abführung an Pilatus erfolgt sei cf. Jo. 18, 28. ᵃ) Die Stunde, in welcher Pilatus das Urtheil sprach, war nach Jo. 19, 14 ὡς ἕκτη [12 Uhr], Anfang der Kreuzigung nach Mc. 15, 25 τρίτη [9 Uhr]. Eine von Nonnus aufgenommene, sonst mehr durch sonderbare, als durch gewichtige Auctoritäten verbürgte Lesart des Johannes hat τρίτη. Allerdings war die Verwechslung der Zahlzeichen γ' und ς' leicht möglich: aber noch leichter konnte geschehn, daß durch ihre Verwechslung die Einstimmigkeit der Evangelien hergestellt, als der Zwiespalt herbeigeführt wurde. Eine jüdische Gewohnheit, den Tag in Viertel zu theilen, so daß dasselbe Viertel nach seinem Anfange als die dritte, nach seinem Ende als die sechste Stunde bezeichnet werden konnte, ist nicht hierher zu ziehn, weil beide Evangelisten eben durch die Angabe der Stunden zeigen, daß sie nach diesen, nicht nach Tagesvierteln zählen.ᵇ) Die Annahme, daß Johannes sich die altrömische Stundenzählung von Mitternacht zu Mitternacht angeeignet habe, würde auf die sechste Morgenstunde führen; nicht unpassend zur Vereinigung mit Markus. ᶜ) Aber wenn die Gerichtshandlung vor Pilatus erst am Morgen begann und die Episode mit Herodes [Lc. 23, 7 ss.] einzurechnen ist, so kann das Urtheil nicht schon um 6 Uhr gesprochen worden sein, obwohl auch schwerlich erst um 12 Uhr. Eine andere Zeitangabe der Synoptiker [Mt. 27, 45 et parr.], nach der wenigstens um 12 Uhr der Herr bereits am Kreuze hing, giebt der Angabe des Markus kein neues Gewicht, denn alle 3 Synoptiker haben gegenüber dem Johannes nur eine Stimme; doch mindert sich hier schon die nothwendige Differenz. Nur das Urtheil über die persönliche Stellung der Verfasser zur Geschichte kann den Ausschlag geben über ein jedenfalls unabsichtliches Versehn.[d] Die Zeit des Todes war nach Mt. 27, 46 περὶ τὴν ἐννάτην ὥραν [3 Uhr], cf. Mc. 15, 34. Lc. 23, 44. Die Zeit der Grablegung vor Sonnenuntergang Jo. 19, 42. Lc. 23, 54.

a) Schleiermacher, ü. d. Luk. S. 295. Strauß, B. II. S. 466 f.

b) *St. Morinus*, de horis salvificae pass. J. C. L. B. [686. 8.] 698. 4. *F. Woerger*, Conciliatio Marci c. Jo. super horam, qua crucifixus C. [Thes. Dss. Amst. T. II. p. 277 ss.] E. H. Zeibich, des Herrn J. heilige Passions=Stunden. Lpz. 713. *G. G. Zeltner*, de horologio Pilati, ad Jo. 19, 14. Alt. 720. 4. - de horol. Caiaphae. Ib. 721. 4. - de horol. Joannis, s. hora crucifixionis C. Ib. 724. [Sämmtlich in *Iken*. Thes. T. II. p. 552-68.] *S. Reyher*, de crucifixi J. titulis et de hora crucifixionis ad Mt. 27, 37. [Thes. Dss. Amst. T. II. p. 241-46.] *Liebknecht*, de horis salutiferae pass. J. C. Giss. 726. 4. *J. A. Osiander*, Tentamen conciliationis inter Evv. Mc. et Jo. de horis crucifixionis. Tub. 743. *C. J. Pauli*, de condemnationis atque supplicii C. tempore ad concilianda loca Mc. et Jo. Hal. 744. 4. *J. D. Michaelis, weitere Erört. d. Meinung, wie Mc. 15, 25 u. Jo. 19, 14 zu vereinigen? [Hamb. Bibl. B. III. 2. A. Gött. 755. 4. u. in s. kleinen zerstr. Schrr. Jen. 794. 2. Lief.] *C. G. F. Wolf*, Solutio discrepantiae in Jo. 19, 14 et Mc. 15, 25. Lps. 750. 4. *F. A. Knittel, neue Gedanken v. d. allg. Schriftfehlern in d. Handschrr. des N. T. mit Erläut. Jo. 19, 14 u. Lc. 3, 35 f. Wolfenb. 755. 4. *F. J. Schwarz*, de hora, qua C. cruci affixus sit, ἐναντιοφανείας componendae causa. Lps. 778. 4. *M. C. Horn*, de locis Jo. 19, 14 et Mc. 15, 25. Hafn. 780. 4. *C. P. Keil*, de hora, qua C. cruci affixus sit, ἐναντιοφωνείας componendae causa. Lps. 779. 4.

c) Nach Clericus: Townson, Abh. ü. die 4 Evv. B. II. S. 288 ff. *Rettig, exeg. Analekt. [Stud. u. Krit. 830. H. 1.] *Hug in d. Freyburger Zeitschr. H. 5. S. 91 ff. Tholuck, Glaubw. S. 304 ff. mit Berufung auf *Cic.* in Verr. VII. c. 17. 37 s. *Gellii* Noct. Att. III, 2. *Josephi* Vita c. 54. [*Plin.* H. nat. II, 27: das Volk zählt von Tagesanbruch, Priester und Beamte von Mitternacht an.] Vrg. [Rhein] Die Kreuzigungsstunde C. u. s. Auferst. Von e. prakt. Theologen. Lpz. 832. Wieseler, Syn. S. 410 ff.

d) Für Johannes: Lücke, Jo. B. II. S. 757. Für Markus: Weiße, B. I. S. 462.

§. 115. Die Kreuzigung.
Mt. 27, 32-56. Mc. 15, 20-41. Lc. 23, 26-49. Jo. 19, 16-30.

Wenn nach Jo. 19, 17 Jesus selbst sein Kreuz trug, dasselbe aber nach Mc. 15, 21 et parr. einem Begegnenden aufgelegt wurde, so ist auch von den Synoptikern jenes als das Anfängliche vorausgesetzt.[a] Der Richtplatz, Schädelstätte [גֻּלְגָּלְתָּא], lag nach der Sitte [cf. Mt. 27, 33. Jo. 19, 17. Hebr. 13, 12] außerhalb der damaligen Stadt.[b] Die römischen Gebräuche sind vorauszusetzen:[c] das Kreuz wenig über mannshoch; der nackte Körper ruhte zwischen den Schen=

§. 115. Kreuzigung.

keln auf einem Pflocke, der aus der Mitte des Schaftes vortrat;[d] die Hände an den Querbalken gebunden und genagelt;[e] gegen Annagelung der Füße scheint Jo. 20, 20. 25. 27 und das Übersehn einer der evangelischen Geschichtschreibung so nahe liegenden Weißagung zu sprechen, dafür spricht Lc. 24, 39 und die Voraussetzung dieses Verfahrens zur Zeit, als die Kreuzesstrafe noch üblich war, bei den Kirchenvätern, allerdings mit stark hervortretender Reflexion auf Ps. 22, 17 [LXX].[f] Über dem Haupte die Tafel mit der Anzeige des Verbrechens, durch des Procurators ironischen Lapidarstyl die erste öffentliche Anerkennung Jesu in den 3 Weltsprachen.[g] Die Theilung der Kleider [Mt. 27, 35 et parr.] in der Bestimmtheit, wie Johannes [18, 23 s.] sie erzählt, ist zwar an eine Weißagung angeschlossen, doch legal und sachgemäß.[h] Nach der Art, wie Jesus gelebt, wie er seinen Tod betrachtet und den Zeitgenossen einen tiefen Eindruck hinterlassen hat, ist nicht anders zu erwarten, als daß er auch während der langsamen Schrecken dieses Todes noch in seiner großen Weise sich dargestellt habe, wennschon einige seiner letzten Aussprüche von jedem Evangelium ohne Rücksicht oder Kenntniß des Andern aufgezeichnet sind.[i] Es ist von Lukas [23, 27 - 31. 34] erzählt im Style seiner Zeit, aber durchaus im Geiste Jesu, daß er auf dem Todeswege mehr an den Untergang derer, die um ihn weinten, als an seinen eignen dachte, und daß er mitten unter dem Hohne der Feinde, in welchem das gemißbrauchte Gotteswort ironisch gegen sie selbst umschlug,[k] sein eignes schweres Gebot [Mt. 5, 44] erfüllte.[l] Die etwas schwankenden und durch angezogene Weißagungen irritirten Berichte [bes. Mt. 27, 34. cf. Ps. 69, 22] schließen sich an die historisch beglaubigte Sitte und enthalten das an sich Angemeßne, wenn Jesus den betäubenden Trank verschmähte Mc. 15, 23 et par. und erst sterbend seinen Durst löschte Jo. 19, 28 s.[m] Daß die Mitgekreuzigten von Johannes [19, 18] als stumme Personen, von Matthäus [27, 44] und Markus [15, 32] als Schmähende eingeführt werden,[n] während Lukas [23, 39 - 43] erzählt, wie der Eine die gebundene, durchbohrte Hand Jesu im Geiste ergriff, um ihn hinüberzuführen in ein neues Leben, läßt sich zwar als eine zu Tage liegende Sagenformation betrachten,[o] aber, da die Veranlassung so wenig nöthigend, die Sache so unerwartet, doch so tief psychologisch wahr und groß ist, keineswegs erweisen.[p] Nur für Johannes war es eine Nothwendigkeit, des Testamentes Jesu zu gedenken Jo. 19, 25-27. Da die Mutter Jesu nicht als kinderlos galt, und um zur Verherrlichung des Apostels zu dienen, im 4. Evangelium am wenigsten verherrlicht ist, so fehlt zur sagenhaften Entstehung der Anlaß;[q] auch nach Lukas [Act. 1, 14] war sie um jene Zeit in Jerusalem. Dennoch, den Synoptikern ist jene Schmerzensscene unbekannt, cf. Mt. 27, 55 s. et parr. Mit den

Anfangsworten des 22. Psalmes sprach Jesus das Gefühl dieses Momentes aus Mt. 27, 46. Mc. 15, 34; die Sage hätte nie so Bedenkliches in Jesu Mund gelegt. ʳ) Was Lukas [23, 46] als letztes Wort betrachtet, kann die Umdeutung einer Formel für das Sterben nach Ps. 31, 6 sein. ˢ) Das letzte Wort bei Johannes [19, 30] ist das Wort des Siegs. ᵗ)

J. M. *Dilheri* Crucifixio J. C. ex antiquitate explicata. Nor. 642.
*Th. *Bartholinus*, de cruce C. Hypomnemata. [Hafn. 651. Amst.670. 12.]
L. B. 695. L. *Gerhard*, [pr. *H. Müller*] Spicileg. passionale. Rost. 662.
4. *Bynaeus* [S. 175]. V. H. *Vogler*, Physiologia Hist. pass. J. C.
Helmst. 693. 4. H. *Versteeg*, τὰ παθήματα τοῦ Χριστοῦ s. Tr. de pass.
Serv. ex Mt. 26. 27. Traj. ad Rh. 700. 4. *J. *Lydii* Florum sparsio ad
Hist. pass. J. C. cum figg. aeneis. [Dortrac. 672.] Zutphen. 701. *Ejusd.*
Diatr. de triumpho J. C. in cruce. Ed. nov. cur *H. Mascamp.* Traj. ad
Rh.701. 12. J.*Medhurst*, Obss. in Hist. pass. J. C. ut a Jo. est tradita.
[Bibl. Brem. Class. I. Fasc. 1. Class. III. Fasc. 3.] *Aaron Margalitha*,
olim Judaeorum doctor, nunc C. discipulus, Oblatio Aaronis, s. Tr. de
passionibus C. Frcf. ad V. 706. 4. *Merckenii* Obss. crit. DXXXII. in
pass. J. C. Duisb. 722. *Fasc. I. opusculorum passionem crucemque Dom.
ex antiquit. et philolog. illustrantium [J. *Lipsii, Hon. Nicqueti*] cum
figg. Dusseld. 730. 12. Fasc. II. [*Corn. Curtii, Erycii Puteani, Theod.
Bartholini, Barth. Nihusii, Nic. Fontani*] Ib. 730. 12. F. G. *Westhovii*
Diatr. in Hist. pass. Dom. nostri. L. B. 733. 4. *Cp. Ch. Sturm*, Breviarium antiquitatum ad ill. pass. C. Historiam. Hal. 763. B. T. *Hessler*,
de gloriosa C. pass. Sondersh. 770. Anonymi cujusdam doctissimi exegesis passionum J. C. ed. 2. quam notis ill. *de Fremery.* 788. *J. K. H.
v. Zobel, hist. antiquarisch-grammat. Erläut. ü. d. Gesch. d. Kreuzigung.
In s. Mag. f. bibl. Interpret. B.I. St. 2. T. A. Effner, d. merkwürdigste
Ereigniß d. Welt o. d. Kreuzestod J. C. Nürnb. 818. A. C. C. *de Jongh*, de
J. C. patiente. Traj. ad Rh. 827. *L. Hug, krit. er. Bemerk. ü. d. Gesch.
d. Leidens u. Todes J. [Freyb. Zeitschr.] 831. H. 5. vrg. H. 3. 7.] — G. H.
Götze, de centurione sub cruce. C. Lps. 698. 4. *Petri Polidori Frentani*
Ds. Brutti a calumnia de illatis J. C. tormentis et morte vindicati. Rom.
737. f. [D. Lenz] Westph. Alterthümer o. Beweis, daß dies., so C. gekreuzigt und Jo. n. C. enthauptet, Westphälinger gewesen. [Nur Scherz.] Soling.
775. — In katholischer, gelehrter Mystik: J. C. crucifixi stigmata s. Sindoni impressa, ab *Alphonso Palaeoto*, Archiepisc. II. Bononiensi, explicata. Mellifluis elucidationibus, ut rerum copia amplissimis, ita historiarum varietate priscae vetustatis multiplici et erudita s. Scripturarum
enucleatione conditis, quibus universae C. passionis series, ejusdem mysteria declarantur, ad uberrimos contemplationis fructus hauriendos mirifice accommodata, aeneis iconibus adornata. Auct. *Dan.Mallonio.* Ven.
606. f. *Guil. Stanihurst*, Dei immortalis in corpore mortali patientis
Historia, moralis doctrinae placitis et commenti. illustr. ed. 3. Antv. 669.

a) Paulus, Tholuck, Olshausen zu b. St. Neander, S. 749 f. Dgg: *Fritzsche*, Mc. p. 684. Strauß, B. II. S. 509 : für die synopt. Nachricht.
b) *Hieron.* in Mt. 27, 33. *August.* de Civ. D. XVI, 32. Brg. §. 117.
c) *Jac. Gretser*, de s. cruce. Ingolst. 598-605. 3 T. 4. *Ejusd.* Hortus s. crucis. Ib. 610. 4. [Vereint in : Opp. omnia de s. cruce. Ib. 616. f.]
*Just. *Lipsii* de cruce l. III. Antv. 595. 606. f. Amst.670. 12. u. o. *Jac.
Bosii* Crux triumphans. Antv. 617. f. *Thom. Bornitius*, de cruce, num
Ebraeorum supplicium fuerit et qualisnam structura eius, cui Salvator

§. 115. Kreuzigung Jesu.

fuit affixus? Vit. 644. 4. *Barth. Nihusii* Anticriticus de fabrica crucis Dom. Colon. 644. 4. *Th. Bartholinus*, de latere C. aperto. Acced. **Cl. Salmasii* et alior. de cruce Epp. L. B. 646. *Nihusii* de cruce Ep. ad Barthol. Colon. 647. *Car. Ortlob*, de cruce C. Vit. 655. 4. *J. F. Scharf*, de ritu crucifixiónis C. romano. Leucopet. 666. 4. *B. Lange*, Crux C. ex Historiarum monumentis exstructa. Vit. 669. 4. *R. Baudisius*, de cruce C. ex Historiarum monumentis exstructa. Vit. 673. 4. *Mart. Lipenius*, de cruce C. Stet. 675. 4. *C. Cellarius*, de cruce Rom. in quam humani gen. Servator suffixus est. Ziz. 677. *Mieg*, de crucifixione C. Heidelb. 681. *J. Engelmann*, Σταύρωσις τοῦ Χριστοῦ, h. e. C. crucifixus juxta circumstantias, quas versiculo: quis? quid? ubi? quibus auxiliis? cur? quomodo? quando? nonnulli incluserunt. Cyneae 679. 12. *J. Pasch*, de cruce C. sponda. Vit. 686. *G. Moebius*, de crucis supplicio. Lps. 689. 4. [Thes. Dss. Amst. T. II. p. 234-40.] *Gezelii* Dss. II. de cruce veterum. Ups. 692. 4. *Bern. Lamy*, de cruce. [Harm. 4 Evv. p. 573 ss.] *E. S. Cyprianus*, de fabrica crucis C. Hlmst. 699. 4. *Henke* [§. 104, nt. c]. Frieblieb, Archäol. b. Leidensgesch. S. 142 ff.

d) Justin. c. Tryph. c. 91. *Iren.* II, 24, 4. — **Nic. Fontani* Responsum ad quaestionem: an manus, clavis transfixae, pares ferendo corpori, inde pendulo? Amst. 641. 4. *Th. Bartholinus*, de sedili medio. [Hypomnemata. N. 1.] — *C. F. v. Rumohr, ital. Forschungen. Brl. 827. B. I. S. 280.

e) Cornelii Curtii, Augustiniani, de clavis dominicis Lib. [Monac. 622. Antv. 670. 12.] L. B. 695. 12. Clavi crucis dom. utrum ahenei, an ferrei fuerint? [Symbb. lit. Brem. T. III. P. II. p. 309 ss.] *Cp. G. Stemler*, ad Zach. 13, 6 de perforatione manuum C. in cruce Judaeis futuro offendiculo. Dresd. 741. 4.

f) Plautus, Mostellaria II, 1, 13: Ego dabo ei talentum, primus qui in crucem excucurrerit, sed ea lege, ut offigantur bis pedes, bis brachia. *Justin.* c. Tryph. c. 97: Δαβὶδ εἰς τὸ πάθος καὶ τὸν σταυρὸν ἐν παραβολῇ μυστηριώδει οὕτως εἶπεν ἐν ψαλμῷ εἰκοστῷ πρώτῳ· ὤρυξαν χεῖράς μου καὶ πόδας μου. - Ὅτε γὰρ ἐσταύρωσαν αὐτὸν, ἐμπήσσοντες τοὺς ἥλους τὰς χεῖρας καὶ τοὺς πόδας αὐτοῦ ὤρυξαν. - Οὐδεὶς ἐν τῷ γένει ὑμῶν λεχθεὶς ποτὲ βασιλεὺς χριστὸς πόδας καὶ χεῖρας ὠρύγη ζῶν - εἰ μὴ μόνος Ἰησοῦς. *Tertullian.* adv. Marc. III, 19: Si quaeris dominicae crucis praedicationem, satis jam tibi potest facere vigesimus primus Psalmus, totam Christi continens passionem, canentis jam tunc gloriam suam. Foderunt, inquit, manus meas et pedes. Quae proprie atrocitas crucis. - Quam crucem nec ipse David passus est, nec ullus rex Judaeorum, ne putes alterius alicujus prophetari passionem, quam ejus qui solus a populo tam insigniter crucifixus est. Unwichtig: *Lucan.* Pharsal. VI, 547 s. *Lucian.* Prometh. c. 1 s. *Rufin.* H. ecc. II, 8. *Ambros.* Or. de obitu Theod. §. 47 ss. *Socrat.* H. ecc. I, 17. — Paulus: Antiquar. Probl. ü. d. Annageln d. Füße d. Gekreuzigten. [Memorabb. 792. St. 4.] Zwei Nägel weniger für d. Sarg d. Rationalism. [Allg. K3. Lit. Bl. 831. N. 135.] *Greg. Handb. B. III. S. 669-754. Skizzen a. meiner Bildungs- u. Leb. Gesch. Hölb. 839. S. 146-156. **G. B. Winer*, de pedum in cruce affixione. Lps. 845. 4. Dgg. für Annagelung: Benzenberg in d. theol. Nachrr. 803. S. 314 ff. 804. S. 46 ff. Hengstenberg, Christol. B. I. S. 182 ff. *Hug in d. Zeitschr. f. d. Geistl. d. Erzb. Freyb. 830. H. 3. 5. 7. *K. Bähr in Heydenreichs u. Hüffells Zeitsch. 830. B. II. St. 2 u. in Tholucks Lit. Anzeiger. 835. N. 1-6. Geschichte des Streites: Eb. 834. N. 53-55. Vrg. Winer, bibl. Realw. B. I. S. 678. Strauß, B. II. S. 511 ff. Theile, z. Biogr. J. S. 68. Neander, S. 751 f.

g) Jac. Reichmann, de titulo, cruci J. C. praefixo. Vit. 655. 4. *J. J. Freisleben*, de tit. crucis C. Lps. 664. 4. *Hon. Nicqueti* Titulus crucis, s. Hist. et mysterium tit. crucis. Antv. 770. 12. *Dan. Haake*, de tit. crucis dom. Jen. 672. 4. **Val. Alberti* Ds. de inscriptione crucis C. [Lps. 690. 702.] Jen. 748. *S. Reyher*, de crucifixi J. titulis. Kilon. 694. [Thes. Dss. Amst. T. II. p. 241 ss.] *Mt. Hiller*, de genuina versione tit. crucis C. Tub. 696. *Weselii* Or. de titulo crucis C. L. B. 712. 4. u. in f. Dss. Ib. 721. *J. G. Altmann*, de illustri inscript. crucis C. ejusque myst. Bern. 739.

h) Dgg: Strauß, B. II. S. 522 ff.

i) J. Froereysen, de septem verbis noviss. in cruce Dom. Argent. 625. **J. C. Dannhauer*, de septem verbis nov. in cr. Dom. Argent. 641. *S. Lange*, de septem verbis quibus s. septem codicillis C. in cr. suae ligno et lecto de sal. nostra testatus est mentem. Lps. 651. 4. *J. F. Mayer*, ad septem morientis J. septem quaestt. Gryph. 706. *T. Crüger*, de ἑπταλόγῳ a C. Serv. in ara crucis noviss. prolato. Vit. 726. 4. — **G. J. Vincke*, de C. e cr. pendentis vocib. Traj. ad Rh. 846.

k) Mt. 27, 43 cf. Ps. 22, 9. — Kern in d. Tüb. Zeitschr. 836. H. 3. S. 38. Dgg: Strauß, B. II. S. 510. 525 f. *l)* Dgg: Eb. B. II. S. 518.

m) Bartholinus, de vino myrrh. [Hypomn. de cruce N. 2.] *Nic. Faber*, de myrrhata potione J. C. Lond. 660. *J. G. Hutten*, de potu felleo et acetoso C. agonizanti porrecto. Guben. 671. *H. Pipping*, de potu, puniendis ante suppl. et C. ante crucif. porrecto. Lps. 688. [Exerc. acad. p. 53 ss.] *J. G. Leo*, de siti in cruce languentis J. Leucop. 721. 4. *Ch. F. Bauer*, de felle et aceto sitienti Messiae porrecto, ad Ps. 69, 22 et Jo. 19, 28s. Vit. 744. 4. **J. E. Imm. Walch*, de potu Servat. moribundi. [Obss. in Mt. ex gr. inscriptt. Jen. 779. p. 101-38.] G. Schlegel, ü. d. Wort J. am Kreuz: mich dürstet, als e. Theil eines v. ihm aus d. Schrift genommenen Trostspruches. [Henkes N. Mag. B. IV. St. 2.] — *J. G. Neumann*, de spongia ori Christi admota. Vit. 683. — Nächst den Commentaren, Strauß, B. II. S. 513 ff.

n) Gegen falsche Ausgleichung: Paulus, ex. Handb. B. III. S. 763. Winer, Gramm. d. N. T. S. 201. *Fritzsche*, Mt. p. 817.

o) Thieß, krit. Kom. B. II. S. 86. Strauß, B. II. S. 518 ff.

p) Dorschaeus, Latro theologus. Rost. 669. *Henkel*, de latr. converso. Riot. 670. 4. *J. F. Mayer*, de verbis C. ad latr. Grypesw. 707. 4. *G. H. Götze*, de theologia latronis. Lub. 712. 4. *Ch. Neudecker*, [pr. *G. E. Loeber*] de conversatione latr. Ronneb. 754. 4. *J. G. Rosa*, de usu et abusu exempli latr. Rudolph. 743. f. **Cp. E. Weissmann*, Quaestt. quaedam insigniores ex Hist. latr. conversi. Tub. 745. 4. **A. L. Hartmann* in Bengels Arch. 826. B. VIII. St. 1. Über die wunderlichen Ansichten von dieser Bekehrung: Thieß, krit. Kom. B. II. S. 86 ff. Sage vom frühern Zusammentreffen mit Jesu: Ev. Infantiae c. 23. [*Thilo*, Cod. apoc. T. I. p. 93.]

q) Dgg: Strauß, B. II. S. 527 f. Weiße, B. I. S. 463. Unzureichende Ausgleichung b. Olshausen, Comm. B. II. S. 491. Vrg. §. 29, nt. g.

r) J. Hoepfner, de desertione J. C. in cruce. Lps. 641. **Jo. Frischmuth*, de flebili Messiae in cruce pendentis gemitu. Jen. 663. 4. [Thes. Dss. Amst. T. II. p. 247-51.] *Seb. Niemann*, de C. derelicti querela in cruce. Jen. 671. 4. *J. F. Scharf*, de C. crucif. derelictione. Vit. 671. 4. *Ch. Lockerwitz*, de luctuoso C. in cruce pendentis lamento. Vit. 680. 4. *Cp. Olearius*, de J. crucif. derelict. Lps. 683. 4. *Ejusd.* de J. in cruce derelicti quaerimonia. Lps. [683.] 726. 4. *J. Deutschmann*, de C. crucif.

§. 116. Gewißheit des Todes Jesu.

derelict. Vit. 695. 4. *Winslovii* Salvator desertus. Hafn. 706. *J. E. Engeström*, [resp. *J. A. Roth*] de exclamatione Servat. in cruce. Lund. 738. 4. *T. C. Luger*, de quarto Salv. cruci affixi verbo. Jen. 739. 4. *J. Markii* Exercit. ad Mt. 27, 46. [Syll. Dss. philol. theol. p. 308-27.] *C. R. Lencke*, de Dom. in cruce pendente in infima humil. vere magno. Lps. 753. **Cp. E. Weissmann*, in verbum C. in cruce pendentis quartum. Tub. 746. 4. *G. Sommelius*, [resp. *J. P. Colliander*] de exclamatione Eli etc. Lund. 774. 4. — *E. E. Wickenhöfer, exeg. psych. Unters. ü. Mt. 27, 47. [Zimmermanns Monatsch. 822. N. 24.] — Vom Zwecke J. u. sr. Jünger. S. 153. — Schleiermacher, d. chr. Glaub. B. II. S. 154. — Neander, S. 754. — Schneckenburger, Beitrr. S. 66. — Strauß, B. II. S. 328 ff. — Die Schwierigkeit liegt nur in der orthod. Vorstellung, wie die zweite Person der Gottheit von Gott verlassen sein konnte? Olshausen, Comm. B. II. S. 495: als $\varkappa\varrho\acute{\upsilon}\psi\iota\varsigma$ des Göttlichen. Ebrard, S. 558f: „Ein inneres Erzittern Gottes in sich selber. Im Wesen der ewigen Liebe selbst, mithin im Vater selbst, lag es begründet, daß die zeitlich sich manifestirende Liebe aus Liebe sich von der Empfindung der ewigen Liebe losreißen mußte, um durch diese ungeheuerste That erst recht absolute Liebe zu sein."

s) *Ch. Wolle*, [resp. *J. G. Pfeiffer*] de commendat. animae in manum Domini perpetua, ad ill. Ps. 31, 6. Lc. 23, 46. 1 Ptr. 4, 19. Lps. 726. 4. Pg. paschale de loco Lc. 23, 46. Gott. 744. 4. — Credner, Einl. in d. N. T. B. I. S. 198. Strauß, B. II. S. 531 f.

t) Dgg: Baur, Evv. S. 274: τετέλεσται nach dem Anschein von Jo. 19, 28, nur im engen jüdischen Sinn von Erfüllung der altteft. Weißagungen, dann freilich nicht historisch.

§. 116. Der Tod.
Mt. 27, 50. Mc. 15, 37. Lc. 23, 46. Jo. 19, 30.

Bei dem geringen Blutverluste, der durch entzündete Geschwulst bald gänzlich aufhört, führt die Kreuzigung nur durch Krampf, Erschöpfung oder Hunger den Tod herbei, der mit Erstarrung der äußersten Glieder beginnt, und zuweilen erst nach Tagen eintritt. Das Verscheiden Jesu nach wenig Stunden geschah zwar so ungewöhnlich schnell Mc. 15, 44 s., daß es in der Kirche oft als freie, göttliche That angesehn wurde, [a] ist aber durch die körperlichen und geistigen Leiden dieses Tages nicht undenkbar. Da jedoch eine Kreuzigung von einigen Stunden nicht nothwendig den Tod zur Folge hat, vielmehr aus jener Zeit und Gegend selbst die Thatsache eines vom Kreuze Abgenommenen und ärztlich Geretteten vorliegt, [b] so haben Sachkundige die ganze Last des Todesbeweises auf die Seitenwunde [Jo. 19, 31-37] gelegt. [c] Das Zerschlagen der Beine ist zwar als Bestandtheil der Kreuzigung sonst nicht historisch bestätigt; [d] aber da nach jüdischem Gesetze die Gekreuzigten vor Sonnenuntergang abzunehmen waren, [e] welche Forderung durch die Heiligkeit des kommenden Festtags nur verstärkt hervortrat, [f] so mußte die Beschleunigung des Todes irgendwie gesichert werden, wozu schon nach römischer Rechtsanalogie das Crurifragium sich eignete. [g] Der Lanzenstoß statt dessen war ebendeßhalb nicht bestimmt, den Tod zu bewirken, sondern das etwa noch vorhandene Leben zu erproben. ʰ) Das Ausfließen von Blut und Wasser läßt bei der Unbestimmtheit des Berichts mancherlei Deutung zu. ⁱ) Kam das Wasser aus dem Pericardium, ᵏ) so wäre, die Ausströmung durch die Lage des Körpers als möglich gesetzt, es doch bereits mit dem Blute gemischt gewesen; jedenfalls ist ein Stich in den Herzbeutel nicht unbedingt tödtlich.ˡ) Da nur in äußerst seltnen Fällen das bereits in die Blutkügelchen [cruor] und das Blutwasser [serum] zersetzte Blut aus Leichen bei tiefen Einschnitten gesondert herausbringt: so konnte dieses mindestens der volksmäßigen Betrachtung als Todeszeichen nicht bekannt sein.ᵐ) Daher könnte vielleicht das Hervorquellen des Gliedwassers gemeint sein, mit welchem die Blutung einer Wunde in freier Luft zu enden pflegt. Wiefern jedoch ein gleichzeitiges Hervorquellen angezeigt scheint, ist nicht einzusehn, wie beide Flüssigkeiten sich abgesondert darstellen konnten. Allein so geschmacklos eine Hendiadys für flüssiges Blut an dieser Stelle stehn würde,ⁿ) so ist doch nicht ausgeschlossen, daß das Wasser, welches sich aus den vorherrschend lymphatischen Gefäßen der Pleura in merklicher Weise ergießen konnte, nicht bereits mit dem Blute gemischt war, und das Unterscheiden beider Flüssigkeiten, wiefern es mit einer nicht in der Sache liegenden Absichtlichkeit hervorgehoben wird, dürfte einem allegorischen Interesse angehören, das in dem Geschehniß ein Sinnbild der reinigenden und erlösenden Kraft des Todes Jesu sah, hindeutend auf Taufe und Abendmahl [1 Jo. 5, 61].ᵒ) Die Betheuerung des Johannes bezieht sich nach der Arglosigkeit jener Zeit über den Scheintod schwerlich auf ein sicheres Todeszeichen, sondern auf sein Augenzeugniß überhaupt und auf die Erfüllung der angezogenen Weißagungen [Exod. 12, 46. Zach. 12, 10], denen doch zu sehr die messianische Nothwendigkeit und die Beziehung auf Blut und Wasser fehlt, als daß aus ihnen die Erzählung erwachsen sein könnte. ᵖ) Die Meinung eines Todes durch Wassersucht oder an einem auch physisch gebrochenen Herzen ᵍ) entbehrt zumal bei dem, der so viele gesund gemacht hat, jeder geschichtlichen Grundlage. Da es kein hinreichend sicheres Todeszeichen giebt außer dem Eintreten der Fäulniß oder der Zerstörung eines zum Leben unbedingt nothwendigen Organs:ʳ) so ist ein allgemeingültiger Beweis des Todes Jesu nicht zu führen. Aber durch irgendeine menschliche Macht oder Maßregel konnte dieser Tod nicht verhindert werden, ˢ) und nach der Überzeugung aller, auch feindseliger Augenzeugen, ist er erfolgt. Daher der Todes-Verkündigung und Überzeugung Jesu vollkommen Gnüge geschehn ist.ᵗ) Dagegen die Behauptung eines bloßen Scheintodes ᵘ) bloß auf einem Rückschlusse aus der Auferstehung ruht, welchem, bei dem Geheimnisse alles Todes, nur die immer anerkannte Wahrheit Act. 2, 31. 13, 35s.] einzuräumen ist, daß das organische Princip

§. 116. Gewißheit des Todes Jesu.

von Jesu Leiblichkeit nicht bis dahin aufgelöst worden sei, wo die niedern Mächte der Verwesung losbrechen. ⸯ)

V. H. Vogler, Physiologia Hist. passionis. J. C. Hlmst. 673. *Westphal*, Animadvv. medicae circa potiora momenta passionis C. Grypesw. 771. 4. Von d. Kreuzestode des Heilandes. Schleiz 773. *Theoph. Richter*, Ds. l. de morte Servatoris in cruce. Gott. 757. [Dss. IV. med. in usum Theologor. Gott. 775. 4.] *L. Hug, Beitrr. z. Gesch. d. Verfahrens b. d. Todenstr. d. Kreuzig. [Freyb. Zeitschr. H. 7.]

a) *Kiesling*, de causis acceleratae J. C. in cruce mortis non mere humanis, sed potius divinis. Erl.767. 4. Heumann,(Erkl.b.N.T. zu Mt. 27, 50. Vrg. die von Paulus, er. Handb. B. III. S. 784 angeführten Stellen.

b) *Josephi* Vita, c. 75. Gegen den Gebrauch dieser Stelle in Paulus Leben Jesu.B. I.Abth.2. S. 238 : *Bretschneider, ü. d. angebl. Scheintod J. [Stud. u. Krit. 832. H.3.] Dgg : *Paulus, ü. d. Frage : war die Kreuzig. in 7-8 Stunden gewöhnlich tödtend? [Allg. K3. 833. Lit. Bl. N. 8f. Er. Handb. B. III. S. 929ff.] Gegen ihn : Bretschneider, Allg.KZ. 833. Lit. Bl. N. 33. E. Wickenhöfer, war J. wirklich nur scheintodt? [Eb. N. 66.]

c) *C. Fr. Ferd. Gruneri* Com. antiquario-medica de J. C. morte vera, non simulata. [Zuerst unbedeutend als Ds. Jen. 800.] Acc. *Ch. G. Gruneri* Vindiciae mortis J. C. verae et *H. Conringii* Discursus de J. C. cruento sud. et morte repentina, de aqua et sang. ejus demortui latere jam effluentibus commentat. perpetua illustratus. Hal. 805. Gegen Paulus Commentar.Vrg. Jen. Lit.Z. 806. N. 155. Allg. Lit.Z. Ergänzbl. 808. N.1.

d) Nur *Lactant*. Instt. div. IV, 26 : Suffixus Christus cum spiritum deposuisset, necessarium carnifices non putaverunt ossa ejus suffringere, sicut eorum mos ferebat. Vrg. *J. Lipsii* de cruce II, 14. Dgg : Lücke, Jo. B. II. S. 766. *e*) Deuter. 21, 22s. *Josephi* B. jud. IV, 5, 2.

f) Jo. 19, 31. *Philo*, adv. Flaccum. [ed. Mang. T. II. p. 529.]

g) Dgg : Weiße, B. II. S. 325f.

h) Doch kommt er als Gnadenstoß vor bei 2 Märtyrern : Acta Sanctt. Jun. T. III. p. 571. Auch erscheint die Wunde nach Jo. 20, 25 als tief und breit.

i) *Th. Bartholinus*, de latere C. aperto. L. B. 646. [Lps. 664. 683.] Frcf. 681. *Cp. Sagittarius*, de lancea, qua perfossum C. latus. Jen. 673. [Thes. Dss. Amst. T. II. p. 381-7.] *Faes*, [pr. *J. Saubert*] de vulnerib. C. Hlmst. 676. *J. A. Quenstedt*, de vuln. C. ad Jo. 19, 34. Vit. 678. [Thes. Dss. Amst. T. II p. 394-401.] *C.W.Wedel*, de latere C. aperto. Jen. 686. 4. *J. Nic. Jacobi*, de vuln. C. Lps. 686. 4. *En. Suantenius*, de lancea, qua C. corpus perfossum. Rost. 686. *Cp. Loescher*, de vuln. C. Vit. 697. *Triller*, de mirando lateris cordisque C. vuln. Vit. 775. 4. — *Jo. Fr. Koeber*, Dss.XXIV. de sang. J. C. colleg. et indice auxit *Fr. A. Ferber*, Dresd. et Pirn. 597. *J. Ch. Ritter*, [pr. *J. A. Quenstedt*] de aqua ex C. latere profluente. Vit. 687. [Thes. Dss. Amst. T. II. p.388-93.] *Ch. E. Eschenbach*, de effluxu sanguinis et aquae e latere C. perfosso, miraculi defectu non laboraute. Rost. 775. 4. [Scrr. med. p. 82-123.] *K. G. Schuster zu Mt. 28, 2 u.Jo. 19,34. [Eichhorns allg. Bibl. B. IX. S. 1036 ff. B. X. S. 821ff.] *J. Schulthetz, ü. Jo. 19, 34. [Winers ex. Studien. B. I. S. 103 ff. Vrg. S. 133ff.]

k) *Gruner*, l. c. p.47.73. 80 ss. u. a. nt. i. Hug in d. Freyb. Zeitschr. H. 3. S. 176 ff. Hoffmann, b. L. J. v. Str. S. 395 f.

l) Vrg. H. v. Schubert, Gesch. d. Seele. A. 2. 833. S.102. Frorieps Notizen im Gebiete b. Natur= u. Heilkunde. 834. N. 903.

m) Strauß, B. II. S. 550 : als vermeinte Todesprobe in Bezug auf die bemerkte rasche Zersetzung des durch Aderlässe ausgestoßnen Blutes. Aber in jenem Jahrhunderte und in Palästina war nur zu viel Gelegenheit todbringende Aderlässe zu sehen. Daher die Kirchenväter das Ereigniß als ein Wunder betrachten. *Orig.* c. Cels. II, 36. *Aug.* tract. 15 in Jo. *Euthym.* ad h. l. Vrg. *A. Calovius*, de fluxu sang. et aquae C. laterali. Vit. 679. Dgg: Ebrard, S. 563 ff. nach medicinischen Citaten behauptet, daß unter gewissen Krankheitsformen schon im lebenden Körper die Zersetzung geschehe [wie häufig bei der Cholera]. Aber Kreuzigung ist so wenig als Enthauptung eine Krankheit.

n) Schuster in Eichhorns Bibl. B. IX. S. 1036 ff. Dgg: Lücke, Jo. B. II. S. 768. Strauß, B. II. S. 548.

o) Dieß auch die altkirchliche Ansicht. Vrg. Dogmatik, §. 205, nt. d. Wenn aber neuerlich die joh. Erzählung deßhalb für eine allegorische Fiction gehalten wird, nach Weiße, B. II. S. 326 ff. in Bezug auf die sacramentale Bedeutung der beiden Stoffe durch ein Mißverständniß von 1 Jo. 5, 6, nach Baur, Evv. S. 216 ff. als urbildliche Verwirklichung von Jo. 7, 38 ss., Wasser als Sinnbild des H. Geistes [das Gegentheil auf der Hochzeit zu Kana, Eb. S. 115 f.], so hängt dieß mit dem Grundirrthum zusammen, der, so fremd der sonstigen Geschichtsconstruction der Tübinger Schule, die Thatsache nicht als Träger der Idee anerkennt, mag sie ursprünglich darin liegen, oder wie hier subjectiv hineingelegt sein. Das Zeugniß Jo. 19, 35, welches aus „der unmittelbaren Selbstgewißheit seines christlichen Bewußtseins" hervorgehn soll, wäre dann doch nur die Unwahrheit eines Schwärmers.

p) Als Todeszeichen Neander, S. 769, gegen doketische Zweifel Olshausen, Comm. II. S. 501 u. Ammon, B. III. S. 445 f. Das Eine oder Andre De Wette, B. I. T. 3. S. 210. Gegen beides Weiße, B. II. S. 550 ff. Als Todesbeweis und zur Erfüllung der Weißagungen in weiterer Ausbildung des schon Mc. 15, 44 sichtbaren Triebes der Sage Strauß, B. II. S. 550 ff. [M. 3. B. II. S. 603 f. als ein unsicherer, auf einer Selbsttäuschung ruhender, wenn auch nicht ganz erdichteter Bericht.]

q) L. J. Schmidtmann, einleuchtende medicinisch-phil. Beweise, daß J. C. nicht von e. todähnlichen Ohnmacht befallen gewesen, sdn. wahrhaft gestorben sei. Osnabr. 830. Vrg. Allg. KZ. Lit. Bl. 831. N. 63. — *William Stroudt*, M. D., a treatise on the physical cause of the death of Christ and its relation to the principles and practice of christianity. Lond. 847.

r) Bruhier, sur l'incertitude des signes de la mort. Par. 749. 2 T. Übrs. v. Jancke. Kopenh. 754. Brinkmann, Bew. d. Möglichk., daß einige Leute lebendig können begraben werden. Düsseld. 772. *van Swieten*, Or. de morte dubia. Vien. 778. Hufeland, v. Ungewißheit d. Todes u. das einzige untrügliche Mittel, sich von s. Wirklichk. zu überzeugen, u. das Lebendigbegraben unmöglich zu machen. Weim. 791. J. G. Taberger, der Scheintod. Hannov. 829. Vrg. Olshausen, Comm. B. I. S. 269 f.

s) Gegen Bahrdt, Ausführ. des Planes u. Zwecks J. s. Paulus, ex. Handb. B. III. S. 793 f. Gegen die Xenodorien: [Heilbronn 836.] *Die letzten Schicksale J. o. Würdig. d. Hypothese v. Jos. u. Nik. Von e. Geistl. Würtemb. 836. *B. in E. Ist d. Tod J. als bloßer Scheintod anzusehn? [Stud. d. Württ. Geistl. B. II. H. 2.]

t) Olshausen, Comm. B. II. S. 502. 512 f. Lücke, Jo. B. II. S. 768 f.

u) Schuster in Eichhorns allg. Bibl. B. IX. S. 1053. *Paulus, ex. Handb. B. III. S. 785 ff. Henneberg u. a.

v) H. A. Zeibich, v. d. Unverweslichk. d. Leibes J. im Grabe. Gera 776. 4.

§. 117. Das Grab und die Wache.

Mt. 27, 57-66. 28, 2-4. 11-15. Mc. 15, 42-47. Lc. 23, 50-56. Jo. 19, 38-42.

Nach Mt. 27, 60 war das Felsengrab Eigenthum des Josephus, nach Jo. 19, 42 wurde der Leib des Herrn wegen der Nähe des Sabbats in ein naheliegendes Grabmal gelegt.[a] Aus dem Letztern mochte leicht die Voraussetzung des Erstern entstehn. Nur Johannes erzählt, daß Josephus und Nikodemus den Leichnam sogleich auf's reichste nach jüdischer Sitte einbalsamirten.[b] Wenn daher die Frauen erst am Sonntagsmorgen kamen, die Einbalsamirung zu vollziehn, während sie nach allen Synoptikern die Grablegung mit angesehn hatten: so ist möglich, daß sie nach Frauenart die Beweise ihrer Liebe überflüssig hinzuthun wollten; doch ist der synoptischen Erzählung die johanneische Thatsache unbekannt.[c] Daß dieses aber eine fortschreitende Sagenbildung sei, deren historischer Grund im 1. und deren Ziel im 4. Evangelium vorliege,[d] dafür ist schon dieses nicht wahrscheinlich, daß reiche und hochgestellte Freunde Jesu, wenn sie jetzt ungescheut hervortraten,[e] ihm nicht auch die volle letzte Ehre gezeigt haben sollten, die nach jüdischer Sitte unter Wohlhabenden allgemein vorausgesetzt wird, cf. Mc. 14, 8 et parr. Dagegen die allein im 1. Evangelium erzählte Bewachung des Grabes ist nach ihrer Veranlassung und nach dem Benehmen aller darein verflochtenen Personen so unwahrscheinlich, daß sie nur als Sage betrachtet werden kann, deren Anlaß Matthäus selbst [28, 15] in dem jüdischen Gerüchte eines Leichendiebstahls nachgewiesen hat.[f] Wird angenommen, um der Hauptschwierigkeit [cf. Act. 5, 34 ss.] zu entgehn, daß die Sache allein von Kaiaphas unter der Hand abgemacht worden sei,[g] so ist dieses nur der Anfang zur Anerkennung der historischen Unsicherheit dieses Berichts.[h]

*J. D. *Michaelis*, Erklärung d. Begräbniß- u. Auferstehungsgeschichte. Hal. 783.
C. *Ortlob*, de sepulchro C. Vit. 656. 4. [Thes. Dss. Amst. T. II. p. 252-57.] De sepultura C. [Fasc. Dspp. theol. ds. IV. Vit. 663. 4.] *God. Thilo*, de sepulc. C. Vit. 668. 675. 4. [Thes. Dss. Amst. T. II. p. 258-61.] *Abr. Petzsch*, de sepulc. C. Lps. 693. 4. *J. A. Schmid*, de tumba Servatoris. Helmst. [703.] 727. 4. *G. G. Kirchmaier*, de sepulc. J. C., speciatim e Cl. Salmasii interpretatione. Vit. 711. 4. De sepulc. C. Jen. 716. 4. *P. Zorn*, de sepulc. C. ex petra exciso. Sedini 730. 4. *Jon. G. de Water*, [pr. *Pet. Wesseling*] ad Hist. sepulc. et sepult. J. C. Traj. ad Rh. 761. 4. Cf. *Fr. Müller*, de sepulchris Hebrr. veterum. Giss. 666. 4. *Nicolai* l. IV. de sepulchris Hebrr. L. B. 706. — *Franc. Woerger*, Vastatio sepulchri dom. desperata ac irreparabilis. Lubec. 688. 12. — Das heilige Grab und Calvaria [Golgatha], welche unter demselben Dache der Auferstehungskirche gezeigt werden, auf einem felsigen Vorsprunge des Hügels Akra, sind nicht durch eine ununterbrochene Tradition verbürgt, sondern wurden für Constantin unter einem Venustempel entdeckt. *Eus.* Vita Const. III, 25-40. Ihre Lage in so bewohnter Vorstadt, daß diese ein Jahrzehent nach dem Tode Jesu durch die sogenannte dritte Mauer in die Stadt eingeschlossen wurde, ist

kein Grund gegen die Berechtigung, denn Neubauten einer sich ausbreitenden Stadt mochten die alte Richtstätte und Gärten umgeben. Die Entscheidung über die mögliche Identität liegt in der Frage: ob das seit Constantin dafür angesehene heilige Grab außerhalb der einstmaligen sogenannten zweiten Stadtmauer lag? Diese Mauer ist verschwunden. Nach ihrer von Josephus [B. Jud. V, 4, 2] angegebenen Lage hat sie, von ihren beiden Endpunkten in gerader Linie gedacht, die Grabesstätte allerdings ausgeschlossen. Doch würde sie dann auch den innerhalb der Stadt angelegten Teich des Hiskia ausgeschlossen haben, und nach Josephus war sie kreisförmig [κυκλούμενον]. Allein noch fehlt die sichere Bestimmung über den östlichen Anfangspunkt der Mauer, das Thor Gennath, und ob der jetzt dafür genommene Teich des Hiskia der ursprüngliche sei. Gräber konnten, wie anderwärts, in oder an der Stadtmauer liegen, und in der Auferstehungskirche findet sich noch die Spur eines zweiten Grabes. Gegen die hergebrachte Überlieferung: Jonas Korte, Reise n. d. gelobten Lande. Alton. 741. S. 210 ff. J. F. Plessing, ü. Golg. u. C. Grab, m. Grundr. v. d. Gegend u. Stadt b. heut. Jerus. Hal. 789. Crome in d. Hall. Encykl. S. II. B. XV. S. 316 ff. *Robinson, Palästina, B. II. S. 268 ff. *Drs., Neueste Unters. ü. d. Topographie v. Jer. Hal. 847. *O. Thenius*, Golgotham et s. sepulcrum extra Hieros. et hodierna et antiqua etiamnunc superesse. [Zeitsch. f. hist. Th. 842. H. 4.] Dafür: *Chateaubriand*, Itinéraire de Paris à Jerus. Par. 811. T. I. p. 122 ss. *J. M. A. Scholz*, de Golg. et J. C. sepulcri situ. Bonn. 825. 4. [Nur das h. Grab, nicht Golg.] H. v. Schubert, Reise n. d. Morg. Grl. 838 ff. B. II. S. 503 ff. K. v. Raumer, Beitrr. z. bibl. Geogr. S. 55 ff. *G. Williams*, the holy city. Lond. 845. E. G. Schultz, Jerus. Brl. 845. A. Schaffter, d. ächte Lage b. h. Grabes. Bern 849. Brg. J. P. Fallmerayer, Denkfch. ü. Golg. u. d. h. Grab. Münch. 852. f. Winer, Realw. B. I. S. 436 f.

Mart. Adelt, de phylacteriis C. [Miscell. Lps. P. VIII.] *Cp. A. Heumann*, Testimonium militum de resurrectione C. Gott. 735. 4. [Primitt. p. 92-103.] *Cp. F. Lange*, [pr. *Ph. F. Hane*] de custodia Serv. sepulchro adposita. Kilon. 752. 4. J. C. Ernesti, Bew., daß die Hüter d. Grabes d. auferstandnen J. nicht gesehn. [Bartholomäis Fortf. v. Colers nützl. Anmerkk. B. I. S. 443 ff.] *G. Gadolin*, in Mt. 27, 62 ss. et 28, 11-15. Abo 797. 4.

a) Als gleich: Michaelis, S. 45 ff. Tholuck, Jo. S. 385. Dgg: Strauß, B. II. S. 560 f.

b) *J. J. Chifflet*, de linteis sepulchralibus C. Salv. crisis hist. Antv. [624.] 688. 4. [Miscell. Amst. 688. T. I. p. 1 - 129.] *Balth. Cellarius*, de unctura sepulcrali C. Hlmst. 657. *Ch. Faselt*, de unct. C. sepulcr. Vit. 676. [Thes. Dss. Amst. T. II. p. 273 ss.] *J. A. Schmidt*, de sudariis C. Hlmst. [698.] 726. 4. c) Gegen die Ausgleichungsversuche, nach dem Wolfenb. Fragmentisten: Strauß, B. II. S. 556 ff.

d) Eb. B. II. S. 558 ff. Nur ein Mißverstehn der auch im 4. Ev. aufbewahrten geistreich schwermüthigen Worte Jesu bei der Salbung in Bethanien kann darin ein Zeugniß finden gegen die Einbalsamirung und ein Surrogat derselben.

e) *Björklund*, [resp. *J. A. Kranck*] de Jos. ex Arim. Abo 729. Psychol. Bemerkf. zu Jo. 19, 38. [Journ. f. Pred. 785. B. XVI. St. 4.]

f) [*J. C. Stemler*] De Hist. resurr. C. additamentis quibusd. temere corrupta. Lps. 761. Fünftes Wolfenb. Fragment. S. 437 ff. [Dgg: *J. E. Pfeiffer*, Fides Mt. in producendis resurr. C. testib. custodib. sepulcri. Erl. 779.] Stroth in Eichhorns Rep. B. IX. S. 141 ff. *Paulus*, de custodia ad sepulc. J. disposita quid judicandum sit, denuo expenditur.

§. 118. Auferstehung Jesu.

Jen. 795. 4. [Abdruck in: Meletemata ad Hist. dogm. de resur. Jen. 796.] u. Er. Handb. B. III. S. 837 ff. [Dgg: J. Tobler, ü. Mt. Erz. v. Bewahr. d. Grabes J. In s. theol. Auff. u. Andachtsbl. Zür. 797. *Süskind, ü. d. Verh. d. Wache am Grabe J. z. Wahrh. sr. Auferst. In Flatts Mag. St. 9. S. 156-219.] J. W. B. Nußwurm, Etwas ü. d. Wache am Grabe J. In Augustis theol. Monatsch. 801. S. 414-31. [Dgg: F. W. Geucke, ü. d. Wächter am Grabe J. Eb. 802. S. 237-63.] Kern, ü. d. Urspr. des Mt. In d. Tüb. Zeitsch. 834. H. 2. Brg. 836. H. 3. *Strauß, B. II. S. 562 ff. [Dgg: Hoffmann, d. L. J. v. Str. S. 400 ff. Krabbe, S. 510 f. Ebrard, S. 571 f. 583 f. Lange, B. II. S. 1681 ff.] Weiße, B. II. S. 343 f. Theile, z. Biogr. J. S. 70.

g) Olshausen, Comm. B. II S. 506 f.

h) Cf. Ev. Nicod. c. 14. [*Thilo*, Codex apocr. N. T. T. I. p. 629.]

§. 118. Die Auferstehung. Mt. 28. Mc. 16. Lc. 24. Jo. 20.

Die Evangelien sind nur darin einstimmig, daß am Morgen nach dem Sabbat das Grab von den Frauen leer gefunden und die Kunde der Auferstehung an die Apostel gebracht wurde. Alle erzählen Erscheinungen des Auferstandenen aus der nächsten Zeit, zum Theil dieselben, [Lc. 24, 13-35. cf. Mc. 16, 12 s. Jo. 20, 1-10. cf. Lc. 24, 12. 34. Jo. 20, 19-23. cf. Lc. 24, 36 ss.] aber auch diese mit starken Abweichungen, zum Theil ganz verschiedene, ohne irgendeine Rücksicht auf einander.ª) Von den durch Paulus 1 Cor. 15, 5 ss. aufgeführten Erscheinungen steht die vor Jakobus nur noch in einem unkanonischen Evangelium mythisch ausgeschmückt,ᵇ) die vor den 500 ist den Evangelien ganz entschwunden.ᶜ) Ihrer möglichen Ineinanderreihung steht vornehmlich entgegen, daß nach Mt. 26, 32. 28, 7. 10. Mc. 14, 28. 16, 7 die Apostel nach Galiläa gewiesen werden, um dort den Auferstandenen zu treffen, und Matthäus erzählt auch nur dieses eine Wiedersehn. Dagegen nach Lc. 24, 36 ss. Jo. 20, 19 ss. Jesus noch am Auferstehungstage in Jerusalem zu den Aposteln kommt, und nach Jo. 20, 26 ss. ebendaselbst 8 Tage später.ᵈ) Die Passahordnung motivirt wenigstens einen noch mehrtägigen Aufenthalt der Apostel in Jerusalem, und ein Gebot Lc. 24, 49, Jerusalem nicht zu verlassen, läßt nach der spätern Aufklärung desselben Autors Act. 1, 3 s. für einen Zwischenaufenthalt in Galiläa Raum.ᵉ) Die 3 Erscheinungen bei Markus sind im Territorium von Jerusalem zu denken; aber Mc. 16, 9 ss. steht so zusammenhangslos zu dem Vorhergehenden, daß es als Schluß von fremder Hand erscheint.ᶠ) Nur Jo. 21 ist noch eine Zusammenkunft in Galiläa erzählt; aber dieses Zusatzcapitel zählt v. 14 die Offenbarungen des Auferstandenen in der Art, daß es als authentische Zählung jede Ausgleichung unmöglich machen würde.ᵍ) Obwohl daher die Momente des Wiedersehns sich in schwankenden Überlieferungen darstellen,ʰ) wie dieß nach der Besonderheit des Gegenstandes und nach der Harmlosigkeit einer Geschichtschreibung, die neben die letzte Erzählung des Lukasevangeliums ohne weitere Vermittelung die erste Erzählung der

Apostelgeschichte stellt, kaum anders zu erwarten ist: so steht doch durch die apostolischen Briefe, besonders durch 1 Cor. 15, 5 ss. über allem Zweifel, daß die Apostel und viele andere Jünger überzeugt waren, Erscheinungen des auferstandenen Christus gehabt zu haben.¹) Hierdurch ist die Möglichkeit eines reinen Mythus ausgeschlossen, k) sowie einer Täuschung der Apostel durch fremde Hinwegnahme des Leichnams.¹) Ein Betrug der Apostel m) wird durch ihre Sache, ihren Charakter und ihr Schicksal zur Unmöglichkeit; gerade dasjenige, worauf jede Ablehnung des historischen Thatbestandes sich stützen muß, die Ungenauigkeit oder der Widerspruch der evangelischen Berichte, ist dieser Hypothese keine Stütze.n) Ein öffentliches Wiederauftreten Jesu würde zwar weder bedeutungslos, noch zwingend zum Glauben gewesen sein, doch ein gewaltsames Zusammenstoßen des Volkes mit der Staatsgewalt oder widerliche Verhandlungen über einen Pseudo-Jesus herbeigeführt haben. o) Die Behauptung, daß die Apostel sich allmälig in den Tod des Herrn gefunden, ihn als schriftgemäß in ihre Messiasvorstellung aufgenommen hätten, und so der in ihnen wiederauflebende Messias sich Einzelnen zu Visionen seiner äußern Erscheinung steigerte, p) bedarf außerdem noch seltsamer Mißverständnisse, q) und mit einer Verdichtung der Visionen zu den materiellen Lebensanweisungen in Jerusalem, r) die mehr lügenhaft als sagenhaft sein würde. Aber ein bisher unerhörter Glaube wird hier abgeleitet aus der gänzlichen Hoffnungslosigkeit, eine unermeßliche Wirkung aus der nichtigsten Ursache, die Umgestaltung der Weltgeschichte aus einer zufälligen Selbsttäuschung. s) Daher diese Conjectur sich dahin steigern mußte, daß Jesus als abgeschiedener Geist sich durch seine magische Wunderkraft den durch Mittheilung derselben tiefaufgeregten Gläubigen wirklich bethätigt habe.t) Die eine historische Grundlage dieser Ansicht ist, daß Paulus sein eignes Erlebniß den andern Erscheinungen des Auferstandenen gleichstellt. u) Aber wenn Paulus zu dieser Betrachtungsweise durch persönliche Wünsche geneigt und insofern berechtigt war, als seine Katastrophe ihm die Erscheinung des persönlichen Christus gewesen ist, so war ihm doch der Glaube an Jesu Auferstehung nicht erst aus sich selbst heraus zu erzeugen, und dem Jünger Gamaliels würde das Hervorgehn des Geistes aus dem Hades nicht wahrhaft eine Auferstehung gewesen sein. Bloße Geistererscheinungen, deren nothwendig ganz subjective Auffassung immer wieder zur bloßen Vision herabsinkt, v) würden einen unsichern, unheimlichen Eindruck, nie diesen großen, sittlichen Aufschwung hervorgebracht haben, und wie sehr auch der historische Inhalt der ersten Capitel der Apostelgeschichte in Anspruch genommen werde, w) so bleibt doch unleugbar die frühe Gründung der Gemeinde in Jerusalem mit dem Glauben an den Auferstandenen, der hier,

§. 118. Auferstehung Jesu.

wenn kein Betrug dazwischen trat, an seinem Leichnam zu Schanden geworden wäre. Sonach ruht die Wahrheit der Auferstehung unerschütterlich auf dem Zeugnisse, ja auf dem Dasein der apostolischen Kirche.*)

C. Cellarius, de victore C. ex morte reduce et triumphat. Ziz. 679. J. Rambach, Betrachtt. ü. d. Gesch. d. Auferst. C. Mit Vorr. v. d. apost. Methode, die Wahrh. d. Auferst. zu erweisen, von F. E. Rambach. Frkf. u. Lpz. 743. W. Burkitt, Gesch. d. Auferst. u. Himmelf. J. C. Mein. 774. **J. G. Rosenmüller*, de sepulc. C. vacuo. Erl. 780. 4. **J. J. Griesbach*, Inquiritur in fontes unde Evv. suas de resurr. Domini narrationes hauserint. Jen. 784. 4. [Opp. ed. *Gabler*, Jen. 824. T. I. N. 14.] Drf. Vorless. ü. d. Hermeneutik des N. T. m. Anm. a. d. Leidens= u. Auferstehungsgesch. hrsg. v. Steiner, Nürnb. 815. *T. F. Benedict*, Brevis narratio de C. in vitam revocato. Torgav. 790. 4. *C. Fr. Ammon*, de vera J. C. publice fato functi reviviscentia. Erl. 808. 4. **C. A. Frege*, Librorum sacr. de J. C. a mortuis revocato atque in coelum sublato narrationem, collatis vulgaribus illa aetate Judaeorum de morte opinionibus, interpretari conatus est. Hamb. 833. *Doedes, de J. in vitam reditu. Traj. ad Rh. 841.

Magn. Crusius, Analecta de antiquissimis Harmoniae ev. circa resurrectionem C. oppugnatoribus et defensoribus. Acc. *Epiphanii* jun. scriptum ἀνέκδοτον de dissensione quatuor Evv. in Hist. resurr. C. [Miscell. Groning. T. IV. p. 140 ss.] Vrg. ü. d. Schrift des Epiphanius die Hamb. verm. Bibl. B. I. S. 898 ff. **A. H. Niemeyer*, de Evv. in narrando J. C. in vitam reditu dissensione variiisque veterum Eccl. doctorum in ea dijudicanda ac componenda studiis. Hal. 824. 4. — **Jo. Gerhard*, Com. in Harm. Hist. ev. de resurr. et ascens. C. Jen. 617. 4. *Reehaanii* Diascepsis, quae sit Harm. ev. in Hist. mulierum paschali. Vit. 619. 4. *Pol. Lyserus*, de J. C. resurr. ex Evang. fer. I. pasch. Vit. 651. 4. *Nic. Köpken*, de adparitionibus C. post. resurr. Grypesw. 701. 4. *Ch. G. Eichler*, Harm. Hist. ev. de iis, quae circa sepulc. C. resurgentis facta sunt. Gott. 737. 4. *Ejusd.* Anti-Harduinorum biga, alt. de Galilaeo monte, alt. de Harm. apparitionum C. redivivi, ad vindic. loc. Mt. 28, 16. Lps. 737. 4. *M. Crusius*, Harm. Hist. ev. de iis, quae circa sepulc. C. resurgentis facta sunt, ab apparenti dissensu vindicatur. Gott. 737. 4. *B. G. Clauswitz*, Δυσνόητα, quae Harm. Hist. resurr. J. C. circumstant, brev. expedita. Hal. 747. 4. *Jc. Carpov*, Itinerarium C. redivivi. Jen. 763. 4. *J. F. Rehkopf*, Resurr. dominicae Hist. harm. Helmst. 775. 4. **J. C. Velthusen*, Hist. resurr. C. ex diversis commentariis probabiliter contexta, et insertis subinde animadvv. ill. atque confirmata. Helmst. 780. 4 Pgg. 4. [Comm. theol. ed. *Velthus.* etc. 797. T. IV. N. 3.] — *G. C. Storr, d. Gesch. d. Auferst. u. Himmelf. J. C. Tüb. 782. 4. [Predigten über den in Colonnen harmonisch vorgesetzten Text.]

a) Wolf. Fragm. u. Lessing, Duplik. [nt. m. n.] Kaiser, bibl. Theol. B. I. S. 254 ff. *Strauß, B. II. S. 588 ff. Übersicht der 10-11 Erscheinungen: De Wette, B. I. T. 3. S. 214 f.

b) Hieron. Catal. de viris illustr. c. 2: nach dem Ev. der Hebräer.

c) Dgg: Paulus, ex. Handb. B. III. S. 897. Olshausen, Comm. B. II. S. 541. *Doedes* l. c. p. 128. Ebrard, S. 585. 591 ff: Die Abschiedsscene Mt. 28, 16 ss. als gleich mit 1 Cor. 15, 6. Zu diesem Behufe übersetzt Lange, B. II. S. 1727 Mt. 18, 16 οἱ ἕνδεκα μαθηταί "die Gläubigen." Aber Matthäus nennt nur die 11 und die Worte des scheidenden Christus sind an sie gerichtet. Jene Harmonistik ist eben so „kühn und paradox," als wenn Weiße [B. II. S. 416 ff.] die Erscheinung vor den 500 für daſſelbe Ereigniß hält mit der Pfingſt=Ausgießung des H. Geiſtes bei Lukas. Dgg: H. Bauer in d. Stub. u. Krit. 844. H. 3. S. 720 ff.

d) Leſſing, Duplik, [Schrr. Brl. 825. B. V.] S. 182 ff. Strauß, B. II. S. 588 ff. Gegen Matthäus: Schulz, ü. d. Abendm. S. 321. Schneckenburger, ü. d. Urſpr. d. 1. kan. Ev. S. 17 ff.

e) Schleiermacher, ü. d. Luk. S. 299 f.

f) Kuinoel, Fritzsche ad Mc. 16, 8 ss. *g)* Dgg: Kern, Tüb. Zeitſch. 836. H. 3. S. 47. Brg. Strauß, B. II. S. 603 f.

h) Die neueſten Harmoniſten haben dieß weſentlich zugeſtanden: Eberard, S. 574 ff: ein ſubjectives Auffaſſen und freies Zuſammenfaſſen; Lange, B. II. S. 1671 bezeichnet das Verlangen nach geſchichtlicher Genauigkeit in den ev. Berichten als eine „höchſt philiſterhafte Zumuthung."

i) Strauß, B. II. S. 607 f.

k) Dgg: Kaiſer, bibl. Theol. B. I. S. 253. Brg. Verſuch ü. d. Auferſt. J. [Schmidts Bibl. f. Krit. u. Er. B. III. St. 3.] Eberhard, Geiſt d. Urchr. B. III. S. 120. [*J. G. Hasse*] Historiae de C. in vitam et coelum redeunte ex narrat. Livii de Romuli vulgo credita divinitate illustratio. Regiom. 805. 4.

l) In Bezug auf den alten ſchon durch Jo. 20, 15 gegebenen Vorwurf ironiſch *Tertul.* de spectt. c. 30: Hic est, quem-hortulanus detraxit, ne lactucae suae frequentia commeantium laederentur. Erneut von Hennell, [§. 22, nt: a] S. 117. 121 ff.

m) Tertul. ib. - quem clam discentes subripuerunt. *Orig.* c. Cels. II. 55. — *[H. S. Reimarus] Über d. Auferſtehungsgeſch. [Leſſings Beitr. a. d. Schätzen d. Wolfenb. Bibl. 4. Beitr. 5. Fragment. 777.] Brg. Eiſenmengers entd. Judenth. B. I. S. 189 ff. *Th. Morgan*, the resurrection of Jesus considered. Lond. [743:] 749. *Th. Chubb*, posthumous works. Lond. 748. T. I. p. 330 ss. *Woolston* [nt. p].

n) Fabricii Delectus argumentorum et syllab. scriptt. de veritate rel. chr. p. 704 ss. *[Thom. Sherlock*] The tryal of the witoesses of the resurrection of J. Lond. 729. ed. 5. Oxf. 734. [Gerichtl. Verhör der Zeugen d. Auferſt. übrſ. v. J. A. Schier. Lpz. 3. A. 748. 5. A. 763.] *J. G. Zeiske*, Monotessari ἀναστασίμον vindiciae. Vit. 736. 4. *J. A. Buttstedt*, de Judaeo, obtrectatore, vindice ac teste resurr. J. C. Ger. 748 ss. 7 Pgg. *Ejusd.* Meditatt. de eo, quod demonstrationis ac roboris ex P. Pilati et custodiae sepulchri rationibus resurr. C. veritati accedat. Erl. 764. 4. *C. M. Pfaff*, de verit. resurr. C. contra incredulos. Tub. 753. 4. *C. Tim. Seidel*, potiora dubia et vir. chr. nominis hostibus contra veritatem resurr. Redemptoris mota examinantur et refelluntur. Helmst. 758. *J. S. Weickhmann*, Legati J. reditus illius in vitam, non deismi praecones. Vit. 767. 4. *[J. H. Reß]* Die Auferſtehungsgeſch. gegen einige im 4. Beitr. a. d. Wolfenb. Bibl. gemachte neuere Einwendd. vertheid. Braunſchw. 777. [Dgg: *G. E. Leſſing*, eine Duplik. Contestandi magis gratia, quam aliquid ex oratione promoturus. Brnſchw. 778. u. in d. Schrr. Brl. 839. B. X. S. 46 ff.] [Drſ.] Die Auferſtehungsgeſch. J. C. ohne Widerſprüche. Gegen e. Duplik. Hann. 779. F. D. Behn, Werth. d. Auferſt. J. [Lüb. 777.] Hmb. 778. 4. J. B. Lüderwald, d. Wahrh. u. Gewißh. d. Auferſt. J. C. Hlmſt. 778. Neue Unterſuch. ü. die Auferſtehungsgeſch. J. C. Frkf. u. Lpz. 778. G. C. Silberſchlag, Antibarbarus. Brl. 778. B. I. *J. C. Döberlein, Fragmente u. Antifragmente. Nürnb. [778. 782.] 788. B. I. J. F. Kleuker, einige Belehr. ü. d. Auferſt. C. [Belehrr. ü. Toler. Frkf. 778.] N. Treſchow, ü. die Geſch. u. Lehre von d. Auferſt. d. Erlöſ. Danz. 778. *S. G. Geiser*, de dubitationib. c. Hist. reditus J. C. ad vitam allatis. Kil. 778. [J. C. Scheibel] Neueſte Unterſ. ü. d. Geſch. d. Auferſt.

§. 118. Auferstehung Jesu.

J. C. Bresl. [788.] 797. *G. Leß, die Auferstehungsgesch. J. nach allen 4 Evv., nebst Anh. gegen die Wolfenb. Fragm. Gött. 779. G. C. B. Mosche, Beitrr. z. Berth. d. Auferstehungsgesch. Frkf. 779. *Semler, Beantw. d. Fragmm. Hal. 779. S. 260 ff. J. H. D. Moldenhawer, ausführliche Prüfung des 5. Fragm. v. d. Auferst. Hmb. 779. A. P. G. Schickedanz, Beurth. d. Fragm. d. Auferst. J. betr. Frkf. 779. J. C. Velthusen, Gedanken ü. Lessings Fragm. [Cramers Beitrr. z. Beförd. theol. Kenntniße. B. II. S. 259 ff.] [Drs.] Über d. neusten Einwürfe wider d. Gesch. d. Auferst. J. [Eb. B. III. S. 245 ff.] J. M. Schreiter, offenb. Wahrh. d. ev. Auferstehungsgesch., bes. wider die Lessing. Widersp. Lpz. 780. A. F. Rückersfelder, Prüf. u. Widerl. d. Wolfenb. Fragm. Übrs. v. J. H. Pratje. Brem. 780. Briefe e. reisenden Juden u. b. gegenwärt. Zustand d. Religionswesens u. ü. d. Auferst. J. Hrsgg. von e. Layen=Bruder [angebl.] 4. A. 781. *J. D. Michaelis, Erkl. d. Begräbniß= u. Auferstehungsgesch. C. nach den 4 Evv. mit Rücks. auf die in d. Fragmm. gemachten Einwürfe u. deren Beantw. Hal. 783. Das 5. Fragm. aus Leßings Beitrr. mit. J. D. Michaelis Anmerff. Als Anh. z. Auferstehungsgesch. Hal. 785. *J. G. Schmid*, Hist. resurr. C. a novissimis quibusdam objectionibus vindicata. Jen. 784. 4. F. N. Volkmar, Prüf. d. Glaubwürdigk. d. Zeugn. d. Evv. v. d. Auferst. u. Himmelf. nach röm. Rechte. Bresl. 786. *J. F. Pleßing, die Auferstungsgesch. aus Neue betrachtet. Hal. [786.] 788. Drs. harm. Gesch. d. Auferst. J. C. bis zu s. Himmelf. Werning. 789. *J. E. Pfeiffer*, Hist. resurr. C. a contradictionib. objectis plane libera. Erl. 787. 4. *J. C. Friedrich*, ü. d. Gewißh. d. Auferst. J. [Eichhorns allg. Bibl. B. VII. S. 204-23.] Ein Fragm. ü. d. Auferst. J. [Augustis theol. Blätt. II. S. 785-89.] *C. Fr. Brescius, Apologie d. Auferstehungsgesch. J. [Apologien verkannter Wahrheiten aus d. Gebiete d. Christusrel. 1. Samml. Lpz. 804.]

o) Über die Ursachen, warum J. C. nach sr. Auferst. seinen Feinden nicht erschienen sey. [Augustis theol. Blätt. B. I. S. 554-63.] J. G. Becker, einige muthmaßl. Ursachen, warum J. nach sr. Wiederbelebung sich nicht b. Synedrium u. d. jüd. Volke gezeigt hat. [Eb. B. II. S. 46-51.] Cf. Feuerlin, de J. resuscitato, ab hostibus etiam viso, a solis familiaribus recognito. Gott. 750. 4. *Chladenius*, Hostes Servatoris resurrectionis ineptos testes probat. Erl. 750. 4. *Id.* Hostes non nisi prostratos in conspectum Servatoris resuscitati admittendos probans. Erl. 753. 4. *G. C. Pisansky*, Cur App. resurr. C. ante ejus adscensum in coel. non divulgaverint. Regiom. 782. Neander, S. 769 f. Krabbe, S. 520. Lange, B. II. S. 1667. Vrg. dgg: *Orig. c. Cels.* II, 63 s. 67. Wolf. Fragm. S. 450. 460. 492 u. a. Strauß, B. II. S. 629.

p) Strauß, B. II. S. 632 ff. Vrg. *Orig. c. Cels.* II, 59 s. *B. Spinoza*, Ep. 23. 25. ad H. Oldenburgium. *Th. Woolston*, a sixth discourse on the miracles of our Saviour. Lond. 729. — Über die allerdings vorgekommene Thatsache eines solchen in vielen gleichzeitig entstandenen visionären Glaubens: Hase, Neue Propheten. S. 333. 335.

q) Strauß, B. II. S. 637.

r) Eb. S. 635. 640 f. Weiße, B. II. S. 350 f. 386 f. 426.

s) Hoffmann, b. L. J. v. Str. S. 404 ff. Kern, Tüb. Zeitsch. 836. H. 3. S. 43 ff. Neander, S. 761 ff. Krabbe, S. 513 ff. Weiße, B. II. S. 427 ff. *t*) Weiße, B. II. S. 307-438. Vrg. *Orig. c. Cels.* VII, 35. J. F. des Côtes, die Gesch. u. Lehre v. d. Erscheinungen J. nach s. Tode. Manh. 809. Paulus Sendschr. an die Gal. übrs. Voran Abh. ü. πνεῦμα. Neust. a. b. 827. S. 13 f.

u) Weiße, B. II. S. 367 ff. Strauß, B. II. S. 633 ff. Vrg. *G. Olearius*, Demonstratio apost. resurr. J. C. ex 1 Cor. 15, 3 ss. Lps. 709. 4.

D. G. Werner, Paulus testis oculatus J. e mortuis suscitati. Stargard. 730. 4. **J. G. Rau*, Quatenus C. a Paulo Ap. visus esse dicatur. Erl. 800. 4. v) Weiße, B. II. S. 411 f.

w) Eb. S. 417. Strauß, B. II. S. 639 f.

x) Paulus, ex. Handb. B. III. T. 2. S. 826 f. Röhr, Grund= u. Gl. Sätze. A. 3. S. 187. *C. Ullmann, Was setzt d. Stiftung d. Kirche durch e. Gekreuzigten voraus? [Stud. u. Krit. 832. H. 3.]

§. 119. Das Leben des Auferstandenen.

Die Evangelien erzählen nicht mehr eine zusammenhängende Lebensgeschichte, sondern einzelne Erscheinungen des Auferstandenen, in denen sich die Geschichte nicht weiter entwickelt, und, abgesehn von dem Zusatzcapitel des 4. Evangeliums, mit auffallend geringem individuellen Inhalte.ª) Das bloße Dasein des aus dem Grabe Wiedergeborenen scheint sich den Jüngern übermächtig aufgedrungen, oder doch der Überlieferung fast ausschließlich eingeprägt zu haben.b) In der Darstellung des Auferstandenen zeigen sich beide Neigungen, ihn als fremdartig und geisterhaft Mt. 28, 17. Mc. 16, 12. Lc. 24, 31. Jo. 20, 19. 26, c) und doch als denselben leiblichen Menschen zu denken Mt. 28, 9. Lc. 24, 39-43. Jo. 20, 20. 27. 21, 5.d) Die Einigung durch Annahme eines verklärten d. i. nicht mehr irdischen Körperse) muß, wenn irgendetwas Bestimmtes dabei gedacht ist, den Prozeß der Verwesung durch ein beschleunigtes Abfallen der irdischen Elemente ersetzt denken; man aber wäre die Tastbarkeit und das Essen des Auferstandenen nur eine Täuschung.f) Daher auch nicht Auferstehung und Himmelfahrt zusammenfallen, weder bloß in der Tendenz des 4. Evangelisten,g) noch in der Wirklichkeit, denn die Erscheinungen des Auferstandenen wären dann entweder nur Geistererscheinungen, h) oder eine ganze Reihe von Himmelfahrten müßte angenommen werden, i) von denen nicht Eine glaubwürdig erzählt ist, oder bei mehrmaliger Wiederannahme des abgelegten Leibes zum Behufe der Erscheinung wurde ein Zauber geübt, der den Jüngern einen todten und verwesten Leib als einen lebendigen, mit seinen Wundmalen geschmückten darstellte.k) Daß aber diese Zeichen seiner Leiblichkeitl) erst in der Sage entstanden sein, ist schon durch die früh hervortretende Neigung, an einen verklärten, himmelfahrenden Körper zu glauben, unwahrscheinlich, während jenes Geisterhafte, das in der evangelischen Darstellung doch die Gränzen irdischer Beschränktheit nicht überschreitet, soweit es nicht der Darstellung und spätern Erinnerung angehört, der Entfremdung entsprungen sein mag, in die alles dem Tode Verfallene zum Lebendigen tritt,m) sowie der neuen Hoheit, die den irdisch Unsterblichen verklärte, cf. Mt. 28, 10. Mc. 16, 8. Lc. 24, 37 s. Jo. 21, 12. Doch bleibt das Geheimniß seines Aufenthaltes, dem die Jünger nicht einmal nachgefragt zu haben scheinen, seines Kommens und Gehens, ungelöst.n) Der göttliche

§. 119. Das Leben des Auferstandenen.

Weltplan, an den er in dunkeln Stunden geglaubt hatte, lag jetzt als die Erfüllung aller Weißagungen klar vor ihm ausgebreitet. Er sandte die Apostel aus, um in einem geistigen Reiche der Gottes- und Menschenliebe, unberührt von allen Mißverhältnissen des Staats und von allen Spaltungen der Völker, die Menschheit zu versammeln.

Nic. Gürtler, de J. C. in gloriam evecto. Franeq. 711. 4. *Jo. Jac. Quandt*, de gestis C. quadragesimalibus. Regiom. 716. 4. *Jo. Mark*, Hist. exaltationis J. C. illustr. L. B. 629. 4. *J. Jahn, was that J. während der 40 Tage? [Nachtrr. zu s. theol. WB. Tüb. 821. S. 1-15.] *A. L. G. Krehl*, Qua forma [μορφῇ] J. redivivus suis apparuerit. [Symbb. ad Th. N. T. Part. I.] Lps. 845. 4. — *C. L. Müller*, de resurr. J. C., vitaque eam excipiente et ascensu in coelum sententiae, quae in Ecc. ad finem usque sec. VI. viguerunt. Hann. 836.

a) Weiße, B. II. S. 422. Nur H. W. J. Thiersch [v. Kirche im apost. Zeita. Frkf. 852. S. 48 f.] weiß, „daß Christus in den 40 Tagen höchst wichtiges und reichhaltiges mit den nun zur tiefern Fassungskraft herangereiften Jüngern geredet hat, und daß sie sich dieß tief eingeprägt haben. Dennoch enthalten die Evangelien von dem allen nur wenige Zeilen. Hier hat also offenbar absichtliches Schweigen stattgefunden." Vielleicht hat Christus, wie der gelehrte Whiston versicherte, den Jüngern in den 40 Tagen die apostolischen Constitutionen dictirt.

b) Wie viel auch nicht zu beantwortende Fragen übrig bleiben, die scheinbare Unthätigkeit des Auferstandenen in dieser jedenfalls kurzen Zeit, in der sein bloßes Dasein eine unermeßliche Wirksamkeit geübt hat, ist kein Grund gegen die Auferstehung. Vrg. Neander, S. 770. Dgg: L. J. Rückert, Theol. B. II. S. 164 f. *c)* Weiße, B. II. S. 339. 366 ff.

d) Strauß, B. II. S. 611 ff.

e) Ansichten d. KVäter: *Müller*, l. c. p. 48 s. 75 ss. — Olshausen, Com. B. II. S. 509 ff. Glöckler, Evv. des Mt. Mk. u. Lk. S. 894 ff. Krabbe, S. 528 f. u. L. v. d. Sünde. S. 300 ff. — *G. Brockmann*, Utrum C. clauso sepulc. resurrexerit? Grypesv. 764. 4. *D. F. Schröder*, C. revera clauso et non ab augg. aperto sepulc. resurrexisse. Strals. 764. 4. *H. V. Becker*, Utrum C. clauso sepulc. resurrexerit et clausis januis discipp. conclave intraverit? Rost. 773. 4. *J. Kühn, Wie ging C. durch d. Grabes Thür? Ein schrift- u. zeitgemäßes Zeugn. v. d. Auferst. m. Rücks. a. d. Strauß'sche Analyse. Strals. 838.

f) Michaelis, Begr. u. Auferst. S. 251 f. Paulus, er. Handb. B. III. S. 833 ff. Lücke, Jo. B. II. S. 792 f. Dgg: Lange, B. II. S. 1697: Jesus habe nicht mehr das Bedürfniß, nur das Vermögen zu essen gehabt und gegessen um die Familiarität mit den Jüngern herzustellen. Abgesehn vom verklärten Magen und der ganzen Unvereinbarkeit der paulinischen Vorstellung des jenseitigen Leibes [1 Cor. 6, 13. 15, 50], wäre dann doch die Absicht gewesen, den Jüngern eine Vorstellung von seiner Leiblichkeit beizubringen, die nicht der Wahrheit entsprach, also eine Täuschung. Auch die allmälige, erst bei der Himmelfahrt sich vollendende Verklärung [Tholuck, Jo. S. 395], oder ihr Begriff als unbedingte Macht des Geistes über den Leib [Ebrard, S. 586 ff.] gewährt keine Aushülfe, denn auch ein halbverklärter Magen ist undenkbar und alle irdische Materie, wenn auch dem Geiste dienstbar, bleibt doch ihren eigenen göttlich georduneten Gesetzen unterworfen.

g) Baur, Evv. S. 220 ff. Die Hauptbeweismittel dieser Ansicht sind [nach Kinkel und Weiße] Jo. 20, 17 u. 22. Aber das vieldeutige Wort zur Magdalene [Lücke, Jo. B. II. S. 783ff. Tholuck, Jo. S. 392 f. Rodatz in d. Zeitschr. f. luth. Th. 843. H. 4. 846. H. 4] als vorbauend gegen eine leidenschaftlich verehrende Umschlingung der Füße wie Mt. 28, 9, um nicht aufgehalten zu werden im Emporsteigen zum Vater, worin er eben begriffen sei, enthielte doch die Vorstellung der seltsamsten Eilfertigkeit für den, der am Abende wieder mitten unter seinen Jüngern stand. Es möchte freilich schwer sein [mit Hofmann, Weißagung und Erfüllung] in der johanneischen Anhauchung die persönliche Glaubenskräftigung, in der Pfingstspende die amtliche Begabung zu unterscheiden, aber sollte für den 4. Evangelisten sogar eine Pfingstausgießung nicht bestehn, so ist seinem religiösen Tiefsinne der H. Geist doch nichts so Äußerliches, daß ein Anhauchen ihm etwas Anderes sein könnte als das sprachliche und naturgemäße Sinnbild der aus Christi Gemeinschaft, in seiner leiblichen Abwesenheit und geistigen Nähe, sich entwickelnden christlichen Selbständigkeit, und Thomas, obwohl nicht angehaucht, kann auch nach diesem Evangelium nicht um den H. Geist gekommen sein. Für jene Ansicht wird aus der leiblichen Erscheinung des Auferstandenen nichts als „der bildliche Ausdruck des Bewußtseins, daß der den Jüngern mitgetheilte Geist der von ihm verheißene und gesendete Geist ist, dessen Kommen sein eignes Kommen ist," also das Gegentheil dessen, der seine Wundmale zeigt und die Finger des Thomas hineinlegen läßt.

h) §. 118, nt. t. u. Weiße, B. II. S. 379: Auferstehung und Himmelfahrt „ist nicht das Hervorgehen des Leibes aus dem Grabe, sondern die Erhebung der Seele Christi aus dem Hades in den Himmel und die Rechte Gottes." Die andre historische Grundlage für diese Ansicht [S. 339]: das Nichtvorhandensein des so nahegelegten Verdachts eines Scheintodes beweist, „daß die Erscheinungen des Auferstandenen, sowohl an sich selbst, als in den Erzählungen der Jünger einen Charakter müssen getragen haben, der eine Erklärung derselben mittelst solchen Verdachtes gar nicht zuließ, vielmehr solchen Verdacht auf das bestimmteste ausschloß." Aber diese Verdächtigung konnte einem Volke nicht nahe liegen, das seine Todten begrub, sobald sie die Augen geschlossen hatten. Und sie wurde erst spät zur naheliegenden Meinung unter dem Einflusse einer Bildung, die ein Herz hatte für Christus, und deren Verstand sich doch dem absoluten Wunder versagte.

i) G. Kinkel, hist. krit. Unters. ü. C. Himmelfahrt. [Stud. u. Krit. 841. H. 3.] Dgl: *F. Körner*, de ascensione C. iterata. [Käuffer, bibl. Studien. 842. S. 161 ff.]

k) R. Rothe, theol. Ethik. Witt. 845. B. I. S. 293 ff: Ableben, Auferstehung und Erhöhung in den Himmel in einem Moment zusammenfallend, als das absolute Entschränktsein des ihm einwohnenden Gottes. Dieses ist im Widerspruche mit Lc. 24, 39 [vrg. Ebrard, S. 587] nur die gnostische Lehre über das gesammte irdische Dasein des Christusgeistes auf die Christophanien nach der Kreuzigung bezogen. — Alle diese Ansichten, die an das phantastische Gebiet der Gespenstererscheinung anstreifen, tragen bei scheinbarer Überschwänglichkeit des Glaubens den Keim des Unglaubens an die Auferstehung in sich, in den sie naturgemäß umschlagen.

l) Disq. de sanguine corporis C. post resurr. ad Ep. 146. Augustini. Par. 681. *P. Munk*, [resp. *B. Alstermann*] de signis vulnerum C. in statu exaltationis ex occas. Luc. 24, 39 et Jo. 20, 20-27. Lund. 774. 4. *H. A. Zeibich*, Corpus C. in vitam reversi, antequam in coelum eveheretur, consideratur. Ger. 785. 4. — *J. Carpov*, de vestitu C. redivivi. Jen. 755. 4. Vrg. Hug, Freyb. Zeitsch. H. 7. S. 162 ff. Lücke, Jo. B. II. S. 782.

§. 120. Grund und Folge der Auferstehung.

m) Vrg. die Bedingungen und Sühnen, unter denen ein bereits Bestatteter in sein Haus zurückkehren durfte, b. Ammon, B. II. S. 120 f.
n) Vrg. Weiße, B. II. S. 363. 365. Neander, S. 769 f.

§. 120. Grund und Folge der Auferstehung.

Daß die weltklugen Freunde Jesu schon das Zerschlagen der Beine in bestimmter Hoffnung verhütet, oder sich bei der Grablegung veranlaßt gesehn hätten, irgendeine Hülfe zu leisten,[a] läßt sich weder erweisen, noch geschichtlich widerlegen. Hiervon abgesehn war die kalte Felsenhöle voll Duft der Specereien keine günstige Stätte, um einen verborgenen Lebensfunken anzufachen; nur der Lanzenstoß hatte tödtend, doch auch rettend wirken können. Ein Gekreuzigter ist durch bloß ärztliche Mittel am 3. Tage nicht wiederhergestellt, und ein siech Umherziehender[b] wäre den Aposteln nicht als Sieger über Grab und Tod erschienen. Aber es ist nicht anders zu erwarten, als daß die wunderbare Heilkraft, über welche Jesus gebot, sich an ihm selbst mächtig erwies. Wiefern man wagt, das erste Wiedererwachen seines Bewußtseins zu erklären, liegt der Gedanke nahe, daß der Tod als gewaltsame Zerstörung nicht ursprünglich zur Natur eines unsterblichen Wesens gehöre, sondern in der Art erst durch die Sünde entstanden sei, daher derjenige, welcher von der Sünde nicht berührt war, auch von dieser Unnatur des Todes nicht überwältigt werden konnte.[c] Jedenfalls, da historisch gewiß ist, daß Jesus nicht durch seine Combinationen einen Scheintod herbeigeführt, sondern ernsthaft zu sterben erwartet hat, ist die Auferstehung, wie sie auch geschehn sei, ein offenbares Werk der Vorsehung. Das Christenthum, nicht seinem Wesen nach, als die vollkommene und an sich wahre Religion, aber seiner Erscheinung nach, ruht auf der Auferstehung, d. h. das Christenthum ist siegreich eingeführt und die Kirche gegründet worden über dem Grabe des Auferstandenen.[d]

a) Gfrörer, Gesch. d. Urchr. III. S. 234. 241 ff. Vrg. Xenodorien [S. 216]. Essenische Hülfleistungen [S. 37]. b) Paulus, ex. Handb. B. III. S. 793. 925. Dgg: Strauß, B. II. S. 619. Neander, S. 766.
c) Vrg. Krabbe, b. L. v. d. Sünde u. v. Tode in Bezieh. zu d. Auferst. C. Hamb. 836. S. 11 ff. 256 ff. 275 ff. *H. A. Mau, v. Tode dem Solde d. Sünden u. b. Aufh. dess. durch d. Auferst. C. [Pelts Mitarb. 838. H. 2.]
d) *C. S. Georgi*, de resurr. J. C. fidei chr. fundamento. Vit. 747. 4. Gilb. West, Anmerkf. u. Betr. ü. d. Auferst. C. N. b. 3. A. übrf. a. d. Engl. v. Sulzer. Brl. [748.] 780. Humfr. Ditton, d. Wahrh. d. christl. Rel. aus d. Auferst. J. C. bewiesen. A. b. Engl. 4. A. Brnschw. 749. W. C. J. Chrysander, d. Auferst. J. C. als e. Grundfeste d. chr. Rel. Hal. 759. **J. D. Heilmann*, de ratione, qua J. sua ex mortuis ἀναστάσει Messias demonstratus est. Gott. 763. 4. [Opp. acad. ed. *Danov.* Jen. 778. T. II. p. 529 ss.] C. F. Wiegmann, Verf. e. Bew. d. Vortrefflichk. der chr. Rel. aus d. Auferst. C. Flensb. 778. S. F. Trescho, geistl. Betr. ü. b. Gesch. u. Lehre v. d. Auferst. d. Erlös. Danzig 778. **G. F. Seiler*, de

vero J. C. mortui in vitam reditu ad redimendum et emend. genus hum. necessario. Erl. 804. 4. *A. L. G. Krehl, de momento resurr. J. C. in institutione apost. Misen. 830. 4. P. I. *J. H. B. Lübkert, Welche Kraft haben wir nach b. Schr. b. Auferst. J. beizulegen? [Stub. u. Krit. 842. H. 4.]

§. 121. Mythische Anklänge.

Daß schon während der Kreuzigung die Sonne sich in Dünste verhüllte Mt. 27, 45. Mc. 15, 33. Lc. 23, 44 s. und die Erde erbebte Mt. 27, 52 [a]) gleichsam mittrauernd um ihren größten Sohn, ist zwar durch eine Weißagung [Amos 8, 9], die doch erst von Kirchenvätern bemerkt worden ist, und durch das Schweigen des Johannes verdächtigt, der doch hier schweigen konnte, auch anderwärts so gut wie nicht bestätigt, [b]) doch widerstrebt die Öffentlichkeit des an sich unbedenklichen Ereignisses seiner bloßen Existenz in der Sage. [c]) Daß aber der Vorhang des Allerheiligsten zerrissen sei Mt. 27, 51. Mc. 15, 38. Lc. 23, 45, [d]) ist ganz in der sinnbildlichen Weise des Hebräerbriefs [6, 19. 10, 19 s. et al.], und doch in diesem nicht als Thatsache benutzt. [e]) Die Auferstehung der Heiligen, von der nur Matthäus [27, 52 s.] weiß, [f]) derb sinnlich in ihrem Anfange, geisterhaft verschwebend im Ausgange, widerspricht einer andern urchristlichen Vorstellung Col. 1, 18. 1 Cor. 15, 20. Wie sie als Thatsache sich einer natürlichen Erklärung [g]) entzieht, so schwindet, so bald nur irgendetwas Mögliches dabei gedacht wird, der historische Thatbestand. [h]) Mögen gespaltene Gräber oder messianische Erwartungen zu Grunde liegen, [i]) die Erzählung ist apokryphisch, [k]) obwohl jede Berechtigung fehlt, sie aus dem 1. Evangelium zu streichen. [l]) Die Engel am Grabe Mt. 28, 2 s. 5 s. Jo. 20, 12 s. [m]) könnten zwar, wenn auch nicht aus Naturerscheinungen oder Visionen natürlich erklärt, doch nach Mc. 16, 5. Lc. 24, 4 für Menschen gehalten werden, [n]) aber die Erzählungen von ihnen sind so widersprechend, [o]) und ihr Geschäft, abgesehen von der einen Darstellung des Matthäus [28, 2] und von dem Bruchstücke des Markus [16, 6 s.], die gegenüber den andern Evangelien hier nicht das Gepräge des Ursprünglicheren tragen, ist so vergeblich, daß sie nach Maßgabe anderer Engelerscheinungen einer frühen, sagenhaften Ausschmückung anzugehören scheinen. [p])

a) Posner, de singularibus ac mirandis quibusdam, quae sub morte C. in natura acciderunt. Jen.661. [Thes. theol. philol. nov. P. II. p. 369ss.] *Id.* de terrae motibus in morte et resurr. C. Jen. 672. 4. *Fleischer*, de deliquio solari tempore pass. C. Vit. 669. 4. *Jo. Pasch*, Ds. astron. de eclipsi solis, quae die pass. dom. accidit. Vit. 683. 4. *J. A. Schmid*, de labore solis, laborante sole justitiae. Jen. 683. 4. *Id.* Terrae motus tempore pass. C. Jen. 683. 4. *Wideburg*, de obscuratione solis in pass. dom. Hlmst. 687. *J. Frick*, de tenebris, tempore salutiferae pass. orbi suffusis. Lps.692. 4. *J. G. Berger*, de motu terrae in excessu C. Vit.710. 4. [Stromm. acad. p. 926-33.] *Jo. Engeström*, [resp. *Jo. Stobaeo*] de eclipsi solis C. in cruce pendente conspecta. Lund. 736. 4. *C. H. Zeibich*, de

§. 121. Auferstandene Heilige. Engel.

divinitus praedicto et coelitus dato mirac. obscurati solis in emortualem Unigeniti diem. Vit. 741. 4. *G. H. Schmerbauch*, de terrae motu temp. morientis Servat. Lubben. 756. *G. Sommelius*, [resp. *Mat. Scholander*] de eclipsi solis temp. pass. C. Lund. 774. 4. J. A. Grausbeck, Unterf. ü. d. Finst. b. Tode J. Tüb. 835.

b) *Tertul.* Apolog. c. 21. *Orig.* c. Cels. II, 33. 59. *Jul. African.* in *Georg. Syncell.* Chronogr. ed. *Dindorf.* T. I. p. 610. *Eus.* Can. Chron. ad Olymp. 202. an. 4. [785 R.] aus der Chronik des Phlegon: Ἔκλειψις ἡλίου μεγίστη τῶν ἐγνωσμένων πρότερον, καὶ νὺξ ὥρᾳ ἕκτῃ τῆς ἡμέρας ἐγένετο, ὥστε καὶ ἀστέρας ἐν οὐρανῷ φανῆναι. Vrg. Paulus, ex. Handb. B. III. S. 765 und die von Wetstein gesammelten Parallelen zu Mt. 27,45ss.

c) Dgg: Strauß, B. II. S. 534 ff. 539.

d) Anderes und eher Mögliches das Ev. sec. Hebr. s. *Hieron.* ad Mt. 27, 51 u. ad Hedib. Ep. 149, 8.

e) *G. Sommelius*, [resp. *Ch. A. Schüter*] de scisso velo templi. Lund. 777. 4. — Paulus, ex. Handb. B. III. S. 796. u. Sepp, B. III. S. 510 wissen, daß der Vorhang fest ausgespannt war. Lange, B. II. S. 1605 läßt den Balken aus dem Hebr. Ev. in den Vorhang hineinstürzen. — Schleiermacher, ü. d. Luk. S. 293. Strauß, B. II. S. 539: symbolisch-mythisch. Neander, S. 757 erkennt die Möglichkeit eines mythischen Elements. Dgg: Krabbe, S. 504 f.

f) *A. Kunad*, [resp. *A. Günther*] de sanctis redivivis. Vit. [653.] 672. 4. *Habichthorst*, de sanctis cum resurgente C. resurgentibus. Rost. 695. 4. *Calmet*, de resurr. ss. patrum cum C. [Dss. T. III. Par. 720.] *C. F. Boerner*, de sanctis demortuis a C. resurg. resuscitatis. Lps. 721. 4. *J. Engeström*, [resp. *G. J. Brok*] de resurr. sanctorum circa resurr. C. Lund. 736. 4. *Ben. G. Clauswitz*, de mortuis tempore resurr. C. resuscitatis. Hal. 741. 4. *Bielke*, de mortuis cum J. redivivis. Starg. 755. G. Benson, v. d. Personen, welche bei d. Auferst. J. auferstanden. [Britt. theol. Mag. B. I. St. 2.] *G. Sommelius*, de sanctis circa C. resurrectionem resurgentibus. Lund. 788. 4.

g) *J. Gerh. Grever*, de mortuis tempore decessus J. C. resuscitatis. [Comm. miscell. Syntagma. Oldenb. 794. N. VI.] Vrg. Eichhorns allg. Bibl. B. VI. S. 365 ff. G. C. G. Liebe, ü. Mt. 27, 52 f. [Augustis theol. Blätt. B. II. S. 634 ff.]

h) Steudel, Glaubensl. Tüb. 834. S. 454 f. Krabbe, S. 505.

i) *J. G. Michaelis*, de sanctis cum C. resurg. in vitam revocatis. [Bibl. Brem. Class. III. Fasc. 4.] *J. A. Lampe*, Triga quaestionum ad Mich. [Ib. 734-42.] Meine besondern Gedanken ü. d. Felsen, d. Gräber u. d. Todten, deren bei d. Erdbeben z. Zeit J. gedacht wird. Elbing. 800. G. H. Haftädt, ü. Mt. 27, 52 f. [Rupertis Theologumena. Hamb. 823. B. I. N. 10.] Cf. *Dassov*, Judaeorum de resurr. mortuorum sententia explicatur. Vit. [675.] 693. 4. Eisenmenger, entd. Judenth. B. II. S. 893 ff. *Schöttgen, jüd. Zeugniß für d. Heiligen, die mit d. Messias aufgestanden. Dresd. 736. 4. [Biedermanns Alt. u. Neues v. Schulsachen. B. III. N. 16.] — Schneeburger, ü. d. Ursp. b. 1. kan. Ev. S. 67. Strauß, B. II. S. 539 ff. Dgg: Olshausen, Com. B. II. S. 498 f.

k) Vrg. *Evang. Nicod.* c. 17. *Thilo*, Cod. apocr. N. T. p. 780 ss. Ähnliches erzählt Wilhelm von Thyrus [VIII, 22] und sinnvoller vom ersten Kreuzzuge nach Eroberung der heiligen Stadt.

l) Dgg: Stroth, v. Interpolationen im Ev. Mt. [Eichhorns Repert. B. IX. S. 139.] Vrg. Kern, ü. b Ursp. d. Ev. Mt. S. 25. 100.

m) *Cundisii* brevis consideratio dicti angelici. Jen. 645. 4. *Jo. A. Boden*, ἄγγελος στολὴν λευκὴν περιβεβλημένος. Mc. 16, 5. Vit. 739. 4. Pg. paschale de angelo resurr. C. praecone. Vit. 740. 4. *C. A. Heumann*, de testimonio resurr. C. angelico. Gott. 746. 4.

n) Hezel, ü. d. Engel bey u. in J. Grabe. [Schriftforsch. 792. B. I. N. 9.] *J. Ch. Friedrich, ü. die Engel in d. Auferstehungsgesch. [Eichhorns allg. Bibl. B. VI. S. 700-18.] Über d. Engelerscheinungen beym Grabe J. [Eb. B. VIII. S. 629-39.] C. G. Schuster, ü. Mt. 28, 2. [Eb. B. IX. S. 1034 ff.] Beitr. z. Unterf. d. Frage: wer die Engel bei u. in d. leeren Grabe gewesen sind? [Augustis theol. Blätt. B. II. S. 691-700. Vrg. B. I. S. 75-84.] Schmidts Bibl. B. II. S. 545 f. Paulus, er. Handb. B. III. S. 829. 835. 860. 862. C. F. v. Ammon, Fortbild. d. Christenth. 834. 2. H. 1. Abth. S. 8. Dgg: Strauß, B. II. S. 587.

o) Lücke, Jo. B. II. S. 780 f. Strauß, B. II. S. 571 f.

p) Eb. S. 585 f. Lücke, Jo. B. II. S. 781: „Alle Engelerscheinungen im N. T. gehören dem subjectiven religiösen Erfahrungsgebiete an, nicht dem allgemeinen sinnlichen."

§. 122. Der Abschied von der Erde.

Mt. 28, 16-20. — Mc. 16, 19 s. Lc. 24, 50-52. Act. 1, 2-11.

Der Epilog des Markus deutet an und Lukas erzählt, daß der Herr vor den Augen der Apostel in den Himmel erhoben wurde.ᵃ) Das Verhältniß des Evangeliums zur Apostelgeschichte erweist, daß Lukas erst nach Vollendung des Erstern, mit welchem auch der Brief des Barnabas zusammenstimmt, ᵇ) so bestimmte und ausführliche Kunde von einer Himmelfahrt, vom Ölberge aus, 40 Tage nach der Auferstehung, erhielt. Die andern Berichte von den letzten Tagen Jesu verweisen nach Galiläa. Hier läßt Matthäus den Herrn mit Worten scheiden, die weder eine Himmelfahrt, noch ein zeitliches Wiedersehn voraussetzen. Am wenigsten konnte der Eine, welcher Augenzeuge gewesen wäre, von dem klaren und glänzenden Abschlusse des messianischen Lebens Jesu schweigen; aber Johannes hat es vorgezogen, sein Evangelium zu schließen ohne thatsächlichen Schlußpunkt.ᶜ) Dieses Schweigen geht durch alle andre apostolische Denkmale, sie setzen voraus, daß Christus im Himmel ist, ᵈ) aber eine leibliche Auffahrt gehört nicht zum Inhalte des urchristlichen Glaubens.ᵉ) Es ist gegen das Zeugniß der Geschichte und ein gefährliches Spiel, die Auferstehung für bedeutungslos zu erklären ohne die Himmelfahrt.ᶠ) Daß Jesus nicht durch einen zweiten Tod zu einem höhern Dasein überging, war der Glaube der apostolischen Kirche Rom. 6, 9, und es ist wahrscheinlich genug an sich, daß Jesus auf andre als die gewöhnliche Weise von diesem irdischen Weltkörper schied; aber das ist nicht die Nothwendigkeit einer sichtbaren Himmelfahrt, die auch von ihren Vertheidigern im Gefühl des Widerspruchs derselben gegen eine ge-

§. 122. Himmelfahrt Jesu.

bildete Anschauung des Weltalls oft gar nicht gemeint ist. ⁸) Ein Entnommenwerden zu einem andern Gestirn als dem Sitze der Seligen wäre schon etwas ganz anderes als die antike Himmelfahrt zum göttlichen Vater. Die natürliche Erklärung ʰ) behandelt einerseits unsichere Berichte als historische Urkunden, und mißhandelt sie andererseits. Weder in dem Charakter Jesu ist die Denkbarkeit, noch in der Geschichte irgend eine Spur, daß er noch Jahre lang verborgen auf Erden weilte. ⁱ) Die Betrachtung der Himmelfahrt als Vision ᵏ) spricht nur ein Verzweifeln am historischen Inhalte aus. Eine Einwirkung verwandter Sagen ist nicht nachzuweisen, aber ähnliche Gedanken haben sich in ihnen dargestellt. ¹) Die Himmelfahrt Jesu ist nur zu begreifen als eine, nicht im engern Sinne apostolische, durch das Bedürfniß eines bestimmten Schlußpunktes für den geheimnißvollen Ausgang der Geschichte Jesu, und durch die Hoffnung seiner Rückkehr in den Wolken des Himmels veranlaßte, in der Weltanschauung des Alterthums begründete, mythische Auffassung seines Heimganges zum Vater." ᵐ) Denn sein Abschied war nicht das trübe Scheiden eines Sterblichen, sondern der Segen eines Verklärten, welcher, eins durch seine Liebe mit der Gottheit, auch unter den Seinen unsterblich fortzuleben verhieß; und er ist bei uns geblieben." ⁿ)

a) V. E. Loescher, de C. gloriose in coelos ascendente. Vit. 698. *J. F. Mayer*, de ascensione C. Gryph. 704. *J. C. Koecher*, de glor. Serv. in coelum adscensu. Jen. 758. 4. Beweis, daß d. Menschens. sichtbarlich gen Himmel gefahren sei. Jen. 773. *G. F. Seiler, Jesum corpore pariter atque anima in coelum assumtum esse, an argumentis possit probari fide dignis? Erl. 798. 4. [*Potti* Syll. Comm. theol. T. VI. p. 503ss. Dgg: Gabler in s. Nft. theol. Journ. B. III. S. 416-30.] *Id.* de corpore C. glorificato. Erl. 803. 4. *Baur, ü. d. praktisch=idealen Gesichtspunkt, aus welchem die Himmelf. J. angesehen u. behandelt werden solle. Gegen Horst. [Süskinds Mag. St. 16.] *G. G. Otterbein*, de ascensione J. C. in coelum adspectabili modo facta. Duisb. 802. 4. *C. W. Flügge, die Himmelf. J. Hann. 808. *J. L. Himly*, de J. in coelum ascensu. Argent. 811. **H. G. L. Weichert*, [pr. *H. A. Schott*] de fide historica narrationis de C. in coelos sublato ejusque eventus necessitate. Vit. 811. 4. *J. H. Heinrichs*, de J. in coelos sublato, Excurs. I. ad Acta App. Gott. 812. **N. Fogtmann*, de J. C. in coelum adscensu. Hafn. 826. Witting u. a. f. nt. i. Olshausen, Com. B. II. S. 588 ff. Hoffmann, d. L. J. v. Str. S. 418 ff. Krabbe, S. 530 ff. Ebrard, S. 599 ff. — *Andreae*, de vestigiis pedum C. in monte Oliveti. Marb. 676. *N. C. Remling*, de vestigiis C. in loco ascensionis. Vit. 685. *M. A. Mahn*, de vestigiis pedum C. in monte Oliv. Lps. 700. 4. — Socinianische Annahme einer Himmelfahrt schon vor der Kreuzigung: *Whiston*, Sermons and essays. Lond. 709. p. 156 ff. *Jo. Schmid*, Ds. theol. Whistono, multiplicem C. in coelos adscensionem propugnanti, opposita. Lps. 712. 4. Rinfel. [§. 119, nt. i.]

b) Barnab. Ep. c. 15: Ἄγομεν τὴν ἡμέραν τὴν ὀγδόην εἰς εὐφροσύνην, ἐν ᾗ καὶ ὁ Ἰησοῦς ἀνέστη ἐκ νεκρῶν καὶ φανερωθεὶς ἀνέβη εἰς τοὺς οὐρανούς.

c) Dgg: G. E. Sterzing, Warum haben wir so kurze u. unbestimmte

Nachrr. v. d. Himmelf. [Augustis theol. Bll. I. S. 184 ff. vrg. 225 ff.] *Warum nicht alle Evv. u. bef. nicht jene, welche App. waren, d. Himmelf. ausdrücklich miterzählt haben? [Süskinds Mag. St. 8.] *Noch etwas ü. d. Frage: Warum haben die App. Mt. u. Jo. nicht ebenso, wie Mk. u. Lk., d. Himmelf. J. ausdrücklich erzählt. [Eb. St. 17.] Lange, B. II. S. 1762: „Als hätten die Evv. den Zweck gehabt, alle bedeutenden Momente des Lebens Jesu ausführlich zu verzeichnen." Ebrard, S. 602: „Eine Nothwendigkeit, die Himmelfahrt zu erzählen, lag nicht vor, da sie, wenn irgendetwas, durch mündliche Tradition bekannt sein mußte."

d) *J. J. Griesbach*, Locorum N. T. ad adscensum C. in coelum spectantium sylloge. Jen. 793. 4. [Opp. T. II. p. 471 ss.]

e) Jo. 6, 62 geistige Wiederaufnahme zu Gott durch den Tod. Lücke, Jo. B. II. S. 168 f. Nur 1 Tim. 3, 16 vielleicht eine Spur der Himmelfahrt, [doch f. De Wette, B. II. T. 4. S. 86] und bei Barnabas [ot. b]. Kern, Hauptthatf. in d. Tüb. Zeitfch. 836. H. 3. S. 58.

f) Krabbe, S. 531. Neander, S. XIX. Lange, B. II. S. 1764.

g) Neander, S. 784 f: Das Wesentliche, nicht bloß von Lukas Verbürgte ist, „daß Christus nicht durch den Tod von dem irdischen Dasein zu einem höheren überging, sondern daß er auf eine übernatürliche, d. h. den gewöhnlichen Gesetzen der Entwicklung des leiblichen Daseins nicht entsprechende Weise von diesem irdischen Weltkörper in eine höhere Region des Daseins erhoben wurde." Lange, B. II. S. 1766 ff: Jede letzte Erscheinung des Auferstandenen würde die Himmelfahrt gewesen sein, „und wenn Jesus sich zuletzt den Emaus=Pilgern gezeigt hätte, so wäre sein Verschwinden vor ihren Augen in dem Speisesaal die Geschichte seiner Himmelfahrt." Doch neben der Anerkennung, daß der räumliche Gegensatz von Oben und Unten schon in der Astronomie verschwindet, geschweige denn in der Religion, soll aus jener allgemeineren und idealeren Himmelfahrt gegen die bestimmtere historische nicht das Mindeste folgen, und der Kritik wird zu bedenken gegeben, „daß es sogar schon irdische Körper giebt, welche eines Auffsteigens durch die Lüfte fähig sind, und zwar solche, die nicht blos Knochen, sondern auch Krallen und Klauen haben, z. B. Adler."

h) Paulus, er. Handb. B. III. S. 911 f. ähnlich Eck, Bahrdt, Venturini. Dgg: Strauß, B. II. S. 653 ff.

i) Jak. Andr. Brennecke, bibl. Beweis, daß J. nach fr. Auferst. noch 27 Jahre leibhaftig auf Erden gelebt und zum Wohle der Menschheit in d. Stille fortgewirkt habe. Lüneb. 1. 2. A. 819. Vrg. Gfrörer, Gesch. d. Urchr. III. S. 254. Dgg: H. W. J. Wolf, krit. Beleuchtung d. sogen. bibl. Bew. 2c. Brnschw. 819. H. F. Iken, gerechte Würdigung d. Schr. v. Brenn. Brem. 819. [G. H. Soltmann] Offenherzige Bemerkk. ü. d. Brenneckische Schr. Hannov. 820. J. G. Tinius, Brenneckes bibl. Bew. biblisch u. kurz geprüft. Zeiß 820. *Mich. Weber, Gift u. Gegengift. Hal. u. Lpz. 820. G. H. Haumann, Anti=Brennecke, o. bibl. Bew., daß es mit dem bibl. Bew. des H. Brenn. nichts ist. Sondersh. 820. J. C. F. Witting, bibl. Bew. v. d. Himmelf. J. gegen Brenn. unbibl. Behaupt. Brnschw. 820. A. J. Stamm, d. Himmelf. d. Herrn, e. vernunftgemäße u. e. wirkliche Sache. Sondersh. 820.   *k)* Steudel, Glaubensl. S. 323. Dgg: Strauß, Streitschr. H. 1. S. 152 ff.

l) Gen. 5, 24. 2 Reg. 2, 11 s. 16. *Joseph.* Antiqq. IV, 8, 48. *Philo*, de Vita Mos. III. [T. II. p. 179.] *Orig.* in Jo. tom. 13. [de la Rue. T. IV. p. 237.] *Sophocl.* Oedip. Colon. v. 1729 ss. *Cicero*, de N. D. II, 24. de Legg. II, 8. — *C. B. Michaelis*, Comparatio inter adscensionem Eliae et

§. 122. Himmelfahrt Jesu.

C. Hal. 749. *J. G. Hasse* [§. 118, nt. k]. Kaiser, bibl. Theol. B. I. S. 84 f. Gfrörer, Gesch. d. Urchr. I. 2. S. 374 ff.

m) *C. F. Ammon*, Ascensus J. C. in coelum Hist. biblica. Gott. 800. 4. [N. Opuscc. 808. p. 43 ss.] Vrg. L. Jesu. B. III. S. 497 ff: hierosolymitanische und galiläische Überlieferung, jene durch Lukas im Sinne der Volks=Kirche, diese durch Mt. u. Jo. für die Gebildeteren, die an die Erhöhung Christi glauben, ohne einer Wolke und zweier weißen Männer zu bedürfen. G. K. Horst, Bemerkf. ü. d. Gesch. d. sogen. Himmelfahrt J. [Horns Gött. Muf. St. 2. N. 2.] Gramberg, Religionsideen d. A. T. B. II. S. 461. Strauß, B. II. S. 655 ff. Weiße, B. II. S. 375 ff. Theile, z. Biogr. J. S. 73 f. — Gottl. Schlegel, pragm. Betracht. ü. die Rede zweier Freunde J. in weißen Kleidern bei sr. Himmelf. [Henkes N. Mag. B. IV. S. 277-87.] — F. B. Köster, die Propheten d. A. u. N. T. Lpz. 838. S. 165.

n) Dgg: Olshausen, Com. B. II. S. 590. Tholuck, Glaubwürdigk. S. 80: „Wo ist dann Jesus geblieben?" In Bezug auf sein nächstes irdisches Dasein haben auch 2 Evangelien auf diese Frage keine Antwort. Auch die evangelische Geschichte hat ihre Mysterien, ihre Sacramenta. Vrg. De Wette, B. I. T. 2. S. 168. Winer, Realw. B. I. S. 575.